Sur la vieille route

(Volume II)

Une collection d'essais et d'articles divers sur l'art et la littérature

John Ruskin

Writat

Cette édition parue en 2023

ISBN : 9789359255699

Publié par
Writat
email : info@writat.com

GALERIES DE PHOTOS :

LEURS FONCTIONS ET FORMATION.

A. PREUVE PARLEMENTAIRE.
COMMISSION DU SITE DE LA GALERIE NATIONALE 1857.
COMITÉ SÉLECTIF DES INSTITUTIONS PUBLIQUES 1860.
COMMISSION DE L'ACADÉMIE ROYALE 1863.

B. LETTRES SUR UN MUSÉE OU UNE GALERIE DE
PHOTOS.

(*Art Journal, juin et août 1880.*)

GALERIES DE PHOTOS—LEURS FONCTIONS ET FORMATION.

LA COMMISSION DU SITE DE LA GALERIE NATIONALE. [1]

Témoignage de John Ruskin, lundi 6 avril 1857.

114. *Président.* Votre attention s'est-elle tournée vers l'opportunité de réunir la sculpture et la peinture sous le même toit ? — Oui.

Quelle est votre opinion à ce sujet ? Je pense qu'il est presque essentiel qu'ils soient unis, si l'on veut qu'une galerie nationale soit utile à l'enseignement des cours d'art.

Sculpture de toutes sortes, ou seulement sculpture antique ? — De toutes sortes.

Pensez-vous que la sculpture du British Museum devrait être dans le même bâtiment que les tableaux de la National Gallery, c'est-à-dire appliquer votre principe à ce cas particulier ? — Oui, certainement ; Je le pense pour plusieurs raisons, principalement parce que je pense que le goût de la nation ne peut être correctement orienté qu'en gardant toujours visibles ensemble la sculpture et la peinture. Beaucoup des points les plus élevés et les meilleurs de la peinture, je pense, ne peuvent être discernés qu'après une certaine discipline de l'œil par la sculpture. C'est une raison très essentielle. Je pense qu'après avoir regardé la sculpture, on ressent infiniment plus la grâce de la composition, et on sent aussi comment cette grâce de la composition a été atteinte par le peintre.

Pensez-vous que si les œuvres de sculpture et les œuvres de peinture étaient placées dans la même galerie, la même lumière leur serait utile à toutes deux ? — J'ai compris votre question seulement en se référant à leur collection sous le même toit. Je serais désolé de les voir dans la même pièce.

Vous ne les mélangeriez pas comme on les mélange dans la galerie florentine, par exemple ? — Pas du tout. Je pense au contraire que l'un détourne l'esprit de l'autre, et que, quoique l'un soit une discipline admirable, il faut prendre quelque temps pour l'examen de la sculpture, et passer ensuite dans la salle de peinture, et ainsi de suite. . Il ne faut pas être dérangé en regardant des tableaux par la blancheur de la sculpture.

Vous n'approuvez donc pas, par exemple, la manière dont est disposée la fameuse salle de la Tribune, à Florence ? — Non ; Je pense que c'est simplement arrangé pour le spectacle, pour montrer combien de choses riches peuvent être rassemblées.

115. *M. Cockerell.* Alors vous ne considérez pas la sculpture comme une partie décorative propre à la National Gallery of Pictures — vous n'admettez pas le terme de décoration ? — Non ; Je ne devrais pas utiliser ce terme pour désigner la sculpture que la galerie avait pour objet d'exposer. On pourrait bien sûr l'ajouter, en supposant qu'il devienne une partie de l'architecture, mais pas de manière indépendante – pas comme une chose à contempler séparément dans la pièce, ni comme une partie de la pièce. Bien entendu, une sculpture moderne pourrait être ajoutée à la pièce ; mais je n'ai jamais pensé que ce serait nécessaire.

Ne pensez-vous pas que la sculpture serait un repos après avoir contemplé quelque temps la peinture ? — Je ne le sentirais pas ainsi moi-même.

116. *Doyen de Saint-Paul.* Quand vous parlez de retirer la sculpture du British Museum et de la réunir avec les tableaux de la National Gallery, comprenez-vous toute la gamme de la sculpture du British Museum, en commençant par la sculpture égyptienne et en passant par ses séries régulières ? de gradation jusqu'au déclin de l'art ? — Oui, parce que mon grand espoir concernant la National Gallery est qu'elle puisse devenir un arrangement chronologique parfaitement consécutif, et il me semble que c'est l'une des principales caractéristiques d'une National Gallery qui il devrait en être ainsi.

Alors vous considérez que l'une des grandes qualités de la collection du British Museum est qu'elle présente ce genre d'histoire de l'art de la sculpture ? — Je considère plutôt comme sa faiblesse qu'elle ne le fasse pas.

Alors vous descendriez plus bas ? — Je le ferais.

Connaissez-vous peut-être les ivoires qu'on y a achetés récemment ? — Moi non.

S'il existait une belle collection d'ivoires byzantins, considéreriez-vous qu'ils constituent un maillon important de l'histoire générale ? — Certainement.

Voudriez-vous unir l'ensemble de cette sculpture païenne avec ce que vous appelez l'art chrétien ultérieur de la peinture ? Je serais heureux de le voir réalisé, c'est-à-dire que je serais heureux de voir les galeries de peinture et de sculpture placées collatéralement. et la galerie de sculpture commençant par l'art païen, et passant à l'art chrétien, mais n'associant pas nécessairement la peinture à la sculpture de chaque époque ; parce que la peinture est si déficiente dans bien des périodes où la sculpture est riche, que vous ne pouvez pas les poursuivre en garantie : vous devez avoir votre galerie de peintures et votre galerie de sculptures.

Seriez-vous désolé de prendre une partie de la sculpture de la collection du British Museum et de l'associer à une collection de peinture ? — Oui, je pense que cela est tout à fait inopportun. Tout mon objectif serait qu'il puisse être associé à une collection plus vaste, une collection d'autres époques, et non subdivisé. Et il semble que l'une des principales raisons avancées pour justifier la suppression de cette collection soit qu'elle ne puisse pas être beaucoup plus agrandie – qu'il ne soit pas possible actuellement d'y ajouter d'autres sculptures.

En supposant que la collection d'art païen ancien ne puisse pas être réunie avec la Galerie nationale de tableaux, à laquelle associeriez-vous la sculpture médiévale, en supposant que nous conservions une quantité considérable de sculpture ? — Avec la peinture.

L'art médiéval que vous associeriez au tableau, à supposer que vous ne puissiez pas assembler le tout ? — Oui.

117. *Président.* Approuvez-vous la protection des tableaux par du verre ? — Oui, dans tous les cas. Je ne sais pas dans quelles dimensions une vitre peut être fabriquée, mais je n'ai jamais vu un tableau si grand que je serais heureux de le voir sous verre. Même en supposant que ce soit possible, ce qui n'est sans doute pas le cas, le grand Paul Véronèse, dans la galerie du Louvre, serait, je pense, plus beau sous verre.

Indépendamment de la préservation ? — Indépendamment de la préservation, je pense que ce serait plus beau. Il donne une délicatesse particulière aux couleurs claires et ne nuit guère aux couleurs sombres ; c'est-à-dire qu'il profite le plus aux images délicates, et qu'il ne nuit qu'aux images très sombres.

Avez-vous déjà réfléchi à l'opportunité de recouvrir la sculpture de verre ? — Je n'y ai jamais pensé. Il y a encore quelques jours, je ne savais pas que la sculpture était endommagée par l'exposition à notre climat et à notre fumée.

Professeur Faraday. Mais vous couvririez les tableaux, indépendamment de la conservation, vous les couvririez absolument pour l'effet artistique, l'amélioration du tableau ? — Pas nécessairement, parce que pour certaines personnes il pourrait y avoir un caractère répréhensible à devoir éviter davantage le reflet. scrupuleusement qu'autrement. Je ne devrais pas insister sur ce point uniquement. L'avantage obtenu n'est pas grand ; on ne le sent que par des yeux très délicats. Autant que je sache, beaucoup de personnes ne s'apercevraient pas qu'il y avait une différence, et cela est dû à la très légère couleur du verre, que certaines personnes pourraient peut-être juger opportun d'éviter complètement.

L'attribuez-vous à la teinte absolue du verre comme un vitrage, ou l'attribuez-vous à une sorte de reflet ? L'effet est-il lié à la couleur du verre, ou à une sorte d'action optique que pourrait produire le verre le plus transparent ? — Je ne sais pas ; mais je suppose que cela est dû à la très légère teinte du verre.

118. *Doyen de Saint-Paul.* N'est-il pas vrai, lorsque des dames aux robes très brillantes regardent des tableaux à travers une vitre, que le reflet de la couleur de leurs robes est si fort qu'il trouble grandement la jouissance et l'appréciation des tableaux ? — Certainement ; mais je demanderais à ces dames de s'écarter un peu et de regarder les tableaux un à un. Il y a cet inconvénient.

Je suppose qu'une salle bondée — bien sûr, le but d'une galerie nationale est qu'elle soit bondée — qu'un public aussi grand que possible puisse y avoir accès — il y aurait bien sûr certaines heures limitées, et la galerie serait-il susceptible d'être rempli par le public en grand nombre ? — Ce serait certainement désavantageux, mais pas au point de contrebalancer l'avantage bien plus grand de la préservation. J'imagine qu'en effet le verre est indispensable ; ce n'est pas seulement une chose opportune, mais une chose essentielle à la sécurité des tableaux pendant vingt ou trente ans.

Le considérez-vous essentiel en ce qui concerne l'atmosphère de Londres, ou de ce pays en général ? — Je ne parle que de Londres. Je n'ai aucune expérience des autres pièces. Mais j'ai cette expérience dans ma propre collection. J'ai conservé mes photos pendant un certain temps sans vitre et j'ai constaté la détérioration définitive en très peu de temps, quelques années.

Vous voulez dire à Denmark Hill ? — Oui ; cette détérioration sur les images de la classe à laquelle je fais référence n'est pas à réparer après coup - la chose souffre éternellement - on ne peut pas entrer dans les interstices.

Professeur Faraday. Vous considérez que le tableau est définitivement abîmé par la saleté ? — Oui.

Qu'aucun nettoyage ne peut le rendre tel qu'il était ? — Rien ne peut le rendre tel qu'il était, je pense, car l'opération de nettoyage doit racler quelques grains de peinture.

Par conséquent, si vous avez deux tableaux, l'un dans un endroit plus sale et l'autre dans un endroit plus propre, aucune attention ne mettra celle de l'endroit le plus sale au niveau de celle de l'endroit plus propre ? – Je pense que plus jamais.

119. *Président.* Je vois que dans vos « Notes sur la collection Turner », vous avez recommandé que les grands tableaux droits auraient un grand avantage à avoir une pièce à eux seuls. Voulez-vous dire chacun des grands tableaux ou toute une collection de grands tableaux ? — Supposons de très beaux tableaux de grande taille (cela dépendrait entièrement de la valeur et de la taille du tableau), supposons que nous ayons jamais acquis des tableaux aussi grands que l'Assomption du Titien. ou la Transfiguration de Raphaël, ces tableaux devraient avoir une chambre à eux seuls et une galerie autour d'eux.

Voulez-vous dire que chacun d'eux devrait avoir une chambre ? — Oui.

Doyen de Saint-Paul. Avez-vous été récemment à Dresde ? Non, je ne suis jamais allé à Dresde.

Alors vous ne connaissez pas la position du Grand Holbein et de la Madone de S. Sisto, qui ont des chambres séparées ? — Non.

M. Cockerell. Connaissez-vous la Galerie Munich-No.

En connaissez-vous les projets ? — Non.

Alors vous n'avez peut-être pas vu les dispositions les plus récentes adoptées par ce savant peuple, les Allemands, en ce qui concerne l'exposition de tableaux ? — Je ne suis pas allé en Allemagne depuis vingt ans.

120. Ce sujet a été traité par eux d'une manière originale, et ils ont construit des galeries à Munich, à Dresde et, je crois, à Saint-Pétersbourg, sur un principe nouveau et très judicieux. Vous n'avez pas eu l'occasion d'y réfléchir ? — Non, je n'y ai jamais songé ; parce que j'ai toujours pensé qu'il n'y avait aucune difficulté à produire une belle galerie, ou une galerie efficace. Je n'ai jamais pensé qu'il pouvait y avoir de doute sur la forme que devrait prendre une telle galerie, ni que c'était une question de considération. La seule difficulté avec moi était celle-ci : persuader, ou espérer persuader, une nation que si elle avait des images, elle devrait les avoir sur la ligne des yeux ; qu'il n'était pas bien d'avoir un tableau noble à plusieurs pieds au-dessus des yeux, simplement pour la gloire de la pièce. Ensuite, je pense que dès qu'on décide qu'un tableau doit être vu, il est facile de trouver la manière de le montrer ; dire qu'il devrait avoir telle ou telle pièce, avec telle ou telle lumière ; non pas une lumière rasante, comme j'ai entendu Sir Charles Eastlake l'exprimer l'autre jour, mais plutôt une lumière oblique et douce, et pas si proche de l'image qu'elle attire douloureusement le regard. Cela peut être facilement obtenu, et je pense que toutes les autres questions ultérieures sont subordonnées.

Doyen de Saint-Paul. Votre proposition nécessiterait une grande étendue de mur ? — Une immense étendue de mur.

121. *Président.* Je vous vois déclarer dans le pamphlet auquel j'ai déjà fait allusion, qu'il est de la plus haute importance que les œuvres de chaque maître soient conservées ensemble. Une telle disposition n'augmenterait-elle pas beaucoup la taille de la National Gallery ? — Je ne le crois pas, parce que j'ai seulement supposé dans mon plan qu'au maximum deux lignes de tableaux seraient admises sur les murs de la salle ; cela étant, vous seriez toujours en mesure de rassembler toutes les œuvres de n'importe quel maître sans aucun inconvénient ni difficulté pour les adapter aux dimensions de la pièce. Supposons que vous placiez les grands tableaux en hauteur sur les murs, alors on pourrait se demander, bien sûr, si telle pièce ou tel compartiment de la Galerie abriterait les œuvres d'un maître particulier ; mais en supposant que les images soient toutes sur une ligne continue, vous vous arrêteriez seulement par A et commenceriez par B.

Alors vous ne les auriez que sur un seul niveau et sur une seule ligne ? — En général ; cela me semble être le principe du bon sens.

M. Richmond. Alors vous désapprouvez l'ensemble de l'accrochage européen de tableaux dans les galeries ? — Je trouve cela parfois très beau, mais pas à imiter. Il produit les pièces les plus nobles. Personne ne peut qu'être impressionné par la première salle du Louvre, où se trouvent les plus nobles tableaux vénitiens, une masse de feu sur les quatre murs ; mais alors aucun des détails de ces images ne peut être vu.

Doyen de Saint-Paul. Vous avez là un très bel effet général, mais vous perdez l'effet des beautés de chaque tableau individuel ? — Vous perdez toutes les beautés, tous les mérites supérieurs ; vous obtenez simplement votre idée générale. C'est une salle parfaitement splendide, dont une grande partie de l'impression dépend de la conscience du spectateur qu'elle est si coûteuse.

122. Voudriez-vous que ces galeries elles-mêmes soient richement décorées ? — Pas richement, mais agréablement.

Brillamment, mais pas trop brillamment ?—Pas trop brillamment. Je n'ai pas abordé cette question, car cela ne me dérange pas ; mais je pense, en général, qu'il faut prendre grand soin de donner une certaine splendeur, un certain effet magnifique, afin que le spectateur puisse se sentir au milieu des choses splendides ; afin qu'il n'y ait ni inconfort, ni maigreur, ni manque de respect pour les choses qui sont montrées.

123. *M. Richmond.* Pensez-vous alors que l'art serait plus dignement traité, et que le goût du public et les artistes seraient mieux servis, en ayant une

collection d'œuvres encore plus petite ainsi agencée, plutôt que par une collection beaucoup plus grande simplement logée et accrochée à quatre ou cinq profondeurs, comme dans un salle des ventes ? — Oui. Mais vous me proposez un choix difficile, car je pense qu'il est très important que nous ayons beaucoup de photos. Des résultats totalement nouveaux pourraient être obtenus à partir d'une grande galerie dans laquelle la disposition chronologique était parfaite, et dont les conservateurs préparaient cette disposition chronologique, en laissant des vides à combler par des acquisitions futures ; prendre le plus grand soin dans le choix des exemples, afin qu'ils soient parfaitement caractéristiques ; donner un prix plus élevé à un tableau tout à fait caractéristique et expressif des habitudes d'une nation ; car il me semble que l'une des principales utilisations de l'art à l'heure actuelle n'est pas tant l'art que l'enseignement des sentiments des nations. L'histoire nous dit seulement ce qu'ils ont fait ; L'art nous raconte leurs sentiments et pourquoi ils l'ont fait : s'ils étaient énergiques et fougueux, ou s'ils imitaient, comme dans le cas des Hollandais, des choses mineures, calmes et froides. Toutes ces expressions de sentiments ne peuvent pas sortir de l'Histoire. Même l'historien contemporain ne les ressent pas ; il ne sent pas ce qu'est sa nation ; mais rassemblez les œuvres du même maître, les œuvres de la même nation, et les œuvres du même siècle, et voyez comment la chose s'imposera à l'observation de tous.

124. Vous n'excluriez donc pas l'œuvre authentique de maîtres inférieurs ? — Pas du tout.

Vous auriez le tout dans la mesure où vous pourriez l'obtenir ? — Oui, dans la mesure où c'était caractéristique ; mais je pense qu'on ne peut guère appeler un maître inférieur celui qui fait de la meilleure manière possible la chose qu'il entreprend de faire ; et je n'accepterais aucun maître qui n'excelle pas d'une manière ou d'une autre. Par exemple, je ne prendrais pas parmi les Hollandais un simple imitateur de Cuyp ; mais Cuyp lui-même a fait des choses insurmontables dans certaines expressions de soleil et de repos. Vander Heyden et d'autres peuvent également être mentionnés comme étant de premier ordre dans des lignes inférieures.

Depuis l'essor de l'art jusqu'à l'époque de Raphaël, incluriez-vous à la National Gallery des exemples de tous ces maîtres dont les noms sont parvenus aux plus érudits d'entre nous ? — Non.

Où traceriez-vous la ligne et où commenceriez-vous à laisser de côté ? Je ne tracerais la ligne que lorsque j'achetais un tableau. Je pense qu'on pourrait toujours mieux dépenser son argent en s'efforçant d'obtenir un tableau noble que cinq ou six tableaux de second ou troisième ordre, à condition seulement d'avoir des exemples du meilleur genre d'ouvrage produit à cette époque. Je n'aurais pas de photos de second ordre. On pourrait nommer des multitudes de maîtres parmi les disciples de Giotto ; vous pourriez avoir une ou deux photos de Giotto et une ou deux photos des disciples de Giotto.

Alors vous préféreriez vous fier à la beauté de l'œuvre elle-même ; si l'ouvrage était beau, vous l'avoueriez ? — Certainement.

Mais si cela n'était intéressant que d'un point de vue historique, le rejetteriez-vous alors ? Pas du tout. Je veux que ce soit historiquement intéressant, mais je veux un exemple aussi bon que possible de cette manière particulière.

Ne serait-il pas intéressant d'un point de vue historique s'il s'agissait de la seule image connue de ce maître en particulier, disciple de Giotto ? Par exemple, à supposer qu'une œuvre de Cennino Cennini soit mise au jour et qu'elle n'ait aucun mérite réel en tant qu'œuvre d'art, ne serait-il pas du devoir des autorités d'une galerie nationale de s'emparer de ce tableau et de payer peut-être plutôt un prix élevé pour cela ? — Certainement ; tout l'art documentaire que je devrais inclure.

Alors qu'excluriez-vous ? Simplement ce qui est inférieur, et non documentaire ; simplement un autre exemple du même genre de chose.

Alors vous ne multiplieriez pas les exemples des mêmes maîtres s'ils étaient des hommes inférieurs, mais vous en auriez un de chaque. Il n'y a aucun homme, je suppose, dont la mémoire nous est parvenue après trois ou quatre siècles, qui n'ait quelque chose qui mérite d'être conservé dans son œuvre — quelque chose de particulier à lui-même, que peut-être personne d'autre n'a jamais fait, et vous en retiendriez un exemple. de tels exemples, n'est-ce pas ? Je le ferais, si cela était en mon pouvoir, mais je préfèrerais, avec les fonds donnés, faire un effort pour obtenir des exemples parfaits.

Alors vous pensez que l'élément artistique doit présider à l'archéologique dans le choix ? — Oui, et à l'archéologique dans l'agencement.

125. *Doyen de Saint-Paul.* Lorsque vous parlez d'arranger consécutivement les œuvres d'un maître, prêteriez-vous ou non attention aux sujets ? Vous devez bien savoir que beaucoup de peintres, par exemple Corrège et d'autres, ont peint des sujets très incongrus ; préférez-vous les garder ensemble plutôt que de disperser les œuvres de ces peintres dans une certaine mesure selon leurs sujets ? — Je les garderais très certainement ensemble. Je pense que c'est une caractéristique importante du maître qu'il ait peint de manière incongrue, et très probablement le caractère de chaque tableau serait mieux compris en les voyant ensemble ; les relations de chacun sont parfois essentielles à voir.

M. Richmond. Pensez-vous que la conservation de ces œuvres soit une des premières et des plus importantes choses à prévoir ? — Il en serait de même pour moi en achetant un tableau. Je paierais le double du prix si je pensais qu'il risquait d'être détruit là où il se trouve.

Dans une note que vous m'avez écrite l'autre jour, je retrouve ce passage : « L'Art d'une nation me semble un des points les plus importants de son histoire, et une partie qui, une fois détruite, aucune histoire ne remplacera jamais la place. de... et la première idée d'une galerie nationale est qu'elle doit être une bibliothèque d'art, dans laquelle les efforts les plus grossiers ne sont, dans certains cas, à peine moins importants que les plus nobles. Est-ce votre opinion ? — Parfaitement. Cela semble quelque peu incompatible avec ce que j'ai dit, mais je parle ici des efforts les plus nobles de l'époque où ils sont produits. Je me donnerais la plus grande peine pour me procurer un exemple d'œuvre du XIe siècle, bien que la peinture soit parfaitement barbare à cette époque.

126. Vous avez beaucoup à voir avec l'éducation des classes ouvrières en matière d'art. Pour autant que vous puissiez nous le dire, quelle est votre expérience en ce qui concerne leurs goûts et leurs aversions pour l'art : les personnes relativement peu instruites préfèrent-elles l'art jusqu'à l'époque de Raphaël, ou depuis l'époque de Raphaël ? - nous prendrons l'école bolognaise, ou la première école florentine — laquelle pensez-vous qu'un ouvrier éprouverait le plus grand intérêt à regarder ? — je ne peux pas vous le dire, parce que mes ouvriers n'auraient pas le droit de regarder un tableau bolognais ; Je leur enseigne tellement l'amour du détail, que dès qu'ils voient un détail soigneusement dessiné, ils sont captivés. La principale chose qui m'a surpris en traitant avec ces hommes, c'est l'extrême raffinement de leur esprit, de sorte qu'en un instant je peux obtenir des charpentiers, des forgerons, des ouvriers ordinaires et diverses classes pour me donner un raffinement que je ne peux pas obtenir. jeune femme à me donner lorsque je lui donne une leçon pour la première fois. Soit que ce soit l'habitude du travail qui les pousse à s'y mettre plus intensément, soit que ce soit (comme je le pense plutôt) que, comme l'esprit féminin cherche la force, l'esprit masculin cherche la délicatesse, et quand on le prend simplement, et donnez-lui son choix, il ira vers la chose la plus raffinée, je ne sais pas.

Doyen de Saint-Paul. Voyez-vous une amélioration perceptible dans l'état d'esprit et dans les goûts du public à cet égard depuis que ces mesures ont été adoptées ? — Nous n'avons pas eu le temps d'en juger.

127. Ces personnes qui s'intéressent à l'art viennent-elles de différents quartiers de Londres ? — Oui.

Bien sûr, la distance qu'ils devraient parcourir serait d'une très grande importance ? — Oui.

C'est pourquoi l'une des grandes recommandations d'une galerie, si l'on veut qu'elle ait un effet sur l'esprit du public à cet égard, serait son accessibilité, tant en ce qui concerne le temps passé à s'y rendre, qu'en termes de prix abordable, comme je peux le dire. appelez-le, d'accès ? — Très certainement.

Pensez-vous donc que plus la situation serait centrale, indépendamment de tout autre point, plus elle serait avantageuse pour le public ? — Oui ; Il y a cependant une chose à dire : une situation centrale implique une salle remplie de personnes totalement indifférentes à la question – une situation plus retirée sera généralement assez utile pour le véritable étudiant.

Cela ne dépendrait-il pas beaucoup de sa situation dans une artère ? Il pourrait y avoir une situation centrale qui ne constituerait pas une voie de passage assez complète pour tenter d'y entrer des personnes qui ne seraient pas susceptibles d'en tirer avantage ? — Je pense que si cette galerie était aussi grande et aussi belle que nous le proposons, ce serait plutôt un resort, plutôt un salon tous les jours, et à longueur de journée, pourvu qu'il soit accessible.

128. Cela ne dépendrait-il pas en grande partie de sa présence sur la voie publique ? Si c'était dans une voie publique, un grand nombre de personnes pourraient y passer, qui seraient conduites par accident, ou par caprice, si elles la dépassaient ; mais s'il était à une petite distance d'une voie de circulation, il serait moins encombré de personnes qui ne risquent pas d'en tirer beaucoup d'avantages ? — Tout à fait ; mais il y aurait toujours un avantage à attirer la foule ; il étendrait toujours sa capacité éducative dans un lieu surpeuplé. Mais il me semble que tout ce qui est nécessaire à un noble musée du meilleur art devrait être plus ou moins supprimé, et qu'une collection, uniquement destinée à l'éducation et à l'intérêt des gens qui ne s'en soucient pas beaucoup, sur l'art, devraient être fournis, si possible, au sein même de la population, des images non pas de grande valeur, mais d'une valeur suffisante pour intéresser le public et d'assez de mérite pour former la base de l'éducation précoce et donner des exemples de tous les objets d'art devraient être rassemblés dans la Galerie populaire, mais que toutes les choses précieuses devraient être retirées et placées dans la grande Galerie, où elles seraient le plus en sécurité, indépendamment de leur accessibilité.

Président. Alors vous auriez en effet non pas une mais deux galeries ? — Deux seulement.

129. *Professeur Faraday.* Et vous sembleriez vouloir exprès de déplacer la véritable galerie principale à une certaine distance, afin d'empêcher le grand accès des personnes ? — Oui.

Vous pensez que tous ceux qui pourraient faire un réel usage d'une Galerie iraient à celle-là ? — Oui. Mon opinion à cet égard a été modifiée au cours de ces quelques jours, du fait qu'il a été porté à ma connaissance que la sculpture était très détériorée par l'atmosphère et par l'impossibilité totale de protéger la sculpture. Les images ne m'intéressent pas, car je peux les protéger, mais pas la sculpture.

Doyen de Saint-Paul. D'où tirez-vous cette connaissance ? — J'oublie qui me l'a dit ; c'était une autorité que je pensais concluante et dont je n'ai donc pas pris particulièrement note.

130. *Président.* Ne trouvez-vous pas qu'il est assez préjudiciable à l'art qu'il y ait une galerie notoirement contenant non des œuvres d'art de premier ordre, mais des œuvres de second ou de troisième ordre ? Je pense qu'il est plutôt précieux, en tant qu'expression des moyens d'éducation, qu'il y ait des leçons précoces d'art, que ce genre d'art soit choisi spécialement pour les premières études, et aussi qu'il y ait une reconnaissance de l'extrême valeur de l'art. un autre art. Je pense que certaines parties devraient être mises de côté comme étant intéressantes, mais pas irremplaçables ; mais que d'autres parties devraient être mises de côté comme étant des choses pour lesquelles la fonction de la nation était principalement de prendre soin de ces choses, non seulement pour elle-même, mais pour tous ses descendants, et de donner l'exemple en prenant soin d'elles. pour toujours.

Vous ne pensez donc pas qu'il y aurait un quelconque danger à étudier ou à copier des œuvres qui ne sont notoirement pas les meilleures ? — Au contraire, je pense qu'il vaudrait mieux que les œuvres qui ne sont pas tout à fait les meilleures soient d'abord soumises. . Je ne devrais jamais songer à donner moi-même le meilleur travail à un étudiant pour qu'il le copie : c'est sans espoir ; il n'en sentirait pas les beautés, il se contenterait de faire des gaffes. Je suis parfaitement certain que cela ne peut être utile dans la branche particulière de l'art que je professe, à savoir la peinture de paysages ; Je sais que je dois donner plus ou moins de mauvais exemples.

M. Richmond. Mais vous n'admettrez rien dans cette seconde galerie qui ne soit bon ou vrai en son genre ? — Rien qui ne soit bon ou vrai en son genre, mais seulement inférieur en valeur aux autres.

Et s'il y avait d'autres œuvres qui pourraient y être déposées en toute sécurité, par exemple des dessins précieux, qui pourraient être protégés par du verre, vous ne vous opposeriez pas à les exposer à une multitude non choisie ? — Pas du tout ; J'en serais très heureux, à condition de pouvoir les épargner du grand arrangement chronologique.

Pensez-vous qu'une exposition supplémentaire très intéressante pourrait être organisée, par exemple à Trafalgar Square, et y être conservée ? — Oui, et d'autant plus utile qu'on y mettrait peu d'œuvres, et qu'on pourrait la réaliser en série — et parce que, à petite échelle, vous auriez la série entière. En sélectionnant quelques œuvres, vous obtiendriez un aperçu de la Grande Galerie, les divisions de la chronologie étant toutes situées dans le compartiment d'un mur qui, dans la grande Galerie, se trouverait dans une division distincte du bâtiment.

131. *M. Cockerell.* Envisagez-vous la possibilité d'exposer d'excellentes copies des œuvres les plus excellentes de la sculpture et de la peinture ? — Je n'ai pas envisagé cette possibilité. J'ai une grande horreur des copies de toute sorte, sauf seulement de la sculpture. J'ai une grande peur des copies de peinture ; Je pense que les gens captent généralement les pires parties du tableau et laissent le meilleur.

Mais vous choisiriez l'artiste qui devrait faire la copie. Il y a des personnes dont tout le talent est concentré dans le pouvoir d'imiter un tableau donné, et c'est un grand talent. — Je n'ai jamais vu de ma vie une bonne copie d'un bon tableau.

Président. N'avez-vous pas vu aucune des copies allemandes de quelques-uns des grands maîtres italiens, qui sont généralement considérées comme des ouvrages très admirables ? — Je n'ai pas beaucoup étudié les ouvrages des copistes ; Je ne les ai pas beaucoup observés, n'ayant jamais trouvé encore d'exception à cette règle que j'ai évoquée. Quand je rencontrais un copiste dans la Galerie du Vatican ou dans la Galerie de Florence, j'avais horreur du méfait, du scandale et de la calomnie envers le maître, en supposant qu'une chose pareille ne pouvait en aucune manière ressemblait à son œuvre, et le mal qu'elle ferait à la population parmi laquelle elle était montrée.

M. Richmond. Vous le considérez comme vous le feriez si vous frappiez de la mauvaise monnaie et la faisiez circuler, en faisant du mal ? — Oui, c'est malicieux.

M. Cockerell. Mais vous admettez les gravures — vous admettez les photographies de ces œuvres, qui sont des imitations dans une autre langue ? — Oui ; en termes abstraits, ce sont plutôt des descriptions de tableaux que des copies – ce sont plutôt des mesures et des définitions de ceux-ci – ce sont des indices et des tableaux des tableaux, plutôt que des copies de ceux-ci ; ils ne prétendent en aucun cas à la même excellence.

Vous parlez en connaisseur ; Comment l'œil commun du public serait-il d'accord avec vous dans cette opinion ? Je pense qu'il ne serait pas d'accord avec moi. Néanmoins, si je conduisais quelques-uns de mes ouvriers à la

National Gallery, j'aurais bientôt quelque espoir de leur faire comprendre en quoi consiste l'excellence, si je pouvais leur montrer une œuvre authentique ; mais je n'aurais aucun espoir de ce genre si je n'avais que des copies de ces tableaux.

132. Attachez-vous beaucoup aux séries et à l'enseignement des images archéologiques, chronologiques et historiques ? — Oui.

Pensez-vous que cela soit essentiel à l'enseignement créatif, en référence à nos écoles futures ? — Non. Je devrais penser que ce n'est pas essentiel du tout. L'enseignement du futur artiste, je pense, pourrait être accompli par très peu de tableaux de la classe que cet artiste particulier souhaitait étudier. Je pense que l'ordre chronologique n'a aucune relation avec l'efficacité générale de la galerie en tant que matière d'étude pour l'artiste, mais bien en tant que moyen d'étude, non pas pour ceux qui s'intéressent uniquement à la peinture, mais pour ceux qui souhaitez examiner l'histoire générale des nations; et je pense que la peinture devrait être considérée par cette classe de personnes comme contenant des preuves précieuses. Cela ferait partie du travail du philosophe d'examiner l'art d'une nation ainsi que sa poésie.

Vous considérez que l'art parle un langage et raconte une histoire qu'aucun document écrit ne peut réaliser ? — Oui, et bien plus précieux ; l'âme entière d'une nation accompagne généralement son art. Un roi ambitieux peut la pousser à devenir une nation guerrière. Elle peut être formée par un seul chef pour devenir une *grande* nation guerrière, et son caractère à ce moment-là peut dépendre matériellement de cet homme unique, mais dans son art tout l'esprit de la nation est plus ou moins exprimé : on peut dire : c'était ce que cherchait le paysan lorsqu'il se rendait le matin en ville à la cathédrale – c'était le genre de livre que le pauvre lisait ou dans lequel il apprenait – le genre d'image pour laquelle il priait. Tout cela implique des considérations infiniment plus importantes que l'histoire commune.

133. *Doyen de Saint-Paul.* Quand vous parlez de vos objections aux copies de tableaux, exprimez-vous cette objection aux moulages de sculptures ? — Pas du tout.

En supposant qu'il ne puisse y avoir une union complète des grandes œuvres de sculpture d'un pays avec les grandes œuvres de peinture de ce pays, considéreriez-vous qu'une bonne sélection de moulages comprenant les grands restes de sculpture de tous âges constituerait un ajout important à une galerie publique ? — Je serais très heureux de la voir.

Si vous ne pouviez pas l'avoir d'originaux, vous souhaiteriez beaucoup avoir une collection complète de moulages, choisis bien entendu parmi toutes les plus belles sculptures du monde ? — Certainement.

M. Richmond. Feriez-vous la même chose avec l'architecture — rassembleriez-vous les restes de l'architecture, dans la mesure où ils doivent être collectés, et les uniriez-vous à la sculpture et à la peinture ? — Je pense que l'architecture consistait, dans la mesure où elle était portable, en grande partie en sculpture. En disant cela, je veux dire que dans les différentes branches de la sculpture il s'agit de l'architecture, c'est-à-dire que vous auriez les statues appartenant à telle ou telle division d'un édifice. Ensuite, si vous aviez des moulages de ces statues, vous placeriez nécessairement ces moulages exactement dans la même position que les statues originales – cela implique les bâtiments qui les entourent et l'élévation – cela implique toute l'architecture.

En plus de cela, auriez-vous des dessins originaux d'architecture, des modèles de grands édifices et des photographies, si elles pouvaient être rendues permanentes, des grands édifices ainsi que des moulures et des moulages des moulures, et des membres jusqu'à pourriez-vous les obtenir ? — Tout à fait.

Voudriez-vous également inclure, dans la National Gallery, ce qu'on peut appeler l'artisanat d'une nation : les œuvres d'usage domestique ou d'ornement ? Par exemple, nous savons qu'il y avait des saleres conçues pour l'un des papes ; les auriez-vous s'ils venaient à nous ? — Tout, casseroles et poêles, salières et couteaux.

Vous auriez tout ce qui comporte un élément artistique intéressant ? — Oui.

Doyen de Saint-Paul. Bref, une galerie pompéienne moderne ? — Oui ; Je sais à quel point cela implique une plus grande ampleur, mais je pense que vous devriez inclure tout le travail du fer, la porcelaine, la poterie, etc. Je pense que toutes les œuvres en métal, toutes les œuvres en terre cuite, toutes les œuvres en bois sculpté doivent être incluses. Bien sûr, cela implique beaucoup. Cela implique toutes les pièces de monnaie – cela implique une étendue immense.

134. A supposer qu'il soit impossible de concentrer l'ensemble de ces choses dans un seul grand musée, où préféreriez-vous fixer la limite ? Voudriez-vous tracer une ligne de démarcation entre ce que je pourrais appeler l'ancien monde païen et le monde chrétien moderne, et ainsi laisser à ce que l'on pourrait appeler le monde antique, toute la sculpture ancienne et tous les fragments de peinture ancienne qui pourraient exister - tous les vases, tous les bronzes anciens, et enfin tout ce qui remonte à une certaine époque ? Pensez-vous que ce serait la meilleure division, ou devriez-vous préférer une division qui prend en charge les arts spéciaux et maintient ces arts ensemble ? — J'aimerais la division païenne et chrétienne. Je pense qu'il est très essentiel que là où se trouve la sculpture d'une nation, là soit sa ferronnerie ; que là où se trouve sa ferronnerie, là soit sa poterie, et ainsi de suite.

Et vous garderiez les œuvres médiévales ensemble, sous quelque forme que ces œuvres médiévales existaient ? — Oui ; Je ne devrais pas du tout me sentir blessé d'avoir à faire un trajet en taxi d'un siècle à l'autre.

Ou du monde ancien au monde moderne ? — Non.

M. Richmond. S'il était jugé commode de séparer l'art païen et l'art chrétien, à quoi associeriez-vous l'art médiéval ? — Par « art chrétien et art païen », j'entends avant le Christ et après le Christ.

Alors le moyen âge viendrait avec les peintures ? — Oui ; et aussi l'art mahométan et tout l'art païen qui a suivi le Christ, je devrais les associer comme une partie et une partie très essentielle, car il me semble que l'histoire du christianisme est perpétuellement compliquée avec celle que le christianisme effectuait. Il s'agit donc d'une question de date et non de christianisme. Tout ce qui était avant Christ, je serais heureux de le voir séparé, ou vous pouvez prendre n'importe quelle autre date que vous voulez.

Mais l'inspiration des deux écoles, la païenne et la chrétienne, semble si différente, qu'il n'y aurait pas beaucoup de violence faite à la véritable théorie d'une galerie nationale en divisant ces deux écoles, n'en serait-il pas ainsi, si chacune était complète en elle-même ? — C'est-à-dire prendre l'esprit du monde après que le christianisme y était, et l'esprit du monde avant que le christianisme y soit.

Doyen de Saint-Paul. La naissance du Christ, dites-vous, est le commencement de l'art chrétien ? — Oui.

Alors commença l'influence chrétienne, et, bien entendu, cela laisserait un petit terrain discutable, notamment parmi les ivoires par exemple, qu'il faudra trancher selon les circonstances ? — Au-delà de tout terrain discutable, tout l'art d'une nation qui n'avait jamais entendu parler du christianisme, de l'art hindou et ainsi de suite, iraient, je suppose, s'ils étaient de l'ère chrétienne, dans la galerie chrétienne.

Je parlais plutôt de la période de transition, qui, bien entendu, doit exister ? — Oui.

M. Cockerell. Il doit y avoir une distinction entre les termes « musée » et « galerie ». Quelles distinctions feriez-vous dans le cas présent ? Je pense que « musée » était le bon nom pour l'ensemble du bâtiment. Une « galerie » est, à mon avis, simplement une pièce d'un musée adaptée à l'exposition d'œuvres en série, dont l'effet dépend de leur présentation complémentaire.

135. Il y a certainement des gens qui tireraient leur principal avantage de l'arrangement historique et chronologique que vous proposez, mais il y en a

d'autres qui cherchent seuls le beau et qui disent : « Je n'ai rien à voir avec votre pédantisme. Je désire " J'ai le beau devant moi. Montre-moi ces œuvres complètes et parfaites qui sont reçues et connues comme les œuvres de Phidias et des grands maîtres grecs, autant que nous les possédons, et les œuvres des grands peintres italiens. Je n'ai pas le temps, ni est-ce que mon génie me permet de m'occuper de ces détails. Il existe une grande classe qui est guidée par ces sentiments ? — Et j'espère qui sera toujours guidée par eux ; mais je consulterais assez leurs sentiments en leur présentant les plus belles œuvres d'art. Tout ce que je les prierais de céder, ce serait de ne regarder que Titien, ou Raphaël seulement, et de ne pas vouloir avoir Titien et Raphaël côte à côte ; et je pense que je pourrais leur apprendre, par beauté, qu'ils jouissaient mieux de Titien et Raphaël seuls que mélangés. Alors je leur fournirais de belles galeries pleines des sculptures les plus nobles. Chaque fois que nous venons, en tant que pays et nation, fournir de belles sculptures, il me semble que nous devrions prendre le plus grand soin pour les mettre en valeur. Vous devriez avoir une belle sculpture au milieu de la pièce, avec des murs sombres autour pour en faire ressortir le profil, et vous devriez y faire faire tous les arrangements de manière à s'harmoniser avec elle et à en faire ressortir chaque ligne. Ainsi, la galerie de peintures, je pense, pourrait devenir une chose glorieuse, si les tableaux étaient de niveau et si l'architecture au-dessus produisait une unité d'impression à partir de la beauté et de l'éclat des couleurs et de la pureté des formes.

M. Richmond. Et vous n'excluriez pas un Crevelli parce qu'il était pittoresque, ou l'un des premiers maîtres d'une école – vous auriez l'enfance, la jeunesse et l'âge de chaque école, n'est-ce pas ? – Certainement.

Doyen de Saint-Paul. Des Allemands comme des Italiens ? — Oui.

M. Richmond. L'espagnol et toutes les écoles ? — Certainement.

136. *M. Cockerell.* Vous connaissez bien la grande libéralité du gouvernement, comme nous l'apprenons les journaux, dans un cas récent, à savoir l'achat d'un grand Paul Véronèse ? — J'en suis heureux. Si cela se confirme, plus rien ne m'aura procuré un tel plaisir depuis longtemps. Je pense que c'est le Paul Véronèse le plus précieux au monde, en ce qui concerne l'achèvement du tableau, et un tableau tout à fait inestimable.

Pouvez-vous concevoir un gouvernement ou un peuple qui accepterait un achat si coûteux, condescendant à occuper l'étage supérieur de quelque édifice public, ou à un expédient qui ne serait pas tout à fait digne d'une si noble galerie d'art ? Des images ? — Je ne crois pas qu'ils devraient le faire ; mais je ne sais pas dans quelle mesure ils seront cohérents. Je pense certainement qu'ils ne devraient pas tolérer un tel expédient. Je ne suis pas prêt à dire quelles sont les limites de la cohérence ou de l'incohérence.

M. Richmond. Je comprends que vous ayez déclaré dans votre témoignage que, selon vous, une collection nationale devrait illustrer l'ensemble de l'art dans toutes ses branches ? — Certainement.

Pas un cabinet de peintures, pas une collection d'œuvres sculptées, mais une illustration de tout l'art ? — Oui.

137. Avez-vous autre chose à faire aux commissaires ? — Je désire dire un mot concernant la question de la restauration de la statuaire. Cela me semble une question très simple. La restauration fait actuellement beaucoup de mal en Europe, plus de mal que n'en ont jamais fait, à ma connaissance, les révolutions ou les guerres. Les Français font maintenant beaucoup de mal à leurs cathédrales, sous l'idée qu'ils font du bien, détruisant plus que tout le bien qu'ils font. Et tout cela vient de la grande erreur de supposer que la sculpture peut être restaurée lorsqu'elle est blessée. Je suis très intéressé par la question que l'un des commissaires m'a posée à ce propos ; et je dirais s'il ne semble pas facile d'éviter toutes les questions de ce genre. Si la statue est blessée, laissez-la ainsi, mais fournissez une copie parfaite de la statue dans sa forme restaurée ; offrez, si vous le souhaitez, des prix aux sculpteurs pour des restaurations conjecturales, et choisissez les plus belles, mais ne touchez pas à l'œuvre originale.

138. *Professeur Faraday.* Vous avez dit il y a quelque temps que, dans vos propres efforts d'instruction du public, vous n'aviez pas encore eu le temps de voir si la voie suivie avait produit ou non une amélioration. Vous ne voyez aucun signe qui vous amènerait à supposer que cela ne produirait pas l'amélioration que vous désirez ? Loin de là, j'ai compris que le doyen de Saint-Paul me demandait si un effet général avait été produit sur l'esprit des publique. Je n'enseigne que depuis quelques années à une classe d'une quarantaine d'ouvriers, après leur travail - ils n'y assistent pas toujours - et cette quarantaine étant composée de personnes décédées et revenant ; et je ne sais pas ce qu'ils font maintenant ; Je ne vois qu'une succession progressive d'hommes dans ma propre classe. Je préfère les prendre dans une classe élémentaire, et les transmettre à un master dans une classe supérieure. Mais j'ai le plus grand plaisir dans les progrès que ces hommes ont faits, autant que je l'ai vu ; et je n'ai aucun doute que de grandes choses seront faites à leur égard.

Président. Pouvez-vous préciser quel poste vous occupez ? Je suis maître de l'école élémentaire et paysagère de dessin au Working Men's College de Great Ormond Street. Mes efforts ne visent pas à faire d'un menuisier un artiste, mais à le rendre plus heureux en tant que menuisier.

REMARQUE .—L'analyse suivante des preuves ci-dessus a été donnée dans l'index du rapport (p. 184).— ED .

114-5-6. La sculpture et la peinture doivent être combinées sous le même toit, et non dans la même pièce. — La sculpture discipline l'œil pour qu'il apprécie la peinture. — Mais si elle est dans la même pièce, elle dérange l'esprit. — La tribune de Florence est trop disposée pour le spectacle. — La sculpture ne doit pas être considéré comme *décoratif* d'une pièce. — La Galerie Nationale devrait comprendre des œuvres d'art de toutes sortes , *de tous âges* , classées chronologiquement (*cf.* 132). La sculpture médiévale devrait aller avec la peinture, s'il s'avère impossible de combiner les arts de tous les âges.

117-8. Les images doivent dans tous les cas être protégées par du verre. Cela les rend plus beaux, indépendamment de la conservation. — Le verre n'est pas seulement utile, mais essentiel. — Les tableaux sont définitivement endommagés par la saleté.

119-20-21. Les grands tableaux de premier ordre doivent avoir une pièce à part et une galerie autour d'eux. — Les tableaux doivent être accrochés sur une ligne avec l'œil. — Sur une ou deux lignes au plus. — Dans le Salon Carré du Louvre, le L'effet est magnifique, mais les détails des images ne sont pas visibles.

122. Les galeries ne doivent pas être décorées de manière splendide, mais agréablement.

123. Grande importance de l'ordre chronologique. L'art la plus vraie histoire (*cf.* 125 et 132).

124. Les meilleures œuvres d'artistes inférieurs doivent être sécurisées.

125. Toutes les œuvres d'un peintre, si incongrus soient leurs sujets, à exposer en juxtaposition.

126. Amour du détail dans les images chez les ouvriers. — Grand raffinement de leurs perceptions.

127. Accessibilité de la nouvelle Galerie nationale.

128. Il devrait y avoir deux galeries : l'une contenant des pierres précieuses, placée dans un endroit aussi *sûr* que possible ; l'autre contenant des œuvres bonnes, mais inférieures aux plus élevées, et situées uniquement en vue d'accessibilité.

129. Impossible de protéger *la sculpture* de l'atmosphère londonienne.

130. La galerie inférieure serait utile comme instructeur. — Supérieure à cet égard à la grande galerie.

131-32. *Copies* de peintures à déconseiller.

133. Bonne collection de moulages, un ajout précieux à une galerie nationale. — Également des fragments architecturaux et des illustrations. — Et tout ce qui concerne l'art.

134. S'il est impossible de combiner les œuvres d'art de tous âges, la division païenne et chrétienne est la meilleure. — L'art « chrétien » comprenant *tout* l'art postérieur à la naissance du Christ.

135. Grande importance de l'agencement et de la mise en valeur de la sculpture.

136. Achat récent par le gouvernement du grand Paul Véronèse.

137. « Restauration » à l'étranger.

138. Witness est maître de l'école élémentaire et paysagère de dessin du Working Men's College de Great Ormond Street. — Progrès réalisés par les étudiants très satisfaisants.

NOTES DE BAS DE PAGE :

[1] Ce témoignage, donné par M. Ruskin comme indiqué ci-dessus, est tiré du rapport de la National Gallery Site Commission. Londres : Harrison et fils. 1857. P. 92-7. Questions 2392 à 2504. La Commission était composée de Lord Broughton (président), de Dean Milman, du professeur Faraday, de M. Cockerell, RA et de M. George Richmond, qui étaient tous présents à l'occasion du témoignage de M. Ruskin. — Ed .

GALERIES DE PHOTOS—LEURS FONCTIONS ET FORMATION.

COMMISSION SÉLECTIONNÉE DES INSTITUTIONS PUBLIQUES. [2]

Témoignage de John Ruskin, mardi 20 mars 1860.

139. *Président.* Je crois que vous connaissez généralement les principaux musées, galeries de tableaux et institutions de cette métropole ? — Oui, je les connais bien.

Et surtout les photos ? — Oui.

Je crois que vous avez également manifesté beaucoup d'intérêt pour le Working Men's College ? — Oui, beaucoup d'intérêt. J'y suis occupé en tant que maître depuis environ cinq ans.

Je crois que vous donnez un cours deux jours par semaine ? — Un seul jour par semaine.

Vous avez donné beaucoup d'instruction gratuite aux classes populaires ? — Pas tant aux classes populaires qu'à la classe qui assiste surtout aux cours de dessin, mais qui, bien entendu, est liée aux classes populaires, et par laquelle je sais quelque chose à leur sujet.

140. Pouvez-vous probablement parler des heures auxquelles il serait le plus convenable que ces institutions soient ouvertes aux classes populaires, afin qu'elles puissent en jouir ? — En tout cas, je peux me faire une opinion à ce sujet. .

Quelles sont les heures qui, selon vous, conviendraient le mieux aux classes populaires ou à celles à qui vous avez donné une instruction ? — Elles n'auraient, bien entendu, en général, d'heures que le soir.

Pensez-vous que les heures qui conviennent actuellement aux instituts de mécanique leur conviendraient, c'est-à-dire de huit à dix heures, ou de sept à dix heures du soir ? — Le plus tôt sera le mieux, je pense ; cela dépend étroitement de l'autre question beaucoup plus importante, celle de savoir comment préparer les ouvriers à tirer profit de ces institutions. La question qui se pose à nous, en tant que nation, n'est pas, je pense, de savoir quelles opportunités nous donnerons aux ouvriers d'instruction, à moins que nous ne leur permettions de la recevoir ; et tout cela est étroitement lié, dans mon esprit, à la question finale du début, et à la question plus difficile qui en découle, jusqu'à quel point vous pouvez réglementer les heures de travail, et jusqu'où vous pouvez obtenir le travail pendant ces périodes . les heures ne sont pas compétitives et ne sont pas oppressives pour les ouvriers.

141. Avez-vous constaté que l'instruction que vous avez pu donner aux classes ouvrières a déjà produit sur elles de très bons résultats ? Je ne devrais peut-être pas parler de mes propres modes d'instruction, car leur tendance est plutôt de faire sortir l'ouvrier de sa classe, et je suis obligé en privé de faire comprendre à mes hommes qui viennent au Working Men's College, de ne pas apprendre dans l'espoir d'être autre chose que des ouvriers, mais d'apprendre ce qui peut leur être avantageux dans leur travail, ou les rendre heureux après leur travail. Dans ma classe, ils sont particulièrement tentés de songer à s'élever au-dessus de leur propre rang et à devenir artistes, à devenir quelque chose de meilleur que des ouvriers, et cet effet je redoute particulièrement. Je veux que tous les efforts visant à améliorer les ouvriers soient spécialement dirigés de cette manière : en supposant qu'ils doivent rester éternellement dans cette position, qu'ils n'ont pas la capacité de s'élever au-dessus, et qu'ils doivent travailler comme mineurs de charbon ou comme sidérurgistes. les faussaires, restant tels qu'ils sont ; comment alors pouvez-vous les rendre plus heureux et plus sages ?

Je suppose que vous admettriez que le désir de sortir d'une classe est presque inséparable du niveau de perfectionnement personnel que vous souhaiteriez leur donner ? – je ne pense pas ; Je pense que dès qu'un homme veut sortir de sa classe, il y fait mal son travail ; il doit désirer s'élever dans sa propre classe et non en sortir.

L'instruction que vous donneriez, suppose-t-on, serait bénéfique à l'ouvrier de la classe dans laquelle il se trouve ? — Oui.

142. Et cela ne concorde-t-il pas avec ce qu'ont prétendu de nombreux travailleurs, à savoir qu'ils ont découvert, dans leur concurrence avec les étrangers, que la connaissance de l'art leur était la plus bénéfique ? — Tout à fait.

Je crois que de nombreux étrangers sont désormais en concurrence avec les ouvriers de la métropole, dans les domaines où l'art est en jeu ? Je crois qu'ils sont nombreux, et qu'ils vont probablement encore s'accroître à mesure que les relations entre les nations se resserrent.

Pensez-vous que l'ouvrier individuel qui exécute aujourd'hui des œuvres d'art dans ce pays est moins apte intellectuellement à son métier qu'autrefois ?

N'en avez-vous pas quelques preuves que vous puissiez apporter au bénéfice du Comité ? — Je ne peux que faire une affirmation ; Je ne peux pas le prouver ; mais j'affirme avec confiance qu'aucun ouvrier dont j'ai examiné l'esprit n'est, à l'heure actuelle, capable de concevoir dans les arts, seulement d'imitation et d'exécution manuelle exquise, telle qu'elle est insurpassable par le travail de toute époque ou de toute époque. n'importe quel pays; l'exécution manuelle, qui cependant étant entièrement mécanique, est toujours inutile à l'homme lui-même, et finalement inutile à ceux qui possèdent l'ouvrage.

143. En ce qui concerne les institutions dans lesquelles des tableaux sont exposés, êtes-vous convaincu que les plus grandes facilités sont accordées au public, compatible avec les dépenses encourues actuellement ? — Je ne peux pas dire dans quelle mesure cela serait compatible avec les dépenses, mais je Je pense qu'une très petite augmentation de dépenses pourrait certainement entraîner une grande augmentation de commodité.

Divers projets ont été suggérés, par différentes personnes, pour améliorer la Galerie Nationale, en ce qui concerne l'espace, et pour une meilleure répartition des tableaux ? — Oui.

Pensez-vous qu'à un très faible coût, il serait possible d'augmenter considérablement la superficie de la National Gallery ? — Je n'ai pas examiné la question en ce qui concerne la superficie de la National Gallery. Cela dépend bien entendu de questions de loyer et de la manière dont le bâtiment est actuellement construit, que je n'ai pas examinées ; mais en général, cela est vrai pour les grands bâtiments, car des dépenses judicieusement orientées vers la fourniture de facilités pour voir les tableaux, et non vers la simple exposition du bâtiment, seraient toujours productives de bien plus de bien à la nation, et en particulier aux classes inférieures. de la nation, que des dépenses dirigées de toute autre manière, en référence à ces institutions.

144. Certaines personnes ont été disposées à douter que, si les institutions étaient ouvertes la nuit, les gaz ne seraient pas nocifs pour les tableaux ; serait-ce votre impression ? — Je ne doute pas qu'il ne serait préjudiciable aux tableaux, s'il entrait en contact avec eux. Ce serait pour moi un grand regret que des tableaux précieux soient ainsi exposés. J'ai espéré que l'on pourrait placer dans une galerie pour les classes populaires des tableaux qui les intéresseraient bien plus que les *chefs-d'œuvre* des grands maîtres, et qui en même temps ne constitueraient pas une grande perte pour la nation s'ils étaient détruits. .

145. Avez-vous eu une expérience du fonctionnement des ouvertures nocturnes du South Kensington Museum ? — Aucune expérience directe, mais j'ai l'impression que les ouvriers d'aujourd'hui sont obligés de penser toujours à faire autant de travail dans une journée qu'ils le peuvent. peuvent, sont généralement amenés dans ces institutions à regarder vers les machines,

ou vers tout ce qui touche à leur métier ; ce n'est donc pas un repos pour eux ; il se peut que parfois, lorsqu'ils sont autorisés à emmener leur famille, comme ils le font certains soirs, au musée de Kensington, cela constitue un grand pas ; mais le grand mal est que la pression du travail sur l'esprit d'un homme n'est pas supprimée, et qu'il n'a pas suffisamment de repos, un repos complet que lui donnent des explications appropriées des choses qu'il voit ; il n'est pas amené par une grande explication imprimée sous le sujet même à s'intéresser avec bonheur et sans douleur à chaque sujet qui lui est soumis ; il erre insouciant, s'efforce de découvrir des choses qui ne sont pas suffisamment expliquées, et peu à peu il s'en lasse, et il retourne chez lui, ou à sa taverne, à moins qu'il ne soit un homme très intelligent.

Recommanderiez-vous qu'une personne le suive à travers le bâtiment pour lui expliquer les détails ? — Non ; mais je recommanderais surtout que nos institutions soient calculées pour aider les personnes dont l'esprit est languissant de travail. Je trouve qu'avec les constitutions ordinaires, le travail d'une journée en Angleterre opprime un homme et le détruit, et ce n'est pas un rafraîchissement pour lui d'utiliser son esprit après cela, mais ce serait un rafraîchissement pour lui de se faire lire quoi que ce soit. , ou toute chose amusante qu'on lui dit, ou pour se reposer parfaitement ; il aime s'allonger sur sa chaise au coin de son feu et fumer sa pipe, plutôt que d'entrer dans un débat politique, et ce que nous voulons, c'est une extension de nos institutions artistiques, avec des choses intéressantes, enseigner à un homme et l'amuser au coin du feu. en même temps; surtout, de grandes explications imprimées sous chaque impression et chaque image ; et les sujets des images tels qu'ils peuvent en profiter.

146. Avez-vous une autre suggestion à proposer propre à éclairer le Comité sur le sujet qui lui a été confié ? — Je peux seulement dire quels ont été mes propres sentiments à l'égard de mes hommes. J'ai trouvé particulièrement que l'histoire naturelle leur était délicieuse ; Je pense que cela a particulièrement tendance à les détourner de leur travail, ce que j'essaie toujours de faire, non pas avec ambition, mais avec répit. Je voudrais ajouter à ce que j'ai dit sur le danger de blessure des *chefs-d'œuvre* , qu'un tel danger existe, non seulement pour les gaz, mais aussi pour le souffle, la variation de température, l'extension des toiles dans un sens différent. la température, l'extension de la peinture sur eux et les diverses opérations chimiques de la respiration humaine, le risque d'une fuite accidentelle de gaz, la circulation d'air diversement humide à travers les ventilateurs ; tout cela ne doit pas affecter les grandes et irremplaçables œuvres des meilleurs maîtres ; et ces ouvrages, je crois, sont totalement sans valeur pour les classes ouvrières ; leurs mérites sont entièrement imperceptibles, sauf à ceux qui ont consacré de nombreuses années d'études pour tâcher de se préparer à les découvrir ; mais ce qui manque à l'ouvrier, c'est une peinture historique d'événements nobles et

touchant à son propre pays ; l'histoire de son propre pays lui est bien représentée ; l'histoire naturelle des pays étrangers lui est bien représentée ; et le pathétique domestique présenté devant lui. Rien ne l'aide autant que de développer sa disposition morale plutôt qu'intellectuelle après son travail ; tout ce qui touche ses sentiments est bon et lui donne une nouvelle vie ; c'est pourquoi je veux des tableaux modernes, si possible, de cette classe qui ennobliraient et affineraient par leurs sujets. J'aimerais des estampes de tous les temps, des gravures de tous les temps ; ceux-ci l'intéresseraient par leur variété de moyens et de sujets ; et l'histoire naturelle de trois sortes, à savoir les coquillages, les oiseaux et les plantes ; pas les minéraux, car un ouvrier ne peut pas étudier la minéralogie chez lui ; mais quelle que soit la ville où il se trouve, il peut s'intéresser aux oiseaux et aux plantes, ou aux coquillages de son propre pays et de sa côte. Je voudrais d'abord la plus commune de toutes nos plantes, et la plus pleinement illustrée ; le plus commun de tous nos oiseaux et de nos coquilles, et les hommes seraient amenés à s'intéresser à ces choses uniquement pour leur beauté et pour leur charme particulier, indépendamment de tout usage qui pourrait en être fait dans les arts. Il devrait également y avoir, pour l'ouvrier le plus intelligent, qui veut réellement progresser dans son entreprise, des spécimens des manufactures de tous les pays, autant que l'étendue de ces institutions le permet.

147. Vous avez, je crois, beaucoup voyagé à l'étranger ? — Oui.

Et vous avez vu dans de nombreux pays étrangers qu'on s'intéresse bien plus à l'amélioration du peuple dans ce domaine que dans ce pays ? — Bien plus.

Pensez-vous pouvoir retracer les bons effets qui résultent de ce mode de traitement ? Les circonstances sont si différentes que je ne me sens pas en mesure de témoigner d'un effet précis résultant de tels efforts ; seulement, il va de soi qu'il doit en être ainsi. Il y a tellement de circonstances actuellement contre nous, en Angleterre, que nous ne devons pas nous attendre à un effet trop rapide. Je crois qu'une des grandes raisons de la supériorité des pays étrangers en matière de manufactures est qu'ils ont continuellement de plus belles choses sur eux, et il n'est pas possible à un homme qui a été élevé dans les rues de nos villes manufacturières d'atteindre un jour ce raffinement. œil ou sens; il ne peut pas le faire ; et il est habitué dans sa maison à endurer ce qui n'en émousse pas moins ses sens.

Le Comité a été informé qu'en ce qui concerne certains de nos musées, notamment le British Museum, ils sont très surchargés d'objets, et je crains que la même remarque ne soit vraie pour certaines de nos galeries de tableaux. Pensez-vous qu'il serait favorable à l'élévation générale de la population de ce pays si nos œuvres d'art et nos objets d'intérêt circulaient plus rapidement et plus facilement qu'aujourd'hui dans les divers districts manufacturiers ? Je pense que toutes les œuvres d'art précieuses doivent être traitées d'un point de vue tout à fait différent et qu'elles doivent être conservées ensemble là où les hommes dont le travail est principalement concerné par l'art et où les classes artistiquement plus élevées peuvent en profiter pleinement. Ils devraient donc être tous ensemble, comme au Louvre à Paris et comme aux Offices à Florence, tout étant illustrant autre chose, mais tenus à l'écart des collections destinées aux classes populaires, qui peuvent être aussi précieuses que vous choisissez, mais ils doivent être utilisables, et surtout situés de manière à ce que les classes populaires puissent les atteindre facilement, sans gardiens pour surveiller ce qu'elles font, avoir leurs femmes et leurs enfants avec elles, et pouvoir les atteindre. librement, afin qu'ils puissent considérer une chose comme la leur, non seulement comme celle de la nation, mais comme un cadeau de la nation à eux en tant que classe ouvrière.

Cultiveriez-vous le goût à l'âge impressionnable ? — Surtout dans l'éducation des enfants, ce n'est que la première question, je suppose, qui est à la base de tout ce que vous pouvez faire pour l'ouvrier.

148. En ce qui concerne la circulation des tableaux et les prêts de tableaux qui ont été faits jusqu'ici à Manchester et ailleurs, pensez-vous que, dans certains cas, pendant une partie de l'année, certains de nos meilleurs tableaux pourraient être prêtés pour à certaines périodes, à certaines villes, qu'elles soient restituées dans le même état, afin de donner à ces villes l'occasion de se faire une opinion sur elles, ce qu'elles n'auraient pas autrement ? — Je préférerais les garder toutes dans la métropole et déménager le moins possible lorsqu'ils ont de la valeur.

M. Slaney. Cela ne s'appliquerait pas aux prêts accordés par des messieurs indépendants disposés à prêter leurs tableaux ? Je serais très heureux s'il était possible de prêter des tableaux et de les envoyer. Je pense que c'est l'un des plus grands mouvements de la nation, montrant la gentillesse croissante des classes supérieures envers les classes inférieures, que cela a été fait ; mais je pense que rien ne peut justifier de risquer de nobles tableaux par chemin de fer, par exemple ; c'est, bien sûr, le point de vue d'un artiste sur la question ; mais je ne vois pas que l'avantage à en tirer correspondrait du tout au danger de perte qu'il en résulte.

149. *M. Hanbury.* Vous avez dit qu'il vous semblait très souhaitable qu'il y ait des conférences données aux classes populaires ? — Oui.

Pensez-vous que les doubles spécimens du British Museum pourraient être mis à disposition pour des conférences d'histoire naturelle, si une partie de cette institution pouvait être aménagée à cet effet ? — Je pense que oui ; mais c'est une question sur laquelle je n'ai pas le droit d'avoir une opinion. Seuls les responsables de l'institution peuvent dire combien de spécimens en double ils peuvent épargner.

Je vous pose la question parce que j'ai observé au British Museum que les gens s'intéressaient beaucoup au département d'histoire naturelle et, un jour, un de mes amis s'est arrêté et a expliqué certains des objets, et aussitôt un une foule très nombreuse était attirée autour de lui, et les fonctionnaires durent intervenir et lui dirent de partir. — Cela dépend bien plus de l'explication que de la chose expliquée, cela je crois, avec des collections très simples et de très petite valeur, mais bien choisi et présenté par un conférencier tout à fait intelligent, vous pourriez intéresser les classes inférieures et leur enseigner dans toute la mesure possible.

Serait-il difficile de trouver des conférenciers comme vous en parlez ? — Pas à temps ; peut-être le serait-il à l'heure actuelle, parce que nous avons tellement pris l'habitude de penser que la science consiste dans le langage et dans les beaux mots, et non dans la détermination de la nature des choses. L'ouvrier ne peut pas être trompé par de belles paroles ; il veut toujours savoir quelque chose sur la chose et ses propriétés. Beaucoup de nos conférenciers seraient, sans aucun doute, perplexes si on leur demandait d'expliquer les habitudes d'un oiseau commun.

150. Y a-t-il un désir croissant d'information et d'amélioration parmi les classes ouvrières ? Un désir assoiffé d'information et de perfectionnement dans toutes les directions, augmentant de jour en jour et susceptible de croître ; il grandirait grâce à ce dont il se nourrit.

À quoi attribuez-vous cette amélioration ? — En partie aux efforts sains et convenables qui ont été faits pour élever la classe ouvrière ; en partie, je suis désolé de le dire, à un désir ambitieux dans toute la nation d'arriver toujours à un point qu'elle n'a pas encore atteint et qui pousse un homme à lutter de toutes les manières. Je pense que l'idée selon laquelle la connaissance est le pouvoir est à la base du mouvement parmi les classes populaires, bien plus que dans n'importe quelle autre.

Considérez-vous que l'éloignement de nos institutions publiques soit un grand obstacle pour les classes populaires ? — Très grand, même.

Par conséquent, vous considéreriez probablement comme une aubaine si une autre institution telle que le British Museum pouvait être établie à l'extrémité est de la métropole ? Je serais très reconnaissant de le voir, surtout là-bas.

151. *M. Slaney.* Je pense que vous avez déclaré que vous considériez que pour les classes ouvrières, c'est une grande chose d'avoir l'esprit détendu après une activité intense de la journée ; qu'ils saisiraient l'occasion d'assister à des

conférences populaires sur des branches de l'histoire naturelle qu'ils pourraient comprendre, si elles leur étaient données dans un langage clair et simple ? — Oui.

Par exemple, si vous deviez donner une conférence populaire sur les oiseaux britanniques, en leur donnant une explication des habitudes des différents oiseaux, assistée par des planches assez bonnes, ou des figures décrivant les différentes habitudes de migration de ceux qui viennent chez nous au printemps, restez pendant l'été et partez en automne vers des pays lointains; de ceux qui viennent en automne, restent pendant l'hiver, puis nous quittent ; de ceux qui nous charment par leur chant et nous profitent de diverses manières ; Pensez-vous qu'une telle conférence serait acceptable pour les classes populaires ? — Ce serait justement ce qui leur plairait le plus et ce qui leur ferait le plus de bien.

Ne pensez-vous pas que de telles conférences pourraient être données sans trop de frais, en trouvant des personnes qui s'efforceraient de rendre les sujets clairs et agréables, ne nécessitant pas un appareil très coûteux, soit de figures, soit d'oiseaux, mais qui pourrait être signalé et leur expliquait-on de temps en temps ? — Non ; Je pense que de telles conférences ne seraient d'aucune utilité, à moins qu'un moyen permanent d'étude tranquille ne soit donné aux hommes entre temps. Autant que je sache, les cours sont toujours entièrement inutiles, sauf pour le plaisir, à moins qu'on ne leur donne l'occasion d'une étude intermédiaire précise, et bien que je désapprouve l'idée, d'un côté, de donner aux chefs- *d'œuvre* des plus hauts maîtres à l'ouvrier pour ses expériences quotidiennes, de sorte que je désapprouverais, d'un autre côté, toute idée d'économie si je voyais un plan précis pour aider un homme dans ses propres moments d'étude tranquille.

152. Il existe des ouvrages populaires sur les oiseaux britanniques auxquels les hommes pourraient être mentionnés, contenant des récits sur les oiseaux et leurs habitudes, auxquels on pourrait se référer ultérieurement ? — Oui.

Il existe plusieurs ouvrages relatifs aux oiseaux britanniques qui sont très joliment illustrés, et à ceux auxquels ils pourraient être référés ; ne pensez-vous pas qu'on pourrait également faire quelque chose en ce qui concerne les conférences populaires sur les plantes britanniques, et particulièrement sur celles qui sont peut-être les plus communes, et négligées seulement parce qu'elles sont communes ; que vous leur indiquiez les différents terroirs dans lesquels ils poussent, afin qu'ils puissent faire des excursions pour les voir à l'état sauvage ? — Mon souhait est que dans chaque grande ville manufacturière il y ait une collection parfaite, en tout cas des principaux genres de plantes et d'oiseaux britanniques, soigneusement bien organisés, et une bibliothèque qui y est associée, contenant les meilleurs ouvrages illustratifs sur le sujet, et que de temps en temps des conférences devraient être données par les hommes scientifiques les plus éminents, qui Je suis sûr qu'ils seraient prêts à donner si de telles collections leur étaient ouvertes.

J'ose dire que vous savez qu'il existe un livre sur les oiseaux britanniques, qui a été compilé par un gentleman qui travaillait dans le commerce et a vécu au coin de St. James's Street pendant de nombreuses années, et qui est prisé par tous ceux qui se consacrent à cette étude. , et qui serait facilement obtenu pour les ouvriers. Ne pensez-vous pas que cela détendrait leur esprit et leur serait bénéfique à bien des égards, surtout s'ils pouvaient poursuivre l'étude ? — Oui, à tous égards.

Quant aux plantes, ne pourraient-elles pas intéresser aussi leurs femmes ? — Je le crois bien.

Si de telles choses pouvaient être faites par souscription dans le voisinage des grandes villes, comme Manchester, ne susciteraient-elles pas beaucoup de gratitude chez les gens les plus humbles, qui eux-mêmes souscriraient probablement pour une bagatelle ? reconnaissant, quelle que soit la manière dont cela a été fait. Mais j'aimerais que cela soit fait comme une expression du sentiment de la nation, comme un devoir envers les ouvriers, plutôt que comme une sorte de charité par souscription privée.

153. *Sir Robert Peel.* Vous êtes lié depuis cinq ans au Working Men's College ? — Oui ; Je pense à cette époque.

La fréquentation y est-elle bonne ? — Il y a une fréquentation passable, je crois.

Des classes ouvrières ? — Oui ; dans les autres salles de cours ; pas grand chose dans le mien.

Y vont-ils à leur guise sans prendre de billets au préalable ? — Ils passent un examen d'introduction, qui n'est en rien sévère, mais montre simplement qu'ils sont capables de profiter des cours là-bas ; bien sûr, ils paient une certaine somme, qui, à l'heure actuelle, je crois, ne constitue pas du tout un soutien financier au collège, pour chaque classe, simplement pour s'assurer qu'ils y prêtent attention.

Vous avez déclaré que vous ne pensiez pas que les cours magistraux seraient d'une quelconque utilité s'il n'y avait pas ce que vous appeliez des études intermédiaires actives ? — Je ne pense pas.

Qu'entendez-vous par études intermédiaires actives ? si un homme travaille tous les jours de la semaine jusqu'au samedi après-midi, comment cela pourrait-il se faire ? — Je pense qu'on ne pourrait pas du tout donner des conférences une ou deux fois par semaine dans les institutions du royaume. Par étude intermédiaire, j'entends simplement qu'un homme doit avoir sur lui, lorsqu'il entre dans la pièce, des choses qui l'inciteront à les regarder et à s'y intéresser, par exemple à un oiseau ou à une plante.

Pendant que se déroulait la conférence ? — Non, cela pourrait être donné une fois tous les quinze jours, ou une fois par mois, mais que cette attention intermédiaire soit justement celle qu'un homme se plaît à accorder à une seule plante qu'il cultive dans son propre jardin. , ou un seul oiseau qu'il a peut-être obtenu ; le meilleur de tous les modes d'étude.

154. Vous êtes favorable à l'Association de clôture anticipée ? — Je ne dirai pas que je le suis, car je n'ai pas examiné leurs principes. Je veux que notre travail soit réglementé, de telle sorte qu'il soit impossible aux hommes d'être aussi entièrement écrasés d'esprit et de corps qu'ils le sont par le système de compétition.

Vous avez déclaré que vous souhaiteriez que les heures pendant lesquelles ils pourront profiter des institutions soient le plus tôt possible ? — Oui, certainement.

Mais il serait impossible de les avoir plus tôt qu'ils ne le sont actuellement, à cause de l'organisation du travail dans le pays. — Je ne sais pas ce qui est possible. Je ne sais pas quel sera finalement le nombre d'heures nécessaires au travail.

Pensez-vous toujours que s'il y avait une demi-congé le samedi, cela serait avantageux pour les classes populaires et leur permettrait de visiter et de jouir de ces institutions ? — Certainement.

155. Vous avez observé, je crois, qu'il y avait une soif de perfectionnement de la part de la classe ouvrière ? — Certainement.

Et vous avez dit aussi qu'ils voulaient s'élever dans cette classe, mais pas en sortir ? — Je n'ai pas dit qu'ils voulaient s'élever dans cette classe ; ils veulent en sortir ; ils veulent devenir quelque chose de meilleur que des ouvriers, et je veux les garder dans cette classe ; Je veux apprendre à chaque homme à se contenter de son rang, et je veux que tous, dans tous les rangs, s'améliorent et s'entraident autant qu'ils le peuvent.

Mais vous n'avez jamais vu un homme qui fût content ? — Oui, j'en ai vu plusieurs ; presque tous les très bons ouvriers sont contents ; Je trouve que seuls les ouvriers de second ordre sont mécontents.

156. La concurrence avec les étrangers n'est-elle pas un grand avantage pour la classe ouvrière de ce pays ? — Non.

On a dit que la concurrence est un immense avantage pour l'extension des connaissances artistiques parmi les habitants de ce pays, qui marchent rapidement sur les talons des étrangers ? — La connaissance de ce que les nations étrangères ont accompli peut être très utile à nos ouvriers. mais un esprit de compétition avec les nations étrangères n'est utile à personne.

Voudrez-vous bien expliquer pourquoi ? Chaque nation a le pouvoir de produire un certain nombre d'objets d'art, ou de fabriquer des productions qui lui sont particulières, et qu'elle peut très bien produire ; et, lorsque cela est bien compris, chaque nation s'efforcera de faire son propre travail aussi bien qu'il peut être fait, et désirera être approvisionnée par d'autres nations avec ce qu'elles peuvent produire ; par exemple, si nous essayions ici, en Angleterre, de produire de la soie, nous pourrions peut-être cultiver des mûriers en mauvaise santé et élever des vers à soie en mauvaise santé, mais nous ne produirions pas de bonne soie. La question se pose peut-être de savoir dans quelle mesure nous devons rivaliser avec les étrangers en matière de goût. Je pense qu'il est peu probable, même dans cette perspective, que nous puissions un jour leur faire concurrence de manière approfondie. Je trouve des preuves dans l'art passé, que les Français ont toujours eu un don de couleur, que les Anglais n'ont jamais eu.

157. Vous avez déclaré que vous pensiez qu'à très peu de frais, les avantages que l'on pourrait tirer de nos institutions nationales pourraient être considérablement accrus ; Pouvez-vous expliquer pourquoi vous pensez que très peu de dépenses seraient nécessaires et comment cela devrait être fait ? — En agrandissant l'espace principalement et en ajoutant des œuvres très bon marché mais complètement illustratives ; en rendant entièrement accessible tout ce que ces institutions contiennent ; et donner, comme je pense l'avoir déjà dit, des explications, surtout sous une forme visible, à côté de la chose à illustrer, et non sous une forme séparée.

Mais cela ne s'appliquerait qu'au jour ? — Et aussi à la nuit.

Mais ne faudrait-il pas introduire un système d'éclairage ? — Oui ; un système d'éclairage que je ne devrais que regretter appliqué aux grandes œuvres d'art ; Je pense que le système d'éclairage le plus brillant devrait être appliqué, surtout le soir, afin que de tels endroits soient rendus agréables à l'ouvrier et le soustraient à la taverne et à toute autre tentation mauvaise ; mais je veux qu'ils soient plutôt occupés par des collections simples et plus ou moins bon marché, que par des collections de valeur, par crainte de l'incendie.

Si, au British Museum, on avait imprimé des informations sur l'histoire naturelle, cela, pensez-vous, ferait un grand bien ? — Oui.

158. Vous avez déclaré que vous pensiez que les pays étrangers s'intéressaient beaucoup plus au développement intellectuel de la classe ouvrière qu'en Angleterre ? — J'ai répondu à cette question un peu témérairement. Je ne vois presque jamais rien de la société à l'étranger, et je pensais alors aux grands efforts qui se font actuellement en France et au confort général des institutions ouvertes.

Pas politique ? — Non.

Pensez-vous cependant qu'on s'intéresse plus au développement intellectuel de la classe ouvrière dans les pays étrangers qu'en Angleterre ? — Je le pense, mais je ne me fie pas à ma propre opinion.

J'ai vécu à l'étranger et j'ai remarqué qu'il y a une facilité naturelle chez les Français, par exemple, à acquérir la connaissance de l'art et de la combinaison des couleurs, mais je n'ai jamais vu plus, mais beaucoup moins de désir ou d'intérêt pour l'art. les classes ouvrières qu'en Angleterre. — En ce qui concerne leur développement intellectuel, je dis oui ; mais je crois qu'il y a une plus grande disposition à les rendre heureux et à leur permettre de jouir de leur bonheur dans les sociétés ordinaires, dans les *fêtes*, et dans tout ce qui leur est amusant ou récréatif.

Mais c'est seulement le dimanche ? — Non ; à tous les jours *de fête* et partout, je crois qu'on voit l'ouvrier avec sa femme plus heureux dans les jardins ou dans les faubourgs d'une ville, et en général dans un état plus heureux ; il y a moins de désir d'en tirer le maximum pour l'argent ; il y a moins de désir de l'opprimer et de l'utiliser comme une machine qu'en Angleterre. Mais, remarquez, je ne m'appuie pas sur ce point ; et je ne vois pas vraiment quel rapport cela a avec la question, parce que, quel que soit l'intérêt qu'il puisse y avoir dans les pays étrangers ou dans le nôtre, il n'est pas autant qu'il devrait l'être dans l'un ou l'autre.

Mais vous jetiez une calomnie sur le caractère des classes supérieures de ce pays, en insinuant qu'à l'étranger on s'intéressait beaucoup plus à la classe ouvrière qu'en Angleterre. Maintenant, j'affirme que c'est tout le contraire. Je serais très désolé d'exprimer tous les sentiments que j'ai concernant les relations entre les classes supérieures et les classes ouvrières de ce pays ; c'est un sujet qui ne peut pas être discuté à l'heure actuelle, et sur lequel je refuserais tout examen plus approfondi.

159. Vous avez déclaré que les ouvriers n'étaient pas aussi heureux dans ce pays qu'ils l'étaient à l'étranger, exerçant les mêmes occupations ? — Je pense certainement que non.

Vous avez été en Suisse ? — Oui.

Et à Zurich ? Pas récemment.

C'est là le siège d'une grande manufacture de lin ? — Je n'y ai jamais examiné les manufactures, ni considéré la Suisse comme un pays manufacturier.

Mais vous avez déclaré qu'on s'intéressait beaucoup plus à l'évolution intellectuelle de la classe ouvrière dans les pays étrangers qu'en Angleterre ? — Oui ; mais je ne pensais ni à la Suisse ni à Zurich. Je pensais à la France, et je pensais aux classes populaires en général, pas spécialement aux classes ouvrières manufacturières. J'ai utilisé les mots « classes populaires » de manière générale.

Alors retirez-vous l'expression dont vous vous êtes servie, selon laquelle dans les pays étrangers les classes supérieures s'intéressent plus à la condition des classes ouvrières qu'en Angleterre ? — Je ne la retire pas ; J'ai seulement dit que c'était mon impression.

Mais vous ne pouvez pas l'établir ? — Non.

Il s'agit donc simplement d'une question d'impression individuelle ? — Tout à fait vrai.

Vous avez dit, je crois, qu'à l'étranger les gens jouissent mieux de leurs institutions publiques parce que les inspecteurs ne les suivent pas partout ? — Je ne l'ai pas dit. On m'a demandé si je pensais que l'enseignement devait être donné par des personnes accompagnant l'ouvrier, et j'ai répondu que non. Je préférerais le laisser à lui-même, avec les informations qui pourraient lui être fournies par des documents imprimés.

160. *M. Sclater Booth.* En ce qui concerne la National Gallery, savez-vous qu'il y a actuellement une grande pression et un manque d'espace, tant en ce qui concerne la salle où sont accrochés les tableaux, qu'en ce qui concerne les foules de personnes qui fréquentent la National Gallery ? je suis sûr que s'il n'y a pas une grande pression, elle le sera bientôt, en raison du nombre de tableaux qui s'achètent continuellement.

Ne pensez-vous pas qu'une extension de l'espace de la National Gallery est une considération primordiale, qui devrait primer sur toute amélioration qui pourrait être apportée aux salles telles qu'elles sont, en vue de les ouvrir d'un soir ? certainement.

C'est, selon vous, la première chose qu'il faudrait faire ? — Très certainement.

Lorsque vous donnez vos conférences au Working Men's College, avez-vous l'habitude de faire référence à des tableaux spéciaux de la National Gallery, ou à des œuvres d'art spéciales du British Museum ? — Jamais ; J'essaie de faire en sorte que les instructions que je donne se rapportent à ce qui est facilement accessible à l'ouvrier ou à ce qu'il peut voir à ce moment-là. Je ne compte pas qu'il ait le temps d'aller dans ces institutions ; J'aime mettre la chose dans sa main et l'avoir avec moi.

N'a-t-il jamais été une pierre d'achoppement sur votre chemin que d'avoir rencontré un ouvrier incapable de comparer vos conférences avec les illustrations auxquelles vous auriez pu lui faire référence ? — Je n'ai jamais préparé mes conférences en vue de les illustrer par les ouvrages de les grands maîtres.

161. Vous avez parlé, et très justement, de l'importance de fixer sur les œuvres d'art des explications imprimées ; ne savez-vous pas que cela s'est fait en quelque sorte au musée de Kensington ? — Oui.

Ne pensez-vous pas qu'une grande partie de la popularité de cette institution est due à cette circonstance ? — Je le pense, certainement.

Dans l'ensemble, je déduis de votre témoignage que vous n'êtes pas très optimiste quant aux résultats bénéfiques qui découleraient de l'ouverture d'une soirée du British Museum et de la National Gallery, telles que ces institutions sont actuellement constituées, par manque de l'espace et l'encombrement des objets qui s'y trouvent ? — Quels que soient les résultats de leur ouverture, tels qu'ils sont actuellement constitués, je pense que de meilleurs résultats pourraient être obtenus en préparant des institutions pour l'ouvrier lui-même seul.

Pensez-vous que des musées d'oiseaux et de plantes, établis dans diverses parties de la métropole, illustrés et meublés de tableaux d'intérêt domestique, et éventuellement de spécimens d'industries, seraient plus souhaitables, compte tenu de la manière dont les grandes institutions sont maintenant vues. ? — Je pense que dans ces grandes institutions il faut spécialement veiller à donner une parfaite sécurité à toutes les œuvres et objets d'art qu'elles possèdent ; et pour donner du confort à l'étudiant approfondi, dont les affaires relèvent de ces musées ; et que les collections destinées au divertissement et au perfectionnement des classes ouvrières devraient être entièrement séparées.

Si des institutions telles que celles que j'ai décrites devaient être créées, vous souhaiteriez bien sûr qu'elles soient ouvertes le soir et qu'elles soient spécialement aménagées en vue d'expositions nocturnes ? — Certainement.

On a dit que le contribuable a le droit de faire ouvrir ces expositions à des heures où les ouvriers peuvent y venir, eux-mêmes contribuables ; ne pensez-vous pas que le véritable intérêt du contribuable est, premièrement, que les tableaux soient aussi soigneusement conservés que possible, et deuxièmement, qu'ils soient accessibles à ceux dont l'occupation particulière de la vie consiste à les étudier ? — Très certainement.

L'intérêt du contribuable n'est-il pas atteint de cette manière, plutôt que par une occasion spéciale de visite à des heures particulières ? — Très certainement.

162. *M. Kinnaird.* Avez-vous déjà porté votre attention sur des localités particulières, où des musées de peintures et de coquillages, ainsi que d'oiseaux et de plantes, pourraient être ouverts dans le but mentionné ? — Jamais ; Je n'ai jamais examiné le sujet.

Vous est-il jamais venu à l'esprit que les salles de sacristie, qui ont été récemment érigées et qui sont éclairées, pourraient être ainsi appropriées ? Je n'ai jamais du tout réfléchi au sujet.

En supposant que des locaux convenables puissent être trouvés, ne pensez-vous pas que de nombreuses personnes apporteraient des peintures, des gravures modernes et divers autres objets d'intérêt ? — Je pense que c'est très probable ; en fait, je devrais dire certain.

Seriez-vous très favorable à une telle tentative ? — Oui ; avec un grand plaisir en effet.

Vous considérez plutôt qu'il est du devoir du gouvernement de fournir de telles institutions au peuple ? — Je le pense en effet très fortement.

Ne pensez-vous pas que le projet adopté à Versailles, consistant à faire illustrer l'histoire moderne par des peintures, se révélerait d'un grand intérêt pour le peuple ? — Je pense que ce serait un plan admirable à tous points de vue.

Et une mesure très légitime à prendre par le gouvernement, dans le but d'encourager l'art de cette manière ? — Très certainement.

Pensez-vous que cela aurait pour effet d'encourager l'art dans ce pays ? — Je le pense, certainement.

À votre avis, à qui incombe la responsabilité de superviser la constitution de telles collections ? Connaissez-vous des fonctionnaires du gouvernement qui sont actuellement capables d'organiser un personnel pour l'emploi dans les musées locaux ? — Je ne sais pas ; Je n'ai pas du tout examiné ce sujet.

163. *Président.* Le Comité voudrait vous comprendre plus précisément sur le point qui a été évoqué, celui des étrangers et des Anglais. Je présume que

vous vouliez faire comprendre au Comité que, dans l'ensemble, autant que vous l'avez observé, la classe ouvrière a en fait plus de facilités, d'une manière ou d'une autre, à l'étranger que dans ce pays, pour voir tableaux et visites d'institutions publiques ? — Ma réponse concernait surtout l'aspect de la classe ouvrière telle que je l'ai observée dans ses temps de récréation ; Je les vois associés aux classes supérieures, plus heureusement pour eux-mêmes ; Je les vois se promener dans le Louvre et se promener dans les jardins de toutes les grandes villes d'Europe, et apparemment moins honteux d'eux-mêmes et plus heureusement combinés avec toutes les classes supérieures de la société qu'ici. Ici, nos ouvriers, d'une manière ou d'une autre, sont toujours misérablement vêtus et se tiennent toujours à l'écart, tant dans ces institutions qu'à l'église. L'humeur semble être là, tandis qu'il y a une séparation plus sévère et un sentiment plus aristocratique entre les classes supérieures et les classes inférieures, et pourtant c'est précisément pour cette raison que l'ouvrier se déclare ouvrier et est traité avec affection. Je ne dis pas simplement que les ouvriers, mais les classes inférieures en général, sont traités avec affection, familiarité et sympathie de la part du maître ou de l'employeur, ce qui m'a souvent été très touchant dans des cas particuliers ; et cette impression étant dans mon esprit, je répondis précipitamment, sans considérer que la question était de quelque importance ; et je ne suis pas encore prêt à dire dans quelle mesure je pourrais, par la pensée, justifier cette impression.

164. *M. Kinnaird.* D'après votre expérience, au cours des dernières années, n'avez-vous pas constaté une amélioration très marquée de la classe ouvrière de ce pays dans tous les domaines auxquels vous avez fait allusion ; que ce soit au cours des vingt dernières années, ou depuis que vous avez tourné votre attention dans cette direction ? — Je n'ai aucune preuve devant moi en Angleterre de cette amélioration, parce que je pense que la lutte pour l'existence devient chaque jour plus acharnée, et que, tandis que de plus grands efforts sont déployés, faits pour aider l'ouvrier, les principes sur lesquels notre commerce est conduit l'oppriment chaque jour et l'enfoncent plus profondément.

Avez-vous déjà visité les districts industriels du Lancashire et du Yorkshire, dans le but de vous assurer de la situation de la population ? — Pas avec une vision précise. Mon propre travail n'a rien à voir avec ces sujets ; et ce n'est qu'incidemment, parce que je donne gratuitement l'enseignement que je suis en mesure de donner au Working Men's College, que je suis en mesure de vous donner des faits à ce sujet. Tout le reste que je peux donner n'est, comme l'a exprimé avec précision Sir Robert Peel, qu'une impression personnelle.

Vous admettez que le Working Men's College est, après tout, une sphère très limitée ? — Une sphère très limitée.

165. *Sir Robert Peel.* Vous avez déclaré qu'au Louvre, un ouvrier regarde les tableaux avec plus de respect pour lui-même que les mêmes classes ici à la National Gallery ? — Je pense que oui.

Vous n'avez sûrement jamais vu un homme de la classe supérieure, en Angleterre, mépriser un ouvrier parce qu'il apparaissait en tenue de travail à la National Gallery de Londres ? — J'ai certainement vu des ouvriers appréhender un tel mépris.

Président. N'est-il pas vrai que les classes supérieures et inférieures ne se réunissent presque jamais aux mêmes occasions ? Je pense que, si possible, elles ne le font pas.

N'est-ce pas le fait que les classes laborieuses cessent presque invariablement de travailler à des heures qui les empêcheraient d'aller voir des tableaux au moment où les classes supérieures y vont ? ne se réunissent pas si cela peut être évité.

Monsieur Robert Peel. Prenons l'exemple du Crystal Palace ; les ouvriers et toutes les classes ne s'y réunissent-ils pas, et avez-vous jamais vu un ouvrier *gêné* dans l'examen des œuvres d'art ? — Je suis sûr que très souvent un ouvrier n'irait pas là où il voudrait aller.

Mais pensez-vous qu'il le ferait à l'étranger ? — Je pense qu'ils iraient à l'étranger ; Je dis seulement que je crois que tel est le fait.

M. Slaney. Ne pensez-vous pas que le tempérament léger de nos voisins du sud et la douceur du climat, qui leur permet de s'amuser davantage en plein air, y sont pour quelque chose ? — J'espère que l'ancien nom de Merry L'Angleterre sera peut-être récupérée un de ces jours. Je ne crois pas qu'il soit dans la disposition des habitants d'être le moins du monde plus ennuyeux que les autres.

Monsieur Robert Peel. Quand cette appellation a-t-elle été perdue ? — J'en ai peur, depuis que nos manufactures ont prospéré.

Président. En ce qui concerne le Crystal Palace, pensez-vous que c'était un exemple approprié à citer, étant donné que l'ouvrier paie pour son propre argent et n'a pas honte de jouir de son propre argent ? Je n'ai jamais examiné les causes de ce sentiment. ; l'état des sentiments dans les pays étrangers ne me paraissait pas d'une grande importance. Je sentais que cela dépendait de tant de circonstances, que je pensais que ce serait une perte de temps de le retrouver.

166. *Sir Robert Peel.* Vous avez déclaré qu'à l'étranger les classes populaires étaient bien mieux habillées ? — Oui.

Le pensez-vous ? — Oui.

Sûrement ils ne peuvent pas être mieux habillés qu'en Angleterre, car vous ne distinguez guère ici un ouvrier d'un aristocrate ? - C'est précisément parce que je connais des ouvriers le dimanche et tous les autres jours de la semaine d'un aristocrate que j'aime ils s'habillent mieux en France ; c'est le vêtement ordinaire appartenant à leur position, et il exprime momentanément ce qu'ils sont ; c'est la blouse bleue qui pend librement sur leurs montures, les gardant suffisamment à l'abri du froid et de la poussière ; mais ici c'est une chemise ouverte au col, très sale, très déchirée, avec des cheveux en lambeaux, et un habit en lambeaux, et tout à fait un vêtement de misère.

Pensez-vous qu'ils sont mieux habillés à l'étranger parce qu'ils portent une blouse ? — Parce qu'ils portent un costume approprié à leur travail.

Savez-vous qu'ils ont pour habitude invariable de laisser le chemisier le dimanche et les jours fériés, et qu'après avoir fini leur travail, ils enlèvent leur chemisier ? — Je ne connais pas, et je ne prétends pas non plus connaître, les coutumes du continent ; Je ne fais qu'exprimer mes impressions ; mais j'aime surtout leur habitude de porter un costume national. Je crois que le costume national du travail en Suisse est à l'origine de la prospérité que la Suisse conserve encore. Je pense, par exemple, bien que cela puisse paraître un peu singulier de le dire, que la fierté que les femmes tirent de leurs manches de chemise propres est une des choses les plus saines en Suisse, et qu'elle agit de toutes les manières sur la santé des femmes. l'esprit et le corps, en gardant leur costume pur, frais et beau.

Vous avez déclaré que la classe ouvrière était mieux habillée à l'étranger qu'en Angleterre ? — Autant que je sache, c'est certainement le cas.

Pourtant, leur meilleur vêtement consiste en une blouse qu'ils enlèvent lorsqu'ils ont fini leur travail ? — Je m'incline devant votre meilleure connaissance de la question.

Président. Savez-vous qu'un nombre considérable d'ouvriers sont au lit le dimanche ? C'est peut-être le meilleur endroit pour eux.

167. *M. Kinnaird.* Vous attribuez la détérioration de la condition de la classe ouvrière à l'augmentation du commerce et de l'industrie manufacturière dans ce pays ? — À l'augmentation des industries et des industries compétitives.

Êtes-vous convaincu que nous pouvons considérer cette vaste extension du commerce, du commerce et de la concurrence, comme un mal ? Non pas sur la vaste extension du commerce, mais sur la vaste extension de la lutte d'homme à homme, au lieu de le principe de l'aide de l'homme par l'homme.

Président. J'ai compris que vous disiez que vous n'étiez pas opposé au commerce, mais que vous souhaitiez que chaque pays produise ce qu'il est le mieux apte à produire, en vue d'un échange de ses marchandises avec celles des autres pays ? — Oui.

Vous n'aviez pas l'intention de jeter une calomnie sur l'idée de concurrence ? — Oui, très distinctement ; J'avais l'intention non seulement de lancer une insulte, mais d'exprimer par tous les moyens mon horreur excessive pour le principe de concurrence ; par exemple, il ne faut pas essayer de cultiver ici du bordeaux, ni de produire de la soie ; nous devons produire du charbon et du fer, et les Français doivent nous donner du vin et de la soie.

Vous dites cela en vue d'un échange de telles marchandises ? — Oui.

Chaque pays produit ce qu'il est le mieux à même de produire ? — Oui, du mieux qu'il peut ; ne s'efforçant pas d'imiter ou de concurrencer les productions d'autres pays. Enfin, je crois que la manière de déterminer ce qu'il faut faire pour l'ouvrier dans n'importe quelle position est que chacun d'entre nous suppose qu'il était notre propre fils et qu'il est resté sans parents et sans aucune aide ; qu'il n'y avait aucune chance qu'il sorte jamais de l'état dans lequel il se trouvait, et puis que ce que chacun de nous aimerait qu'on fasse pour son fils ainsi laissé, nous devrions nous efforcer de le faire pour l'ouvrier.

L'analyse suivante des preuves ci-dessus a été principalement donnée dans l'index du rapport (p. 153).— ED.

139. Connaît bien les musées, les galeries de tableaux, etc. de la métropole. — Donne un cours de dessin au Working Men's College.

140. Opportunité d'ouvrir les institutions publiques le soir (cp. 154, 161).

141. Remarques relatives au système d'enseignement opportun pour les classes populaires ; système suivi par témoignage au Working Men's College. — Les ouvriers doivent viser à s'élever dans leur classe, pas à *en sortir* (cp. 155).

142. État arriéré, intellectuellement, de l'ouvrier d'aujourd'hui ; supériorité de l'étranger.

143. Amélioration de la National Gallery suggérée (cp. 157, 160).

144. Inopportunité de soumettre des images anciennes de valeur au risque de blessure par gaz, etc. (cp. 146, 157).

145. Déclaration selon laquelle l'esprit des classes ouvrières après leur journée de travail est trop opprimé pour leur permettre de jouir ou d'apprécier les institutions publiques, si elles sont simplement ouvertes le soir.

146. Suggestions de collection de tableaux et d'estampes d'un caractère particulier pour l'inspection des classes ouvrières. — Suggestions en vue de collections spéciales de coquillages, d'oiseaux et de plantes en cours de préparation à l'usage des classes ouvrières ; système de conférences, d'illustrations et d'études intermédiaires nécessaires en relation avec de telles collections (cp. 151-52).

147. Déclaration selon laquelle un plus grand intérêt est porté en France et dans d'autres pays étrangers qu'en Angleterre au développement intellectuel de la classe ouvrière ; examen sur ce point et sur l'effet produit ainsi sur le caractère et l'attitude des travailleurs (cp. 158, 163-64).

148. Opposition à la circulation dans tout le pays d'œuvres d'art précieuses ou rares, à cause du risque de blessure. — Désapprobation des inspecteurs, etc., accompagnant les visiteurs (cp. 159). — Avantage dans les classes supérieures prêtant des tableaux, etc., pour exposition publique.

149. Conférences aux ouvriers. Avantage si de grandes explications imprimées étaient placées sous chaque image (cp. 157, 161).

150. Grand désir parmi les classes ouvrières d'acquérir des connaissances ; motifs d'un tel désir (cp. 155). — Grande aubaine si un musée était créé à l'extrémité est de Londres.

151. Conférences d'histoire naturelle pour les travailleurs.

152. Livres disponibles sur les oiseaux britanniques.

153. Études intermédiaires essentielles à l'utilisation des cours. — Bonne fréquentation du Working Men's College. — Termes et conditions d'admission.

154. Approbation du mouvement de demi-congé du samedi (cp. 140, 161).

155. Voir ci-dessus, art. 142.

156. La concurrence dans le commerce et le travail est considérée par les témoins comme un grand mal.

157. Voir ci-dessus, art. 143, 149.

158-59. Condition plus heureuse des classes inférieures à l'étranger qu'au pays. Leur tenue vestimentaire est également meilleure à l'étranger. 163-64, 166, et voir ci-dessus, art. 142.

160. Voir ci-dessus, art. 143, 149, 157.

161. Voir ci-dessus, art. 149, 154.

162. Utilisation de bâtiments publics existants pour des collections d'art.

163-64. Voir ci-dessus, art. 158-59.

165. L'Angleterre pourra sûrement un jour redevenir la Joyeuse Angleterre. — Quand elle cessera de l'être.

166. Voir ci-dessus, art. 158-59.

167. Augmentation du commerce et détérioration de la condition des classes ouvrières. — Notre devoir envers elles.

NOTES DE BAS DE PAGE :

[2] Tiré de « Le rapport du comité spécial sur les institutions publiques. L'*impression a été ordonnée par* la Chambre des communes , le 27 mars 1860 », pp. 113-123. Les membres suivants du comité étaient présents à l'occasion des témoignages ci-dessus : -Sir John Trelawny (*président*), M. Sclater Booth, M. Du Pré, M. Kinnaird, M. Hanbury, Sir Robert Peel, M. Slaney et M. John Tollemache.— ED .

GALERIES DE PHOTOS—LEURS FONCTIONS ET FORMATION.

LA COMMISSION DE L'ACADÉMIE ROYALE. [3]

Témoignage de John Ruskin, lundi 8 juin 1863.

168. *Président.* Vous avez sans doute souvent réfléchi à la situation de l'Académie royale dans ce pays ? — Oui.

Est-ce que cela vous satisfait en tous points ? — Non, certainement pas.

Approuvez-vous, par exemple, le plan par lequel, en cas de vacance, les académiciens royaux suppléent à cette vacance, ou souhaiteriez-vous que cette élection soit confiée à d'autres mains ? — Je souhaiterais que l'élection soit confiée à d'autres. mains. Je pense que toutes les élections sont sujettes à l'erreur, ou au hasard, lorsque le corps électoral y élit le candidat. Je pense plutôt que les élections ne réussissent que lorsque le candidat est élu dans un corps autre que le corps électoral ; mais je n'ai pas suffisamment examiné les principes de l'élection pour pouvoir émettre une opinion positive sur cette question. Je sens seulement qu'à l'heure actuelle la chose est sujette à bien des erreurs et à bien des malheurs.

Ne semble-t-il pas cependant qu'il y ait des précédents, comme par exemple celui de l'Institut de France, où le corps électoral aux postes qui s'y présentent conserve un caractère très élevé et jouit d'une grande réputation ? Il existe de nombreux précédents de ce type ; et, comme chacun de ces organismes, pour son propre honneur, doit parfois faire appel aux hommes les plus intellectuels du pays pour se joindre à lui, je pense que chacun de ces organismes doit conserver un caractère élevé là où le pays lui-même a un sens approprié de la valeur de son meilleurs hommes; mais le système électoral peut être erroné, même si le sentiment du pays peut être juste ; et je pense qu'en invoquant un précédent pour justifier un système, il faut estimer correctement ce qui a été amené par le sentiment du pays. Nous avons tous, je pense, trop l'habitude de considérer les formes comme la cause de ce qui est réellement causé par l'humeur de la nation à un moment donné, travaillant, à travers les formes, pour le bien ou pour le mal.

Si toutefois l'élection des académiciens était confiée à des artistes qui ne le sont pas déjà eux-mêmes, serait-il facile de répondre à cette objection, qu'ils auraient dans bien des cas un intérêt personnel dans la question ; que chacun pourrait lutter pour sa propre admission à cette distinction ; alors que, lorsque l'élection a lieu parmi ceux qui ont déjà atteint cette distinction, l'intérêt personnel direct est en tout cas absent ? — je pense que l'intérêt personnel agirait dans un certain sens dans les deux cas ; il se diviserait en trop de subtilités intéressantes pour dire de quelle manière il agirait. Je crois qu'il serait plus important pour le corps inférieur de décider correctement de ceux qui devaient le gouverner, que pour le corps supérieur de décider de ceux qui devaient gouverner les autres ; et que le corps supérieur choisirait donc généralement ceux qui étaient susceptibles d'être agréables à eux-mêmes ; — agréables, soit comme compagnons, soit dans l'exécution d'un système qu'ils choisissaient pour leur propre convenance d'adopter ; tandis que le corps inférieur choisirait des hommes susceptibles d'exécuter le système qui tendrait le plus au progrès général de l'art.

169. Si je comprends bien, bien que vous ayez une opinion arrêtée selon laquelle il serait préférable qu'un autre corps constituant élise les membres de la Royal Academy, vous n'avez pas d'opinion arrêtée sur la meilleure façon de composer cet corps constituant ? En aucun cas.

Je présume que vous souhaiteriez que ce corps constituant soit composé d'artistes, même si vous n'êtes pas disposé à dire précisément comment ils devraient être sélectionnés ? Je voudrais que le corps constituant soit composé à la fois d'artistes et de public. J'éprouve de grandes difficultés à proposer une quelconque suggestion quant à la manière dont les électeurs devraient élire : mais j'aimerais que le public ainsi que les artistes aient une voix, afin que nous puissions faire en sorte que le sentiment du public s'exerce sur la peinture comme nous l'avons fait. maintenant sur la musique ; et que l'élection de ceux qui devaient attirer l'attention du public, ou diriger l'esprit du public, devrait également indiquer la volonté du public à certains égards ; non pas que je pense que ce « sera » toujours sage, mais je pense que vous auriez alors indiqué de quelle manière ceux qui enseignent au public devraient au mieux réglementer l'enseignement ; et cela donnerait également au public lui-même un intérêt pour l'art et un sens des responsabilités qu'il ne pourrait jamais avoir dans l'état actuel des choses.

Voulez-vous expliquer plus en détail le précédent musical auquel vous venez de faire référence ? — La renommée de tout grand chanteur ou de tout grand musicien dépend de l'enthousiasme et du sentiment de respect du public à son égard. Aucune Académie royale ne peut attirer un large public à l'opéra en affirmant que tel ou tel morceau de musique est bon, ou que telle ou telle voix est claire ; si le public ne trouve pas la voix délicieuse et s'il n'aime pas la musique, il n'ira pas l'entendre. La renommée du musicien, qu'il soit chanteur, instrumentiste ou compositeur, repose principalement sur le fait qu'il a produit un puissant effet sur l'intellect et l'imagination du public. Je voudrais que ce même effet soit produit par les peintres et qu'il s'exprime par l'enthousiasme et l'approbation du public ; non seulement par les expressions d'approbation dans la conversation, mais par la voix réelle qui, au théâtre, est donnée par le cri et par le battement des mains. On ne peut pas applaudir un tableau, ni applaudir un peintre pour son œuvre, mais j'aimerais que le public, d'une manière ou d'une autre, fasse entendre sa voix sur l'œuvre du peintre.

170. Avez-vous formé une opinion sur la position des associés dans l'Académie royale ? — J'y ai un peu réfléchi, mais le système actuel de l'Académie est pour moi si entièrement inefficace qu'il produit si peu d'effet en aucune façon. quel peu d'effet cela produit étant à mon avis malicieux), que cela ne m'a jamais intéressé ; et j'ai tellement ressenti la difficulté, que je n'y ai jamais prêté beaucoup d'attention, jusqu'à ce que la lettre de Votre Seigneurie me parvienne. J'ai toujours pensé que ce serait une perte de temps que de consacrer beaucoup de temps à réfléchir à la façon dont cela pourrait être modifié ; de sorte que quant à la position des associés, je ne peux pas dire grand-chose, sauf que je pense, en tout cas, qu'il devrait y avoir une certaine période de probation et une certaine échelle de dignité avancée, indicative des plus hautes réalisations dans l'art, qui ne devraient être que donné aux peintres les plus anciens et les plus expérimentés.

D'après la grande connaissance que vous possédez de l'art britannique, en vous tournant vers les peintres, sculpteurs et architectes les plus éminents de cette époque, diriez-vous que le nombre de la Royal Academy est suffisant pour les représenter pleinement, ou recommanderiez-vous une augmentation du nombre de ceux-ci ? quel est le nombre actuel des académiciens ? — Je n'ai pas considéré dans quelle proportion existent actuellement les académiciens. C'est plutôt une question qui porte sur le degré de dignité qu'on serait heureux de conférer. Je voudrais que la dignité la plus élevée soit limitée, mais je voudrais que la dignité inférieure correspondant au statut d'associé soit accordée, comme les diplômes sont décernés dans les universités, sans aucune limitation de nombre, à ceux qui possèdent des connaissances et des compétences positives. Je pense qu'un nombre très limité d'académiciens répondrait toujours à toutes les exigences de l'intellect le plus élevé du pays.

171. Avez-vous formé une opinion sur l'opportunité de confier à des laïcs une certaine part à la gestion des affaires de l'Académie ? — Non, je n'ai formé aucune opinion à ce sujet. Je ne sais pas ce qu'il y a actuellement à gérer à l'Académie. Je pense que si l'Académie doit devenir une école accessible, les profanes ne peuvent pas être associés à la gestion de ce département particulier. En matière de revenus, et en matière concernant les intérêts généraux et la dignité de l'Académie, ils pourraient l'être.

Pensez-vous que des personnes non professionnelles seraient à juste titre associées aux artistes dans des questions telles que la sélection et l'accrochage des tableaux envoyés pour l'exposition ? — Non, je ne le pense pas.

Certains ont suggéré que le président de l'Académie ne devrait pas toujours ni nécessairement être lui-même un artiste ; approuveriez-vous un système par lequel un gentleman de haute position sociale, et non un artiste, était placé à la tête d'un corps tel que l'Académie ? — « D'un corps tel que l'Académie », si je puis me permettre de répéter. vos propos, doivent bien entendu faire référence à la constitution pour lui être donné. Dans l'état actuel des choses, je ne sais pas quel avantage on pourrait ou non tirer de la nomination d'un tel gentleman à la présidence. Tel que je voudrais le voir constitué, je pense qu'il ne doit être qu'un artiste.

172. Avez-vous eu quelque raison d'observer ou de vous familiariser avec le fonctionnement des écoles de l'Académie royale ? — Oui, je l'ai observé. Je ne me suis pas familiarisé avec les méthodes d'enseignement actuellement utilisées, mais j'en connais l'effet général sur l'art du pays.

Que diriez-vous de cet effet ? — Presque inutile : extrêmement pénible à cet égard, que l'enseignement de l'Académie sépare, comme l'idée entière du pays se sépare, la notion d'éducation artistique d'une autre éducation, et quand vous avez fait cette erreur fondamentale, toutes les autres suivent. Vous apprenez à un jeune homme à manier sa craie et son pinceau, pas toujours cela, mais après cela, vous croyez en avoir fait un peintre ; tandis qu'éduquer un peintre est la même chose que d'éduquer un ecclésiastique ou un médecin : il faut lui donner avant tout une éducation libérale, et cela doit être lié au genre d'apprentissage particulièrement adapté à sa profession. Cette erreur est en partie due à notre idée anglaise trop vulgaire et trop superficielle selon laquelle la profession d'artiste n'est pas et ne peut pas être une profession libérale. Nous respectons un médecin et l'appelons un gentleman, parce qu'il peut nous purger et nettoyer notre estomac ; mais nous n'appelons pas un artiste un gentleman, dont nous attendons qu'il nous invente le visage du Christ. Lorsque nous avons commis cette erreur primaire, toutes les autres erreurs éducatives sont insignifiantes en comparaison. La notion même d'académie d'art devrait être un corps d'enseignants pour la jeunesse qui doivent être les guides de la nation à travers ses sens ; et c'est un moyen très important de le guider. Nous avons fait beaucoup de choses grâce aux dîners, mais peut-être qu'un jour nous en ferons encore beaucoup plus grâce aux images.

Vous auriez un système d'enseignement plus complet ? — Beaucoup plus complet.

173. Vous ai-je bien compris que vous souhaiteriez qu'il embrasse les branches de l'enseignement libéral en général, et ne se limite pas simplement à des études artistiques spécifiques ? — Certainement. J'aurais la formation académique correspondant entièrement à la formation universitaire. Les écoles du pays devraient enseigner à l'enfant les premières conditions de la manipulation. Il devait entrer, je ne dis pas à quel âge, mais probablement vers quatorze ou quinze ans, à l'université centrale des arts, où qu'elle soit établie ; et puis, tandis qu'on lui apprenait à peindre, à sculpter et à travailler le métal — tout comme autrefois on lui eût appris à manier l'épée et la lance, car elles étaient l'activité principale de sa vie — pendant les années allant de quinze à vingt ans, la principale attention de ses gouverneurs devrait être de faire de lui un gentleman au sens le plus élevé du terme ; et de lui donner une éducation extrêmement large et libérale, qui devrait lui permettre non seulement de travailler noblement, mais de concevoir noblement.

174. Cependant, en ce qui concerne la manipulation artistique, n'est-il pas vrai que de nombreux grands peintres ont différé et diffèrent les uns des autres, et serait-il donc facile pour l'Académie d'adopter un système d'enseignement faisant autorité ? exclure un mode et en reconnaître un autre ? — Pas facile, mais très nécessaire. Il existe de nombreuses méthodes ; mais il n'y a jamais eu de cas d'une grande école qui ne se soit fixée sur sa méthode ; et il n'y a jamais eu de cas d'une école vraiment grande qui ne se soit pas fixée sur la bonne méthode, dans la mesure où les circonstances le lui permettaient. Le sens d'une école qui réussit est qu'elle a adopté une méthode qu'elle enseigne à ses jeunes peintres, de sorte que le bon travail devienne chez eux une habitude ; de sorte que sans réflexion, sans effort, sans tourment et sans en parler, ils ont l'habitude de faire ce que leur école leur enseigne.

Ne pensez-vous pas qu'un système qui laisse à chaque professeur éminent, selon le penchant de son génie ou le résultat de son expérience, le soin d'instruire les jeunes gens, l'instruction variant selon le caractère de chaque professeur, ne serait-il pas également bon ? — Un grand bénéfice en résulterait. si chaque professeur fondait sa propre école et s'intéressait à ses propres élèves ; mais, comme cela a été suffisamment illustré dans les écoles du Dominiquin et de Guido, il est susceptible de naître entre les maîtres une rivalité, sans avantages corrélatifs, à moins que les maîtres ne soient tous d'accord. Et la seule idée réussie d'une académie a été celle où la pratique était cohérente et où il n'y avait pas de contradiction. Compte tenu des connaissances dont nous disposons aujourd'hui et des moyens dont nous disposons désormais pour comparer toutes les œuvres des plus grands peintres, même si, comme vous le suggérez par votre question, il n'est pas facile d'adopter un système faisant autorité, c'est pourtant parfaitement possible. Cherchons la meilleure méthode et enseignons-la. Il existe incontestablement un meilleur moyen si nous pouvons le trouver ; et nous avons maintenant en Angleterre les moyens de le découvrir.

L'enseignement à l'Académie est désormais, en toutes circonstances, gratuit ; Souhaitez-vous que ce système perdure, ou préférez-vous un système de paiement ? — Je ne suis pas prêt à répondre à cette question. Cela dépend du type de système adopté et du type de personnes que vous accueillez dans vos écoles.

175. Je présume que vous diriez que dans l'enseignement artistique, il y a certains points sur lesquels il y aurait un terrain d'entente, et d'autres sur lesquels il devrait y avoir un enseignement spécifique ; par exemple, en sculpture et en peinture, il y a un point jusqu'où il faut étudier les proportions de la figure humaine, mais ensuite il y a une divergence entre les deux arts de ciseler le marbre et de mettre des couleurs sur la toile ? — Certainement. Je pense que tout cela pourrait être organisé très simplement dans un système d'Académie. Vous auriez d'abord votre enseignement du dessin au point mou ; et associé à cela, le clair-obscur : vous auriez alors l'enseignement du dessin à la pointe dure ou noire, impliquant l'enseignement du meilleur système de gravure, et tout ce qui était nécessaire pour former votre école de graveurs : vous passeriez alors au métal travail; et sur le travail du métal vous fonderiez votre école de sculpture, et sur celle-là votre école d'architecture : et enfin et surtout vous auriez votre école de peinture, y compris la peinture à l'huile et la peinture à fresque, et toute peinture en matière permanente ; (ne comprenant pas la peinture dans un matériau non permanent :) et à cela vous associeriez votre école de chimie, qui devrait enseigner ce qui est permanent et ce qui ne l'est pas ; quelle école de chimie devrait déclarer avec autorité, avec le sceau de l'Académie, quelles couleurs résisteraient et quel procédé assurerait leur réputation : et devrait avoir une sorte de salle des apothicaires où quiconque en aurait besoin pourrait se procurer des couleurs dans l'état le plus pur ; toutes ces choses étant organisées en un seul grand système, et seulement possiblement justes par leur connexion et dans leur connexion.

176. Approuvez-vous l'encouragement qui a été donné ces dernières années à la peinture à fresque, et attendez-vous avec impatience une grande extension de cette branche de l'art en Angleterre ? — J'ai découvert, en examinant le terme « peinture à fresque », que c'était un vaste domaine dont aucun d'entre nous ne semblait en connaître vraiment les limites ou l'étendue ; et après avoir consacré beaucoup plus de temps à la question, je suis encore moins capable de répondre distinctement sur la compréhension du terme « peinture à fresque » : mais en utilisant le terme « peinture décorative, applicable aux murs en matériaux permanents », je pense qu'il est essentiel que toute grande école devrait inclure comme un de ses objets principaux

l'enseignement de la peinture murale en matériaux permanents et sur une grande échelle.

Pensez-vous que cela devrait constituer une branche du système d'enseignement à l'Académie ? — Je pense qu'il devrait constituer une branche de l'enseignement à l'Académie, peut-être la branche principale.

À votre connaissance, cela constitue-t-il une branche distincte de l'enseignement dans l'une des académies étrangères ? — Je ne sais pas.

177. D'une manière générale, et bien entendu sans citer de noms, avez-vous été, au cours des dernières années, globalement satisfaits de la sélection des artistes de la Royal Academy ? — Non, certainement pas.

Pensez-vous que certains artistes de mérite ont été exclus, ou que des artistes que vous ne jugez pas dignes de cet honneur ont été élus ? que des artistes ne méritant pas cet honneur ont été élus. Je pense que cela ne fait pas de mal à un artiste prometteur d'être exclu de l'Académie, mais cela fait parfois du mal au public qu'un artiste peu prometteur y soit admis.

Pensez-vous qu'il y a eu des cas au cours des dernières années où des personnes, à votre avis, n'ayant pas droit à cette distinction, ont néanmoins été élues ? — Certainement.

178. En ce qui concerne la sélection des tableaux pour l'exposition, êtes-vous en général satisfait de cette sélection, ou avez-vous, dans des cas particuliers, vu des raisons de penser qu'elle a été exercée de manière peu judicieuse ? c'est une question de peu d'importance ; cela provoque probablement des brûlures d'estomac, mais un peu plus. Si une image rejetée est bonne, le public la verra un jour ou l'autre et découvrira que c'est une bonne image. Peu m'importe quelles images sont admises ou non, mais je me soucie de voir les images qui sont admises. Le point principal, que tout le monde voudrait voir déterminé, est la manière dont les images admises doivent être mieux vues. Aucun tableau méritant d'être vu ne devrait être accroché de manière à vous causer de la douleur ou de la fatigue en le voyant. Si vous laissez entrer un tableau dans la salle, il ne faut pas l'accrocher si haut que cela risquerait de blesser les sentiments de l'artiste ou le cou du public.

179. *Vicomte Hardinge.* Je déduis de votre témoignage que vous souhaiteriez voir la Royal Academy comme une sorte d'université centrale dans laquelle les jeunes hommes provenant d'autres institutions devraient être envoyés. En supposant qu'il y ait des difficultés à y parvenir, pensez-vous que, dans le système actuel, vous pourriez exiger des jeunes gens candidats à l'admission à l'Académie Royale, un test pédagogique ? Je pense que beaucoup dépend de cela. Si le système d'éducation que j'ai essayé d'indiquer était adopté, vous

auriez dans chacune de ces professions des ouvriers très expérimentés. Vous ne pourriez faire faire aucune de ces études, à moins d'avoir des ouvriers parfaitement exercés ; et vous devriez réussir votre laissez-passer comme vous préparez votre laissez-passer universitaire, et vous devriez réussir un homme en architecture, en sculpture et en peinture, parce qu'il connaît son métier et connaît autant d'autres sciences qu'il est nécessaire pour sa profession. Vous lui demandez un ouvrage, vous l'examinez, puis vous le passez, appelez-le comme bon vous semble ; mais vous dites au public : Voici un ouvrier dans cette branche qui fera bien votre travail.

Vous ne pensez pas qu'il y aurait, dans un tel système, le moindre risque d'exclure des hommes qui pourraient devenir de grands hommes et qui, sous un tel système, pourraient ne pas être en mesure de réussir ? Il y a des risques dans tout système, mais je pense que tout homme digne de ce nom le ferait. passer. Un grand nombre de ceux qui ne seraient bons à rien passeraient, mais votre grand homme passerait assurément.

180. Avez-vous jamais pensé qu'il serait avantageux pour l'art qu'il y ait dans les universités des professeurs d'art qui pourraient donner des conférences et donner une instruction aux jeunes gens qui pourraient désirer en profiter, comme vous avez des conférences sur la botanique et la géologie ? ?—Oui, assurément. Le manque d'intérêt des classes supérieures pour l'art est en grande partie à l'origine des abus qui se sont glissés dans tous les systèmes d'éducation qui y sont liés. Si les classes supérieures ne pouvaient s'y intéresser qu'en y étant conduites jeunes, on pourrait en espérer une grande amélioration ; c'est pourquoi je ressens l'opportunité d'un tel ajout à l'enseignement de nos universités.

181. Ce manque de raffinement que l'on peut observer dans beaucoup de tableaux exposés de temps à autre à la Royal Academy ne doit-il pas être attribué dans une large mesure au manque d'éducation parmi les artistes ? et à la nécessité dans laquelle se trouvent les artistes de s'adresser à une classe inférieure de spectateurs : un artiste pour vivre doit attirer l'attention du public. Nos classes supérieures fournissent actuellement une très faible part de patronage aux artistes, leur principal patronage venant des districts manufacturiers et du public intéressé par les gravures ; sphère extrêmement large, mais sphère basse, et vous remarquerez cela. classe bien plus par des images ayant rapport à leurs amusements que par tout sujet noble mieux traité, et plus il était mieux traité, moins cela intéresserait cette classe.

N'arrive-t-il pas souvent que des tableaux présentant un tel manque de raffinement se vendent en même temps à des prix élevés parmi ce que je pourrais appeler les mécènes marchands de l'art ? — Certainement ; et plus le prix est élevé, plus le mal fait évidemment à l'école, car c'est une forme d'éducation à laquelle on ne peut résister. Platon l'a dit il y a longtemps : lorsque vous avez votre démagogue contre vous, aucune forme humaine d'éducation ne peut y résister.

182. *Sir E. Head.* Que pensez-vous du mode actuel d'enseignement à l'école de la vie et à l'école de peinture, à savoir par des visiteurs constamment changeants ? Je devrais trouver cela malicieux. Les malheureux jeunes, j'imagine, n'obtiendraient que ce qu'ils pourraient ramasser ; ce serait leur jeter des miettes comme on jette des os aux animaux du Jardin Zoologique.

Concevez-vous que quelque chose qui puisse être proprement appelé une école puisse être formé là où l'enseignement est dispensé de cette manière ? — Assurément non.

183. Vous avez déclaré qu'en cas d'introduction de membres laïcs dans l'Académie, vous ne jugeriez pas souhaitable qu'ils participent au choix ou à l'accrochage des tableaux destinés à l'exposition. N'y a-t-il pas une grande différence entre le choix des tableaux et leur accrochage, et ne pourraient-ils pas participer à l'un sans participer à l'autre ? — Je n'y pense guère. Mon idée d'accrocher une photo est de la mettre suffisamment bas pour être vue. S'il est petit, il doit être placé près de l'œil. N'importe qui peut accrocher un tableau, mais la question devrait être : y a-t-il suffisamment de bonne peinture dans ce tableau pour le rendre acceptable au public, ou pour que l'artiste puisse le montrer ? Et seuls les artistes peuvent vraiment juger du travail qui devrait lui permettre d'entrer à l'Académie.

Pensez-vous que cela dépend uniquement de la qualité de l'ouvrage ? — Pas seulement, mais je pense que c'est le premier point auquel il faut s'intéresser. Un tableau mal travaillé ne doit pas être admis ; laissez-le être exposé ailleurs si vous le voulez, mais votre Académie n'a pas à laisser passer le mauvais travail. Si un homme ne peut ni sculpter ni peindre, même si son œuvre peut être bien conçue, ne laissez pas passer son œuvre. À moins que vous ayez besoin d'un bon travail dans votre exposition à l'Académie, vous ne pouvez créer aucune école.

M. Reeve. En appliquant la règle que vous venez d'énoncer, cela aurait-il pour effet d'exclure une proportion considérable des œuvres actuellement exposées à l'Académie ? — Oui ; plus des académiciens que des autres.

Sir E. Head. La sélection est désormais effectuée par des artistes techniques ?—Non.

Professionnel ?—Oui.

Seigneur Elcho. Pensez-vous que seuls les artistes professionnels sont capables de juger du mérite ou du démérite réel d'un tableau ? Des personnes non professionnelles peuvent émettre une opinion très arrêtée sur le sujet, qui peut se révéler être juste, ou qui peut être fausse. .

Votre opinion est que l'essentiel en ce qui concerne l'exposition est que les tableaux soient visibles ; qu'ils ne doivent pas être suspendus trop haut ou trop bas. Cette question a déjà été soulevée devant la Commission, et il a été suggéré que la hauteur minimale de la base du tableau devrait être de deux pieds du sol, et certains témoins ont déclaré que la hauteur maximale devrait être de six pieds et d'autres de huit pieds. pour la base de l'image ; quelle limite fixeriez-vous ? — Je dois dire que la ligne horizontale dans la perspective du tableau doit toujours être en face de l'œil du spectateur, quelle que soit la hauteur par rapport au sol. Si la ligne horizontale est placée de telle sorte qu'elle doit être au-dessus de l'œil du spectateur, en raison de la taille de l'image, on n'y peut rien, mais j'obtiendrais toujours la ligne horizontale en face de l'œil si possible.

184. *Président*. Si vous souscrivez à la suggestion faite par un témoin devant cette Commission, selon laquelle ce serait une amélioration, si l'espace le permettait, que les œuvres de sculpture soient mélangées dans le même appartement avec les œuvres de peinture, au lieu d'être conservées comme actuellement dans des appartements séparés ? — Je pense qu'il serait très agréable de mélanger quelques œuvres de sculpture avec des œuvres de peinture ; que cela rendrait l'exposition plus agréable, et que l'œil se reposerait parfois en passant des couleurs au marbre, et verrait mieux en retour les couleurs des tableaux. Sir Joshua Reynolds mentionne le pouvoir que semblaient tirer, à son avis, certains tableaux flamands en les regardant après avoir consulté son carnet. Une statuaire placée parmi les tableaux aurait le même effet. Je ne voudrais pas que la sculpture envoyée pour l'exposition de l'année soit exposée avec les peintures, mais je ferais en sorte que les œuvres de sculpture soient placées en permanence dans les salles de peinture.

Seigneur Elcho. En supposant qu'il n'y ait aucune œuvre de sculpture disponible pour être placée dans les salles de façon permanente, et en supposant que parmi les œuvres envoyées pour une exposition annuelle, il y ait des œuvres de caractère dignes d'être placées parmi les peintures, si vous voyez une objection à ce qu'elles soient placées ainsi ? — Cela causerait d'immenses ennuis inutiles et des querelles perpétuelles entre les sculpteurs, sur la question de savoir quels œuvres auraient le droit d'être placées ou non dans les salles de peinture.

Savez-vous que dans l'exposition de Paris en 1855, c'est ce système qui a été adopté ? — Non. Si les Français l'adoptaient, cela serait probablement utile, et sans doute ils l'exécuteraient très intelligemment ; mais nous n'avons en aucun cas le don de mettre les bonnes choses aux bons endroits.

Avez-vous vu notre propre exposition internationale l'année dernière ?— Non.

Savez-vous qu'un système similaire a été utilisé dans l'exposition de tableaux là-bas ? Je pense que dans nos expositions, nous devons mettre tout ce qui peut aller là où il va, selon le genre de manière dont nous les gérons.

185. À l'heure actuelle, il y a dans les livres de l'Académie cinq membres honoraires qui occupent certaines fonctions titulaires, Earl Stanhope étant antiquaire de l'Académie, M. Grote étant professeur d'histoire ancienne, Dean Milman étant professeur de littérature ancienne, le L'évêque d'Oxford étant aumônier et Sir Henry Holland étant secrétaire à la correspondance étrangère ; ces professeurs ne donnent jamais de cours et n'ont aucune voix dans la direction, mais ont de simples distinctions honorifiques ; Pensez-vous qu'il serait souhaitable que des messieurs de leur position et de leur caractère aient voix au chapitre dans la gestion des affaires de l'Académie ? Il serait bien plus souhaitable qu'ils donnent des conférences sur les sujets qu'ils connaissent. Je pense qu'Earl Stanhope et tous les messieurs que vous avez mentionnés seraient beaucoup plus heureux de se sentir utiles dans leur position ; et que si vous leur donniez quelque chose à faire, ils le feraient très noblement. Si vous ne leur donnez rien à faire, je pense qu'ils ne devraient pas rester dans l'institution.

186. Il a été suggéré que l'Académie, qui compte actuellement quarante-deux membres, pourrait être avantageusement augmentée à cinquante membres professionnels, l'architecture, la sculpture et la peinture étant équitablement représentées, et qu'en plus de ces cinquante membres pourraient être élus ou nommés d'une manière ou d'une autre. dix personnes non professionnelles, c'est-à-dire des hommes s'intéressant à l'art, qui jouissaient d'une certaine position et d'une certaine position dans le pays, et qui pouvaient prendre une part active à la gestion des affaires de l'institution, tendant ainsi à amener le Royal L'Académie et le public ensemble ? — Je ne connais pas assez le monde pour pouvoir me faire une opinion sur le sujet.

Indépendamment de la société, en ce qui concerne l'art, vous connaissez suffisamment de personnes non professionnelles intéressées par l'art pour juger si l'injection d'un tel élément dans l'Académie pourrait être bénéfique à l'Académie et à l'art en général ? – Je pense si vous éduquez nos classes supérieures à s'intéresser davantage à l'art, ce qui implique, bien sûr, d'en connaître quelque chose, elles pourraient devenir les membres les plus efficaces de l'Académie ; mais si vous les laissez, comme vous les laissez maintenant, à l'éducation qu'ils reçoivent à Oxford et à Cambridge, et si vous leur donnez le genre de mépris que tout l'enseignement là-bas tend à donner à l'art et aux artistes, moins ils auront à faire avec une académie des arts, mieux c'est.

En supposant qu'à l'heure actuelle vous n'ayez pas un très grand nombre de ces personnes dans le pays, ne pensez-vous pas que le simple fait d'adopter un tel principe dans toute réforme de la constitution de l'Académie pourrait avoir pour effet de transformer qu'on accorde davantage d'attention à cette question dans les universités, et qu'on aboutisse à ce que vous jugez si désirable ? — Non, je ne le pense pas. Cela ne ferait pour l'instant que donner l'impression que l'ensemble du système est quelque peu artificiel et qu'il restera inefficace.

Malgré la négligence de cette question dans les universités, pensez-vous qu'à l'heure actuelle vous ne pourriez pas trouver dix personnes non professionnelles, du caractère que vous jugeriez souhaitable, à ajouter à l'Académie ? Je puis dire que vous, en tant que membre des classes supérieures, et moi, en tant que laïc des classes inférieures, êtes des exemples assez justes du genre de personnes qui s'intéressent à l'art, et je pense que nous ferions tous les deux beaucoup de mal si nous avions beaucoup à voir avec l'Académie.

187. En supposant que ces deux personnes soient nommées membres laïcs, direz-vous de quelle manière vous pensez qu'elles feraient du mal dans les conseils de l'Académie ? — Nous serions des éléments perturbateurs, alors que ce que je tâcherais d'obtenir, si j'avais quelque chose ses arrangements nécessiteraient une tranquillité totale, un système d'enseignement régulier dans lequel il devrait y avoir peu d'excitation et peu d'opérations d'influence populaire, aristocratique ou toute autre influence perturbatrice ; pas de critique, et donc pas de gens ennuyeux comme moi ; pas de patronage financier, ni même de patronage aristocratique. Le seul objectif des enseignants devrait être de produire un travail dont on puisse démontrer qu'il est bon et utile, et digne d'être acheté ou utilisé de quelque manière que ce soit ; et après cela, toute la question du patronage et des intérêts devrait être réglée. L'école devrait enseigner sa grammaire artistique à fond en tout et dans chaque matière, et elle devrait l'enseigner avec soin ; et cela pourrait être fait si un système parfait était adopté, et surtout si quelques exemples tout à fait bons étaient présentés aux étudiants. C'est un point qui me semble d'une très grande importance. Je pense qu'il est très désirable que des subventions soient accordées par le gouvernement pour obtenir pour les élèves de l'Académie de beaux exemples de toutes sortes, les plus beaux et les meilleurs ; pas trop; et que leurs esprits ne devraient pas être confus en leur ayant placé des exemples de toutes les écoles et de toutes les époques ; ils sont assez confus par ce qu'ils voient dans les magasins et dans les expositions annuelles.

Que la gravure soit enseignée par Marc Antonio et Albert Dürer, la peinture par Giorgione, Paul Véronèse, Titien et Velasquez, et la sculpture par de bons exemples grecs et romains choisis, et qu'il ne soit pas question d'autres écoles ni de leurs mérites. Que ces choses soient montrées comme bonnes et justes, et que l'étudiant soit formé à ces principes : — si ensuite il trace un chemin original, qu'il le fasse ; mais ne le laissez pas se tourmenter lui-même et les autres avec ses originalités, jusqu'à ce qu'il sache ce qui est juste, autant que nous le savons actuellement.

Vous êtes en général opposé à l'introduction de l'élément laïc ? — Oui ; mais je n'y suis pas fortement ni distinctement opposé, parce que je ne connais pas assez la société pour savoir comment elle fonctionnerait.

Si vous n'y êtes pas favorable, c'est que vous croyez que l'élément laïc qui serait utile à l'Académie n'existe pas actuellement dans ce pays ; mais pensez-vous que, s'il existait, et si l'on pouvait le faire sortir de nos écoles et de nos universités par l'enseignement des arts, il pourrait, dans l'intérêt de l'Académie et des artistes, être introduit dans l'Académie ? — Oui.

188. Supposons que la classe des académiciens royaux soit conservée et que vous ayez cinquante académiciens royaux, si vous jugez souhaitable que leurs œuvres soient exposées par eux-mêmes, afin que le public puisse voir ensemble les œuvres de ceux considérés comme les premiers. artistes de ce pays ? — Certes, je voudrais que tous les tableaux soient bien vus, mais je voudrais qu'un département de l'exposition soit confié aux associés ou aux diplômés. J'utilise ce terme parce que je suppose que ces associés reçoivent un diplôme pour un certain niveau d'excellence, et toute personne ayant atteint ce diplôme devrait être autorisée à envoyer autant de photos. Ensuite, les tableaux envoyés par les personnes ayant atteint l'honneur supérieur d'académicien royal devraient être exposés séparément.

Cela les inciterait à maintenir leur position et à se montrer dignes de cet honneur ? — Oui. Je ne pense pas qu'il faille les mélanger du tout comme c'est le cas actuellement.

189. Quelle est votre opinion au sujet du système actuel de bourses d'études itinérantes ? — Je pense qu'il pourrait être vraiment très utile.

D'une part, on a proposé qu'il y ait, comme le système adopté par l'Académie française, un professeur permanent à Rome pour s'occuper des étudiants ; d'autre part, il a été dit qu'il n'est pas souhaitable, si vous avez ces bourses d'études itinérantes, que les étudiants aillent à Rome, qu'il vaut mieux qu'ils voyagent, qu'ils aillent à Venise ou en Lombardie, et qu'ils n'aient pas d'argent. école fixe en relation avec l'Académie de Rome. Auquel de ces deux systèmes donnez-vous la préférence ? — Je préférerais le dernier ; si un homme part en voyage, il doit voyager et ne pas être en proie aux écoles.

Il a été suggéré que des bourses pourraient être accordées aux artistes émergents, une aide pécuniaire étant attachée à ces bourses, l'artiste étant tenu chaque année d'envoyer un spécimen de son œuvre pour montrer ce qu'il faisait, mais il lui serait laissé facultatif d'aller à l'étranger ou pour travailler à domicile ; Pensez-vous que ce serait souhaitable, ou comme cela a été suggéré dans une lettre de M. Armitage, en supposant que ces bourses soient établies pour quatre ans, que deux de ces années soient passées à l'étranger et deux dans le pays ? — Sans conclure aucun accord. en détail quant à savoir si deux ans devraient être passés à l'étranger et deux ans dans le pays, je suis très convaincu que l'une des influences les plus dangereuses et les plus retardatrices qui s'exercent sur l'art est l'énorme pouvoir de l'argent et les chances de gagner ou de perdre entièrement. , c'est-à-dire faire fortune en un an par une grande prise de vue, ou bien mourir de faim pendant dix ans par de très bonnes petites. La vie entière d'un artiste est une loterie, et une loterie très sauvage, et le meilleur artiste risque de se détourner de ce qu'il sait être juste par la chance de gagner immédiatement une immense fortune en attirant l'attention du public, le public l'oeil n'étant attiré que par des couleurs vives et certaines conditions de l'art pas toujours désirables. Si donc, en rapport avec les écoles de l'Académie, on pouvait trouver le moyen de donner un revenu fixe à certains hommes, qui, en contrepartie de ce revenu, fourniraient un certain nombre d'ouvrages sur lesquels on pourrait se mettre d'accord, ou entreprendraient toute œuvre nationale. on pourrait en convenir, et je crois que ce serait la manière la plus saine de payer un bon peintre. Lui donner son pain et son fromage, et une quantité par jour, et lui dire : Voici telles et telles choses que nous voulons que vous fassiez, est, je crois, la manière la plus saine, la plus simple et la plus heureuse de produire un grand travail. Mais je ne peux pas dire si cela est compatible avec notre système actuel, ni si chaque homme ne s'enfuirait pas dès qu'il découvrirait qu'il pourrait gagner deux ou trois mille livres en peignant un tableau attrayant. Je pense que vos meilleurs hommes ne le feraient pas.

Seriez-vous favorable à ces bourses ? — Oui.

190. Je crois comprendre que vous êtes favorable à l'encouragement de la décoration murale, de la peinture à fresque, etc. Le système qui prévaut à l'étranger, en France par exemple, consiste pour les peintres à employer des élèves pour travailler sous leurs ordres. C'est ainsi que Delaroche peignit son hémicycle à l'Académie des Beaux-Arts, employant quatre élèves, qui travaillèrent pour lui, et qui, d'après son petit croquis, dessinèrent sur les murs le tableau grandeur nature, qu'il corrigea ensuite. Ils l'ont ensuite colorié selon son croquis, après quoi il s'est enfermé de nouveau et l'a terminé. Par contre,

si vous allez à la Victoria Gallery de la Chambre des Lords, vous trouvez M. Maclise au travail sur un espace de mur de quarante-huit pieds de long, peignant la Mort de Nelson sur le pont du « Victory ». chaque figurine est grandeur nature, le pont du navire et les cordages et tout est à la taille réelle, et vous le voyez peindre de sa propre main chaque petit bout de cordage et les moindres détails. Lequel des deux systèmes vous semble le plus solide et le plus propre à produire de grands et nobles travaux ? — Le premier est le meilleur pour les élèves, l'autre est le meilleur pour le public. Mais incontestablement, non seulement une grande œuvre peut être exécutée comme M. Maclise exécute la sienne, mais aucune œuvre vraiment grande n'a été exécutée autrement, car dans toute œuvre puissante, qu'elle soit à fresque ou à l'huile, chaque touche et chaque teinte de couleur jusqu'au dernier coin a a été posé avec amour par la main du peintre, ne laissant pas à un élève le soin de peindre ne serait-ce qu'un caillou sous le pied d'un cheval.

191. Croyez-vous que la plupart des ouvrages des grands maîtres en Italie aient été ainsi exécutés ? parce que les élèves étaient presque aussi puissants que les maîtres. Les grands hommes portaient un tel intérêt à leur travail, et ils étaient si modestes et si simples qu'ils se sacrifiaient à plusieurs reprises aux intérêts de leur religion ou de la société pour laquelle ils travaillaient ; et lorsqu'une chose devait être faite dans un certain temps, elle ne pouvait se faire qu'en apportant de l'aide ; mais chaque fois qu'un travail précieux devait être accompli, alors le grand homme disait : « Enferme-moi ici tout seul, donne-moi un peu de vin et de fromage, et reviens dans un mois, et je te montrerai ce que j'ai fait.

Croyez-vous qu'il soit désirable que les élèves soient formés de manière à être capables d'assister les grands maîtres dans de tels travaux ? — Assurément.

NOTE .—L'analyse suivante des preuves ci-dessus a été donnée dans l'index du rapport (pp. 139, 140).— ED.

168-69. L'Académie n'est pas satisfaisante sur tous les points. Je souhaiterais que les académiciens ne soient pas élus eux-mêmes. — Mais par une circonscription composée à la fois d'artistes et du public. — L'influence du public soit la même en peinture qu'en musique.

170. Quant aux associés : est en faveur d'une certaine période de probation. — Leur classe doit être illimitée, avec un nombre très limité d'académiciens.

171. Ne s'est pas formé d'opinion sur la question de l'introduction de laïcs dans l'Académie ; en matière de revenus, ils pourraient être associés aux artistes, mais pas dans le choix et l'accrochage des tableaux : opposés dans l'ensemble à leur introduction, compte tenu de l'état actuel de l'éducation

artistique. — Comme il aimerait voir l'Académie constituée, pense que le le président devrait être un artiste.

172. Effet général de l'enseignement de l'Académie sur l'art du pays simplement inutile. — Il y aurait un système d'enseignement beaucoup plus complet.

173. L'enseignement académique doit correspondre entièrement à l'enseignement universitaire.

174. Il n'est pas facile mais très nécessaire que l'Académie adopte un système d'enseignement faisant autorité.

175. Son idée de ce que devrait être l'enseignement de l'Académie ; aurait une école de chimie.

176. L'enseignement de la peinture murale avec des matériaux permanents devrait constituer une branche, voire la branche principale.

177. Pas satisfait de la sélection des artistes qui seront membres de l'Académie.

178. Dans certains cas, le choix des images a été peu judicieux, mais cela n'a que peu d'importance ; le point principal est de savoir comment les images admises doivent être mieux vues.

179. Pour une épreuve pédagogique pour les candidats à l'admission à l'Académie.

180. Et des professeurs d'art dans les Universités.

181. Causes du manque de raffinement observable dans beaucoup de tableaux modernes ; les prix élevés qu'ils atteignent sont nuisibles.

182. L'enseignement des visiteurs en constante évolution est espiègle.

183. Comment doit être accroché un tableau. — Un tableau mal travaillé ne doit pas être admis par l'Académie. — Portant cette dernière opinion sur la présente exposition.

184. Aurait des œuvres de sculpture placées en permanence dans la salle de peinture, mais aucune de celles envoyées pour l'exposition de l'année.

185. Pour que les membres honoraires actuels soient utilisés dans leurs fonctions.

186. L'introduction de laïcs dans l'Académie est déconseillée dans les circonstances actuelles, et pourquoi. — Sentiment actuel envers l'art et les artistes dans les universités.

187. Il est souhaitable que des subventions gouvernementales soient accordées pour obtenir pour les élèves de l'Académie de beaux exemples de toutes sortes d'art.

188. En faveur d'expositions séparées des œuvres des Associés (ou Diplômés) et des Académiciens.

189. En faveur des bourses d'études artistiques, mais non d'une école fixe en relation avec l'Académie de Rome.

190. Comparaison des systèmes français et anglais (en matière d'assistance des élèves) dans la production de grands tableaux publics.

191. Comment étaient exécutés les ouvrages des maîtres italiens. — Il est souhaitable que les élèves soient formés pour assister les grands maîtres dans les travaux publics.

NOTES DE BAS DE PAGE :

[3] Tiré de « Le rapport des commissaires nommés pour enquêter sur la position actuelle de la Royal Academy par rapport aux beaux-arts. » Londres : Eyre et Spottiswoode, 1863 (pp. 546-55. Questions 5079-5142). La Commission était composée de Earl Stanhope (*président*), du vicomte Hardinge, de Lord Elcho, de Sir EW Head, de M. William Stirling, de MHD Seymour et de M. Henry Reeve, qui tous, à l'exception de M. Seymour, étaient présents à la réunion ci-dessus. assis. — ÉD.

UN MUSÉE OU UNE GALERIE DE PHOTOS :

SES FONCTIONS ET SA FORMATION. [4]

20 mars 1880.

MON CHER ——,

192. Si je retarde la rédaction du document que vous m'avez demandé, jusqu'à ce que je puisse le faire commodément, il pourrait rester en feu jusqu'à cette époque de l'année prochaine. Si vous acceptez de temps en temps d'accepter une note sur le sujet et de la conserver jusqu'à ce qu'il y en ait assez pour valoir la peine d'être imprimée, toutes les questions pratiques pourraient trouver une réponse suffisante, et bien plus rapidement.

La première fonction d'un musée (je parlerai pendant quelques instants de l'art et de l'histoire naturelle comme étant également soignées dans un idéal) est de donner un exemple d'ordre parfait et d'élégance parfaite, dans le vrai sens de ce mot test. à la population désordonnée et grossière. Chaque chose à sa *place*, tout est à son meilleur parce qu'il est là, rien de bondé, rien d'inutile, rien de déroutant. Par conséquent, une fois qu'une pièce a été aménagée, il ne doit y avoir aucun changement dans celle-ci. Pour de nouvelles possessions, il faut de nouvelles chambres, et après vingt ans d'absence, en revenant à la chambre où l'on a appris l'alphabet des oiseaux ou des bêtes, nous devrions pouvoir montrer à nos enfants le vieil oiseau sur le vieux perchoir dans le coin habituel. . Mais avant tout, que la pièce soit magnifiquement complète, *c'est-à* -dire suffisamment complète pour ses propres affaires.

193. Au British Museum, en haut des escaliers, nous rencontrons dans une alliance formidable une girafe, un hippopotame et un requin pèlerin. Le public, jeunes et vieux, passe en sursaut et avec un regard fixe, et reste aussi sage qu'avant sur les trois créatures. Avant-hier, j'étais près du gros poisson : un père s'est approché avec son petit garçon. « C'est un requin », dit-il ; « il se retourne sur le côté quand il veut vous manger », et ainsi de suite — littéralement aussi sage qu'avant ; car il avait lu dans un livre que les requins se tournaient sur le côté pour mordre, et il n'avait jamais regardé le ticket qui lui disait que ce requin-là ne mangeait que des petits poissons. Maintenant, il n'a jamais regardé le billet, car il ne s'attendait pas à y trouver quoi que ce soit, sauf qu'il s'agissait du Sharkogobalus Smith-Jonesianius. Mais si, autour des murs de la pièce, il y avait eu toutes les espèces de requins *bien connues* , descendant, en tailles graduées, depuis celui qui se prélasse jusqu'à notre aiguillat frétillant, et si chacun d'entre eux avait eu une simple Billet anglais, avec dix mots de bon sens indiquant où et comment vivait la bête, et un

numéro (immuable) renvoyant à un manuel bien rangé de la tribu des requins (vendu par l'éditeur du Musée, qui devrait avoir sa petite boutique près de la loge du portier), le père et le fils devaient être bien au-dessous du niveau d'esprit maternel de l'homme et du garçon anglais moyens s'ils ne sortaient pas très distinctement de la pièce par la porte en face d'eux, et - pour eux-mêmes – étonnamment, plus sages qu'ils n'étaient entrés par la porte derrière eux.

194. Si j'ose citer des exemples de fautes du British Museum, c'est parce que, dans l'ensemble, c'est l'institution la mieux ordonnée et la plus agréable de toute l'Angleterre, et la plus grande concentration des moyens de connaissance humaine dans le monde. Et je suis sincèrement désolé de cette rupture, et je n'augure rien de bon des changements d'arrangement susceptibles d'avoir lieu en accord avec Kensington, où, le jour même où j'avais médité près du vieux requin, je me suis perdu dans un labyrinthe crétois de quincaillerie militaire, de publicités pour des stores à ressorts, des modèles de pisciculture et des nymphes se baignant en plâtre avec du charbon d'un an sur tous les nez ; et j'ai dû me confier à un policier pour pouvoir ressortir. Toujours affectueusement vôtre,

J.RUSKIN .

29 mars 1880 .

MON CHER ———,

195. La seule chance de mettre ces lettres elles-mêmes dans un ordre assez cohérent et semblable à celui d'un musée est d'écrire un mot ou deux toujours à la première heure du matin jusqu'à ce que je les ai terminées ; alors, je me souviendrai au moins de ce dont je parlais la veille ; mais pour le reste, il faut que je parle de telle ou telle chose comme cela me passe par la tête, car il y en a trop pour les classer sans pédantisme et sans perte de temps.

Mon exigence « d'élégance » dans cette dernière lettre concerne principalement l'architecture et l'aménagement. Ceux-ci doivent non seulement être parfaits en termes de majesté, de durabilité et de confort, mais aussi beaux au point le plus cohérent avec la subordination aux objets exposés. Entrer dans une salle du Louvre est une éducation en soi ; mais deux pas sur le sol crasseux et sous les fourches de fer, moitié échafaudage, moitié potence, du grand bazar en verre de Norwood, avilissent l'esprit et l'œil à la fois au-dessous de la possibilité de regarder n'importe quoi avec profit toute la journée qui suit. Je viens d'apprendre qu'un marchand de tableaux français s'en chargera de la galerie de tableaux et que tout l'intérieur deviendra virtuellement un grand café, quand, on l'espère, le monstre de verre pourra enfin « payer ». À propos de quelle belle consommation du « Pays des fées » de M. Dickens (voir ma brochure [5] sur l'ouverture du soi-disant « palais »), notons d'emblée que toute idée de « paiement », en ce sens, , doit être abjuré complètement et avec mépris sur la première pierre de tout musée national ou civique. Il ne doit y avoir ni sociétés pour s'en remplir les poches, ni administrateurs qui pourraient gêner la direction, ou interférer avec la direction, ou en raccourcir les approvisionnements. Mettez à sa tête un homme de réputation et de sens ; donnez-lui le personnel qu'il demande et une somme annuelle fixe pour les dépenses – des comptes spécifiques à imprimer chaque année à la vue de tous – et laissez-le tranquille. Les dépenses initiales de construction et d'aménagement doivent être magnifiques, et les dépenses courantes de nettoyage et de réaménagement doivent être magnanimes ; mais une certaine proportion de ces dépenses courantes devrait être couverte par de petits droits d'entrée, exigés non pas pour une avare contribution aux salaires des balayeurs, mais pour le bien des visiteurs eux-mêmes, afin que les chambres ne soient pas encombrées par les visiteurs. inactifs ou déshonorés par les gens de mauvaise réputation. Vous ne devez pas faire de votre musée un refuge contre la pluie ou l'ennui, ni laisser pénétrer dans des pièces parfaitement bien meublées et même, au vrai sens du terme, somptueuses, la partie tout à fait sordide et mal élevée du peuple. Il devrait en effet y avoir des refuges pour les pauvres contre la pluie et le froid, et des chambres décentes accessibles aux indécents, s'ils veulent y aller ; mais aucune de ces œuvres caritatives ne devrait faire partie de la fonction d'un musée civique.

196. Fixez le droit d'entrée à un sou d'argent (un gruau d'argent, représentant généralement le père, la mère, le fils aîné et la fille aînée, dépassant toujours le nombre total d'une famille), et chaque personne admise, aussi jeune soit-elle, étant priée de signer leur nom ou laisser leur marque.

Que l'argent d'entrée soit toujours en argent est un des commencements de l'éducation du lieu, une des conditions de son « élégance » sur le seuil même.

Et l'institution de l'argent contre le bronze dans la monnaie inférieure fait partie du système d'éducation nationale que j'enseigne depuis dix ans – un système beaucoup plus profond et beaucoup plus large que tout ce qui peut être donné dans les musées – et sans lequel tous les musées seront finalement vains. — Toujours affectueusement vôtre,

J.R.

PS : Il devrait y avoir un café bien servi attenant au bâtiment ; mais cette partie de l'établissement sans aucun luxe de mobilier ni de décoration, et sans aucun appareil de cuisson pour carnivores.

Lundi de Pâques 1880.

CHER ———,

197. Ce jour est propice au début de la réflexion sur la bonne manière de manifester toutes les choses divines à ceux qui désirent les voir. Car chaque maison des Muses, où elles habitent, est un lieu d'interprétation au bord du chemin, ou plutôt un lieu d'oracle et d'interprétation à la fois. Et la véritable fonction de tout musée, pour les gens simples, est de leur manifester ce qu'il y a de beau dans la vie de la nature et d'héroïque dans la vie des hommes.

Il y a déjà, voyez-vous, quelques restrictions étranges dans cette dernière phrase, par lesquelles certains de nos amis commenceront et d'autres s'arrêteront. Je dois donc m'arrêter aussi, moi-même, une minute ou deux, pour y insister.

198. Un musée doit avant tout être destiné aux *simples* personnes. C'est-à-dire des enfants et des paysans. Pour votre étudiant, votre antiquaire ou votre monsieur scientifique, il doit y avoir un logement séparé, ou ils doivent être envoyés ailleurs. Le musée de la ville doit être réservé aux habitants de la ville, le musée du village aux villageois. Gardez ce premier principe clair pour commencer. Si vous voulez fonder une académie de peinture à Littleborough, ou de littérature à Squattlesea Mere, vous devez demander conseil à quelqu'un d'autre, pas à moi.

199. Deuxièmement. Le musée doit manifester à ces personnes simples la beauté et la vie de toutes choses et créatures dans leur perfection. Pas leurs modes de corruption, de maladie ou de mort. Pas même, toujours, leur genèse, dans ses débuts plus ou moins maladroits ; pas même leurs modes de nourriture, s'ils sont destructeurs ; il ne faut pas empailler un merle arrachant un ver, ni exposer dans une vitrine un crocodile croquant un bébé.

Vous ne devez jamais non plus montrer d'os, d'intestins ou tout autre objet de charnier. Apprenez à vos enfants à distinguer la note de l'alouette de celle du rossignol ; la longueur de leur larynx est leur affaire et celle de Dieu.

Je ne saurais trop insister sur ce point, ni trop solennellement. Si vous souhaitez que vos enfants soient chirurgiens, envoyez-les au Surgeons' College ; si jongleurs ou nécromanciens, à MM. Maskelyne et Cooke ; et si vous êtes bouchers, à la ruine ; mais si vous voulez qu'ils mènent la vie tranquille de gentilshommes et de dames de la campagne, de serviteurs et de servantes, qu'ils ne cherchent aucun des secrets de la mort jusqu'à leur mort. Toujours fidèlement et affectueusement vôtre,

J.R.

Mardi de Pâques 1880.

CHER ——,

200. Je dois aujourd'hui aborder un peu plus loin la raison pratique, non moins qu'émotionnelle, du refus des illustrations anatomiques au grand public.

Il est déjà assez difficile de donner à quelqu'un une idée claire d'une chose donnée. Mais il est presque impossible d'y faire entrer *deux* idées claires, de la même chose. Nous avons eu des têtes de lion comme heurtoirs de porte pendant cent cinquante ans, sans jamais même apprendre à quoi ressemble une tête de lion. Mais avec un bon rembourrage et un bon rembourrage moderne, j'arrive maintenant à faire vraiment comprendre à un enfant quelque chose à propos de l'apparence de la bête, de sa crinière, de ses yeux maussades et de ses lèvres bringées. Mais si je m'occupe en même temps d'une grosse boîte osseuse, qui n'a ni crinière, ni lèvres, ni yeux, et que je doive expliquer au pauvre écolier de paroisse comment cela s'adapte à cela, je serai obligé qu'au bout d'un an, dessinez-en un aussi grand que l'autre, et il ne distinguera pas une tête de lion de celle d'un tigre, ni un crâne de lion de celui d'un lapin. Et ce n'est pas seulement l'enfant de la paroisse qui souffre. Les scientifiques eux-mêmes ratent la moitié de leurs points à cause de leur habitude de pirater les choses au lieu de les regarder. Lorsque j'ai donné ma conférence sur l'Hirondelle [6] à Oxford, j'ai mis tous les anatomistes au défi de me dire à quoi sert sa queue (je crois que la moitié d'entre eux ne savaient pas qu'il en avait une). Pas un seul d'entre eux ne pouvait me le dire, ce que je savais d'avance ; mais je ne savais pas, avant d'avoir bien parcouru leurs livres, comment ils se disputaient à propos de ses ailes ! En fait, à l'heure actuelle (le mardi de Pâques 1880), je ne crois pas que l'on puisse trouver dans aucun livre scientifique en Europe une véritable description de la façon dont un oiseau vole, ou comment un serpent serpente. Ma conférence Swallow était la première partie d'une déclaration claire sur un point, et lorsque je publierai ma conférence Snake, vous aurez la première partie d'une déclaration claire existante sur l'autre ; et c'est simplement parce que les anatomistes ne peuvent, pendant leur vie, regarder une chose avant de l'avoir dépouillé.

201. Et les choses empirent d'heure en heure. Hier, après avoir écrit la première feuille de cette note, je suis allé au British Museum et j'ai trouvé un vilain squelette de lézard, avec sa mâchoire inférieure tombée, sur une table de papillons - temporairement bien sûr - mais ensuite tout est temporaire ou temporaire au British Museum depuis un demi-siècle ; ce qui en faisait

toujours un simple gaspillage et une lassitude pour le grand public, car, en vérité, il fallait toujours le tenir au courant de la dernière réunion de la Société Zoologique et de la dernière édition du *Times* . Comme s'il n'y avait pas eu assez de bêtes devant l'Arche pour raconter les bonnes manières à nos enfants, un dimanche après-midi !

202. J'étais allé au Musée ce jour-là pour voir la forme exacte d'une aile de canard, l'examen d'un jeune drake vif ici à Coniston s'étant terminé en me faisant une telle coupure au poignet avec, que je pouvais à peine écrire toute la matinée ensuite. Or, dans toute la galerie des oiseaux, il n'y a que deux ailes de canard déployées, et celles-ci dans des positions différentes. Imaginez la différence pour la foule et pour moi, si les coquilles et les squelettes de singes étaient retirés de la galerie centrale et qu'à la place, trois séries d'oiseaux gradués y déposaient toute la longueur (ou la moitié de la longueur - ou un quart suffirait). il - avec jugement), montrant la transition, en longueur du bec, du bruant à la bécasse - en longueur de la patte, du pluvier rapide au pluvier échassié - et en longueur de l'aile, du pingouin à la frégate ; les ailes, toutes ouvertes, chez un spécimen de chaque oiseau jusqu'à leur envergure complète, et chez un autre, montrées à la limite du trait descendant vers l'arrière. Car à quoi me sert sur terre — ou dans l'air — de voir leurs sternums bouillis et leurs sinciputs scalpés, quand on ne me montre jamais ni comment ils portent leurs seins, ni où ils portent leur tête ?

Assez d'histoire naturelle, direz-vous ! J'aborderai l'art dans ma prochaine lettre, en terminant le vilain sujet de celle-ci par une seule phrase de la section ix. du "Conte d'une baignoire", en en recommandant le contexte à mes amis de la Royal Academy.

« La semaine dernière, j'ai vu une femme écorchée, et vous aurez peine à croire à quel point cela a altéré sa personne pour le pire. » — Toujours, ma chère ———, affectueusement vôtre,

J.R.

7 avril 1880.

Mon cher ———,

203. Je suppose que le respect des grands principes premiers de la Constitution britannique, selon lesquels chacun doit faire ce qu'il veut, penser ce qu'il veut et voir tout ce qui peut être vu pour de l'argent, fera reculer la plupart de vos lecteurs devant mon opinion. premier principe de l'agencement du musée, - que rien ne soit laissé à l'intérieur des portes qui ne soit bon en son genre, - comme une tentative de restaurer la papauté, de faire revivre l'Inquisition, et d'emmener tout le monde dans le donjon le plus bas

des douves du château. . Ils doivent, à leur gré, me charger de ces vues sinistres ; ils découvriront qu'il n'y a pas de vision plus habile de cette affaire, qui ne consiste pas principalement à distinguer le mal du bien et le bien du mal. Et s'ils daignent commencer assez simplement et par le fond de ladite affaire, et laisser le cordonnier juger de la crépida et le potier du pot, il leur sera extrêmement difficile d'établir des autorités dignes de confiance. , et des jugements qui seront sûrs.

204. Supposons, par exemple, à Leicester, d'où nous est venue pour la première fois l'enquête sur de tels points, que l'on commence par réserver une chambre de chasseur, dans laquelle une série de portraits des favoris de leur maître, pour les cinquante dernières années environ, devraient être conservés. être disposé, avec certificat de chaque écuyer de sa satisfaction, à tel ou tel point, avec le portrait de Lightfoot, ou Lucifer, ou Will o' the Wisp ; et notification appropriée, pour peut-être un avenir recréant et dégénéré, des vertus et des perfections recherchées et assurées à cette époque chez le cheval anglais. Une telle chambre de chevalerie n'aurait-elle pas, en son genre, une autorité et une valeur historique tout à fait incontestables, pour ne être ébranlée par aucune impudence ou infidélité future ?

Ou encore, dans le Staffordshire, ne serait-il pas facile de répondre à une honnête question de savoir ce qui est bon et ce qui ne l'est pas, dans l'argile ou dans la vaisselle, : « Ceci fonctionnera, et cela tiendra » ? et une série de tasses qui ont été mûries avec discernement et de pots dont l'usage est populaire ne pourraient-ils pas être ordonnés de manière à montrer leurs qualités d'une manière convaincante et harmonieuse contre tous les contradicteurs ?

205. Il n'y a pas non plus de mystère de goût, ni de merveille d'habileté, pour lequel vous ne puissiez pas obtenir une initiation tout à fait facile et un pilotage sûr pour le peuple, pourvu que vous lui fassiez une fois clairement comprendre qu'il y a en effet quelque chose à apprendre, et quelque chose être admiré, dans les arts, qui auront besoin de leur attention pendant un certain temps ; et ne peut être expliqué par un mot, ni vu par un clin d'œil. Et pourvu aussi, et avec une décision encore plus grande, que vous leur confiiez des maîtres, dans chaque branche des arts, qui connaissent leur propre opinion en la matière, et qui n'ont pas peur de les exprimer, ni de dire : « Nous savons », quand ils savent, et "Nous ne savons pas", quand ils ne le savent pas.

À cette fin, lesdites branches doivent être bien séparées et traitées une à la fois. Toute ville considérable devrait avoir ses collections exemplaires de boiseries, de ferronneries et de bijoux, attachées aux écoles de leurs divers métiers, laissant illustrer dans son musée public, comme dans la cellule d'une abeille hexagonale, les six reines et muses. a enseigné les arts de la couture, de l'écriture, de la poterie, de la sculpture, de l'architecture et de la peinture.

206. Pour chacun d'entre eux, il devrait y avoir une tribune séparée ou une chambre de tribunal absolu, qui n'a pas besoin d'être grande - celle, dite de Florence, n'a pas la taille d'une salle d'attente ferroviaire, a en fait déterminé au cours du siècle dernier le goût du public européen dans deux arts ! — dans lequel le meilleur absolu de chaque art, dans la mesure où la poche communautaire peut l'atteindre, devrait être exposé avec autorité, avec une simple déclaration selon laquelle il est bon et la raison pour laquelle il est bon, et notification dans quels détails il est insurpassable, ainsi que quelques illustrations pas trop complexes des étapes par lesquelles il a atteint cette perfection, où celles-ci peuvent être retracées très loin dans l'histoire.

207. Ces six Tribunes, ou Temples de la Renommée, étant d'abord fixés selon leurs critères fixes, devraient suivre une série de galeries historiques, montrant l'ascension et la chute (si elles sont tombées) des arts dans leurs belles associations, telles qu'elles sont pratiquées dans le monde. grandes villes et par les grandes nations du monde. L'histoire de l'Egypte, de la Perse, de la Grèce, de l'Italie, de la France et de l'Angleterre doit être racontée dans leurs arts, dynastie par dynastie et âge par âge ; et pour une septième, une salle du dimanche, pour l'histoire du christianisme dans son art, y compris la portée la plus lointaine et les efforts les plus faibles ; en réservant également à cette salle quelle puissance pouvait être atteinte dans la délimitation des grands monastères et cathédrales qui étaient autrefois la gloire de toutes les terres chrétiennes.

208. Dans un tel schéma, chaque forme d'art noble prendrait une place harmonieuse et instructive, et souvent très peu de choses négligées se révèleraient posséder un intérêt impensé et une beauté relative cachée ; mais son efficacité — et en cela surtout, qu'il soit recommandé à la patience de vos lecteurs pratiques — dépendrait, non de son étendue, mais de sa limitation stricte et précise. Je pourrais peut-être aborder les méthodes, si vous désirez en connaître mes idées, le mois prochain, avec quelques détails illustratifs. — Toujours très sincèrement vôtre,

J.R.

10 juin 1880. [7]

MON CHER ———,

209. Je ne peux pas encore vous donner de détails ; mais, pour ne pas laisser tomber un seul point de mon histoire, je veux dire pourquoi j'ai attaché tant d'importance aux travaux d'aiguille et les mettre dans la cour d'ouverture des

six. Vous voyez, ils sont progressifs, de sorte que je ne mets pas tout à fait la couture au *niveau* de la peinture. Mais une nation qui veut apprendre à « toucher » *doit* avant tout savoir « coudre ». Je suis toujours occupé, une bonne partie de la journée, dans mon bois, et j'use vite mes gants de cuir, au bout d'un moment je peux les porter du tout : mais c'est justement la difficulté de l'affaire. Je les récupère au magasin aussi gros et aussi soignés que vous le souhaitez, et une demi-heure après que je dois travailler, ils fendent les doigts et les pouces comme des coquilles de marronnier d'Inde mûrs, et je me retrouve avec cinq chiffons pendants autour de mon corps. poignet, et un fil blanc pourri qui traînait après moi à travers le bois, ou qui me chatouillait le nez, comme si Ariane et Arachné avaient perdu la tête ensemble. Je rentre chez moi en invoquant l'univers contre les machines à coudre ; et demandez la charité d'un ou deux points solides à n'importe laquelle des servantes qui connaissent leur art féminin ; et dès lors commence la vie du gant proprement dit. Wow, il n'est pas possible pour quiconque supporte ce genre de choses d'apprendre à peindre, ou de faire quoi que ce soit d'autre avec ses doigts décemment : — seulement, pour la plupart, ils ne pensent pas que leurs musées sont censés montrer leur comment faire quoi que ce soit décemment, mais plutôt comment rester oisif, indécent. Persuasion extrêmement populaire et extrêmement erronée, s'il vous plaît, dont nous devons nous écarter avant d'aller plus loin.

210. Je dois d'ailleurs quelques excuses à M. Frith pour la façon dont j'ai parlé de sa photo [8] dans ma lettre au comité de Leicester, non destinée à être publiée, même si je n'écris jamais ce que je ne permettrais pas de publier. être publié, et il était heureux qu'ils aient demandé l'autorisation de l'imprimer. Ce n'est pas moi qui ai cité le tableau, il avait été désigné lors de la réunion du comité comme étant le genre de chose que les gens aimaient le plus, et j'étais obligé de dire pourquoi les gens l'aimaient le plus : — à savoir, *pas* pour le tableau, qui c'est bon, et digne de leur goût, mais pour la vue de l'hippodrome et de ses humeurs. Et la raison pour laquelle un tel tableau ne devrait pas se trouver dans un musée, c'est précisément parce que, dans un musée, les gens ne devraient pas se croire sur un hippodrome. S'ils veulent voir des courses, qu'ils y aillent ; et si c'est des voleurs, à Bridewells. Ils viennent dans les musées pour voir quelque chose de différent des voleurs et des races.

211. Mais, pour exprimer les choses d'une manière plus large et plus précise, rappelons-nous, en somme, qu'un musée n'est pas un théâtre. L'un et l'autre sont des moyens d'éducation noble, mais il ne faut pas les confondre. L'intérêt dramatique est une chose ; charme esthétique un autre; une pantomime ne doit pas dépendre de sa belle couleur, ni un tableau de sa belle pantomime.

Prenons un exemple particulier. Il y a longtemps que je n'ai pas été aussi satisfait à la Royal Academy de la « Sympathie » de M. Britton Rivière. Le chien à l'acharnement non caricatural, divin comme Anubis ou le Chien-étoile ; l'enfant tout à fait enfantin et charmant, le tapis aurait pu être posé par Véronèse. Une image des plus précieuses en soi, mais pas pour un musée. Tout le monde ne penserait qu'à l'histoire qu'il contient ; tout le monde se demandait ce que la petite fille avait fait, et comment elle serait pardonnée, et si elle ne l'était pas, dans combien de temps elle arrêterait de pleurer, embrasserait le toutou et réconforterait son cœur. Tout cela qu'ils pourraient tout aussi bien étudier à la maison parmi leurs propres enfants et chiens ; et ne devrait pas venir au musée pour harceler les vrais étudiants, car il n'y a rien de particulièrement remarquable ou de qualité inégalée dans la peinture elle-même.

212. Par contre, l'une des quatre images que j'ai choisies pour l'enseignement permanent à Fors était celle d'un enfant et d'un chien. L'enfant ne fait rien ; le chien non plus. Mais le chien est absolument et sans comparaison le chien le mieux peint du monde – ancien ou moderne – de ce côté-ci ou aux antipodes (pour autant que j'ai vu le contenu dudit monde). Et l'enfant est peint pour qu'il *ne puisse pas* être mieux fait. *C'est* une image pour un musée.

Ce n'est pas que l'intention dramatique, et encore moins didactique, doive disqualifier une œuvre d'art à des fins muséales. Mais d'une manière générale, l'art dramatique et didactique doit être universellement national, l'éclat de nos rues, le trésor de nos palais, le plaisir de nos maisons. Une grande partie de l'art faible, éphémère et grossier peut ainsi nous devenir utile. Mais le musée n'est destiné qu'à ce qui est éternellement juste et bien fait, selon la loi divine et l'habileté humaine. Les moindres choses doivent être là — et les plus grandes — mais toutes *bonnes* , avec la bonté qui rend un enfant joyeux et un vieillard calme ; les simples doivent y aller pour apprendre, et les sages pour se souvenir.

213. Et maintenant, revenons à ce que je voulais être le sujet de cette lettre : l'aménagement de notre première salle idéale dans un tel musée. En y réfléchissant, j'aimerais agrandir la chambre unique, d'abord demandée, pour en faire une chambre semblable à celle du prince Houssain ; non, le prince Houssain avait la tapisserie volante, et j'oublie quel prince avait le palais élastique. Mais, en effet, ce doit être une chambre seigneuriale qui doit être suffisamment grande pour montrer la véritable nature du fil et de l'aiguille — annoncée dans « Thread-needle Street !

La structure, d'abord de la laine et du coton, de la fourrure, des cheveux et du duvet, du chanvre, du lin et de la soie : le microscope est permis si une cause peut être démontrée pour laquelle la laine est douce et la fourrure fine, et le coton duveteux *et* le duvet. plus duveteux; et comment une fibre de lin diffère d'une tige de pissenlit, et comment la substance d'une feuille de mûrier peut devenir du velours pour la couronne de la reine Victoria et un vêtement de pourpre pour la ménagère de Salomon.

Puis la phase de sa teinture. Quels azurs, quelles émeraudes et quels écarlates tyriens peuvent être mis dans les fibres du fil !

214. Puis la phase de son essorage. Le mystère de cette spirale divine, du plus fin au plus ferme, qui rend la dentelle possible à Valenciennes — le mouillage possible, après Trafalgar — si Hardy avait fait ce qu'on lui demandait.

Puis le mystère du tissage. L'harmonie éternelle de la chaîne et de la trame, de toutes sortes de nouages, de tricots et de réticulations, l'art qui rend le vêtement possible, tissé depuis le haut partout, les courants de poissons possibles, assez miraculeux dans n'importe quel banc de sardins ou de harengs, rassemblés pour être capturables en compagnie. — ce qui rend enfin possibles tant de nations, et les Saxons et les Normands au-delà des autres.

215. Et enfin, la phase accomplie du travail à l'aiguille, l' *Acu Tetigisti* de tous les temps, qui montre effectivement pratiquement ce que les théologiens médiévaux ont vainement tenté de conclure par induction : combien d'anges peuvent se tenir sur une pointe d'aiguille. Montrer la nature essentielle d'un point - dessiner le séparé dans l'inséparable, depuis le travail humble d'un sutor dûment restreint et d'un cordonnier modestement installé, jusqu'à l'écriture à l'aiguille de Mathilde, la reine.

Tout l'art aciculaire des nations, sauvage et civilisé, depuis la botte de Laponie, ne laissant passer aucune eau de neige - jusqu'au coussin de Turquie orné de perles - jusqu'à la cantonnière d'or de Venise dans la couture - jusqu'aux couvertures et échantillons de nos propres charmantes aïeules, imitables, peut-être, une fois de plus, avec l'aide du Whiteland's College et de Girton.

216. Ce n'était qu'hier que mes propres femmes étaient dans une excitation saine et douce, délicieuse à voir, en train de pratiquer quelque nouveau procédé de remède aux loyers (pour penser combien de mal il y a dans les deux sens de ce mot à quatre lettres). mot ! comme dans les deux modes d'intonation de son synonyme larme !) grâce auxquels ils pourraient être délicatement effacés, et avec une nouveauté qui ne les aggraverait jamais. Le processus a commencé magnifiquement, même à mes yeux non avertis, sous la forme d'une maçonnerie à chevrons, cramoisi sur blanc, mais il m'a semblé merveilleux que quelque chose puisse encore être découvert dans le processus à l'aiguille, et cela d'un caractère aussi utilitaire.

Tout ce qui est raisonnable, je dis d'un tel travail, c'est d'être dans notre première salle de musée. Tout cela, Athéna et Pénélope approuveraient. Rien de ce que la vanité a inventé pour le changement, ni de ce que la folie a aimé pour le prix ; mais tout cela peut apporter une honnête fierté dans la vie familiale et donner la sécurité à la santé et l'honneur à la beauté.

J. RUSKIN.

NOTES DE BAS DE PAGE :

[4] Ces lettres sont tirées de l'*Art Journal* de juin et août 1880, où elles étaient précédées de la note suivante de l'éditeur pour expliquer leur origine : — « Nous sommes autorisés, grâce à la bonté de M. Ruskin, à publier ce mois-ci. une série de lettres à un ami sur les fonctions et la formation d'un musée modèle ou d'une galerie de photos. Comme indiqué dans notre dernier numéro, la question s'est posée ainsi :—Lors de la distribution des prix à l'École d'art de Leicester par M. JD Linton et M. James Orrock, membres de l'Institut des peintres en aquarelles, ce dernier, après avoir souligné l'importance vitale de l'étude à partir des plus beaux modèles, et exprimé son regret que le prix actuel des œuvres d'art de première classe rende leur obtention par les écoles était presque prohibitive, proposa des dessins de William Hunt et de David Cox comme noyau d'une collection. Il exhorta d'autres à suivre cet exemple, et avec tant de succès qu'en quelques jours une grosse somme et de nombreuses œuvres d'art furent promises dans aide d'une galerie d'étudiants. L'attention de la Leicester Corporation fut alors attirée sur le mouvement, et elle s'efforça immédiatement d'annexer le projet à son musée. N'y parvenant pas, ils souscrivirent, dans une rivalité amicale, une grosse somme d'argent, et la question se posa aussitôt de savoir comment en disposer au mieux, chacun pensant naturellement que ses propres idées étaient les meilleures. À ce stade, l'aide de M. Ruskin a été invoquée par une partie des abonnés, et il a répondu dans une lettre qui, du fait qu'elle a été diffusée sans son contexte, a donné lieu à une certaine interprétation erronée. Comme on lui a seulement demandé, il a seulement conseillé ce qu'il ne fallait *pas* faire. Cependant, la lettre a porté ses fruits, car les deux parties ont attiré l'attention du pays sur leurs propositions et sont donc maintenant plus hésitantes qu'auparavant sur la manière de les mettre en œuvre. Dans ces circonstances, M. Ruskin a été amené à définir la manière dont il considère qu'un musée d'art devrait être créé.

La lettre qui était « sujette à une certaine interprétation erronée » peut être trouvée dans *Arrows of the Chace* .

[5] Réimprimé dans le vol. i., §§ 253-273.— ÉD.

[6] En 1873. Voir la deuxième conférence de *Love's Meinie* . — ED. .

[7] *Journal d'art* , août 1880.

[8] Le « Jour du Derby ». Voir *Flèches de chasse* .

- 72 -

ÉCRITS MINEURS SUR L'ART.

LES MONUMENTS CAVALLI, VÉRONE. 1872.
VÉRONE ET SES RIVIÈRES (AVEC CATALOGUE). 1870.ART
CHRÉTIEN ET SYMBOLISME. 1872.ÉCOLES D'ART DE LA
CHRÉTENCE MÉDIÆVALE. 1876.L'EXTENSION DES
CHEMINS DE FER. 1876.L'ÉTUDE DE LA BEAUTÉ. 1883.

LES MONUMENTS CAVALLI DANS L'ÉGLISE ST. ANASTASIE, VÉRONE. [9]

217. Le tombeau de Federigo et Nicola Cavalli se trouve dans la chapelle la plus méridionale des cinq qui forment l'extrémité est de l'église Sainte-Anastasie à Vérone.

Le voyageur en Italie est si souvent appelé à admirer ce dont il ne peut jouir, que tout lecteur ayant l'intention de visiter Vérone doit soulager l'esprit d'être assuré que cette église ne mérite que des éloges extraordinaires ; elle a cependant quelques personnages qu'un quart d'heure d'attention rendra à la fois intéressants et instructifs, et que je noterai brièvement avant de faire le récit de la chapelle Cavalli. Cette église "serait, si les fonts baptismaux étaient terminés, probablement le spécimen le plus parfait qui existe du style auquel elle appartient", déclare un critique cité dans le "Murray's Guide". L'hypothèse est audacieuse, car non seulement la police est inachevée et, pour l'essentiel, une masse noire de maçonnerie en lambeaux, mais la partie qui prétend être achevée est en trois styles ; ne s'approche de l'excellence que dans l'un d'entre eux ; et en ce sens que le succès se limite aux côtés de la porte d'entrée unique. Les flancs et les voûtes de ce porche méritent en effet notre admiration presque sans réserve pour leur belle maçonnerie polychrome. Ils sont construits avec de grandes masses de serpentine verte alternant avec du marbre rouge et blanc, et les joints sont si délicats et si fermes qu'un spectateur occasionnel pourrait franchir la porte avec mépris, pensant que la pierre a été peinte.

218. Les chapiteaux de ces deux côtés, le fût central sculpté et le linteau horizontal de cette porte sont également d'excellents exemples de la sculpture véronaise du XIIIe siècle, et ont des mérites d'un ordre élevé, mais dont l'observateur général ne peut être conscient. Je ne veux pas, en disant cela, les exalter grandement ; le meilleur art plaît à tous, et sa vertu, ou une partie de sa vertu, se manifeste instantanément. Mais il y a quelques bonnes qualités dans tout travail sérieux qui ne peuvent être constatées que par l'attention ; et en disant qu'un observateur occasionnel ne peut pas voir les bonnes qualités de la première sculpture véronaise, je veux dire qu'elle n'en possède que celles-là, ni parmi ces nombreuses.

219. Il vaut pourtant la peine de s'attarder une minute pour constater à quel point la sculpture a retenu l'attention. Dans les œuvres ultérieures, des figures grandeur nature, ou une multitude de petites, plaisent, si elles n'intéressent pas, le spectateur qui peut leur accorder un instant de regard. Mais toutes les figures de cette porte sont minuscules et dépassent si légèrement de la pierre qu'elles attirent à peine le regard ; il n'y en a pas sur les côtés ni dans la voûte

de la porte, et ce n'est que par un examen délibéré que nous trouvons la foi qui doit être prêchée dans l'église et l'honneur de son prédicateur, définitivement gravés sur le linteau et la porte. -poste. Les cannelures en spirale du fût central sont ininterrompues, de manière à former un léger retrait pour la figure de saint Dominique, avec, je crois, saint Pierre martyr et saint Thomas d'Aquin, un de chaque côté avec les symboles du soleil. et la lune. Au bout du linteau, à gauche, se trouve Sainte-Anastasie ; à droite, sainte Catherine (de Sienne) ; au centre, sur le chapiteau en saillie, la Madone ; et sur le linteau, l'histoire du Christ, dans les quatre passages de l'Annonciation, de la Nativité, de la Crucifixion et de la Résurrection.

220. C'est la seule partie de la façade de l'église qui fait certainement partie de la première structure de 1260. Les deux statues de Sainte Anastasie et de Sainte Catherine sont si grossièrement jointes aux chapiteaux latéraux qu'elles laissent soupçonner que même ces dernières et la belle voûte polychrome sont d'œuvre plus tardive, mais pas postérieure à 1300. Les deux arcs brisés qui divisent le tympan sont assurément postérieurs, et la fresque qui l'occupe est un mauvais ouvrage de la fin du XIVe siècle ; et la frise en marbre et les fondations de la façade ne sont pas antérieures à 1426.

Dans cette partie du bâtiment, les fondations sont nobles et la couleur est joliment disposée, mais la sculpture des lambris est pauvre et sans intérêt ni valeur.

221. En entrant dans l'église, et en tournant immédiatement à gauche, on voit, sur le côté intérieur du mur extérieur, un tombeau sous un dais hardiment trilobé. Il s'agit d'un sarcophage surmonté d'un gisant, qui est la seule œuvre d'art de l'église qui mérite une attention particulière. C'est le tombeau de Gérard Bolderius « sui temporis physicorum principi », dit son épitaphe [10] , non pas, autant que je sache, faussement. Sur le devant du sarcophage se trouve la demi-figure du Christ sortant du tombeau, généralement utilisée à l'époque pour le type de résurrection, entre la Vierge et saint Jean ; et deux boucliers, portant l'un la fleur de lys, l'autre un aigle. Le gisant est d'un traitement tout à fait simple et juste, sculpté sans ostentation d'habileté ni exagération de sentiment, par un véritable artiste, qui s'efforce uniquement de rendre aux morts l'honneur qui leur est dû, et son propre art a une portée subordonnée et modeste.

Ce monument, étant le meilleur de Sainte-Anastasie, est, par le malheur habituel, placé là où il est tout à fait invisible, sauf par les jours clairs. Du côté opposé de l'église, le premier monument à droite, bien éclairé par la haute fenêtre occidentale, doit être regardé à côté de celui du médecin ; car, comme c'est le meilleur, c'est essentiellement la pire œuvre d'art sculptée du bâtiment ; une série d'études d'académie en marbre, bien exécutées, mais sans

goût ni invention, et nécessairement sans signification, le monument ayant
été élevé à un personnage dont le seul droit était d'avoir volé de l'argent pour
le payer avant de mourir. Il s'agit de l'une des premières pièces existantes d'art
entièrement mécanique, réalisées contre de l'argent ; et la perfection de ses
détails peut me justifier d'y accorder une attention particulière.

222. Il n'y a pas d'autres monuments, encore moins de tableaux, dans le corps
de l'église qui méritent d'être remarqués. L'effet général de l'intérieur est
impressionnant, en partie grâce à l'audace et à la simplicité des piliers qui
soutiennent le toit ; en partie à l'obscurité qui les enveloppe : ces églises
dominicaines n'étant, en fait, que de vastes salles pour prêcher, et dépendant
peu de la décoration, et pas du tout de la lumière. Mais la sublimité de l'ombre
échoue bientôt lorsqu'elle n'a rien d'intéressant à ombrer ; et la chapelle ou
les monuments qui, en face de chaque intervalle entre les piliers, remplissent
les côtés des bas-côtés, n'ont d'intérêt que par leurs arabesques de sculpture
du cinque cento, dont on peut voir ailleurs de bien meilleurs exemples ; tandis
que les différences dans leurs âges, styles et objectifs les empêchent
d'atteindre une unité d'effet décoratif et brisent l'unité de l'église presque
aussi fatalement, quoique pas aussi ignoblement, que les remplissages
incohérents des bas-côtés de Westminster. La chapelle Cavalli elle-même,
bien que méritant bien l'illustration que la Société Arundel lui a conférée, est
remplie d'un mélange de tombeaux et de fresques de différentes dates, se
remplaçant en partie sans s'illustrer, et instructives principalement car
montrant les résultats malheureux de la liberté et « l'entreprise privée » en
matière d'art, comparées à la soumission au dessein d'un esprit dirigeant qui
fait la gloire de toutes les chapelles d'Italie où l'art est entièrement noble.

223. Instructif donc, au moins, même si on le voit à la hâte ; Même à partir
d'un travail peu harmonieux, on peut obtenir un bien meilleur enseignement,
si nous y consacrons du temps et y réfléchissons. La fresque supérieure du
mur nord, représentant le baptême du Christ, n'a aucune beauté et peu de
mérite en tant qu'art ; Pourtant, la manière dont il est démérite est
intéressante. Saint Jean s'agenouille pour baptiser. Cette variation par rapport
au traitement reçu, dans lequel il se situe au-dessus du Christ, suffit à elle
seule à montrer que le pauvre peintre véronais avait une certaine intelligence
de son sujet ; et le personnage bizarre et hagard, aux traits sombres, avec ses
cheveux noirs dressés en mèches séparées comme une couronne d'épines,
est un curieux type intermédiaire entre la conception grotesque que nous
trouvons dans l'art antérieur (ou, par exemple, sur les monnaies de Florence)
et les belles figures, mais toujours mélancoliques et sévères, de Saint-Jean
peintes par Cima da Conegliano à Venise. Avec cette figure sévère, vêtue de
poil de chameau, comparez la Madeleine des fresques à côté de l'autel, qui
est voilée de la tête aux pieds avec la sienne et soutenue par six anges, étant
le type du repentir des passions. comme saint Jean de leur résistance. Les

deux symboles sont, pour nous, pour le moins, sans charme, et pour très peu de personnes sans offense ; Considérez cependant combien le caractère du peuple devait être plus noble, celui qui pouvait prendre plaisir à un art aussi sombre et sans fioritures, que celui de la population d'aujourd'hui, qui doit être saisie par des couleurs vives et excitée par le sentiment populaire.

224. Ces deux fresques, ainsi que les autres sur le mur nord de la chapelle, et la Madone entre quatre saints du côté sud, près du tombeau de Cavalli, sont évidemment du quatorzième siècle, aucune n'est bonne, mais caractéristique ; et cette dernière œuvre (vu dans la planche) est si gracieuse qu'elle mérite bien une illustration séparée. Mais celui ci-dessus est plus ancien et présente un intérêt historique considérable. Elle a été découverte avec les autres peintures entourant la tombe, vers 1838, lorsque Persico publia son ouvrage "Verona, e la sua Provincia", dans lequel il dit (p. 13) "levatane l'antica incrostatura, tornarono a vita nouvelle."

Il nous aurait été plus utile de connaître la date de l'ébauche plutôt que celle de son enlèvement ; la période de mépris total pour l'art ancien étant un sujet de grand intérêt dans l'histoire ecclésiastique de l'Italie. Mais le tombeau lui-même était une incrustation, ayant été érigé avec beaucoup de grossièreté et de négligence au milieu de l'art antérieur qui relatait la première ascension de la famille Cavalli.

225. On verra en se référant à la planche que les fresques qui entourent le tombeau n'ont aucune relation symétrique avec lui. Ils sont tous plus anciens et réalisés par de meilleurs artistes. Le tombeau lui-même est grossièrement sculpté et grossièrement peint par des hommes qui ne cherchaient pas à faire de leur mieux, et n'auraient pas pu faire quelque chose de très bien, même s'ils avaient essayé : c'est un ouvrage tout à fait banal et ennuyeux, quoique de bonne qualité. école, et a été élevé contre la plus haute fresque avec un étrange mépris du mérite de l'œuvre elle-même et de sa valeur historique pour la famille. Cette fresque est attribuée par Persico à Giotto, mais n'est, je crois, qu'un exemple intéressant du travail sérieux de son temps, et n'a aucune qualité sur laquelle je voudrais m'étendre ; il n'est pas non plus possible de déterminer qui sont les trois chevaliers qu'il commémore, à moins que des preuves ne soient trouvées sur la date du tableau, et il n'y en a encore que celle de sa manière. Mais ce sont tous les trois Cavalli, et je crois qu'ils représentent les trois premiers fondateurs de la famille, Giovanni, "che fioriva intorno al 1274", son fils Nicola (1297) et son petit-fils Federigo, qui fut podestat de Vicence sous les Scaliger. en 1331, et par qui je suppose que la fresque a été commandée. Les Cavalli arrivèrent d'abord d'Allemagne au service des Visconti de Milan, comme condottieri, puis passèrent au service des Scaliger. Que j'aie ou non raison dans cette conjecture, nous avons en tout cas enregistré dans cette chapelle sept chevaliers de la famille, dont deux

sont nommés sur le sarcophage, dont l'inscription (sur le rebord en saillie sous le gisant)) est:-

S. (Sepulchrum) nobilis et egregii viri Federici et egregii et strenui viri domini Nicolai de Cavalis suorunique heredum, qui spiritum redidit astris Ano Dni MCCCLXXXX.

Dont, je pense, la force peut être mieux exprimée ainsi en termes modernes :

"Le tombeau du noble et distingué Herr Frédéric, et du distingué et énergique Herr le Seigneur Nicolas de la maison du Cheval, et de leurs héritiers, qui rendirent son âme aux étoiles en l'an de grâce 1390."

226. Ce Frédéric et Nicolas Cavalli étaient les frères de Jacopo Cavalli qui est enterré à Venise, et qui, par une singulière fatalité, fut enrôlé parmi les nobles vénitiens du sénat l'année où son frère mourut à Vérone (car je supposons que le "spiritum redidit" soit dit du premier frère nommé). Jacopo épousa Constance della Scala, de Vérone, et eut cinq fils, dont l'un, Giorgio, comte di Schio, complota, après la chute des Scaligers, pour leur restauration au pouvoir à Vérone, et fut exilé, par décret du Conseil. de Dix, à Candie, où il mourut. D'un autre fils, Conrad, descendent les Cavallis de Venise, dont le palais a été le principal matériau à partir duquel les récents chercheurs du pittoresque à Venise composent des tableaux du Grand Canal. Il forme la masse carrée de l'architecture à gauche, dans la vue continuellement répétée de l'église de la Salute vue depuis les marches de l'Académie.

La généalogie de la famille, depuis le XIIIe siècle, lorsqu'elle est apparue pour la première fois en Italie, jusqu'au fondateur de cette seigneurie vénitienne, ferait mieux d'être présentée au lecteur sous un seul angle. [11]

Giovanni,
condottiere au service des Visconti, 1274.

|

Nicolas,
Condotière, 1297.

|

Federico,
podestat de Vicence sous les Scaligers, 1331.

|

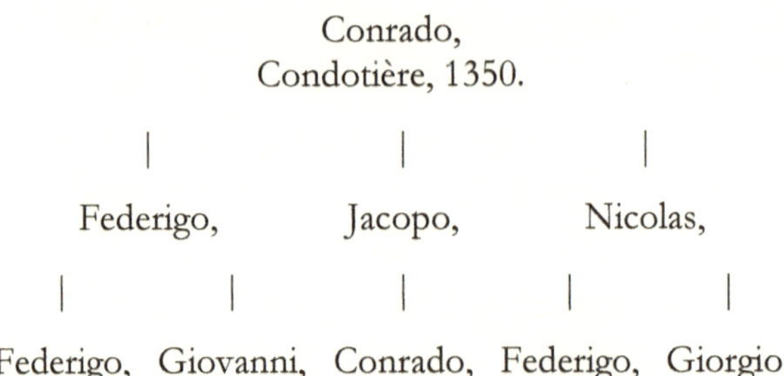

Fonde une famille vénitienne.

227. Or, comme je l'ai dit ci-dessus, je crois que la fresque des trois chevaliers a été commandée par le podestat de Vicence, lorsqu'il reçut cette autorité des Scaligers en 1331, et qu'elle représente Giovanni, Nicola et lui-même ; tandis que le tombeau de Federigo et Nicola serait commandé par le vénitien Cavallis et achevé sans grand soin pour le récit de l'essor de la famille à Vérone.

Que mon identification des personnages vus agenouillés dans la fresque soit correcte ou non, la représentation de ces trois chevaliers Cavalli auprès de la Madone, chacun intercédé par son saint patron, se révélera revêtir une signification particulière si le lecteur prend la peine de revoir le circonstances qui ont influencé le rapport de la chevalerie allemande avec le pouvoir de l'Église l'année même où Giovanni Cavalli entra dans les rangs des Visconti.

228. Au cours des trois siècles précédents, Milan, le plus ancien archevêché de Lombardie, avait été le point central où se produisait en Europe la collision entre le pouvoir séculier et le pouvoir ecclésiastique. Les Guelfes et les Gibelins se rencontrèrent naturellement et combattirent dans toute la plaine de Lombardie ; mais l'intense entêtement civique et le courage de la population milanaise formaient une sorte de rocher sur son chemin de marée, où la querelle du bourgeois avec la noblesse se confondait avec, aigrie et amenée encore et encore à l'épreuve par la bataille, celle du pape avec l'empereur. . En 1035, leur archevêque guerrier, à la tête de leur révolte contre Conrad de Franconie, organisa la première résistance disciplinée des fantassins à la cavalerie par son invention et sa décoration du Carroccio ; et la lutte ne fut clôturée, après la reconstruction des murs de Milan en ruine, que par l'errance de Barberousse, son armée dispersée, à travers les champs de maïs, que le voyageur traverse maintenant indifférent et à toute vitesse dans le train entre Milan et Arona, sans se soucier de rien. le nom de la petite gare "Legnano", où prévalut finalement la fortune de la république lombarde. Mais ce ne fut qu'à la mort de Frédéric II. que la suprématie de l'Église était

assurée ; et quand Innocent IV, qui avait écrit, en apprenant cette mort, à son clergé sicilien, dans des paroles d'exultation blasphématoire, entra dans Milan, dans son voyage de Lyon à Pérouse, la route, pendant dix milles avant d'atteindre les portes, était alignée par toute la population de la ville, attirée par un accueil enthousiaste ; comme ils avaient inventé un char sacré pour faire avancer leur étendard dans la bataille, ils inventèrent un honneur semblable pour le chef de leur Église comme annonciateur de la paix : sous un dais de soie, porté par les premiers gentilshommes de Milan, le pape reçut les hosannas d'un peuple qui avait poussé dans une fuite honteuse son roi César ; et il n'est pas sans intérêt pour le voyageur anglais de se rappeler, en parcourant les vastes arcades des magasins, en forme de croix, par lesquelles les Milanais d'aujourd'hui expriment leur triomphe dans la libération de la domination teutonique, que le « Baldacchino » " De toute cérémonie religieuse médiévale devait son origine au goût des modistes de Milan, car la sécurité des meilleurs chevaliers dans les batailles européennes reposait sur le savoir-faire fidèle de ses armuriers.

229. Mais à la date où les Cavalli entrèrent au service de la grande famille milanaise, la situation des partis dans les murs avait singulièrement changé. Trois ans auparavant (1271), Charles d'Anjou avait rassemblé les restes de l'armée de son frère décédé, avait confisqué pour son propre usage les biens des chevaliers croisés dont les navires avaient fait naufrage sur les côtes de Sicile, et convoquait la cour pontificale à Viterbe, pour élire un pape qui pourrait confirmer sa domination sur les royaumes de Sicile et de Jérusalem.

Des délibérations des cardinaux de Viterbe dépendaient les sorts de l'Italie et de l'Empire du Nord. Ils choisirent Tebaldo Visconti, alors moine en pèlerinage à Jérusalem. Mais, avant que cette élection ne soit accomplie, l'un des candidats à l'Empire du Nord avait involontairement retiré ses prétentions ; Guy de Montfort avait assassiné, au pied de l'autel, le comte anglais de Cornouailles, pour venger son père, Simon de Montfort, tué à Evesham. La mort du roi anglais des Romains laisse vacant le trône d'Allemagne. Tebaldo était revenu de Jérusalem sans ambition personnelle, mais n'ayant à cœur que la restauration de la Grèce en Europe et la prédication d'une nouvelle croisade en Syrie. Un concile général fut convoqué par lui à Lyon, dans ce but ; mais avant que quoi que ce soit puisse être accompli au conclave, il fallait équilibrer le pouvoir écrasant de Charles d'Anjou, et les Visconti (Grégoire X.) ratifièrent, en 1273, l'élection de Rodolphe de Habsbourg.

230. Mais Charles d'Anjou devait, en réalité, son trône au secours des Milanais. Leur chef populaire, Napoléon della Torre, avait facilité son passage à travers la Lombardie, qui autrement aurait dû être arrêtée par les États gibelins ; et l'année où le pape Visconti avait nommé le concile de Lyon,

l'archevêque Visconti de Milan dirigeait les nobles exilés dans de vaines tentatives pour recouvrer leur suprématie sur le parti populaire. Le nouvel empereur Rodolphe envoya non seulement un représentant au conseil, mais aussi un contingent allemand pour aider l'archevêque exilé. Le chef populaire fut vaincu et enfermé dans une cage de fer en 1274, et la première entrée des Cavalli dans les armées italiennes est donc contemporaine du triomphe définitif de la monarchie du Nord sur le pouvoir républicain, ou, plus littéralement, du cavalier errant, Eques, ou Ritter, vivant de pillage, sur le bourgeois sédentaire, vivant d'art, et le gros paysan, vivant de travail. La nature essentielle de la lutte est curieusement indiquée à propos de ce monument par les deux faits que la révolte des bourgeois milanais, dirigés par leur archevêque, commença par le meurtre d'un gentilhomme d'un créancier importun, et qu'à Venise, la principale circonstance enregistrée de Jacopo Cavalli (voir ma notice de sa tombe dans les "Pierres de Venise", Vol. III. ch. ii. § 69) est son refus d'attaquer Feltre, parce que le sénat ne lui accorderait pas le pillage de la ville. Le lecteur pourra suivre, selon sa disposition, quelles pensées la fresque des trois chevaliers agenouillés, chacun avec son casque en forme de tête de cheval, rejeté en arrière de ses épaules, peut lui suggérer à la revue de ces des passages de l'histoire : une seule pensée contre laquelle je dois le protéger strictement ; à savoir que la religion d'un condottiere devait nécessairement être fausse ou hypocrite. La folie des nations n'est rien de plus manifeste que dans leur paisible réconciliation de nobles croyances avec des pratiques basses. Mais la réconciliation, au XIVe comme au XIXe siècle, était généralement stupide et non sincère.

NOTES DE BAS DE PAGE :

[9] Publié par l'Arundel Society (1872), accompagné d'une chromo-lithographie d'après un dessin de Herr Gnauth. — ED.

[dix]

DM
Gerardo Bolderiosui temporisPhysicorum PrincipiFranciscus etMatthaeus NepotesP.P.

[11] Je dois cette généalogie à la recherche et à la courtoisie de M. J. Stefani. L'aide que m'ont apportée d'autres amis vénitiens, notamment M. Rawdon Brown, remonte à de nombreuses années dans des affaires de ce genre.

VÉRONE ET SES RIVIÈRES. [12]

231. Le discours commença par une description du paysage de l'approche orientale de Vérone, avec des remarques spéciales sur ses magnifiques fortifications, constituées d'un fossé escarpé, d'environ trente pieds de profondeur sur soixante ou quatre-vingts de largeur, creusé dans le roc solide, et le mur en forme de précipice au-dessus, avec des tours surmontées de créneaux fourchus disposés le long de celui-ci à intervalles réguliers. La roche est un calcaire mou et friable, contenant « des créatures fossiles encore si semblables aux créatures qu'elles étaient autrefois, que c'est là que le cerveau humain a eu l'idée pour la première fois d'imaginer que les formes enfouies n'étaient pas des moqueries de la vie, mais qu'elles avaient bel et bien vécu autrefois ; et , sous ces talus blancs au bord de la route, est née, comme un pauvre gitan italien, la science moderne de la géologie. ... "Le mur a été principalement construit, les douves entièrement creusées, par Can Grande della Scala; et il représente typiquement la forme de défense qui a permis de préserver et de pratiquer la vie et les arts des citoyens à une époque Non seulement cela, mais c'est le mur de la ville actuelle qui dirigeait la grande ligue lombarde, qui fut le commencement du pouvoir personnel et indépendant dans la nation italienne, et donc le premier porte-étendard de tout cela. a été d'une indépendance vitale en matière de religion et d'art dans tout le monde chrétien jusqu'à ce jour. » À l'angle supérieur du mur, en regardant la descente nord, on voit au pied de celui-ci une grande tour ronde, non fourchue en créneaux, mais avec des embrasures pour les canons. "Le mur crénelé fut le berceau de la vie civique. Cette tour basse et circulaire est le berceau de la guerre moderne et de toute sa désolation. C'est la première tour européenne pour l'artillerie ; le début de la fortification contre la poudre, le début, c'est-à-dire le , de la fin de *toute* fortification."

232. Après avoir remarqué la belle végétation du district, M. Ruskin a décrit la vue depuis le promontoire ou éperon, long d'environ dix milles, dont le dernier rocher se jette dans la plaine à la porte orientale de Vérone. « Ce promontoire, dit-il, est l'un des côtés de la grande porte de l'Allemagne vers l'Italie, par laquelle entraient toujours les Goths, fendue jusqu'à Innspruck par l'Inn, et jusqu'à Vérone par l'Adige. non seulement les armées gothiques sont arrivées, mais après la formation de la nation italienne, le courant de la vie du nord pénètre encore en son cœur par l'artère des montagnes, aussi constamment et aussi fortement que les vagues froides de l'Adige lui-même. ... "La roche de ce promontoire durcit à mesure que nous remontons jusqu'aux Alpes, d'abord en un calcaire contenant des nœuds de splendide jaspe brun comme notre craie a des silex, et en quelques kilomètres plus loin en un vrai marbre coloré par le fer. dans un orange brillant ou un rouge pâle et chaud - le marbre à fleurs de pêcher, dont Vérone est principalement

construite - et puis, à mesure que vous avancez plus loin dans les collines, dans des marbres panachés très riches et grotesques dans leurs veines.

233. Après s'être étendu sur le magnifique paysage vu du haut de ce promontoire, embrassant la plaine bleue de la Lombardie et ses villes, " M. Ruskin dit : -

"Je ne pense pas qu'il existe un autre rocher au monde d'où l'on puisse voir les lieux et les monuments d'un fragment aussi complexe et profond de l'histoire de ses âges que de ce morceau de rocher aux herbes bleues et épineuses. Car vous avez ainsi sous vos pieds à la fois les lieux de naissance de Virgile et de Tite-Live, les demeures de Dante et de Pétrarque, et la source de l'inspiration la plus douce et la plus pathétique de votre propre Shakespeare, l'endroit où la civilisation des royaumes gothiques fut fondée sur le trône de Théodoric ; et là ce qu'il y avait de plus fort dans la race italienne se racheta par sa ligue contre Barberousse ; le début du renouveau des sciences naturelles et de la médecine dans les écoles de Padoue ; le centre de la chevalerie italienne, au pouvoir de les Scaligers ; de la cruauté italienne, dans celui d'Ezzelin ; et, enfin, le berceau du plus haut art ; car parmi ces collines, ou sur cette rive même de l'Adige, sont nés Mantegna, Titien, Correggio et Véronèse.

234. M. Ruskin a ensuite fait référence à une série de dessins et de photographies pris à Vérone par lui-même et ses assistants, M. Burgess et M. Bunney, qu'il avait divisés en trois séries et dont il avait fourni un certain nombre de catalogues imprimés. illustré de notes. [13]

I. « Lombard, s'étendant jusqu'à la fin du XIIe siècle, étant l'expression de l'introduction du christianisme dans les esprits barbares ; la christianisation.

II. "La période gothique. L'époque de Dante, de 1200 à 1400 (Dante commençant son poème exactement au milieu de celle-ci, en 1300) ; la période du christianisme vital et du développement des lois de la chevalerie et des formes d'imagination qui sont fondées sur le christianisme.

III. "La première période du renouveau, dans laquelle les arts de la Grèce et une partie de sa religion reviennent et se joignent au christianisme, sans lui enlever sa sincérité ni son sérieux, mais le rendant poétique au lieu de pratique. Dans la période suivante, même ce christianisme poétique expiré ; les arts se sont consacrés à la poursuite du plaisir, et en cela ils persistent sauf là où ils sont sauvés par un naturalisme ou une domesticité saine.

235. I. "La période lombarde est celle d'une vie sauvage mais noble progressivement soumise à la loi. C'est la formation des hommes, non à partir d'argile mais de bêtes sauvages. Et l'art de cette période dans tous les pays, y

compris notre propre Normand en particulier, " C'est, au fond, la soumission d'une vie sauvage ou terrible, ou insensée et errante, à une loi dominante. C'est le gouvernement et la conquête de rêves effrayants. Il n'y a encore en lui aucun germe de véritable espoir - seulement le la conquête du mal et le réveil des ténèbres et de la terreur. La littérature est, comme en Grèce, bien en avance sur l'art, et est déjà pleine de la beauté la plus tendre et la plus passionnée, tandis que l'art est encore grotesque et terrible ; mais , aussi sauvage soit-elle, elle est suprême au-dessus de toutes les autres par son expression de loi gouvernante, et ici à Vérone se trouve le centre même et la portée ultime de cette expression.

« Je ne connais rien dans l'architecture à la fois si exquise, si sauvage et si étrange dans l'expression d'une conquête de soi réalisée presque dans un rêve. Car remarquez, ces races barbares, éduquées dans la violence - principalement dans la guerre et dans la chasse - ne peuvent pas ressentir ou Ils voient clairement, à mesure qu'ils se civilisent, si cet élément dans lequel ils ont été élevés est mauvais ou non. Ils *doivent* être de bons soldats et de bons chasseurs, c'est leur vie ; pourtant ils savent que tuer est un mal, et ils ne s'attendent pas à trouver bêtes sauvages dans le ciel. Ils ont été dressés par la douleur, par la violence, par la faim et le froid. Ils savent qu'il y a du bien dans ces choses aussi bien que du mal : ils hésitent perpétuellement entre l'une et l'autre pensée à leur sujet. Mais une Ce qu'ils voient clairement, c'est que le meurtre et la chasse, ainsi que toute forme de misère, de plaisir et de passion, doivent enfin, d'une manière ou d'une autre, être maîtrisés par la loi, qui en tirera du bien, et qu'ils sentent de plus en plus les contraindre à chaque fois. Maintenant, si avec cette sympathie vous regardez leur décoration de dragons et de bêtes sauvages, vous constaterez qu'elle vous en apprend beaucoup plus sur ces Lombards qu'ils ne pourraient en savoir d'eux-mêmes.... Toutes les actions, et bien plus encore les arts. , des hommes racontent aux autres, non seulement ce que l'ouvrier ne sait pas, mais ce qu'il ne pourra jamais savoir de lui-même, et qu'on ne peut reconnaître qu'en étant dans un élément plus avancé et plus vaste que le sien. La question n'est toujours pas de savoir ce qu'un symbole signifiait en premier lieu ou signifiait ailleurs, mais ce qu'il signifie maintenant et ici. Or, ce dragon symbole du Lombard est bien sûr utilisé partout dans le monde ; cela signifie le bien ici et le mal là-bas ; parfois cela ne veut rien dire ; parfois tout. Il faut toujours se demander ce que veut dire par là celui qui l'utilise. Tout ce qu'il a dans l'esprit, il est sûr de l'exprimer en partie par cela ; rien d'autre que cela ne peut-il exprimer par là.

236. II. Dans la deuxième période, dit M. Ruskin, on trouvait « le plus haut développement du caractère et de la chevalerie italienne, avec une religion chrétienne entièrement croyante ; vous obtenez donc la joie, la courtoisie, l'espoir et une belle paix dans la mort. Et avec vous avez deux éléments

effrayants du mal. Vous avez d'abord une telle confiance dans la vertu du credo que les hommes haïssent et persécutent tous ceux qui ne l'acceptent pas. Et pire encore, vous trouvez une telle confiance dans le pouvoir du credo que les hommes non seulement peuvent faire tout ce qui est mal et être eux-mêmes pardonnés pour une parole de foi, mais ils sont même sûrs qu'une fois le mal commis, Dieu est sûr de tout rétablir pour eux, ou même d'améliorer les choses qu'elles ne l'étaient auparavant. , Je n'ai pas besoin de vous faire remarquer comment l'esprit de persécution, ainsi que de vain espoir fondé uniquement sur la croyance, se mêle dans chaque ligne au bel enseignement moral de la « Divina Conmedia », et je n'ai pas non plus besoin de vous faire remarquer comment , entre la persécution des croyances d'autrui et l'absolution de ses propres crimes, toute erreur chrétienne est conclue. »

A ce sujet, M. Ruskin a évoqué l'histoire du fondateur du pouvoir des Scalas, Mastino, un simple citoyen, choisi d'abord comme podestat puis comme capitaine de Vérone, pour sa justice et sa sagacité, qui, bien que sage et pacifique, dans sa politique, il employa le pouvoir civil à persécuter l'hérésie, brûlant plus de deux cents personnes ; et il raconta également comment Can Signorio della Scala, sur son lit de mort, après avoir donné une pieuse charge à ses enfants, ordonna le meurtre de son frère – exemples de la possibilité illimitée de se tromper soi-même. L'un de ces enfants tua l'autre et fut lui-même chassé du trône, mettant ainsi fin à la dynastie des Scalas. Se référant à ses illustrations, M. Ruskin a souligné les expressions d'espoir, dans la conquête de la mort, et les récompenses de la foi, apparentes dans l'art de l'époque. L'architecture lombarde exprime le triomphe de la loi sur la passion, du chrétien, celui de l'espérance sur la douleur.

M. Ruskin a conclu ses remarques sur cette période en commentant l'histoire et le tombeau de Can Grande della Scala, un bon chevalier et une vie aussi occupée et brillante qu'on en trouve dans les annales de la chevalerie.

237. III. « L'époque où la littérature et l'art classiques étaient de nouveau connus en Italie, et où les peintres et les sculpteurs, qui n'avaient cessé de gagner en pouvoir depuis deux cents ans – pouvoir non seulement de pratique, mais aussi de race – avec toutes les circonstances en leur faveur autour d'eux, reçurent leur instruction finalement parfaite, tant dans la science géométrique, dans celle des matériaux, que dans l'anatomie et l'action du corps humain. De plus, les gens qui les entouraient, les modèles de leur travail, avaient été perfectionnés en beauté personnelle par un chevaleresque. dans la guerre, dans l'imagination par une philosophie transcendantale, dans l'intellect pratique par une lutte acharnée pour la loi civique, et dans le commerce, non pas de choses faussement fabriquées, ou viles ou impures, mais de belles choses, magnifiquement et honnêtement faites. Et maintenant,

par conséquent, vous obtenez de toute la longue histoire du monde depuis qu'il a été peuplé par les hommes jusqu'à aujourd'hui, vous n'obtenez que cinquante ans de travail parfait. Parfait. C'est un mot fort, c'est aussi un mot vrai. L'accomplissement de ces cinquante années est incontestablement *juste* , en tant qu'art : quel peut être son sentiment — s'il est trop grand ou trop peu, s'il est superficiel ou sincère — est une autre question, mais en tant qu'œuvre d'artiste, il n'admet aucune conception de quelque chose de meilleur.

"Il est vrai qu'à l'époque suivante, fondée sur la droiture absolument austère de ceci, vint une phase de puissance gigantesque, d'aisance et de félicité exquises qui possèdent une crainte et un charme qui leur sont propres. Elles sont plus inimitables que l'œuvre de l'école parfaite. Mais ils ne sont pas *parfaits . ...*

238. Cette période, M. Ruskin a nommé « le « Temps des Maîtres », cinquante ans, dont Luini, Leonardo, John Bellini, Vitto Carpaccio, Andrea Mantegna, Andrea Verrocchio, Cima da Conegliano, Perugino, et en date, bien que seulement en sa vie antérieure, appartenant à l'école, Raphaël... Les cinquante grandes années furent la fleur de l'âge de trois hommes : John Bellini, né en 1430, décédé à 90 ans, en 1516 ; Mantegna, né en 1430, décédé à 76 ans, en 1506 ; et Vittor Carpaccio, décédé en 1522. »

" Le but de ces maîtres est totalement différent de celui de l'ancienne école. Les hommes du gothique central veulent toujours surtout vous impressionner avec les faits de leur sujet ; mais les maîtres de ce temps fini désirent seulement rendre tout délicat et délicieux. Nous Il n'y a pas beaucoup de tableaux de cette classe en Angleterre, mais plusieurs ont été récemment ajoutés à la National Gallery, et le Pérugin là-bas, en particulier le compartiment avec Raphaël et Tobie, et le petit Saint-Jérôme de John Bellini, vous le montrera parfaitement. personnage principal, la perfection picturale et la gourmandise, recherché avant tout. Vous verrez, si vous regardez dans ce Saint-Jérôme, que tout y est exquis, complet et pur : il n'y a pas une particule de poussière dans les armoires, ni un nuage dans l'air ; les volets de bois sont délicats, les chandeliers sont délicats, le chapeau écarlate du saint est délicat, et son pompon violet, et son ruban, et son manteau bleu et sa paire de chaussures de rechange, et sa petite perdrix brune... tout cela est une quintessence parfaite d'un luxe innocent – un délice absolu, sans aucun inconvénient, ni souillure du Diable nulle part. » ...

239. Après s'être étendu sur plusieurs autres tableaux de cette classe, témoignant de l'entier dévouement des artistes de l'époque à leur art et à leur travail, M. Ruskin a évoqué la deuxième partie de son discours, les rivières de

Vérone. « Il n'y a qu'un seul fleuve à Vérone, néanmoins Dante associe son nom à celui du Pô lorsqu'il dit de toute la Lombardie :

'In sul paese, ch' Adice e Po riga,
Solea valore e cortesia trovarsiPrima che Federigo avesse briga.'

Je voudrais parler pendant une minute ou deux de ces grands fleuves, car dans les efforts qui sont actuellement déployés pour restaurer une partie de son commerce vers Venise, ce sont précisément les mêmes questions qui sont en cours de débat qui, encore et encore, depuis que Venise est un ville, ont mis son sénat en pause, à savoir comment contenir le marécage continuellement en progression formé par le limon apporté par les rivières alpines. N'est-il pas étrange que depuis au moins six cents ans les Vénitiens luttent contre ces rivières à leur *embouchure*, c'est-à-dire là où leur force est devenue tout à fait irrésistible, et n'aient jamais songé à les combattre à leurs sources, là où leur puissance est devenue tout à fait irrésistible ? Des ruisseaux infiniment séparés pourraient être, et sont censés être gouvernés par le Ciel, aussi facilement que des enfants ? Et observez avec quelle sévérité et avec quelle constante le lieu où ils doivent être gouvernés est marqué par les méfaits causés par leur liberté. Considérez ce que signifie parmi les Alpes l'avancée du delta du Pô dans l'Adriatique. Le mal du delta lui-même, aussi grand soit-il, n'est rien en comparaison de celui qui est à son origine.

240. « La destruction progressive du port de Venise, les coûts interminables liés à son retard, le paludisme de toute la côte jusqu'à Ravenne, bien plus, le soulèvement du lit du Pô, qui met en péril toute la Lombardie, ne sont que secondaires. "Chaque acre de ce delta croissant signifie *la dévastation d'une partie d'une vallée alpine et la perte de tant de terres fertiles et de pluies abondantes*. Certains d'entre vous ici présents ont dû traverser cette année les vallées de la Toccia et du Tessin. Vous sachez donc les ravages qui y furent causés, ainsi que dans la vallée du Rhône, par les grandes inondations de 1868, et que dix années de travail, même si les paysans avaient encore le cœur au travail, ne sauraient racheter ces contrées en fertilité. Ce que vous avez vu là-bas sur une vaste échelle se produit dans une certaine mesure lors de chaque orage d'été, et de la ruine de quelque portion de terre fertile la poussière descend pour agrandir les marais du Pô. fonte des neiges ou tempête : chaque crue destructrice des rivières italiennes signifie la perte d'une grande puissance d'irrigation sur le versant sud des Alpes. Vous devez tous bien connaître l'aspect de leur chaîne, vue de Milan ou de Turin à la fin de l'été, combien il reste peu de neige, sauf sur le Mont Rose, combien vaste territoire de montagnes brunes, chauffées et arides, sans rochers et sans forêt. . Il y a dans cette zone brun-pourpre, et sur les flancs de chaque vallée qui la divise, une autre Lombardie de terres cultivables ; et toute averse de pluie qui gonfle les torrents des montagnes, si elle était captée là où elle tombe, est littéralement

une pluie d'or. Nous cherchons de l'or sous les rochers ; et nous ne ferons pas même une tranchée le long de la colline pour l'attraper là où il tombe du ciel, et où, s'il n'est pas ainsi attrapé, il se transforme en un monstre frénétique, ravageant d'abord hameau, colline et plaine, puis s'enfonçant le long de la colline. les rives de Venise dans un sommeil empoisonné. Pensez à ce que pourrait être cette ceinture des Alpes — jusqu'à quatre mille pieds au-dessus de la plaine — si le système d'irrigation en terrasses que même des nations à moitié sauvages ont découvert et pratiqué il y a longtemps en Chine et à Bornéo, et par lequel nos propres ingénieurs ont soumis vastes districts de l'Inde la plus lointaine, étaient également pratiqués ici, mais en partie, ici, dans le centre le plus ancien et le plus fier des arts européens, où Léonard de Vinci, maître parmi les maîtres, discerna pour la première fois les lois des nuages enroulés et des ruisseaux errants, de sorte que pour Aujourd'hui, son ingénierie n'a pas été améliorée par la science moderne ; et pourtant, dans ce centre de toutes les réalisations humaines du génie, aucune pensée n'a été prise pour recevoir avec l'art sacré ces grands cadeaux que sont la neige tranquille et la pluie battante. Pensez, je le répète, à ce que pourrait être ce versant sud des Alpes : un paradis de beaux pâturages et de forêts d'avenues de châtaigniers et d'arbres fleuris, avec des cascades dociles et innocentes comme des enfants, riant tout l'été de rocher en rocher et de bassin en bassin , et l'Adige et le Pô, la Dora et le Tessin, non plus souillés, non plus alternant entre crues féroces et langueur venimeuse, mais dans des courants calmes et clairs portant des navires à chaque ville et la santé à chaque champ de toute cette plaine azurée de l'Italie lombarde. ....

241. « Il est maintenant devenu pour moi un objectif des plus graves de faire entrer en Angleterre quelques-uns des plus grands tableaux des écoles italiennes ; et cela, je pense, à ce moment-là – avec une bonne aide – pourrait être réussi. En exhortant au moins avec impatience mes projets à quiconque, je sais parfaitement que ce que j'ai dit *devrait* être fait, *peut* être fait pour les rivières italiennes, et qu'aucune méthode d'emploi de nos ouvriers valides et oisifs ne serait en fin de compte plus rémunérateur, ou au début plus salubre et en tout point bénéfique, que, avec le concours des gouvernements italien et suisse, les charger de racheter les vallées du Tessin et du Rhône. Et je vous prie d'y penser ; car Je vous le dis en vérité, vous qui aimez l'Italie, que ses passions et ses torrents sont nobles ; mais que son bonheur ne dépend pas de la liberté, mais du bon gouvernement des deux. » [14]

NOTES DE BAS DE PAGE :

[12] Rapport (avec extraits) d'un article intitulé « A Talk respecting Verona and its Rivers », lu par M. Ruskin lors de la réunion hebdomadaire du soir de

la Royal Institution of Great Britain, le 4 février 1870. Voir les actes *de* la Institution royale, vol. vi., p. 55.— ÉD .

[13] Ce catalogue (Londres : Queen Street Printing-Office, 1870) est imprimé ci-dessous, p. 109, § 242 *suiv.* — ÉD .

[14] Voir *Flèches de la Chace* .

CATALOGUE.

(*Voir ante*, p. 101.— ED.)

Dessins et photographies illustrant l'architecture de Vérone, exposés à la Royal Institution, le 4 février 1870.

SECTION I. Nos 1 À 7. LOMBARD.

242. (1.) *Porche de l'église Saint-Zénon.* (Photographier.)

Du 12ème siècle.

(2.) *Porche de l'entrée sud du Duomo.*

Probablement du 10ème ou 11ème siècle, et très remarquable par la sauvagerie de sa sculpture grotesque ou monstrueuse, qui a été rendue avec le plus grand soin par le dessinateur, M. Bunney.

Cela fera gagner de la place de noter que les croquis de mes deux assistants les plus habiles et les plus patients, M. A. Burgess et M. Bunney, seront respectivement marqués (A) et (B), et les miens (R).

(3.) *Porche de l'entrée ouest du Duomo.* (Photographier.)

Date plus tardive, mais toujours du XIIe ou du tout début du XIIIe siècle. Des détails en sont donnés dans les dessins suivants.

243. (4.) *Griffin* (je garde la vieille orthographe anglaise intelligible), *soutenant le pilier du côté nord du porche vu au n° 3.* (R.)

Peint l'été dernier.

J'ai gravé sa tête et sa poitrine, vus de l'autre côté, dans la planche des « Vrais et faux griffons », dans « Peintres modernes ». Seuls l'arrière de la tête et le cou du petit dragon qu'il tient dans ses griffes antérieures sont visibles de ce côté.

(5.) *Chapiteau du Pilier soutenu par le Griffon, dont la base est vue au n° 4.* (A.)

Sculpture de premier ordre de l'époque, et admirablement dessinée.

(6.) *Partie de moulure décorative lombarde du côté sud du Duomo.* (UN.)

Montrant la torsion particulière des entrelacs ramifiés avec une flexion serpentine, tout à fait différente des lignes jaillissantes de l'ornement gothique. Il serait presque impossible de mieux dessiner cela ; cela ressemble beaucoup plus à la réalité qu'à un casting.

(7.) *Lion, avec dragon dans ses griffes, de sculpture lombarde* (maintenant intégré dans un mur à Venise) ; *au-dessus, tête d'un des chiens qui soutiennent le tombeau de Can Grande, à Vérone.* (R.)

Le lion, dans sa force émaciée, et le serpent, avec sa contorsion vitale et sa morsure inversée mortelle, sont tous deux caractéristiques des plus belles œuvres lombardes. La tête du chien est gothique du 14ème siècle - un chef-d'œuvre de sculpture large, subtile et facile, s'exprimant à chaque toucher et ne perdant jamais la moindre ondulation de la surface, alors qu'elle dédaigne totalement la simple imitation des cheveux ou l'obtention d'un effet par une coupe profonde. .

SECTION II. N° 8 À 38. GOTHIQUE.

244. (8.) *Porche nord de l'église de Saint-Ferme.* 13ème siècle. (B.)

Le dessin de M. Bunney est si fidèle et si soigné qu'il permet presque au spectateur de s'imaginer sur place. Les détails de ce porche sont parmi les plus intéressants du gothique d'Italie, mais j'ai dû, l'année dernière, me contenter de cette vue générale, prise dans la terreur que l'ensemble soit « restauré » ; et avec les deux dessins suivants.

(9.) *Base du pilier central. Porche Nord, St. Fermo.* (B.)

En fac-similé, aussi près que possible, et de la taille réelle, pour montrer la perpétuelle variété du toucher ; et dans la disposition et la taille des masses.

(10.) *Fût-Chapiteaux de l'Arc Intérieur du Porche Nord, Saint-Fermo.* (B.)

Conçu de telle sorte que, tout en paraissant symétrique et même monotone, aucun lobe d'aucune des feuilles ne soit semblable à un autre.

Assez superbes dans l'original, mais terriblement difficiles à dessiner, et perdant, dans cette esquisse, beaucoup de leur grâce.

245. (11.) *Porte occidentale de l'église de Sainte-Anastasie, avec le tombeau du comte de Castelbarco à gauche, au-dessus de l'arc.* (Photographier.)

Dans la porte, son pilier central, ses linteaux sculptés et son grand arc brisé englobant, avec ses profondes moulures et ses fûts flanquants, sont du plus bel ouvrage véronais du XIIIe siècle. Les deux arcs brisés mineurs datent du XIVe siècle. Les pilastres flanquants, surmontés de doubles panneaux et de guirlandes, marquent le début d'une façade censée avoir été érigée au XVe siècle.

Le comte de Castelbarco, chancelier de Can Grande della Scala, mourut vers 1330, et sa tombe ne peut être datée de beaucoup plus tard.

Les détails de ce groupe de bâtiments sont illustrés sous les numéros suivants de la série.

(12.) *Piliers et linteaux de la porte occidentale de Sainte-Anastasie.* (Photographier.)

La sculpture du linteau se distingue d'abord par son récit concis et intense de la vie du Christ.

1. L'Annonciation. (Vierge et Ange agenouillés.)

2. La Nativité.

3. L'Épiphanie. (Choisi comme signe de donneur de vie aux Gentils.)

4. Christ portant sa croix. (Choisi comme signe de sa vie personnelle dans son intégralité.)

5. La Crucifixion.

6. La Résurrection.

Deuxièmement. En tant que sculpture, ce linteau présente tous les principaux traits de la conception caractéristique de Vérone du XIIIe siècle.

Chiffres diminutifs et rabougris ; les têtes laides en traits, sévères en expression ; mais la draperie était disposée de manière exquise en plis minuscules mais non profonds.

(13.) *Les Anges à gauche du sujet de la Résurrection au n° 12.* (A.)

Dessiné à sa taille réelle, excellemment.

L'apparition de fusion et de douceur dans les contours n'est pas causée par le temps, mais est intentionnelle et obtenue grâce à une grande habileté du sculpteur, fidèlement restituée dans le dessin.

(14.) *Esquisse du chapiteau du pilier central au n° 12.* (R.)

(Avec de légères notes d'une console du XVIe siècle d'un balcon sur rue de chaque côté.)

Dessiné pour montrer les fines courbures et la douceur du traitement de la sculpture véronaise de périodes largement séparées.

246. (15.) *Esquisse inachevée du tombeau de Castelbarco, vue d'une des fenêtres de l'hôtel des « Deux Tours ».* (R.)

Cette auberge était elle-même un des palais des Scaligers ; et le voyageur devrait toujours s'efforcer d'imaginer l'effet de la petite place de Sta. Anastasia lorsque la gamme de ses bâtiments fut complète ; le tombeau de Castelbarco d'un côté, ce palais gothique de l'autre, et la grande porte de l'église entre les deux. La maçonnerie du dais de cette tombe était si verrouillée et en queue d'aronde qu'elle restait en équilibre presque sans ciment ; mais dernièrement, en raison de l'autorisation donnée aux chariots lourdement chargés de passer continuellement sous l'arche, les pierres se sont tellement relâchées par les vibrations que le vieux toit est devenu dangereux et a été enlevé, et remplacé par un beau et lisse en pierre blanche taillée. , pendant que je peignais le reste du tombeau, contre le temps. D'où l'état inachevé de mon esquisse, la dernière que l'on puisse jamais prendre du tombeau tel qu'il a été construit.

(16.) *Le Tombeau de Castelbarco, vu latéralement.* (B.)

Un dessin des plus soignés, laissant peu à désirer dans la réalisation du sujet. Elle est prise si près du tombeau qu'elle rend la perspective gênante, mais j'ai mieux aimé cette vue pittoresque que les vues plus lointaines.

Le dessin de l'arcade et de la maçonnerie gris foncé et rouge du tombeau est très beau.

247. (17.) *Lion avec une biche dans ses griffes.* (UN.)

Le support du sarcophage, sous les pieds du gisant du tombeau de Castelbarco.

(18.) *Lion avec Dragon dans ses griffes.* (UN.)

Le support du sarcophage en tête du personnage.

(19.) *Saint Luc.* (UN.)

Sculpture de l'un des quatre petits panneaux aux angles du sarcophage du tombeau de Castelbarco. J'ai gravé Saint-Marc pour illustrer le noble grotesque des "Pierres de Venise". Mais ce dessin rend mieux la touche sévère du vieux sculpteur.

(20.) *Deux des éperons des bases des piliers de la nef de l'église Sainte-Anastasie.* (UN.)

De la taille réelle. On ne les voit généralement pas dans les ténèbres de l'Église, et très beaux à leur manière brutale.

248. (21.) *Tombeau de Can Grande, vue générale.* (R.)

Réuni depuis quelque temps, à partir de photographies et de croquis pris en 1852 ; et inexact, mais utile pour donner une idée générale.

(22.) *Tombeau de Can Grande.* (R.)

Croquis réalisé soigneusement sur place l'année dernière. Le sarcophage inachevé ; les détails ne rentreraient pas dans un espace si petit.

(23.) *Le Sarcophage et le gisant de Can Grande, dessinés séparément.* (R.)

Croquis sur place l'année dernière. Un type presque irréprochable de sculpture gothique puissante et solennelle. (Can Grande est mort en 1329.)

(24.) *Les Deux Chiens.* (R.)

La Madone agenouillée et la sculpture du panneau supérieur droit du sarcophage de Can Grande.

Le dessin du panneau est en taille réelle, représentant le chevalier à la bataille de Vicence.

(25.) *La Corniche du Sarcophage de Can Grande.* (UN.)

De sa taille réelle, admirablement dessinée, et montrant tout à fait la douceur et le toucher corrège de son feuillage, et sa formalité symétrique de dessin, tandis que le flux de chaque feuille est changeant.

249. (26.) *Étude du sarcophage du tombeau de Mastino II., Vérone.* (R.)

Esquissé en 1852.

(27.) *Tête du gisant de Mastino II.* (UN.)

Magnifiquement dessiné par M. Burgess.

Peut Mastino II. eurent trois filles : Madonna Beatrice (appelée plus tard « la Reine », pour avoir « tutte le grazie che i cieli ponno concedere a femina », et toujours simplement appelée par les historiens Lady « Reina » della Scala), Madonna Alta-luna, et Madone Verte. Lady Reina a épousé Bernabó Visconti, duc de Milan ; Lady Alta-luna, Louis de Brandebourg ; et Lady Verde, Gonzaga, duc de Mantoue. Leur père mourut de « mélancolie souveraine » en 1350, à l'âge de quarante-trois ans.

(28.) *Partie de corniche du sarcophage de Mastino II.* (UN.)

L'une des plus belles corniches gothiques d'Italie ; son effet étant obtenu avec une extrême simplicité d'exécution à partir de deux arêtes de marbre, chacune taillée d'abord en un seul bord tranchant uni tout le long, puis percée et modelée en feuille et en fleur.

(29.) *Esquisse, grandeur réelle, du motif incisé et peint sur la draperie du tombeau de Can Mastino II.* (R.)

Il mérite d'être remarqué pour la variété de son motif ; observez, les remplissages floraux des espaces se ressemblent, mais ne sont jamais les mêmes. Il n'y a pas de fin quand on commence à dessiner soigneusement des détails de ce genre. Aussi légère soit-elle, l'esquisse donne une idée de la fluidité de la draperie de pierre et du soin pris par le sculpteur de peindre son motif *comme s'il* était courbé au niveau du pli apparent.

250. (30.) *Tombeau de Can Signorio della Scala.*

Le croquis de Samuel Prout sur place ; (plus tard lithographié par lui dans ses « Croquis en France et en Italie » ;) tout à fait admirable par son sentiment, sa composition et son abstraction concise de caractère essentiel.

Derrière, on aperçoit le palais familial des Scaliger, dans lequel Dante fut reçu.

(31.) *Une niche unique et une partie de la ferronnerie du Tombeau de Can Signorio.* (R.)

Vu du palais des Scaligers ; les restes d'une autre maison de la même famille se voient dans la petite rue au-delà.

(32.) *Étude des détails de la partie supérieure du tombeau de Can Signorio.* (R.)

Ayant besoin de plus de travail que je n'en avais le temps, et assez gâché par la hâte ; mais intéressant par morceaux ici et là ; regardez, par exemple, la taille et la conception variées des crochets ; et la beauté des corniches.

(33.) *Support sous le sarcophage de Giovanni della Scala.* (UN.)

Caractéristique du meilleur traitement ultérieur du feuillage fluide.

251. (34.) *Partie de la façade du Palais Ducal, Venise.* (R.)

Esquissé, en 1852, par mesure, avec un soin extrême ; et montrant les entrelacs nets des fenêtres, rarement vus sur les photographies.

(35.) *Angle du Palais Ducal, vu du côté de la mer depuis la Piazzetta.* (R.)

Esquissé l'année dernière (les restaurations étant menacées) uniquement pour montrer la manière dont la lumière passe à travers les bords de l'angle par pénétration du chapiteau supérieur et du feuillage dans la sculpture inférieure ; afin que la masse ne se détache pas ininterrompue sur le ciel.

(36.) *Photographie du chapiteau d'angle d'Upper Arcade vue au n° 34.*

Montrant les parties percées et leur traitement.

(37-38.) *Chapiteaux de l'Arcade Supérieure.*

Montrant le traitement le plus grandiose du feuillage architectural atteint par les maîtres du 14ème siècle ; massif à toutes fins de support ; d'une douceur exquise et d'un contour raffiné, et d'une composition impeccable.

SECTION III. Temps de "LES MAÎTRES".

252. (39.) *Etude du sommet du Pilastre à côté du Tombeau de Castelbarco.* (R.)

Les feuilles de figuier sauvage sont inachevées ; car mon assistant ayant malheureusement montré trop énergiquement sa sollicitude pour leur conservation à des gamins des rues qui leur jetaient des pierres, ils se procurèrent une échelle et les enracinèrent la nuit même. Les marbres violets et blancs à grain fin du pilastre sont entièrement intacts en surface après trois cents ans d'exposition. Le marbre blanc grossier au-dessus est moisi et est gris de lichens.

(40.) *Etude de la base du même Pilastre, et Façade connexe.* (R.)

Montrant l'effet de billes de couleurs différentes disposées en masses soigneusement inégales.

253. (41.) *Cour intérieure du Palais Ducal de Venise, avec l'escalier du Géant.* (R.)

Esquissé en 1841, et donnant peut-être quelques caractères qu'un dessin plus abouti perdrait.

(42.) *La Piazza d'Erbe, Vérone.* (R.)

Esquissé en 1841, montrant l'effet général et le joli regroupement des bâtiments véronais ultérieurs.

(43.) *Piazza de' Signori, Vérone.*

Esquissé l'année dernière. Notez l'affiche annonçant "l'Homme qui rit" de Victor Hugo, collée sur le mur du palais.

La grande tour est de l'époque gothique. Notez son noble tracé de courbes délicatement ascendantes inclinées vers l'intérieur.

(44.) *Porte de l'école en ruine de Saint-Jean, Venise.* (Photographier.)

Exquise en sculpture florale et finition de style.

(45.) *Feuilles d'aubépine, de la base du pilastre, dans l'église de Sainte Maria dé Miracoli, Venise.* (R.)

Dans le plus beau style de sculpture florale. Il ne peut être surpassé pour la perfection du traitement ; spécialement pour l'obtention de vie et de douceur, par de larges surfaces et des regroupements fins.

(46.) *Bas-relief d'une des portes intérieures du Palais Ducal.*

Très noble, et typique du style pur.

(47.) *Saint Jean-Baptiste et autres saints.* (Cima de Conegliano.)

Travail consommé; mais la photographie, quoique bien prise, l'assombrit terriblement.

(48.) *Rencontre de Joachim et Anna.* (Vettor Carpaccio.) (Photographie.)

(49.) *Madone et les saints.* (Jean Bellini.) Portrait. (Mantegna.)

(Photographies.)

(50.) *Madone.* (Jean Bellini.)

Avec "Della Seggiola" de Raphaël. Montrant la première transition du style des « Maîtres » à celui des temps modernes.

Les photographies de la série ci-dessus proviennent toutes des images elles-mêmes.

ART CHRÉTIEN ET SYMBOLISME. [15]

UNE PRÉFACE.

254. L'auteur de ce livre est depuis longtemps mon ami et, au début de notre amitié, il était mon disciple.

Mais depuis peu, je suis à lui ; car il s'est consacré sérieusement à l'étude des formes de l'art chrétien que j'ai eu peu l'occasion d'examiner, et a été animé dans cette étude par un éclat d'enthousiasme qui m'a été longtemps impossible. Sachant cela, et sachant qu'il était parfaitement capable de combler ce qui aurait dû être un gouffre grossièrement comblé dans mon enseignement à Oxford, je l'ai supplié de donner ces conférences et de les organiser pour l'impression. Et il a fait cela pour me plaire ; et maintenant qu'il l'a fait, je suis, en un sens, tout sauf content : car j'aime mieux ses écrits que les miens, et j'en suis plus jaloux que je ne pensais qu'il était en moi d'être de bonne œuvre. encore moins celui de mon ami ! Je me console en réfléchissant, ou du moins en me répétant et en tâchant de penser, qu'il n'aurait pas pu découvrir tout cela si je ne lui avais montré le chemin. Mais le plus profondément et le plus sérieusement, je suis reconnaissant pour une telle aide, dans une œuvre bien trop grande pour mes forces actuelles ; aide d'autant plus précieuse que mon ami peut apporter à l'étude de l'art chrétien primitif et de son influence, l'intégrité et le calme de la foi dans laquelle il a été forgé, plus heureux que moi d'avoir été un consolateur et un assistant personnel des hommes, accomplissant sa vie dans le devoir quotidien et incontestable ; tandis que j'ai été, peut-être à tort, toujours avec hésitation, en me persuadant que c'était mon devoir de faire les choses qui me plaisaient.

255. En outre, il a été nécessaire pour une grande partie de mon travail analytique que je considère l'art de chaque nation autant que possible de son propre point de vue naturel ; et je me suis efforcé si sincèrement de réaliser des croyances que je supposais fausses et des sentiments qui étaient étrangers à mon caractère, qu'en fin de compte, je sais à peine jusqu'où je pense avec l'esprit des autres et jusqu'où je vois avec les yeux de quelqu'un d'autre que les miens. Même les efforts déployés pour récupérer ma condamnation temporairement levée échouent parfois ; et ce qui m'était autrefois assuré devient théorique comme le reste.

Mais mon vieil érudit a été protégé par sa vie résolument dirigée contre les tentations de cette équité spéculative ; et je crois que ses écrits contiennent l'expression la plus vraie jamais donnée en Angleterre des sentiments avec lesquels un gentleman chrétien sensé et instruit devrait considérer l'art produit dans les temps anciens, à l'aube des croyances qui guident encore sa conduite et assurent sa paix. .

256. Sur tous les principes généraux de l'Art, M. Tyrwhitt et moi sommes absolument d'accord ; mais il a souvent pris le dessus sur moi par sa connaissance personnelle approfondie des hommes et de leurs mœurs. Lorsque nous divergeons dans nos pensées sur les choses, c'est parce que nous les connaissons sous des angles opposés ; et souvent son côté est celui qu'on voit le plus naturellement et qu'il est le plus désirable de voir. Il y a par exemple une question importante sur laquelle nous sommes apparemment en conflit, mais qui ne le sont pas en réalité. Ces conférences montrent, partout, le respect le plus beau et le plus juste pour Michel-Ange, et sont d'une valeur particulière dans leur récit de lui ; tandis que la dernière conférence sur la sculpture, [16] que j'ai donnée à Oxford, est entièrement consacrée à examiner les manières par lesquelles son génie a échoué et a perverti celui des autres hommes. Mais Michel-Ange est assez grand pour rendre l'éloge et le blâme à la fois nécessaires et inadéquats dans tout récit fidèle de lui. Mon ami le voit comme un voyageur voit de loin quelque noble chaîne de montagnes, obscure dans des nuages dorés et des ombres pourpres ; et je le vois comme un mineur maussade parcourant les mêmes montagnes, errant parmi leurs précipices à travers le froid de la tempête et de la neige, et discernant que leur force était périlleuse et leur substance stérile. Nous voyons tous deux vrai, tous deux partiellement ; la vérité complète est le témoignage des deux.

257. Les notices de Holbein et des Anglais qu'il a peints (voir en particulier le croquis de Sir Thomas Wyatt dans la sixième conférence) sont à mon avis d'une valeur singulière, et la teneur du livre tout au long, pour autant que je puisse en juger. - car, comme je l'ai dit, une grande partie traite de sujets avec lesquels je ne suis pas familier - si solide, et le sentiment qui s'y dégage est si chaleureux et si vrai, et vrai dans la chaleur de celui-ci, qu'il me rafraîchit comme la vue des choses. d'eux-mêmes dont il parle. Il en donnera une vue nouvelle et vivante à de nombreux lecteurs ; et à tous ceux qui considéreront mes éloges, je les recommande ; demander à ceux qui ont jusqu'ici crédité mon enseignement de lire ces conférences comme ils feraient les miennes ; et j'ai confiance que d'autres, qui ont douté de moi, verront des raisons de faire confiance à mon ami.

Pise , 30 avril 1872.

NOTES DE BAS DE PAGE :

[15] Préface au livre susmentionné, par le révérend St. John Tyrwhitt. Londres : Smith, Elder, & Co., 1872.— Ed .

[16] Voir la brochure de M. Ruskin sur « La relation de Michel-Ange avec le Tintoret », qui est (bien qu'imprimée séparément) la septième conférence du cours (1872) publiée sous le titre *Aratra Pentelici* — ED .

ÉCOLES D'ART DE LA CHRÉTENCE MÉDIÉVALE. [17]

UNE PRÉFACE.

258. Le nombre de voyageurs britanniques et américains qui s'intéressent sans réserve aux premiers arts de l'Europe est déjà grand et augmente de jour en jour ; quotidiennement aussi, comme je le constate heureusement, ils ont de plus en plus besoin d'un guide contenant autant d'indications fiables qu'ils peuvent utiliser sur ce qu'ils peuvent le plus rationnellement consacrer leur temps à examiner. Les livres de référence publiés par M. Murray, bien que d'une extrême valeur pour les voyageurs, qui se donnent pour objectif de voir (dans son sens et dans leur sens du mot) tout ce qui doit être vu, ne sont d'aucune utilité, ou peuvent peut-être être considéré, à juste titre, comme d'une valeur tout à fait opposée, aux voyageurs qui souhaitent voir seulement ce qu'ils peuvent comprendre dans la simplicité et se souvenir avec plaisir ; tandis que les histoires de l'art et les biographies des artistes, auxquelles l'étudiant le plus sérieux de son noviciat doit avoir recours, sont à la fois si volumineuses, si vagues et si contradictoires, que je ne conçois pas moi-même qu'il puisse tirer un autre bénéfice de leur étude. qu'une conviction profonde de la difficulté du sujet et de l'incertitude des opinions humaines.

259. Il m'a semblé, à la lecture des essais rassemblés dans ce volume, tels qu'ils ont paru dans le périodique [18] pour lequel ils ont été écrits, que l'auteur non seulement possédait elle-même un discernement très vrai des qualités de l'art médiéval qui étaient méritait à juste titre des éloges, mais avait une compréhension inhabituellement claire du degré dans lequel elle pouvait s'attendre à cultiver un tel discernement dans l'esprit général des voyageurs polis ; je n'ai pas non plus moins admiré son aptitude à rassembler des faits essentiellement illustratifs, de manière à amener l'histoire d'un éventail d'art très largement contemplatif dans une étendue tenable et sous une forme très gracieuse et utile. Ses lectures, en effet, ont été, en ce qui concerne de nombreuses périodes très intéressantes de travail religieux, beaucoup plus étendues que les miennes ; et lorsque j'ai consenti à éditer le volume des articles rassemblés, ce n'était pas sans l'assurance d'un avantage considérable pour moi pendant le travail de révision.

260. La révision, cependant, je suis désolé de le dire, a été interrompue et imparfaite, très nécessairement la dernière à cause de l'ignorance que je viens d'avouer de plus d'un segment du grand domaine éclairé de l'art religieux primitif, auquel l'écrivain le plus a sagement dirigé une attention égale et symétrique, et l'a interrompu en partie sous la pression extrême d'une autre occupation, et en partie dans la crainte d'être tenté d'opprimer la sérénité de

la perspective générale, que je pense que ces essais sont éminemment calculés pour ouvrir devant un lecteur ingénieux, avec le clair-obscur orageux de ma propre préférence et de ma réprobation. Je laisse donc l'ouvrage absolument à Miss Owen, avec quelques remontrances occasionnelles, mais sans retouche, bien qu'il doive être clairement compris que lorsque j'autorise mon nom à figurer en tant qu'éditeur d'un livre, ce n'est pas un simple compliment (si l'on en croit). ma direction éditoriale pourrait en effet être considérée comme telle) au génie ou au mérite de l'auteur ; mais cela signifie que je me tiens entièrement responsable, dans les points principaux, de l'exactitude des vues avancées, et que je souhaite que l'ouvrage soit reçu, par ceux qui ont confiance en mon ancien enseignement, comme une extension et une application des parties dont j'ai senti qu'il était incomplet.

OXFORD , *27 novembre 1875.*

NOTE . — Les « notes de remontrance » ou d'approbation disséminées dans le volume ne sont pas nombreuses. Ils sont donnés ci-dessous, précédés dans chaque cas de la déclaration ou de l'expression (en italique) : qui leur donne lieu : -

(1) P. 73. « *La caractéristique particulière des églises byzantines est le dôme.* » « Forme dérivée d'abord des catacombes. Voir Lord Lindsay.

(2) P. 89. « *Le baptistère octogonal de Florence, attribué aux rois lombards....* » « Non, c'est un ouvrage étrusque de pure descendance.

(3) *Identifiant.* " *S. Michele, de Pavie, pur Lombard du VIIe siècle, reconstruit au Xe.* " " Les églises étaient souvent reconstruites avec leurs sculptures originales. Je crois que beaucoup dans cette église sont lombardes. Voir page suivante. "

(4) P. 95. « *La révolution commencée par Rafaelle a abouti à la peinture vulgaire, aux estampes sentimentales et aux statuettes colorées, qui ont fait de l'art religieux du XIXe siècle un synonyme de faiblesse d'un côté. , sa superstition de l'autre.* " "Excellent; mais mon bon érudit n'a pas distingué le naturalisme vulgaire du naturalisme non vulgaire. Peut-être qu'elle le fera en poursuivant ma lecture."

[Comparez la dernière note du livre, pp. 487-8, où la déclaration de Miss Owen selon laquelle « *la cause de la popularité de Rafaelle... a été cette prédominance de représentation dramatique exagérée, qui dans ses images est visible avant toutes les qualités morales et spirituelles. ,* " est noté comme étant " Intensément et précisément vrai. "]

(5) P. 108. « *C'est peut-être... c'est à peine crédible.* » « Qu'importe ce qui peut être ou ce qui est à peine crédible ? J'espère que le lecteur considérera à quel point

la réflexion sur les choses est une perte de temps. alors que nous ne pouvons jamais les connaître correctement.

(6) P. 109. Sur l'affirmation selon laquelle « *aucune école d'art vitale n'a jamais existé sinon comme expression de la foi vitale et incontestée d'un peuple* », suivie de quelques remarques sur les aides extérieures à la dévotion, il y a une note à le mot « personnes ». "Jusqu'à cette ligne, cette page est incontestablement et entièrement vraie. Je ne réponds pas du reste de la clause, mais je ne la conteste pas."

(7) P. 113. *S. Michele à Lucques.* "L'église n'est plus qu'une copie d'architecte moderne."

(8) P. 129. « *Il existe un bon modèle de cette chaire* » (celle de Nicolas dans le baptistère de Pisan) « *au musée de Kensington, grâce auquel nous pouvons en apprendre beaucoup sur l'essor de la sculpture gothique.* » « Vous ne pouvez rien faire de " Le genre. La sculpture pisane ne peut être étudiée que dans le marbre original ; la moitié de sa vertu réside dans le ciselage. "

(9) P. 136. " *Le sanctuaire de S. Donato* " (par Giovanni Picano) " *dans la cathédrale d'Arezzo est l'un des plus beaux monuments de l'école pisane.* " " Non. Il a essayé d'être trop beau et il en a fait trop. Le travail est simplement un lieu commun accumulé.

(10) P. 170. Sur Giotto dessinant sans compas un cercle avec un crayon, « *pas un pinceau, avec lequel, comme l'expliquait le professeur Ruskin, l'exploit aurait été impossible. Voir « Giotto et ses œuvres à Padoue ».* " "Non, mais entraînez-vous avec une brosse en poil de chameau jusqu'à ce que vous puissiez le faire. Je ne connaissais rien au travail du pinceau proprement dit lorsque j'ai écrit cet essai sur Padoue."

(11) P. 179. Dans le premier des bas-reliefs de la tour de Giotto à Florence, « *Noé dort, ou, comme le soutient le professeur Ruskin, ivre.* » « Je n'entretiens rien de tel ; je *sachez* -le. Il est aussi ivre qu'un homme peut l'être, et l'expression de l'ivresse est donnée avec une habileté délibérée et intense, comme sur l'angle du Palais Ducal à Venise.

l'astronomie figurée par un vieillard » de Giotto sur la même tour. "Au-dessus duquel est vue, par l'astronomie de son cœur, l'armée céleste représentée au-dessus des étoiles."

(13) P. 190. " *La Loggia dei Langi* " (à Florence)... " *les arcs en plein cintre, nouveaux à cette époque... Voir Vasari.* " " Vasari est un âne avec des choses précieuses dans ses sacoches ; mais toi il ne faut pas lui demander son avis sur quoi que ce soit. Les arcs en plein cintre, nouveaux à cette époque, étaient la forme de

structure universelle dans toute l'Italie, romaine ou lombarde, faiblement et à contrecœur au XIIIe siècle, et occasionnellement, comme dans le Campo Santo de Pise, et l'Or San Michele d'Orcagna, situé à moins de trois cents mètres des arcs de la Loggia « nouveaux pour l'époque », remplis d'entrelacs, eux-mêmes composés d'arcs ronds qui se croisent. Or, peu importe à l'histoire de l'art qui a *construit*, mais qui a conçu et sculpté la Loggia. Elle est de loin la plus grandiose d'Italie, et ses vertus archaïques elles-mêmes sont impraticables et inconcevables. Je ne garantis pas qu'elle soit à Orcagna, ni que les fresques de Campo Santo soient à lui. Je ne l'ai jamais étudié spécialement et je ne sais pas non plus quels hommes puissants travaillaient avec ou après lui. Mais je sais que la Loggia est une puissante architecture du style et de l'époque d'Orcagna, et que le Jugement dernier et le Triomphe de la mort dans le Campo Santo sont les leçons les plus sévères écrites sur les murs de Toscane et qu'elles méritent à elles seules plus d'étude que ce que les voyageurs anglais en donnent habituellement . Pise, Lucques, Pistoja et Florence en tout. »

(14) P. 468. " *Le style gothique des églises n'a jamais pris racine à Venise.* " " Pas tout à fait exact. Les tracés du Palais Ducal sont montrés dans les "Pierres de Venise" (vol. ii.) comme ayant été fondés sur ceux-ci. des Frari."

(15) P. 471. Mantegna. " *Il n'avait aucun sentiment pour la beauté vitale du visage humain ou des créatures inférieures de la terre.* " À cela, Miss Owen ajoute dans une note : " Le professeur Ruskin me rappelle de remarquer ici, en qualification, le pouvoir de Mantegna de peindre des formes inanimées, comme , *par exemple* , dans les arbres et les feuilles de sa Madone de la Galerie Nationale. "Il est", dit le professeur Ruskin, "le plus merveilleux peintre de feuilles de Lombardie."

NOTES DE BAS DE PAGE :

[17] Préface au livre susmentionné de Miss AC Owen, édité par M. Ruskin. Londres : Mozley & Smith, 1876.— ÉD.

[18] *Le paquet mensuel.* — ÉD.

L'EXTENSION DES CHEMINS DE FER DANS LE QUARTIER DES LACS. [19]

UNE MANIFESTATION.

261. Les preuves rassemblées dans les pages suivantes, à l'appui de leur plaidoirie, sont si complètes, et le résumé de sa cause donné avec une maîtrise si modérée par M. Somervell, que je ne trouve rien à ajouter dans les circonstances, et peu à redire. appliquer dans l'argumentation. Et j'ai moins de cœur à écrire même quelle brève préface un si bon ouvrage pourrait, par la courtoisie de son auteur, être autorisé à recevoir de moi, occupé comme je l'ai été si longtemps dans des efforts tendant dans la même direction, parce que, pour cette raison même, Je suis bien moins intéressé que mon ami par cette résistance locale et limitée au courant ailleurs fatalement victorieux de la folie, de la cruauté et de la ruine modernes. Quand la frénésie de l'avarice noie chaque jour nos marins, étouffe nos mineurs, empoisonne nos enfants et réduit la surface cultivable de l'Angleterre à un désert de cendres sans arbres, [20] qu'importe vraiment qu'un ^{troupeau} de moutons, plus ou moins , être chassé des pentes d'Helvellyn, ou du petit bassin de Thirlmere rempli de schiste, ou de quelques fleurs sauvages de la vallée de St. John's perdues au coronal du printemps anglais ? Peu pour personne ; et – permettez-moi de le dire, au moins, au début de tout cela – *rien* pour *moi* . Personne n'a besoin de m'accuser d'égoïsme dans quelque parole ou action que ce soit pour la défense de ces collines moussues. Je ne bouge pas, avec une si petite activité que j'ai encore montrée dans le commerce, parce que j'habite à Coniston (où aucun bruit des roues de fer de Dunmail Raise ne peut m'atteindre), ni parce que je ne trouve aucun autre endroit pour me souvenir de Wordsworth. par, que la marge de jonquilles de son petit marais Rydal. Les pensées et les travaux qui se trouvent encore devant moi, tels qu'il les a enseignés, doivent être indépendants de toute association étroite. Toutes mes chères montagnes et villes-trésors, Chamouni, Interlachen, Lucerne, Genève, Venise, sont détruites depuis longtemps par la population européenne ; et maintenant, pour ma part, je me fiche de ce qu'ils font de plus ; ils peuvent drainer le Loch Katrine, boire le Loch Lomond et faire exploser tout le Pays de Galles et le Cumberland en un tas de bardeaux d'ardoise ; le monde est encore assez vaste pour me trouver un refuge pendant les jours qui me sont fixés pour y rester. Mais ce n'est pas moins mon devoir, pour la cause de ceux à qui les doux paysages de l'Angleterre sont encore précieux, et à qui ils peuvent encore enseigner ce qu'ils m'ont appris, dans ma petite enfance, et qu'ils feraient encore si j'avais l'occasion d'apprendre maintenant. ,—il est de mon devoir de plaider avec tout le sérieux que je peux, pour que ces livres sibyllins sacrés puissent être rachetés de la périr.

262. Mais encore une fois, je suis contrôlé, car je ne sais pas comment parler aux personnes à qui *il faut* parler dans cette affaire.

Supposons que je sois assis là où, encore aujourd'hui, dans un Oxford très transformé, je suis heureux de me retrouver, dans l'une des petites cellules grillagées de la bibliothèque Bodleian, et que mon aimable et bien-aimé ami, M. Coxe, vienne me rendre visite. je m'annonçai qu'il était proposé d'envoyer chaque jour neuf cents excursionnistes dans la bibliothèque, en trois groupes de trois cents chacun ; qu'il était prévu qu'ils élèvent leur esprit en lisant tous les livres dont ils pourraient se procurer pendant leur séjour ; et que les personnes pratiquement scientifiques qui les accompagnaient devaient rechercher et brûler tous les manuscrits qui contenaient de l'or dans leurs enluminures, que ledit or pourrait être utile à des fins pratiques ; mais que lui, M. Coxe, ne pouvait, pour sa part, sympathiser avec le mouvement, et espérait que j'écrirais quelque chose pour le déprécier ! Comme je devrais alors penser, je ressens maintenant, à la demande de M. Somervell, que je lui écrirais une préface pour défendre Helvellyn. Que puis-je dire pour M. Coxe ? Bien entendu, le fait que neuf cents personnes visitent la bibliothèque quotidiennement, au lieu d'une, n'est que justice pour ces neuf cents personnes, et s'il y a de l'or dans les livres, n'est-ce pas un bien public ? S'il y a du cuivre ou de l'ardoise à Helvellyn, le public ne les brûlera-t-il pas ou ne les martelera-t-il pas — et ils disent qu'ils le feront, bien sûr — malgré nous ? Que signifie pour *eux* ce que ressentent nous, pauvres vieux lecteurs tranquilles de cette bibliothèque de montagne ? Il est vrai que nous savons bien, ce que ne savent pas les neuf cents savants excursionnistes, que la bibliothèque ne se lit pas entièrement en un quart d'heure ; aussi qu'il y a un plaisir à lire réellement, tout différent de celui de tourner les pages ; et que l'or dans un missel, ou l'ardoise dans un rocher, peut être plus précieux que dans une banque ou dans une cheminée. Mais comment peuvent nous créditer ces gens pratiques, ceux qui ne savent pas lire et ne le feront jamais ; et à qui a-t-on enseigné que rien n'est vertueux si ce n'est de prendre soin de son ventre, et rien d'utile si ce n'est ce qui y entre ?

263. Qu'ils soient crédités ou non, les faits réels de l'affaire, exposés clairement dans les pages suivantes, peuvent être brièvement exposés pour être examinés par toute personne franche.

Les arguments en faveur du nouveau chemin de fer sont les quatre principaux, et on peut y répondre ainsi.

1. "Il existe dans la région des trésors minéraux susceptibles d'être exploités."

Répondre. C'est une fiction ignoble, inventée par quiconque l'a inventée, simplement pour tromper les actionnaires. Chaque veine de plomb et de cuivre de Cumberland est connue depuis des siècles ; le cuivre de Coniston ne paie pas ; et il n'y en a pas d'aussi riche à Helvellyn. Et les principales roches volcaniques centrales, à travers lesquelles passe la piste, ne produisent ni ardoise ni hématite, alors qu'il y en a suffisamment à Llanberis et Dalton pour couvrir et griller toute l'Angleterre en un vaste chaos, si elle se sent honnêtement avoir besoin de ce logement.

2. "Le décor doit être rendu accessible au public."

Répondre. C'est déjà plus qu'accessible ; le public s'y jette tête baissée et en manque forcément les deux tiers. Le paysage du lac commence réellement, au sud, à Lancaster, où les collines de Cumberland dominent la baie de Morecambe ; au nord, à Carlisle, où l'on aperçoit les landes de Skiddaw sur les riches plaines qui les séparent du Solway. Aucun amoureux des montagnes ne perdrait un pas de l'approche, de ces distances, de part et d'autre. Mais les stupides troupeaux de touristes modernes se sont laissés vider, comme le charbon d'un sac, à Windermere et à Keswick. Une fois arrivé là, ce que le nouveau chemin de fer doit faire est de pelleter ceux qui sont venus de Keswick à Windermere, et de pelleter ceux qui sont venus de Windermere à Keswick. Et quoi encore?

3. "Mais un transport en commun rapide et peu coûteux est nécessaire pour la population active, qui autrement ne pourrait pas du tout voir le paysage."

Répondre. Après tous vos cris sur ce que les ouvriers dépensent en boisson, ne pouvez-vous pas leur apprendre à économiser suffisamment sur leur salaire annuel pour payer une chaise longue et un poney pour une journée, pour conduire Missis et le bébé sur ces agréables vingt kilomètres, en s'arrêtant quand ils aiment, déballer le panier sur un talus moussu ? S'ils ne peuvent pas profiter du paysage de cette façon, ils ne le peuvent en aucun cas ; et tout ce que votre compagnie de chemin de fer peut faire pour eux, c'est seulement ouvrir des tavernes et des terrains de quilles autour de Grasmere, qui ne sera donc bientôt plus qu'un bassin de drainage, avec une plage de bouteilles de bière d'épice cassées ; et leur esprit ne s'améliorera pas plus en contemplant le paysage d'un tel lac que celui de Blackpool.

4. Que dire d'autre ? Je proteste que je ne trouve rien, à moins que les ingénieurs et les entrepreneurs doivent vivre. Laissez-les vivre, mais d'une manière plus utile et plus honorable qu'en gardant la vieille foire Bartholomew sous Helvellyn et en faisant un manège à vapeur dans la région des lacs.

Il y a des routes à réparer, là où la paroisse ne veut pas les réparer, des ports de refuge nécessaires, où nos navires chargés en pont sont en danger impuissant ; obtenez vos commissions et vos dividendes là où vous savez que du travail est nécessaire, et non là où le mieux que vous puissiez faire est de persuader les amateurs de plaisir de se laisser aller à une oisiveté plus vertigineuse.

264. Il est ainsi possible de répondre sommairement aux arguments avancés par les promoteurs du chemin de fer. Parmi ceux qui sont exhortés dans le pamphlet suivant à défendre le pays tel qu'il est, je me soucie seulement d'attirer l'attention du lecteur sur un seul (voir pp. 27, 28), la certitude, à savoir, de la détérioration du caractère moral des habitants. de chaque district pénétré par un chemin de fer. Là où il y a peu de caractère moral à perdre, cet argument a peu de poids. Mais les paysans frontaliers d'Écosse et d'Angleterre, peints avec une fidélité absolue par Scott et Wordsworth (pour les principaux types de ce portrait inépuisable, je peux nommer Dandie Dinmont et Michael), sont jusqu'ici une race à peine blessée, dont la force et la vertu survivent encore jusqu'à présent . représentent le corps et l'âme de l'Angleterre avant ses jours de décrépitude mécanique et de déshonneur commercial. Il y a des hommes travaillant dans mes propres champs qui auraient pu combattre avec Henri Quint à Azincourt sans être distingués parmi ses chevaliers ; Je peux croire la parole de mes commerçants pour mille livres sterling ; la porte de mon jardin s'ouvre sur le loquet de la voie publique, de jour comme de nuit, sans crainte qu'aucun pied n'entre autre que le mien, et mes invitées peuvent se promener par la route, ou dans la lande, ou à travers chaque vallon bosquet de cette forêt sauvage, libres comme les abeilles de bruyère ou les écureuils.

Quel effet sur le caractère d'une telle population sera produit par l'afflux de celle des banlieues de nos villes manufacturières, on en trouve suffisamment de preuves, si le lecteur veut s'assurer des faits, dans chaque journal sur sa table du matin.

265. Et maintenant un dernier mot concernant l'effet bénéfique proposé sur l'esprit de ceux que vous envoyez pour nous corrompre.

J'ai dit que je ne portais aucun intérêt égoïste à cette résistance au chemin de fer. Mais j'en prends une de façon altruiste. C'est précisément parce que je souhaite passionnément améliorer l'esprit de la population, et parce que je dépense mon esprit, ma force et ma fortune entièrement sur cet objet, que je ne veux pas les laisser voir Helvellyn pendant qu'ils sont ivres. Je suppose que peu d'hommes vivants aujourd'hui ont senti avec autant de ferveur – aucun n'a certainement déclaré avec autant de ferveur – que la beauté de la nature est la plus bénie et la plus nécessaire des leçons pour les hommes ; et que tous les autres efforts d'éducation sont vains tant que vous n'avez pas appris à votre peuple à aimer les champs, les oiseaux et les fleurs. Venez donc, mes amis bienveillants, joignez-vous à moi dans cet enseignement. J'y ai travaillé toute ma vie, et sans orgueil, je vous assure solennellement que je sais comment il faut s'y prendre. Je ne puis en effet vous dire, dans cette courte préface, comment accomplir complètement une tâche si glorieuse. Mais je peux vous dire clairement, instantanément et avec insistance, dans quel état d'esprit vous devez vous y prendre. Vous *voici*, chrétien, gentleman et érudit de formation ; *voilà* votre sujet d'éducation : un clown impie, dans une ignorance impuissante. Vous ne pouvez pas offrir à Dieu une offrande plus bénie que cette créature humaine élevée dans la foi, la douceur et la connaissance des œuvres de son Seigneur. Mais remarquez ceci : vous ne devez pas espérer faire une si noble offrande à Dieu de ce qui ne vous coûte rien ! Vous devez être résolu à travailler et à vous perdre avant de pouvoir sauver cette brebis perdue surmenée et l'offrir vivante à son Maître. Si donc, mon bienveillant ami, vous êtes prêt à sortir vos deux deniers et à les donner aux hôtes ici à Cumberland, en leur disant : « Prends soin de lui, et tout ce que tu dépenseras en plus, je te le rembourserai quand je reviendrai. Cumberland moi-même », en *ces* termes – oh mes amis bienveillants, je suis avec vous, main et gant, dans tous les efforts que vous souhaitez faire pour l'éclairage des yeux des pauvres. Mais si votre motif est, au contraire, de mettre dans votre propre bourse deux deniers, volés entre Jérusalem et Jéricho de Keswick et d'Ambleside, dans la poche du pauvre voyageur ivre ; — si votre véritable objectif, dans votre offrande charitable, est, non même pour prêter au Seigneur en *donnant* aux pauvres, mais pour prêter au Seigneur en faisant un dividende sur les pauvres ; — alors, mes pieux amis, Ananias enthousiaste, Judas pitoyable et Coré sanctifiée, je ferai mon mieux, au nom de Dieu, de retenir vos mains et de couper votre langue.

BRANTWOOD, *22 juin 1876*.

NOTES DE BAS DE PAGE :

[19] Préface à une brochure (1876) intitulée « Une protestation contre l'extension des chemins de fer dans la région des lacs », compilée par Robert Somervell (Windermere, J. Garnett ; Londres, Simpkin, Marshall & Co.). La brochure contenait également une annonce imprimée comme suit : — « L'auteur de « Modern Painters » demande sincèrement à toutes les personnes qui auraient pu s'intéresser à ses écrits, ou qui ont une quelconque estime personnelle pour lui, de l'aider maintenant dans la circulation du papier ci-joint, rédigé par son ami M. Somervell, pour la défense du Lake District d'Angleterre, et pour presser l'appel, si justement et si tempérément fait, à l'attention de leurs amis personnels. "- Ed.

[20] Voir — l'illustration étant donnée par hasard alors que je corrige cette page pour la presse — la description de l'horrible service et l'histoire de

l'explosion fatale de dynamite, sur les domaines autrefois charmants du duc de Hamilton, dans le Hamilton *Advertiser* de 10 et 17 juin.

L'ÉTUDE DE LA BEAUTÉ ET DE L'ART DANS LES GRANDES VILLES. [21]

266. M. Horsfall m'a demandé d'écrire quelques mots d'introduction aux documents suivants. Cette confiance est franche, car notre amitié a été suffisamment longue et intime pour assurer à leur auteur que mes sentiments et même mes convictions pratiques diffèrent à bien des égards des siens, et à certains égards, particulièrement en ce qui concerne les sujets traités ici, sont même opposés. à son; de sorte que mes lettres privées (dont, à vrai dire, il ne prête jamais attention à un mot) ne sont guère plus qu'une série d'exhortations qui lui sont adressées pour qu'il chante – une fois pour toutes – la belle chansonnette des Cavaliers de « Farewell, Manchester » et verse la rosée de sa bienveillance artistique sur un terrain moins réfractaire. Néanmoins, comme il connaît assurément beaucoup mieux sa propre ville que moi, et comme il est évidemment décidé à faire de son mieux pour l'obtenir, il ne me reste plus qu'à l'aider autant que je peux dans son voyage. difficile tâche qu'il s'est fixé, ou, si je n'y peux rien, du moins de témoigner de la bonté de la graine qu'il s'est décidé à semer parmi les épines. Car, en effet, les principes sur lesquels il travaille sont tout à fait vrais et solides ; et leurs définitions et leur défense, dans cette brochure, sont parmi les pièces d'enseignement de l'art les plus importantes que j'ai jamais rencontrées dans la littérature anglaise récente ; Dans la littérature artistique du passé, il ne peut évidemment y avoir rien de comparable, puisque les difficultés à surmonter et les méfaits à résoudre sont entièrement d'aujourd'hui. Et dans toutes les suggestions et recommandations pratiques données dans les pages suivantes, non seulement je suis d'accord, mais je suis moi-même très aidé en les lisant sous la forme de mes propres plans pour le musée de Sheffield ; je ne doute pas non plus qu'ils se recommanderont immédiatement à tout lecteur intelligent et franc. Mais, à mon avis, les déclarations de principe sur lesquelles ces recommandations sont basées constituent la partie de loin la plus précieuse des écrits, car elles sont vraies et utiles à tout moment et en tout lieu ; tandis que, par leur simplicité et leur lucidité, ils dépassent de loin tout ce que l'on trouve habituellement dans les essais sur l'art, et la signification politique des lois ainsi définies est vraiment, je crois, ici, pour la première fois, correctement comprise et illustrée.

267. Cependant, parmi ceux-ci, celui dont la racine est la plus profonde et la portée la plus large sera nié par de nombreux lecteurs et mis en doute par d'autres, de sorte qu'il peut être bon de dire un mot ou deux plus loin dans son interprétation et sa défense : le dicton : à savoir que « la foi ne peut habiter dans des villes hideuses » et que « la familiarité avec la beauté est une aide des plus puissantes à la croyance ». C'est un dicton curieux, compte tenu du fait que la force première de l'infidélité à l'époque de la Renaissance était

la recherche de la beauté charnelle, et qu'aujourd'hui (du moins, d'après ma propre expérience), on peut trouver davantage de foi dans l'infidélité. les ruelles de la plupart des villes que dans les belles. Néanmoins, ce dicton est tout à fait vrai, d'abord parce que la beauté charnelle n'est pas la vraie beauté ; deuxièmement, parce que, bien jugées, les belles rues de la plupart des villes modernes sont plus hideuses que celles de l'arrière ; enfin — et c'est le point sur lequel je dois m'étendre — parce que universellement la première condition pour croire qu'il y a de l'Ordre au Ciel est la vue de l'Ordre sur Terre ; L'ordre, c'est-à-dire, n'est pas le résultat d'une loi physique, mais d'une certaine puissance spirituelle qui prévaut sur elle, comme, pour reprendre des exemples de mon ancien et favori sujet, l'ordre des nuages dans un beau coucher de soleil, qui correspond à un leur invention par un peintre, ou l'ordonnancement des couleurs sur l'aile d'un oiseau, ou les radiations d'un cristal de givre ou de saphir, sur toutes ces questions, les hommes, soi-disant scientifiques, sont nécessairement et à jamais silencieux, parce que la distribution La répartition des couleurs dans les spectres et la relation des plans dans les cristaux sont des faits définitifs et sans cause, *des ordres* , c'est-à-dire non *des lois* . Et plus encore, le tempérament infidèle, incapable de percevoir cette beauté spirituelle, a une tendance instantanée et constante à se délecter de son contraire, de sorte que pratiquement son enquête porte toujours, de préférence, sur les formes de mort ou de maladie et sur tout état. du désordre et de la dissolution, l'analyse affectueuse du vice dans les romans modernes faisant partie de la même science. Et, pour m'en tenir à mon domaine d'étude particulier – l'ordre des nuages – il existe un exemple grotesquement remarquable du lien entre l'infidélité et le sentiment de laideur dans un article de la dernière Revue Contemporaine, dans lequel un écrivain compétent , qui signe Vernon Lee, mais dont le point de vue personnel ou le but reste impénétrable jusqu'à la fin de l'essai, a rendu avec une acuité et une animation considérables le cours d'un dialogue entre l'un des hommes modernes ordinaires de la ville qui sont les parasites de leurs propres cigares et deux des amis plus ou moins faibles et insensés, aux instincts hésitants et opposés : tous trois, cependant, supposant pratiquement que leur propre sagesse est la plus élevée jamais atteinte par la race humaine ; et leur propre divertissement sur les hauteurs montagneuses de celui-ci se faisant sous l'aspect d'un coucher de soleil dit « absurde », décrit dans les termes suivants : —

Une lumière brillante, qui semblait faire disparaître du paysage tous ses rouges et jaunes, et avec eux toute la vie ; blanchir les champs de maïs jaunissants et les bruyères brunes ; mais brunissant en une énergie démoniaque [22] de couleur les pâturages et les bois de chênes, brillants sur le ciel sombre, comme remplis d'un feu vert.

Au bord de la route, les coquelicots, qu'un ordinaire coucher de soleil fait flamber, étaient tout à fait éteints, comme des braises éteintes ; les cœurs jaunes des marguerites étaient complètement perdus, fondus dans leurs pétales blancs et brillants. Et, frappant contre les fenêtres de la vieille ferme aux carreaux noirs et blancs (un squelette épouvantable dans cette lumière), cela les faisait non pas briller, ni même rougir le moins du monde, mais refléter un brillant point de lumière blanche. Tout n'était pas substantiel, mais pas comme dans un brouillard, plutôt substantiel, mais plat, comme découpé dans du papier et collé sur les branches noires et les feuilles vertes, les maisons livides et éclatantes, aux toits de tiges mortes, à peine perceptibles. comme lorsqu'un fer qui devient chauffé à blanc après chauffé au rouge dans la cage devient également terne et sombre).

"Cela ressemble à la veille de la venue de l'Antéchrist, telle que décrite dans les hymnes médiévaux", remarqua Vere : "le soleil, avant de se coucher pour ne plus se lever, aspirant toute vie de la terre, ne lui laissant qu'un monticule de cendres livides, stérile. et en ruine, à travers lequel les nations ensevelies se frayeront facilement un chemin lorsqu'elles se relèveront.

Comme je l'ai dit plus haut, je ne discerne pas le but de l'auteur de cet article ; mais il serait impossible d'illustrer plus clairement cette folie chronique de la pensée infidèle qui rend toute la nature spectrale ; tandis que, avec une puissance de réflexion exactement correspondante, tout ce qu'il *y a* de terrible ou de désordonné dans les choses extérieures se reproduit dans la maladie de l'esprit humain qui en est affecté.

------

268. Les relations correspondantes entre la beauté et la moralité sont illustrées dans les pages suivantes d'une manière qui laisse peu à désirer et presque aucune place à la dissidence ; mais j'ai marqué pour ma propre référence future les passages suivants, dont je pense que cela renforcera l'utilité du livre si le lecteur doit d'abord en observer le contenu et la connexion. [23]

1 (p. 15, lignes 6-10). Notre idée de la beauté en toutes choses dépend de ce que nous pensons qu'elles devraient être et faire.

2 (p. 17, lignes 8-17). Le plaisir se trouve le plus souvent dans des voies sûres et pures, et le plus grand bonheur de la vie est d'avoir une multitude de *petits* bonheurs.

3 (p. 24, lignes 10-30). Il est étonnant et triste que, dans un pays possédant une Église établie, il n'existe aucun livre qui puisse être mis entre les mains des jeunes pour leur montrer les meilleures choses qu'on puisse faire dans la vie et les empêcher de la gaspiller.

4 (p. 28, lignes 21-36). Il y a tout lieu de croire que la sensibilité à la beauté peut être acquise par presque tout le monde grâce à une formation appropriée dès l'enfance.

5 (p. 29, lignes 33-35). Mais si nous voulons atteindre soit une moralité plus élevée, soit un fort amour de la beauté, cet accomplissement doit être le résultat d'un effort acharné et d'une forte volonté.

6 (p. 41, lignes 16-22). La justesse de la forme et de l'aspect doit d'abord être montrée aux gens dans les choses qui les intéressent, et la justesse de l'apparence à laquelle il leur est possible de se soucier beaucoup.

7 (p. 42, lignes 1 à 10). Et c'est pourquoi la justesse de l'apparence des corps, des maisons et des actions des habitants de ces grandes villes est plus importante que la justesse de l'apparence dans ce qu'on appelle habituellement l'art, et les images d'actions et de passions nobles et de Les beaux paysages ont bien plus de valeur que l'art dans des choses qui ne peuvent pas profondément affecter la pensée et les sentiments humains.

Les suggestions pratiques qui, déduites de ces principes, occupent la plus grande partie du deuxième article de M. Horsfall, exposent un ensemble de ressources inédites en matière d'éducation ; et ce sera pour moi le meilleur encouragement dans tout ce que j'ai espéré instituer une école d'art à Oxford si l'influence centrale de l'Université peut se révéler capable de s'étendre par de tels moyens, dans des méthodes favorisant le bonheur général des habitants de Angleterre.

BRANTWOOD , *28 juin 1883* .

NOTES DE BAS DE PAGE :

[21] Introduction par M. Ruskin à une brochure intitulée « The Study of Beauty and Art in Large Towns, two papers by TC Horsfall » (Londres,

Macmillan & Co., 1883). Le premier des deux articles a été lu à l'origine au congrès de Nottingham de la Social Science Association, et le second à la Manchester Field Naturalists' Society .

[22] Voir « L'Art de l'Angleterre ».

[23] Les passages cités sont les suivants : -

1. "Notre idée de ce qu'est la beauté chez l'être humain, dans les images, dans les maisons, dans les chaises, dans les animaux, dans les villes, dans tout, bref, ce que nous savons avoir une utilité, dépend pour l'essentiel de ce que nous croyons. que les êtres humains, les images et le reste devraient être et faire.

2. "Chaque rive de chaque chemin de campagne, chaque buisson, chaque arbre, le ciel de jour comme de nuit, chaque aspect de la nature, est plein de belles formes ou couleurs, ou des deux, pour ceux dont les yeux, le cœur et le cerveau ont été ouvert à percevoir la beauté. Richter a dit quelque part que *le plus grand* défaut de l'homme est d'avoir tant de *petits* bonheurs. On peut dire avec la même vérité que le plus grand bonheur que l'homme puisse avoir est d'avoir un grand nombre de petits bonheurs, et donc un profond amour de la beauté, qui permet à presque chaque centimètre carré d'un pays intact de nous procurer des sensations agréables, est l'une des meilleures possessions que nous puissions avoir.

3. "Il doit être évident pour quiconque observe attentivement la vie que presque personne n'atteint les objets pour lesquels tous devraient vivre s'il ne s'efforce de les atteindre, et qu'à l'heure actuelle, pas une personne sur cent ne sait quels sont ces objets. Il est donc étonnant que dans un pays qui possède une Église établie, des universités richement dotées et même plusieurs professeurs d'éducation, il n'existe aucun livre qui puisse être mis entre les mains de toute jeunesse intelligente, et de chaque père et mère intelligents, montrant ce que nos hommes les plus sages et les meilleurs croient être les meilleures choses qui peuvent être faites dans la vie, et quel est le genre de formation qui rend l'accomplissement de ces choses le plus facile. On dit souvent que chacun de nous ne pouvons profiter que de sa propre expérience, mais personne ne le croit. Personne ne peut voir combien de personnes bien intentionnées confondent les moyens avec la fin et dérivent dans l'erreur et le péché, simplement parce que ni eux ni leurs parents ne savent quelle direction il faut prendre. , et quel équipement est nécessaire pour le voyage de la vie, personne ne peut le voir et douter qu'un « guide de la vie », contenant les résultats de la comparaison des expériences d'une demi-douzaine d'hommes capables et sincères, cela éviterait à d'innombrables personnes de gâcher leur vie, car la plupart des vies sont désormais gâchées.

4. « Ce qui est vrai en ce qui concerne la musique l'est également en ce qui concerne la beauté des formes et des couleurs. Parce qu'un grand nombre d'adultes, malgré de grands efforts, trouvent impossible de chanter correctement ou même d'y percevoir quelque agrément. musique, on croyait autrefois qu'un grand nombre de gens naissent sans la capacité d'acquérir l'amour et la maîtrise de la musique. Aujourd'hui, on sait qu'il s'agit d'une question de formation précoce, que sur mille enfants il y a très peu, — pas en moyenne, je crois, plus de deux ou trois — qui ne peuvent acquérir le pouvoir de chanter correctement et d'apprécier la musique, si on leur enseigne bien dans l'enfance alors que leur système nerveux peut encore facilement prendre des habitudes et avoir des habitudes. Je n'ai pas encore pris l'habitude d'être insensible aux différences de son.

"Il y a tout lieu de croire que la sensibilité à la beauté des formes et des couleurs peut également être acquise par presque tout le monde grâce à un entraînement approprié dès l'enfance.

5. « Dans des circonstances comme la nôtre, il n'existe pas de « *sage* passivité ». Si nous voulons atteindre une haute moralité ou un fort amour de la beauté, cet accomplissement doit être le résultat d'un effort acharné et d'une forte volonté.

6. "Le principe auquel je fais référence est que, comme l'art est le fait de donner une forme juste ou belle, ou une apparence belle ou juste, si nous désirons inciter les gens à s'intéresser vivement à l'art, si nous désirons leur faire aimer le bien art, nous devons le leur montrer appliqué à des choses qui elles-mêmes les intéressent beaucoup, et dont il leur est donc possible de se soucier beaucoup de la justesse de l'apparence.

7. "Réussir à exercer l'influence de l'art sur les masses de la population des grandes villes, ou sur tout groupe de personnes qui doivent gagner leur pain et n'ont pas le temps d'acquérir un appétit malsain pour des vers absurdes ou des images absurdes, ne sera certainement atteint que par des personnes qui savent que l'art est important juste en proportion de l'importance de ce qu'il revêt, et qui ressentent elles-mêmes cette justesse d'apparence des corps, et des maisons, et des actions, en bref de l'ensemble de l'art. La vie de la population de ces grandes villes qui sont aujourd'hui ou menacent de devenir « l'Angleterre » est bien plus importante que la justesse de l'apparence dans tout ce qu'on appelle habituellement « l'art » et qui ressent, pour parler de seuls les beaux-arts, cette justesse d'apparence dans les images d'actions et de passions nobles et de beaux paysages, dont l'amour est presque nécessaire à la santé mentale, sont d'une importance bien plus grande que l'art ne peut l'être dans des choses qui ne peuvent affecter profondément la pensée humaine. et le sentiment. "- ED.

NOTES SUR LES SCIENCES NATURELLES.

LA COULEUR DU RHIN. 1834.
LES STRTES DU MONT BLANC. 1834.L'INDURATION DU
GRÈS. 1836.LA TEMPÉRATURE DE L'EAU DE SOURCE ET DE
RIVIÈRE. 1836.MÉTÉOROLOGIE. 1839.

Brindilles d'arbre. 1861.
ALPES STRATIFIÉES DE SAVOIE. 1863.

ENQUÊTES SUR LES CAUSES DE LA COULEUR DE L'EAU DU RHIN. [24]

269. Je ne crois pas que les causes de la couleur de l'eau transparente soient suffisamment connues. Je ne parle pas de cet effet de couleur qui est simplement optique, comme la couleur de la mer, qui est réglée par le ciel au-dessus ou l'état de l'atmosphère, mais je veux parler de la couleur fixée de l'eau transparente, qui, lorsqu'elle est analysée, été trouvé pur. Or, le cuivre va teinter le vert d'eau, et cela très fortement ; mais l'eau ainsi imprégnée ne sera pas transparente, et déposera le cuivre qu'elle tient en solution sur n'importe quel morceau de fer qu'on y jettera. Il y a un lac dans un défilé sur le flanc nord-ouest de Snowdon, qui est alimenté par un ruisseau qui passe auparavant sur plusieurs veines de cuivre ; ce lac est, bien sûr, d'un vert-de-gris brillant, mais il n'est pas transparent. Or l'effet colorant dont je parle se voit bien dans les eaux du Rhône et du Rhin. La première de ces rivières, lorsqu'elle se jette dans le lac Léman, après avoir reçu les torrents descendant des montagnes du Valais, est souillée de boue ou blanche de la matière calcaire qu'elle tient en dissolution. L'ayant déposé dans le lac Léman [25] (formant ainsi peu à peu un immense delta), il sort du lac parfaitement pur et coule dans les rues de Genève si transparent, qu'on aperçoit le fond à vingt pieds sous la surface, jet si bleu qu'on pourrait imaginer que c'est une solution d'indigo. De même, le Rhin, après s'être purifié dans le lac de Constance, s'écoule coloré d'un vert clair, et cela en toutes circonstances et par tous les temps. On dit quelquefois que cela vient des torrents qui alimentent ces rivières coulant généralement des glaciers, dont la couleur verte et bleue a pu faire naître cette opinion ; mais la couleur de la glace est purement optique, puisque les fragments détachés de la masse apparaissent blancs. Peut-être qu'un correspondant pourra me fournir des renseignements à ce sujet.

JR [26]

Mars 1834 .

NOTES DE BAS DE PAGE :

[24] Extrait du London's *Magazine of Natural History* (London, Longmans & Co., 1834), vol. vii., n° 41, pp. 438-9, étant la première contribution de son auteur à la littérature. — ED.

[25] Mais ce lac, si le poète a dit vrai, n'est pas très fécond :

"Le lac Léman me séduit avec son visage de cristal,
le miroir où se voient les étoiles et les montagnes, l'immobilité de leur
aspect dans chaque trace, sa profondeur claire révèle leur hauteur et leur
teinte lointaines."

BYRON.

[26] Dans le numéro du magazine dans lequel parut cette note se trouvait un
article de "EL" sur la perforation d'une pipe en plomb par des rats, sur lequel,
dans un numéro ultérieur (Vol. vii., p. 592), JR note ce qui suit : « ES a
sûrement été trop inattentif aux proportions : il y a une incohérence dans les
dimensions d'un tuyau en plomb d'environ 1¼ po de diamètre extérieur, avec
un alésage d'environ ¾ po de diamètre ; laissant ainsi un solide circonférence
du métal variant de ½ po à ¾ po d'épaisseur. — *JR*, *septembre 1834.* " — ED.

FAITS ET CONSIDÉRATIONS SUR LES STRATES DU MONT BLANC, ET SUR QUELQUES INSTANCES DE STRATES TORDUES OBSERVABLES EN SUISSE. [27]

270. Les massifs granitiques du Mont Blanc intéressent autant le géologue que le peintre. Le granite est rouge foncé et contient souvent des veines de quartz cristallisées et compactes, ainsi que des cristaux de schorl bien formés. L'élévation moyenne de sa chaîne de sommets, qui s'étend du Mont Blanc à la Tête Noire, est d'environ 12 000 pieds anglais au-dessus du niveau de la mer. [Le point culminant le plus élevé est de 15,744 pieds.] L'aiguille de Servoz et celle de Dru sont d'excellents exemples de la formation pyramidale et spiratoire que prennent en général ces chaînes de granite. Ils s'élèvent d'immenses champs de neige, mais, étant eux-mêmes trop abrupts pour que la neige puisse y reposer, ils forment des pics rouges, nus et inaccessibles, que même les chamois osent à peine gravir. Leurs bases semblent parfois aboutées (si je puis ainsi parler) par du mica schiste, qui forme le côté sud-est de la vallée de Chamonix, dont les flancs, s'ils sont recoupés, pourraient apparaître comme (dans la fig. 72) un granite *se* formant *sur* le d'un côté (B) le Mont Blanc, de l'autre (C) le Mont Bréven ; *b* , ardoise de mica reposant sur la base du Mont Blanc, et qui contient de l'amianthus et du quartz, dans lesquels se présentent des cristaux capillaires de titane ; *c*, roche calcaire ; *d*, alluvions, formant la vallée de Chamonix. J'aurais dû mentionner que le granit semble contenir une petite quantité d'or, puisque ce métal se trouve parmi les débris de granite et le sable siliceux de la rivière Arve [Bakewell , *i* . 375]; et j'ai deux ou trois spécimens dans lesquels la chlorite (à la fois compacte et en minuscules cristaux) occupe la place du mica.

J.R.

Mars 1834.

Avec ce document ont été imprimées quelques observations à ce sujet par le révérend WB Clarke, après quoi (p. 648) apparaît la note suivante de JR

271. " STRATES TORDUES. — Les contorsions du calcaire à la chute du Nant d'Arpenaz, sur la route de Genève à Chamonix, sont assez remarquables. La roche est un calcaire dur brun foncé, faisant partie d'une gamme de roches secondaires. falaises, qui s'élèvent de 500 pieds à 1000 pieds au-dessus du défilé qu'elles bordent. La base elle-même est d'environ 800 pieds de hauteur. Les couches se courbent très régulièrement sauf en *e* et *f*, [28] où elles semblent avoir été fracturées.

À quelles propriétés de la nature est-il dû que les pierres des bâtiments, formées à l'origine des matériaux les plus fragiles, s'endurcissent progressivement par l'exposition à l'atmosphère et par l'âge, et résistent également à l'usure du temps et des intempéries, dans certains cas ? exemples bien meilleurs que les calcaires et granits les plus durs et les plus compacts ? [29]

272. Outre le fait mentionné par M. Hunter [30] relatif à l'induration des grès tendres, je rapporterai un excellent exemple du même effet dans la cathédrale de Bâle, en Suisse. La cathédrale est entièrement construite en grès tendre à gros grain, d'un rouge si profond qu'il ressemble à de la brique cuite depuis longtemps. Les ornements nombreux et délicats et les beaux entrelacs de l'extérieur sont dans un état d'excellente conservation et ne présentent rien de l'aspect moisi si commun dans les vieilles cathédrales construites avec une pierre qui, lorsqu'elle était extraite, était beaucoup plus dure que ce grès. Le trottoir à l'intérieur est composé du même matériau ; et, comme presque chaque dalle est un tombeau, elle est chargée des armes, des noms et souvent des statues en bas-relief de ceux qui reposent en dessous, délicatement sculptées dans le matériau mou. Pourtant, si ces sculptures ont été portées depuis des siècles par les pieds d'une multitude, elles sont très peu blessées ; ils se détachent encore avec un relief vif et distinct : pas une lettre illisible, pas un ornement introuvable ; et on dit, et je crois avec vérité, qu'ils sont maintenant devenus si durs qu'ils ne peuvent plus être le moins du monde usés par le pas continu de milliers de personnes ; et que plus la pierre est exposée à l'air longtemps, plus elle devient dure. La cathédrale a été construite en 1019.

273. Les causes des différents effets de l'air sur la pierre doivent être nombreuses et leur recherche excessivement difficile. En ce qui concerne, premièrement, les roches *en masse*, si leur structure est cristalline ou leur composition argileuse, l'effet de l'air sera, je pense, ordinairement trouvé nuisible. Ainsi, dans le granite, qui a une sorte de clivage parallélogramme, l'eau s'introduit dans les fissures, et il en résultera, dans un gel violent, une désintégration des roches *en masse* ; et, si le feldspath est prédominant dans la composition du granite, il sera sujet à une décomposition rapide. La morvine de certains glaciers Chamouni et Allée Blanche est composée d'un granite blanc, composé principalement de quartz et de feldspath, avec un peu de chlorite. Le sable et le gravier au bord de ces glaciers semblent bien plus le résultat de la décomposition que de l'attrition. Toutes les roches finement feuilletées, les ardoises, etc., sont susceptibles d'être endommagées par le gel ou par temps humide. La route du Simplon, du côté italien, est dans certaines parties dangereuse par temps pluvieux ou après, à cause des rochers d'ardoise

qui tombent continuellement des montagnes qui la surplombent ; cependant, il ne s'agit là que d'une simple désintégration et non d'une décomposition. Ce n'est pas le cas des brèches de Suisse centrale. La roche du Righi est composée de galets de différentes sortes, réunis par un gluten argileux rouge. Lorsque cette roche n'a pas été exposée à l'air, elle est très dure : on peut presque aussi facilement briser les cailloux que les détacher de leur matrice ; mais, exposée pendant quelques années au vent et aux intempéries, la matrice devient molle et les cailloux peuvent se détacher facilement. J'ai été frappé de la différence entre cette roche et une brèche d'Epinal, en France, où la matrice était un grès rouge, comme celle de la cathédrale de Bâle. Ici, bien que la roche ait l'air d'avoir été longtemps exposée à l'air, elle était dure comme du fer ; et il était absolument impossible de détacher aucun des cailloux du lit : il était même difficile de briser le rocher. Je ne peux pas affirmer avec certitude que le gluten de ces grès est calcaire, mais je suppose qu'il en était ainsi. La roche calcaire compacte, autant que je me souvienne, ne semble être sujette à aucun dommage du temps. Beaucoup d'églises en Italie et presque toutes les villes de Venise et de Gênes sont construites en marbre très fin ; et la perfection des sculptures délicates, quel que soit leur âge, est des plus remarquables. Je me souviens d'une église, près de Pavie, recouverte des marbres les plus beaux et les plus chers ; une série de médaillons magnifiquement sculptés entourant sa base, bien qu'anciens, étaient aussi distincts et aussi fins dans leur exécution que s'ils venaient de sortir de l'atelier du sculpteur. Si donc le gluten du grès est soit calcaire, soit siliceux, il produira naturellement l'effet mentionné ci-dessus, bien qu'il soit certainement singulier que la pierre soit molle lorsqu'on l'extrait pour la première fois. Le grès est une roche dans laquelle on voit rarement de nombreuses fissures ou fissures dans les strates : elles sont généralement continues et solides. Or, il peut y avoir un certain degré de densité dans la masse, qui ne pourrait être augmenté sans produire, comme dans le granit, des fissures qui la traversent : les particules peuvent être supposées maintenues dans un certain degré de tension, et il peut y avoir une tendance à ce que les Français appellent *l'assaissement* (je ne connais pas le terme anglais), à laquelle néanmoins la pierre *en masse résiste* ; et une certaine quantité d'eau peut également être maintenue, non dans un état de combinaison chimique, mais dans un état de mélange étroit avec la roche. Lorsqu'elles sont brisées ou extraites, l' *assaissement* peut avoir lieu, les particules de pierre peuvent se rapprocher, l'attraction devient plus forte ; et, lors de l'exposition à l'air, l'eau, si intimement combinée soit-elle, sera, dans un processus d'années, chassée, provoquant la consolidation des particules calcaires et le rapprochement des particules siliceuses, et une induration graduelle qui en résulte. de tout le corps de la pierre. J'offre cette supposition en toute méfiance ; il peut y avoir de nombreuses autres causes qui ne peuvent être développées tant que des expériences appropriées n'ont pas été faites. Il serait intéressant de connaître la dureté relative de différents échantillons de grès, prélevés à différentes profondeurs dans un lit dont la surface était exposée à l'air, ainsi que d'échantillons exposés à l'air pendant des durées différentes.

J.R.

HERNE HILL , *25 juillet 1836.*

NOTES DE BAS DE PAGE :

[27] *Magazine d'histoire naturelle* de Londres , Vol. vii., p. 644-5. La note était illustrée de gravures d'après deux croquis de l'auteur de l'Aiguille de Servoz et de l'Aiguille Dru, et d'un schéma explicatif de son avant-dernière phrase. — Ed .

[28] « Une petite copie soignée d'un croquis soigneusement pris sur place », qui, selon le rédacteur en chef du magazine, accompagnait cette communication, n'a cependant pas été publiée. Voir le magazine.— ED.

[29] *Magazine d'histoire naturelle* de Loudon , Vol. ix., n° 65, pp. 488-90.— ÉD.

[30] La question discutée ici a été initialement posée dans le magazine (Vol. ix., pp. 379-80) par M. W. Perceval Hunter en référence à l'état du château de Bodiam, dans le Sussex.— Ed .

OBSERVATIONS SUR LES CAUSES QUI OCCASIONNENT LA VARIATION DE TEMPÉRATURE ENTRE L'EAU DE SOURCE ET L'EAU DE RIVIÈRE.— PAR JR [31]

274. La différence de température entre l'eau de rivière et l'eau de source, qui donne lieu à l'interrogation de votre correspondant Indigena (p. 491), [32] peut être le résultat de plusieurs causes, dont la principale est cependant sans doute : la chaleur intérieure de la terre. C'est un fait bien connu, que cette chaleur augmente dans une proportion considérable à mesure que l'on descend, faisant une différence de plusieurs degrés entre la température de la terre à sa surface et à des profondeurs de 500 ou 600 pieds ; élevant, bien sûr, la température de toutes les sources qui prennent leur source à des profondeurs même modérées, et les protégeant entièrement des effets du gel, qui, il est bien connu, ne peut pénétrer dans la terre à une profondeur plus grande que 3 ou 4 pieds.

275. On pourrait donner de nombreux exemples du fort effet de cette chaleur intérieure. Les glaciers des Alpes, par exemple, couvrent fréquemment une étendue de trois ou quatre lieues carrées, avec une masse de glace de 400, 500 ou même 600 pieds de profondeur, empêchant ainsi entièrement l'accès de la chaleur extérieure au sol ; cependant le rayonnement de chaleur du sol lui-même est si puissant qu'il dissout la glace très rapidement et donne naissance à des courants d'eau d'une taille non négligeable sous la glace, dont la température, en été, est, je crois, autant qu'on puisse le déterminer. pas beaucoup de degrés au-dessous de celui des cours d'eau exposés à l'air ; et le rayonnement de chaleur de l'eau de ces cours d'eau forme des voûtes sous la glace, qui sont souvent à 40 ou 50 pieds au-dessus de l'eau ; et qui sont formés, comme un coup d'œil le montrera, non par la force du courant, qui se déchirerait seulement une grotte brisée suffisante pour son passage, mais par la chaleur qui en rayonne et donne à l'arche son immense hauteur, et forme magnifiquement régulière.

Ces ruisseaux continuent de couler en hiver comme en été, quoique en moindre quantité ; et c'est ce processus qui empêche principalement le glacier d'augmenter en taille ; car la fonte en surface est, en comparaison, très peu considérable, même en été, le vent étant froid, le soleil peu puissant, et de légères gelées étant fréquentes pendant la nuit. C'est aussi cette fonte sous la glace (sous-glaciaire, supposons que nous l'appelions) qui détache la glace du sol et provoque, ou plutôt permet, le mouvement perpétuel vers le bas, avec lequel

"La masse froide et agitée du glacier
avance de jour en jour."

276. Mais des preuves plus frappantes et plus frappantes nous sont fournies par les expériences faites dans des mines très profondes. Entre 60 et 80 pieds de profondeur, la température de la terre est, je crois, la même en tout temps et en tout lieu ; et au-dessous de cette profondeur, elle augmente graduellement. Près de Bex, dans le Valais, il y a un puits perpendiculaire de 677 pieds de profondeur, soit environ 732 pieds anglais, avec de l'eau au fond dont la température a été constatée par Saussure. Il ne nous dit pas s'il a utilisé le thermomètre de Réaumur ou le thermomètre centésimal ; mais le résultat de son expérience fut le suivant : Dans une galerie latérale, reliée au puits principal, mais déserte et, par conséquent, insensible au souffle ou à la chaleur des lampes, à 321 pieds 10 pouces au-dessous de la surface, la température de l'eau et de l'air était exactement le même, 11½° ; ou, si le thermomètre centésimal a été utilisé, 52 ⅘ Fahr. ; si celui de Ré aumur, 57 ⅞ Fahr.

277. Dans une autre galerie, à 564 pieds sous la surface, l'eau et l'air avaient également la même température, 12½°, soit 54 ⅘ ou 6O ¼ Fahr. L'eau au fond, à 677 pieds, était de 14 ° , 57 ½ ou 63 ¼ Fahr. Le rapport dans lequel la chaleur augmente augmente donc à mesure que nous descendons, puisqu'une différence de 113 pieds entre la profondeur du fond du puits et la galerie la plus basse fait une plus grande différence de température que la différence de 243 pieds entre la galerie la plus basse et la galerie la plus basse. galerie supérieure. Cette chaleur est d'autant plus frappante qu'on considère que l'eau est imprégnée de sel ; en effet, Saussure semble enclin à le considérer comme accidentel, peut-être causé par la combustion de pyrites, ou par d'autres causes à l'intérieur de la montagne (« Voyages dans les Alpes », tome iv., c. 50). En effet, toutes les expériences de ce genre sont sujettes à des erreurs, à cause de la fréquence des sources chaudes et d'autres causes accidentelles d'augmentation de la température. L'eau au fond des lacs profonds se trouve toujours plusieurs degrés plus froide que l'atmosphère, même lorsque l'eau à la surface est plus chaude : mais cela peut s'expliquer par la différence de densité de l'eau à différentes températures ; et comme la chaleur du soleil et de l'atmosphère en été est plus grande que la chaleur moyenne de la terre aux profondeurs modérées, l'eau du fond, même si elle devient de la même chaleur que la terre, doit être plus froide que celle du fond. surface qui, du fait de son exposition au soleil, devient souvent plus chaude que l'air. Les mêmes causes affectent la température de la mer ; et la plus grande saturation de l'eau en dessous en sel la rend encore plus sensible au froid. Les courants sous-marins provenant des pôles et l'affaissement des eaux à basse température, qui résulte de la fonte des icebergs qui flottent vers des latitudes plus chaudes, contribuent encore davantage à abaisser la température des profondeurs marines. Si donc la température de la mer dans

les grandes profondeurs se trouvait à peine inférieure de plusieurs degrés à celle de la surface, ce serait une preuve frappante de l'effet produit par la chaleur de la terre ; mais je ne connais pas les résultats des expériences qui ont été faites à ce sujet.

278. Il faut donc se contenter du fait bien constaté, que la température de la terre, même à quelques pieds de profondeur, ne descend jamais, dans les latitudes tempérées, jusqu'au point de congélation ; et qu'à la profondeur de 60 pieds elle est toujours la même, en hiver beaucoup plus élevée, en été considérablement inférieure, que celle de l'atmosphère. L'eau de source, qui prend sa source à une profondeur considérable, sera donc, lorsqu'elle montera pour la première fois, à cette température moyenne ; tandis qu'après avoir parcouru une certaine distance, elle atteint la température de l'atmosphère, ou, en été, elle devient encore plus chaude, en raison de l'action du soleil, à la fois directement et réfléchie ou rayonnée par son fond. Outre cette température égale dans l'eau elle-même, l'eau de source ou de puits est généralement couverte ; et, même exposé, si le puits est très profond, l'eau ne gèlera pas, ou du moins très légèrement ; car le gel n'agit avec toute sa puissance que là où il y a une libre circulation de l'air. Dans les étangs ouverts, là où les buissons pendent au-dessus de l'eau, la glace est faible. La supposition d'Indigena, selon laquelle il y a des particules terreuses dans l'eau des rivières, qui la rendent plus sensible au froid que l'eau de source, ne peut pas être vraie ; car alors les températures relatives seraient les mêmes en hiver et en été, ce qui n'est pas le cas ; et de plus, il y a souvent plus de particules terreuses dans les sources minérales, ou même dans les sources terrestres communes, que dans l'eau claire des rivières, pourvu qu'elle n'ait pas été souillée par des matières étrangères ; car il a tendance à déposer les particules terreuses qu'il tient en suspension.

279. Il est évident aussi que la supposition de M. Carr (Vol. v., p. 395) relative aux gelées d'ancre, que les pierres au fond acquièrent un plus grand degré de froid, ou, pour parler plus correctement, perdre plus de chaleur que l'eau est une erreur. JG a donné les motifs à la p. 770 ; et les glaciers de Suisse nous en fournissent un exemple. Lorsqu'une pierre est déposée sur un glacier de taille considérable, mais ne dépassant pas 1 pied ou 18 pouces de diamètre, elle est pénétrée par la chaleur du soleil, fait fondre la glace en dessous d'elle et s'enfonce dans le glacier. Mais cet effet ne cesse pas, comme on pourrait le supposer, lorsque la pierre s'enfonce sous l'eau qu'elle a formée ; au contraire, il continue à absorber la chaleur des rayons du soleil, à maintenir l'eau au-dessus de lui liquide par son rayonnement, et à s'enfoncer plus profondément dans le corps du glacier, jusqu'à ce qu'il descende hors de portée des rayons du soleil, lorsque l'eau du puits qu'elle a formé n'est plus maintenue liquide, et que la pierre est enfouie dans la glace. En été, cependant, l'eau reste liquide ; et des puits circulaires, formés de cette

manière, sont fréquents sur les glaciers, quelquefois, le matin, recouverts d'une mince croûte de glace.

Ainsi, les pierres au fond des cours d'eau doivent avoir tendance à élever plutôt qu'à abaisser cette température. Est-il possible que, dans l'agitation d'un ruisseau à son fond, des vides violents, momentanés et infimes, se forment, tendant à augmenter l'intensité du froid ?

HERNE HILL , *2 septembre 1836.*

NOTES DE BAS DE PAGE :

[31] *Magazine d'histoire naturelle* de Londres , vol. ix., pp. 533-536.— ÉD.

[32] La requête était la suivante : -

Une enquête sur la cause de la différence de température de l'eau de rivière et de l'eau de source, en été et en hiver. — En été, l'eau de la rivière est beaucoup plus chaude que celle d'une source ; pendant les fortes gelées de l'hiver, il fait plus froid ; et lorsque le ruisseau est recouvert de glace, la source, c'est-à-dire l'eau du puits ou de la pompe, n'est pas affectée par le gel. Cette différence vient-elle de l'exposition de la surface de l'eau du fleuve, en été, à l'influence directe du soleil, et, en hiver, à celle du gel ; tandis que l'eau du puits, étant couverte, est protégée de leur puissance ? Ou bien y a-t-il dans l'eau des rivières, à cause des particules terreuses qu'elle contient, une plus grande susceptibilité à la chaleur et au froid ? — *Indigena . 19 avril 1836.* — ÉD.

280. La comparaison et l'estimation des avantages relatifs des différents départements scientifiques sont une tâche qui est toujours partiellement exécutée, parce qu'elle n'est jamais entreprise avec un esprit impartial ; car, puisque seule la connaissance exacte d'une science peut nous permettre d'en présenter la beauté ou d'en estimer l'utilité, les branches de la connaissance qui nous sont le plus familières paraîtront toujours les plus importantes. Il est donc totalement inutile de tenter de juger de la *beauté* ou de *l'intérêt relatif* des sciences. Que l'astronome se vante de la magnificence de ses spéculations, le mathématicien de l'immuabilité de ses faits, le chimiste de l'infinité de ses combinaisons, et nous admettrons qu'ils ont tous un motif égal d'enthousiasme. Mais le critère d'estimation le plus élevé est celui de l'utilité. La plus grande partie de l'humanité, celle des hommes mal informés, incapables de percevoir la beauté des sciences dont ils expérimentent les bienfaits, sont les vrais, les justes, les seuls juges de leur importance relative. Ce sont eux qui sentent, ce que savent les savants impartiaux, que la masse des connaissances générales est un corps parfait et beau, parmi les membres duquel il ne devrait y avoir aucun schisme, et dont la prospérité doit toujours être la plus grande lorsqu'aucun n'est partiellement poursuivi, et aucun indûment. rejeté. Nous ne prétendons donc pas avec fierté et injustification à la supériorité de cette branche de la science pour le développement de laquelle cette société a été formée sur toutes les autres ; mais nous nous mobilisons avec zèle pour déprécier l'apathie avec laquelle elle a longtemps été considérée, pour dissiper les préjugés que cette apathie seule aurait pu engendrer, et pour justifier ses prétentions à une position honorable et égale parmi les fiers trônes de ses sciences sœurs. Nous ne présentons pas la météorologie comme une activité adaptée à l'occupation de loisirs fastidieux ou à l'amusement d'une heure d'insouciance. De telles qualifications n'incitent pas les hommes de science et d'érudition à la rechercher, et c'est à elles seules que nous nous tournons maintenant. Nous ne la promouvons pas non plus sur la base de son intérêt ou de sa beauté, bien que ce soit une science qui ne possède pas les deux à un degré ordinaire. Quant à sa beauté, on peut remarquer qu'elle n'est pas de nature à endurcir l'esprit qu'elle fortifie et à l'attacher à la mesure des grandeurs et à l'estimation des quantités, détruisant tous les sentiments supérieurs, toutes les sensibilités les plus fines : elle ne s'apprend pas. parmi les exhalaisons gazeuses du laboratoire mortel ; il n'a pas de demeure dans les grottes froides de la terre sombre ; il ne faut pas le poursuivre parmi les charniers de la création. Mais c'est une science de l'air pur et du ciel lumineux ; ses pensées sont au milieu de la beauté de la création ; il conduit l'esprit, ainsi que l'œil, vers la brume matinale, la gloire de midi et le nuage du crépuscule, vers la paix pourpre du ciel de la montagne, vers le repos nuageux de la vallée verte ; tantôt s'exhalant dans le silence de

l'éther sans tempête, tantôt sur le bruissement des ailes du vent. Il s'agit bien d'un savoir qu'il faut sentir comme étant, dans son essence même, plein de l'âme du beau. En raison de son intérêt, elle est universelle, sans relâche en tout lieu et à tout moment. Celui dont le royaume est le ciel ne peut jamais rencontrer un espace inintéressant, ne peut jamais épuiser les phénomènes d'une heure ; il est dans un royaume de changement perpétuel, de mouvement éternel, de mystère infini. La lumière et les ténèbres, le froid et la chaleur sont pour lui comme des amis au visage familier, mais dont la conversation est infiniment variée ; et tandis que le géologue aspire à la montagne, le botaniste au champ et le mathématicien à l'étude, le météorologue, comme un esprit d'un ordre supérieur à aucun autre, se réjouit des royaumes de l'air.

281. Mais, comme nous l'avons dit plus haut, ce n'est ni pour son intérêt, ni pour sa beauté, que nous recommandons l'étude de la météorologie. Cela implique des questions de la plus haute importance pratique, et dont la solution apportera le plus grand bénéfice aux classes qui peuvent le moins comprendre les spéculations dont dérivent ces avantages. Les temps, les saisons et les climats, les calmes et les tempêtes, les nuages et les vents, dont les alternances apparaissent à l'esprit inexpérimenté comme les conséquences confuses de causes irrégulières, indéfinies et accidentelles, s'agencent devant le météorologue dans une belle succession d'un ordre non perturbé, en dérivation directe d'un ordre défini. les causes ; c'est à lui de retracer le chemin de la tempête autour du globe, de désigner l'endroit d'où elle est sortie, de prédire le temps de son déclin, de suivre les heures autour de la terre, tandis qu'elle « tourne sous sa pyramide de nuit ». " sentir les impulsions de l'océan, suivre le cours de ses courants et ses changements, mesurer la puissance, la direction et la durée des influences mystérieuses et invisibles, et assigner des périodes constantes et régulières au moment des semailles et de la récolte, du froid et de la chaleur. , l'été et l'hiver, le jour et la nuit, qui, nous le savons, ne cesseront pas jusqu'à ce que l'univers ne soit plus. On pourrait penser que nous exagérons les effets d'une science qui en est encore à ses balbutiements. Mais il ne faut pas oublier que nous ne parlons pas de sa puissance acquise, mais de sa puissance réalisable : c'est le jeune Hercule pour le renforcement de la force duquel la Société météorologique a été créée.

282. Il y a un point, il faut maintenant le remarquer, sur lequel la science météorologique diffère de toutes les autres. Un Galilée ou un Newton, par le fonctionnement seul de son esprit solitaire, peut découvrir les secrets des cieux et former un nouveau système d'astronomie. Un Davy, dans ses méditations solitaires sur les rochers de Cornouailles, ou dans son laboratoire solitaire, pourrait découvrir les mystères les plus sublimes de la nature et retracer les combinaisons les plus complexes de ses éléments. Mais le météorologue est impuissant s'il est seul ; ses observations sont inutiles ; car

ils sont faits sur un point, tandis que les spéculations qui en découlent doivent porter sur l'espace. Cela ne sert à rien qu'il change de position, ignorant ce qui se passe derrière et devant lui ; il veut apprécier les mouvements de l'espace et ne peut observer que la danse des atomes ; il calculerait les courants de l'atmosphère du monde, alors qu'il ne connaît que la direction d'une brise. C'est peut-être pour cette raison que la cause de la météorologie a été jusqu'ici si peu soutenue ; aucun progrès ne peut être fait par les efforts les plus gigantesques d'un intellect solitaire, et la coopération exigée était difficile à obtenir, parce qu'il fallait que les individus pensent, observent et agissent simultanément, bien que séparés les uns des autres par des distances sur dont la grandeur dépendait de l'utilité des observations.

283. La Société météorologique a donc été créée, non pour une ville, ni pour un royaume, mais pour le monde. Il souhaite être le point central, la force motrice d'une vaste machine, et il estime que s'il ne peut pas l'être, il doit être impuissant ; s'il ne peut pas tout faire, il ne peut rien faire. Il veut disposer, à des époques déterminées, de systèmes parfaits d'observations méthodiques et simultanées ; il veut que son influence et son pouvoir soient omnipotents sur le globe, afin de pouvoir connaître, à tout instant, les état de l'atmosphère en tout point de sa surface. Qu'on ne puisse pas croire qu'il s'agisse là d'une imagination chimérique, du rêve vain de quelques philosophes enthousiastes. C'est une coopération que nous demandons maintenant, en toute confiance, que si nos efforts sont accueillis avec un zèle digne de la cause, nos associés seront étonnés, individuellement, par le résultat de leurs *travaux* en groupe. Que personne ne se décourage parce qu'il est seul ou loin de ses associés. Ce qui était autrefois une faiblesse sera désormais devenu une force. Que le pasteur des Alpes observe les variations de ses vents de montagne ; que les voyageurs nous envoient des notes sur les changements à la surface de la mer ; que l'habitant solitaire de la prairie américaine observe le passage des tempêtes et les variations du climat ; et chacun, qui seul aurait été impuissant, se retrouvera partie d'un esprit puissant, rayon de lumière entrant dans un vaste œil, membre d'une puissance innombrable, contribuant à la connaissance et aidant les efforts qui seront capable de résoudre les problèmes les plus profondément cachés de la nature, de pénétrer dans les causes les plus occultes et de réduire en principe et en ordre la grande multitude de phénomènes beaux et merveilleux par lesquels la sagesse et la bienveillance de la Divinité Suprême régulent le cours des temps et de l'univers. saisons, revêt le globe de verdure et de fécondité, et l'adapte pour répondre aux besoins et contribuer à la félicité des innombrables tribus à l'existence animée.

L'UNIVERSITÉ   D'OXFORD.

NOTES DE BAS DE PAGE :

[33] Tiré des « Transactions de la Société météorologique », Vol. i., pp. 56-9 (Londres, 1839). Le titre complet de l'article était « Remarques sur l' état actuel de la science météorologique ». La Société a été instituée en 1823, mais semble n'avoir publié aucune transaction antérieure. — ED.

SUR LES RAMEAUX D'ARBRE. [34]

284. Le but de l'orateur était de montrer le développement des formes communes de branches, chez les arbres dicotylédones, à partir du type fixe de la pousse annuelle. Trois modes principaux d'accroissement et de croissance peuvent être distingués dans tout changement cumulatif, à savoir :

1. Agrégation simple, sans limite périodique ou autrement définie, et soumise uniquement aux lois de cohésion et de cristallisation, comme dans la matière inorganique.

2. Addition de parties semblables les unes aux autres, sous quelque loi fixant leurs limites et assurant leur unité.

3. Agrandissement, ou changement systématique de disposition, d'une forme typique, comme dans la croissance des membres d'un animal.

285. La croissance des arbres relevait du deuxième de ces chefs. Un arbre n'a pas augmenté en tige ou en branches comme le poignet et la main d'un enfant ont augmenté jusqu'au poignet et à la main d'un homme ; mais elle a été construite par des ajouts de parties similaires, comme une ville s'agrandit par la construction de nouvelles rangées de maisons.

Il était préférable de considérer toute pousse annuelle comme une tige unique, qui pousserait toujours verticalement si possible.

Chacune de ces tiges ou piliers était, dans les arbres à bois communs, généralement de section polygonale ou rectangulaire.

Si elles sont polygonales, les feuilles y étaient disposées en spirale, comme chez l'orme ou le chêne.

Si elles sont rectangulaires, les feuilles y étaient disposées par paires, placées alternativement à angle droit les unes par rapport aux autres.

Des formes intermédiaires reliaient chacun de ces types à ceux des arbres monocotylédones. La structure de l' *arbor vitæ* peut être considérée comme représentant typiquement le lien entre la structure rectangulaire et celle des monocotylédones ; et celle du pin entre la structure polygonale et celle des monocotylédones.

Chaque feuille, pendant sa vitalité, sécrétant du carbone de l'atmosphère, avec les éléments de l'eau, formait une certaine quantité de tissu ligneux, qui s'étendait du côté extérieur de l'arbre jusqu'au sol, et plus loin jusqu'aux extrémités des racines. La manière dont cette maçonnerie descendante a été ajoutée semblait dépendre des fonctions particulières du cambium et (le croyait l'orateur) était encore inexpliquée par les botanistes.

286. Chaque feuille, en plus de former cette maçonnerie tout le long de l'arbre, protégeait un bourgeon à la base de sa propre tige. De ce bourgeon, à moins qu'il ne soit avorté, une nouvelle pousse naîtrait l'année prochaine. Or, en supposant que parmi les bourgeons foliaires de chaque pousse d'un arbre pentagonal, cinq seulement à son extrémité ou sur son côté soient autorisés à se développer, même avec cette limitation, le nombre de pousses se développera à partir d'une seule au cours de la septième année. serait de 78 125. La forme extérieure d'un arbre sainement développé, à n'importe quelle période de son développement, était donc composée d'une masse de gerbes dont la vitalité était approximativement répartie sur la *surface* de l'arbre jusqu'à une profondeur égale. Les branches en dessous soutenaient immédiatement et étaient alimentées par ce champ orbiculaire, ou vêtement extérieur animé de végétation, de chaque feuille duquel, comme d'une multitude innombrable de petites fontaines vertes, les ruisseaux de fibres ligneuses descendaient, se rencontraient et se rencontraient. unis comme le font les rivières, et rassemblant tout leur débit dans la force de la tige.

287. Les principales erreurs qui avaient été commises par les artistes en dessinant des arbres provenaient de ce qu'ils considéraient la branche comme se ramifiant irrégulièrement et perdant quelque peu en énergie vers l'extrémité ; tandis que les branches réelles déployaient toute leur énergie et multipliaient leur substance vers les extrémités, se classant en étages plus ou moins en forme de coupe autour du tronc, et formant une surface unie et compacte à l'extérieur de l'arbre.

288. Au cours de l'arrivée à cette forme, la branche, sur toute sa longueur, s'est montrée influencée par une force semblable à celle de l'instinct d'un animal. Ses courbes et angles mineurs étaient tous soumis à une forte tendance dominante et à une loi d'avance, dépendant en partie du but de chaque pousse de se redresser, en partie de la nécessité dans laquelle chacune était de céder la place qui lui était due aux feuilles voisines et d'obtenir pour lui-même autant de lumière et d'air que possible. Il avait en effet été établi que le tissu végétal était susceptible de se contracter et de se dilater (dans des conditions mécaniques déterminées) sous l'effet de la lumière, de la chaleur, de l'humidité, etc. Mais le tissu végétal de la branche vivante ne se contractait ni ne se dilatait sous la seule influence extérieure. Le principe de vie se manifestait soit par une confrontation avec une force extérieure, soit par une reconnaissance heureuse de celle-ci. Il acceptait avec un concours visible, actif et apparemment joyeux, les influences qui conduisaient le rameau à la place qui lui revient dans l'économie de l'arbre ; et il obéit à contrecœur, partiellement et avec des courbures déformées, à celles qui l'obligeaient à

violer la forme organique typique. L'attention des peintres de feuillages avait rarement été attirée avec suffisamment de précision sur les lignes de courbure des branches ou de contour des feuilles, comme exprimant ces lois subtiles de la volonté naissante ; mais le mérite relatif des grandes écoles de dessin de figures pourrait, en l'absence de toute autre preuve, être déterminé, presque sans erreur, en observant la précision de leur traitement de la courbure des feuilles. On pourrait citer par exemple la feuille peinte autour de la tête de l'Arioste par Titien, conservée à la National Gallery.

289. La feuille différait ainsi de la fleur en formant et en protégeant derrière elle, non seulement le bourgeon dans lequel était la forme d'une nouvelle pousse comme elle, mais un morceau de travail permanent et produisait une substance par laquelle chaque pousse suivante pouvait être placé dans des circonstances différentes de son prédécesseur. Chaque feuille a travaillé à solidifier cette substance au cours de sa propre vie ; mais la graine laissée par la fleur n'a mûri qu'à mesure que la fleur périssait.

Cette différence dans l'action et l'endurance de la fleur et de la feuille avait été appliquée par presque toutes les grandes nations comme un type des états de vie diversement actifs et productifs parmi les individus ou les républiques. Le poème de Chaucer sur la « Fleur et la Feuille » est l'expression la plus précise du sentiment médiéval à cet égard, tandis que les fables du viol de Proserpine et d'Apollon et Daphné incarnent celui des Grecs. Il n'existe pas de déesse grecque correspondant à la Flore des Romains. Leur flore est Perséphone, « celle qui apporte la mort ». Elle joue un moment dans les champs siciliens, cueillant des fleurs, puis arrachée par Pluton, reçoit son principal pouvoir en disparaissant à nos yeux et est couronnée dans la tombe. Daphné, quant à elle, est la fille de l'un des grands dieux fluviaux arcadiens et de la terre ; elle est le type de la brume fluviale qui remplit les vallées rocheuses d'Arcadie ; le soleil, poursuivant cette brume de vallon en vallon, est Apollon poursuivant Daphné ; là où la brume est protégée de ses rayons par les ombres des rochers, le laurier et autre végétation la plus riche jaillissent au bord des rivières, de sorte que la feuille de laurier devient le type, dans l'esprit grec, du ministère bienfaisant et de la vitalité des rivières. et la terre, sous les rayons du soleil ; et c'est pourquoi il est choisi pour former la chevalière du plus grand honneur pour les dieux ou les hommes, l'honneur pour le travail né de la force et de la rosée de la terre et éclairé par la lumière centrale du ciel ; travail vivant, pérenne et bienfaisante.

J.R.

NOTES DE BAS DE PAGE :

[34] Lu par M. Ruskin lors de la réunion hebdomadaire du soir de la Royal Institution (voir *Proceedings* , vol. iii., pp. 358-60), le 19 avril 1861.— ED.

SUR LES FORMES DES ALPES STRATIFIÉES DE SAVOIE. [35]

290. Le but du discours était de retracer certaines des influences qui ont produit les formes extérieures actuelles des montagnes stratifiées de Savoie, ainsi que l'étendue et les résultats probables de l'opération future de ces influences.

Le sujet était organisé sous trois titres : -

I. Les matériaux des Alpes savoyardes.
II. Le mode de leur formation.III. Le mode de leur sculpture ultérieure.

291. I. *Leurs matériaux.* — L'étude s'est limitée aux Alpes qui sont constituées, en tout ou en partie, soit de calcaire du Jura, soit de couches néocomiennes, soit de calcaire hippurite, et ne comprennent aucune masse importante d'autres formations. Toutes ces roches sont des dépôts marins ; et la première question à considérer en ce qui concerne le développement des montagnes à partir de ces montagnes est le genre de changement qu'elles doivent subir en étant asséchées. Qu'ils soient prolongés pendant de longues périodes de temps, ou accélérés par la chaleur et la pression, le séchage et la solidification de ces roches impliquaient leur contraction et, en général, en conséquence, leur traversée de part en part de minuscules fissures. Dans certaines conditions de pression, ces fissures prennent l'aspect de clivages schisteux ; sous d'autres, elles deviennent des fissures irrégulières, divisant toute la substance de la pierre. Si ceux-ci ne sont pas remplis, la roche ne deviendra qu'un simple amas de débris et sera incapable de s'établir sous une forme audacieuse. Ceci est évité par une action métamorphique, qui soit arrange les particules de la roche, partout, dans des conditions nouvelles et plus cristallines, soit amène certaines d'entre elles à se séparer du reste, à traverser le corps de la roche et à s'arranger. dans ses fissures ; formant ainsi un ciment, généralement d'une substance plus fine et plus pure que le reste de la pierre. Dans les deux cas, l'action tend continuellement à la purification et à la ségrégation des éléments de la pierre. L'énergie d'une telle action dépend de circonstances accidentelles : premièrement, des attractions des éléments constitutifs entre eux ; deuxièmement, à chaque changement de température et de relation extérieures. De sorte que les montagnes se trouvent à différentes périodes et à différents stades de santé (pour ainsi dire) ou de maladie. Nous avons des montagnes au tempérament languissant, des montagnes à la circulation sanguine entravée, des montagnes aux fièvres nerveuses, des montagnes à l'atrophie et au déclin.

292. Ce changement dans la structure des roches existantes est traçable par des gradations continues, de sorte qu'une boue noire ou une vase calcaire est

imperceptiblement modifiée en une substance magnifiquement dure et cristalline, renfermant des nids de béryl, de topaze et de saphir, et veinée d'or. Mais on ne peut pas déterminer dans quelle mesure ni dans quelles localités ces changements sont encore arrêtés ; dans la pluralité des cas, ils sont évidemment encore en cours. Il semble rationnel de supposer que, à mesure que chaque roche se rapproche de son type parfait, le changement devient plus lent ; sa perfection étant continuellement approchée, mais jamais atteinte ; son changement étant susceptible également d'être interrompu ou inversé par de nouveaux phénomènes géologiques. Au cours de ce changement, les roches se dilatent ou se contractent ; et, par portions, leurs innombrables fissures leur confèrent une ductilité ou une viscosité semblable à celle de la glace des glaciers à plus grande échelle. De sorte qu'il est préférable de concevoir de nombreuses formations comme des glaciers ou des champs de falaises gelés, dont la profondeur doit être mesurée en milles au lieu de brasses, dont les crevasses sont remplies de flammes de solvant, de vapeur, de silex gélatineux ou d'éléments cristallisants de natures mêlées; la masse entière changeant de dimensions et s'écoulant dans de nouveaux canaux, bien que selon des gradations qui ne peuvent être mesurées et dans des périodes de temps dont la vie humaine ne forme aucune unité appréciable.

293. II. *Formation.* — Les montagnes doivent être classées, quant à leur structure, en deux grandes classes : celles qui sont taillées dans les lits dont elles sont composées, et celles qui sont formées par la convolution ou la contorsion des lits eux-mêmes. Les montagnes de Savoie appartiennent principalement à cette dernière classe. Lorsque les formations stratifiées sont déformées, c'est généralement soit par une pression venant du bas, qui élève une partie de la formation au-dessus du reste, soit par une pression latérale, qui réduit l'ensemble de la formation en une série de vagues. La pression ascendante peut être limitée dans sa sphère d'action ; la latérale affecte nécessairement de vastes étendues de pays, et les éminences qu'elle produit ne disparaissent que peu à peu, comme les vagues laissées dans le sillage d'un navire. Les montagnes savoyardes ont subi ces deux types de violences selon des modes très complexes et à des époques différentes, de sorte qu'il devient presque impossible de retracer séparément et complètement l'action d'une force donnée en un point donné.

294. L'intention de l'orateur était d'avoir analysé, autant que possible, l'action des forces formatrices dans une vague d'élévation simple, le Mont Salève, et dans une autre de compression latérale, le Mont Brezon : mais l'investigation du Mont Salève avait présenté des difficultés inattendues. Sa façade a toujours été considérée comme formée de lits verticaux, élevés dans cette position au cours des périodes tertiaires ; les investigations de l'orateur l'avaient, au contraire, amené à conclure que l'apparition des couches verticales était due à un clivage particulièrement net et distinct, à angle droit

avec les couches, mais presque parallèle à leur direction, manifesté ailleurs de manière similaire dans la série jurassique. de Savoie, et se montrant sur les fronts de la plupart des précipices formés de ce rocher. L'attention des géologues a été sollicitée pour trancher cette question.

L'onde comprimée du Brezon, d'agencement plus complexe, était plus clairement définie. Une coupe en a été donnée, montrant la position inversée du calcaire hippurite dans le sommet et les précipices inférieurs. Cette vague calcaire s'est avérée faire partie d'une grande série, parallèle aux Alpes et constituant un district ondulatoire, principalement composé de lits de craie, séparé du district calcaire supérieur du Jura et du Lias par une longue tranchée ou fossé, rempli avec des membres de la série tertiaire, principalement des calcaires nummulites et du flysch. Cette tranchée pourrait être suivie depuis Faverges, à la tête du lac d'Annecy, à travers la Savoie. Elle séparait le Mont Vergi du Mont Dorons, et la Dent d'Oche de la Dent du Midi ; puis entra en Suisse, séparant le Moleson des Diablerets ; traversa les districts de Thoune et de Brientz, et, se divisant en deux, donna la forme en zigzag du lac de Lucerne. Le bras principal passa alors entre la haute Sentis et le Glarnisch, et se répandit en confusion dans le Tyrol. Du côté nord de cette tranchée, les couches de craie étaient souvent verticales, ou moulées en plis répétés, dont les escarpements étaient pour la plupart tournés vers les Alpes ; mais du côté sud de la tranchée, les couches du Jurassique, du Trias et du Carbonifère, bien que très déformées, montraient une tendance prédominante à pencher vers les Alpes et à tourner leurs escarpements vers la chaîne centrale.

295. Ces deux systèmes de montagnes sont entrecoupés de vallées transversales, dues à leur origine, en premier lieu, à une série de fractures curvilignes transversales, qui affectent les formes même de chaque crête mineure, et produisent ses principaux ravins et ses rochers les plus audacieux, même où aucune vallée distinctement fouillée n'existe. Ainsi, le Mont Vergi et les Aiguilles du Salouvre ne sont que des vestiges fragmentaires d'une série de couches horizontales, autrefois continues, mais brisées par ce système transversal de clivage curviligne, et usées ou altérées en sommets séparés.

Il fallait enfin réfléchir aux moyens de cette ultime sculpture ou patinage.

---

296. III. *Sculpture.* — Les réductions finales de la forme des montagnes sont dues soit à la désintégration, soit à l'action de l'eau, dans des conditions de pluie, de rivières ou de glace, aidée par le gel et d'autres circonstances de température et d'atmosphère.

Toutes les formes existantes importantes sont dues à la désintégration ou à l'action de l'eau. Celui de la glace avait été curieusement surfait. En tant qu'instrument de sculpture, la glace est beaucoup moins puissante que l'eau ; ses effets apparemment énergétiques n'étant que des indicateurs de désintégration. Un glacier ne produisait pas sa moraine, mais soutenait et exposait les fragments qui tombaient à sa surface, les pulvérisant en les maintenant en mouvement, mais produisant des effets très peu importants sur la roche en dessous ; les arrondis et les stries produits par la glace étaient superficiels ; tandis qu'un torrent pénétrait dans tous les angles et recoins, minant et usant continuellement, et transportant des pierres, au minimum, six cent mille fois plus vite que le glacier. Si la quantité de pluie tombée sur le Mont Blanc sous forme de neige (et descendue dans les ravins sous forme de glace) était tombée sous forme de pluie et était tombée en torrents, les ravins auraient été beaucoup plus profonds qu'ils ne le sont aujourd'hui, et le glacier pourrait jusqu'à présent, être considérée comme exerçant une influence protectrice. Mais sa puissance de transport est illimitée, et lorsque des masses de terre ou de roches se détachent une fois, le glacier les emporte et expose de nouvelles surfaces. Généralement, le travail de l'eau et de la glace est en chirurgie de montagne comme celui de la lancette et de l'éponge, l'une pour l'incision, l'autre pour les ablutions. Aucune excavation par la glace n'était possible à grande échelle, pas plus que par un ruisseau de miel ; et ses diverses actions, avec leurs limites, ne devaient être comprises qu'en gardant toujours clairement à l'esprit la grande loi de son mouvement en tant que substance visqueuse, déterminée par le professeur James Forbes.

297. Les formes existantes des Alpes sont donc principalement attribuables à la dénudation à mesure qu'elles s'élevaient de la mer, suivie d'une action aqueuse plus ou moins violente, en partie arrêtée pendant les périodes glaciaires, tandis que le diluvium produit était emporté dans la vallée de le Rhin ou la mer du Nord. Un résultat très important de la dénudation n'avait pas encore été suffisamment pris en compte ; à savoir que lorsque des portions d'un lit épais (comme le Rudisten-kalk) avaient été entièrement enlevées, le poids des masses restantes, appuyant inégalement sur les lits inférieurs, les presserait, lorsque ceux-ci étaient mous (comme les marnes néocomiennes). dans des conditions voûtées, comme celles des sols des mines de charbon, dans ce que les mineurs appelaient des « fluages ». De nombreuses positions anormales des lits de Spatangenkalk dans la région du lac d'Annecy étaient probablement dues à cette cause : elles pourraient être étudiées avantageusement dans la base inclinée des grands rochers de Lanfon, qui, se désintégrant en éclats courbes et presque verticaux. , chacun mesurant mille pieds de hauteur, n'étaient néanmoins qu'un simple vestige de la grande formation horizontale du Parmelan, et formés, comme lui, de très minces couches horizontales de Rudisten-kalk, imposées sur des masses

argileuses du Néocomien, modifiées par leur pression. . Des formes plus complexes de roches plus dures ont été façonnées par les ruisseaux et les pluies en contours fantastiques ; et les gorges transversales étaient creusées profondément là où elles avaient été tracées pour la première fois par une faille ou une distorsion. L'analyse de cette action aqueuse nécessiterait à elle seule une série de discours ; mais la somme des faits était que les parties les meilleures et les plus intéressantes des montagnes étaient justement celles qui restaient finalement, les centres et les articulations, pour ainsi dire, de l'anatomie alpine . Il faudrait des périodes de temps incommensurables pour les user ; et selon toute apparence, au cours du processus de leur destruction, d'autres s'élevaient pour prendre leur place, et des formes de montagnes peut-être bien plus noblement organisées témoigneraient du progrès collatéral de l'humanité.

J.R.

NOTES DE BAS DE PAGE :

[35] Lu par M. Ruskin lors de la réunion hebdomadaire du soir de la Royal Institution (voir *Proceedings* , vol. iv., pp. 142-46), le 5 juin 1863.— ED.

LA GAMME DE CONCEPTION INTELLECTUELLE PROPORTIONNÉE AU RANG DE LA VIE ANIMÉE. [36]

UN THÉORÈME.

298. Je suppose que ce théorème est un truisme ; mais j'ose le dire, parce qu'il serait sûrement souhaitable qu'il soit reconnu comme un axiome par les métaphysiciens, et il ne me semble pas encore l'avoir été pratiquement. Je dis « vie animée » parce que le mot « vie » en lui-même aurait pu être compris comme incluant celui des végétaux ; et je dis « animée » au lieu de « spirituelle » parce que le latin « anima », et sa jolie corruption italienne, « alma », impliquant la nouvelle idée de nourriture du corps comme par l'aliment ou l'aumône de Dieu, semble Je peux transmettre une meilleure idée de l'existence des créatures conscientes que n'importe quel dérivé de « spiritus », « pneuma » ou « psyché ».

J'attache cependant au mot «conception» un sens quelque peu inférieur à celui qui est, je crois, habituel chez les métaphysiciens, car, en tant que peintre, j'appartiens à un rang d'êtres animés inférieur au leur, et je ne peux entendre par conception que ce que Je le sais. Un peintre ne conçoit jamais rien d'absolu, et est même incapable de concevoir quoi que ce soit, sinon comme phénomène ou sensation, ou comme mode ou lieu d'un phénomène ou d'une sensation. Ce qui n'est pas une apparence, ni un sentiment, ni une manière de l'un ou de l'autre, n'est rien pour lui.

299. Par exemple, il nierait la définition du phénomène qu'il s'intéresse d'abord à produire – une ligne – comme « longueur sans largeur ». Il dirait : « Ce qui n'a pas de largeur n'est rien, et rien ne peut être long. » Il définirait une ligne comme un phénomène étroit et long, et l'idée qu'en a un mathématicien comme une idée de la direction d'un tel phénomène.

L'acte de conception ou d'imagination n'est donc chez lui que le souvenir, simple ou combiné, des choses qu'il a vues ou ressenties. Il n'a aucun rayon, aucun début de faculté au-delà de celui-ci. Aucune formation la plus sévère dispensée à l'école de Hegel ne lui permettra jamais de penser l'Absolu. Il persisterait dans un refus obstiné d'utiliser le mot « penser » dans un sens transitif. Il ne dira jamais, par exemple : « Je pense que la table est en train de tourner », mais « Je pense que la table tourne », ou ne l'est pas, selon le cas. Et si on lui apprenait dans une école quelle qu'elle soit à concevoir une table, sa première exigence serait qu'on lui en montre une, ou qu'on lui fasse référence à d'autres choses qui en possèdent les qualités à titre illustratif.

300. Et même en respectant les méthodes ou lois constantes des phénomènes, il ne peut pas élever leur énoncé dans un acte de conception. L'affirmation selon laquelle deux lignes droites ne peuvent jamais renfermer un espace lui apparaît simplement une autre forme de définition verbale, ou, tout au plus, une définition dans une mesure prophétique, disant en d'autres termes qu'une ligne qui renferme, ou pourra jamais renfermer, un espace. , n'est pas et ne sera jamais une bonne solution. Il admettrait que ce qu'il conçoit aujourd'hui comme deux choses doublées serait toujours ce qu'il conçoit maintenant comme quatre choses. Mais en supposant l'existence d'un monde dans lequel, chaque fois que deux choses étaient effectivement mises en juxtaposition avec deux autres choses, elles devenaient en réalité trois fois, ou en fait cinq, il suppose que la pratique de l'arithmétique et ses lois changeraient en fonction des relations. à cette nouvelle condition de la matière ; et il accepte donc l'affirmation selon laquelle deux deux font quatre uniquement comme un accident des phénomènes existants de la matière.

301. Un peintre peut donc, je pense, être considéré comme représentant seulement un ordre élevé de créatures sensationnelles, incapables d'autre chose que d'idées et d'impressions physiques ; et je continue donc mon article uniquement au nom de la partie docile, et donc améliorable, de la Création Brute.

Et en leur nom, je suggérerais que nous serions bien plus dociles que nous ne le sommes si nous ne nous efforcions jamais de concevoir des choses au-dessus de notre nature. Pour prendre un exemple, chez une créature un peu inférieure à moi. Je suis tombé par surprise l'autre jour sur une seiche dans un bassin à marée basse. Après avoir été touché par la pointe de mon parapluie, il a d'abord rempli la piscine d'encre, puis s'est retrouvé encore touché dans l'obscurité, s'est mis en colère et a attaqué le parapluie avec beaucoup de psyché ou d'anima, le serrant fermement avec ses huit bras. , et faisant des efforts, comme un bébé impétueux avec un corail, pour le mettre dans sa bouche. Lorsque je lui tendis un doigt, il le suça avec deux ou trois bras avec une satisfaction apparemment maligne, et, après s'être secoué, il se retira avec un air de misanthropie frénétique dans le nuage de son encre.

302. Maintenant, il ne me semble pas peu instructif de réfléchir à quel point une telle manifestation d'un être supérieur était totalement inutile à son esprit de seiche, et combien il était heureux pour ses camarades octopodes qu'il ne maîtrise pas les enclos comme ainsi que de l'encre, ni aucune disposition à écrire sur la nature des parapluies ou des hommes.

On peut observer en outre que toutes les idées qu'il a pu se former à l'égard de l'une ou l'autre étaient positivement fausses, si contraires à la vérité qu'elles étaient pires que rien, et simplement dangereuses pour lui-même, dans la mesure où il pouvait être amené à agir en conséquence. que, à savoir, un parapluie était une chose mangeable, ou un homme une chose conquise, que l'homme individuel qui le regardait lui était hostile ou que ses desseins pouvaient être perturbés par l'éjection d'encre. Tous les efforts déployés par le poisson dans le cadre de ces convictions lui étaient nuisibles ; sa seule sagesse aurait été de s'allonger tranquillement et sans réfléchir dans sa piscine.

Et chez nous aussi, peintres, le seul résultat de tous les efforts que nous faisons pour nous familiariser avec les sujets de recherche métaphysique a été un sens accru de la prudence de rester tranquillement et sans réfléchir dans nos piscines, ou du moins de nous limiter à de si doux efforts de recherche. Dans la mesure où cela peut être compatible avec les facultés encore imparfaitement développées, je ne parle pas même des centres nerveux céphalopodes, mais des centres nerveux ascidiens.

303. Mais on peut facilement imaginer combien agréablement, pour les personnes ainsi soumises à leur estime de soi, se présente l'espoir qui est impliqué dans la théorie darwinienne, que leurs réservoirs eux-mêmes puissent être capables d'une extension indéfinie, et leurs natures d'un développement indéfini. l'espoir qu'un jour nos descendants auront honte de nous et débattront avec étonnement et dégoût de la question de leur filiation.

Et il me semble que le but de l'étude métaphysique élémentaire pourrait désormais devenir plus pratique que celui de toute autre science. Car en prenant jusqu'ici peu conscience des limites de la pensée par la structure du corps, nous avons sûrement aussi perdu de vue le pouvoir de certains modes de pensée sur les processus de cette structure. En prenant, par exemple, l'émotion de colère, dont les céphalopodes sont en effet aussi capables que nous, mais inférieurs à nous dans la mesure où ils sont incapables de décider s'ils font bien d'être en colère ou non, je ne pense pas que l'effet chimique de cette émotion l'émotion sur les particules de sang, en les décomposant et en les paralysant ou en les débilitant, n'a été suffisamment examinée, ni la quantité réelle d'énergie nerveuse qu'un accès de colère d'une violence donnée retire du corps et restitue à l'espace, ni la puissance corrélative de volonté pour retenir la passion, ou pour diriger le choix de la pensée salutaire, comme des herbes salutaires sur les ruisseaux. Et même nous, peintres, qui n'osons pas nous dire capables de penser, sommes capables de choisir dans une vision plus ou moins salutaire. Dans la mesure où nous perdons un tel pouvoir de choix dans la vision, de sorte que les phénomènes spectraux qui sont les matériaux de notre industrie se présentent sous des formes indépendantes de notre volonté, nous devenons fous ; et bien que pour tous nos meilleurs travaux un certain degré de cette folie soit nécessaire, et que les premières conceptions qui surviennent soient incontrôlées, comme dans les rêves, nous avons, quand nous sommes en bonne santé, le pouvoir toujours instantané d'en accepter certaines, d'en refuser d'autres, d'en perfectionner les contours et les couleurs. de ceux que nous souhaitons garder, et les arranger dans les relations que nous choisissons.

304. Et incontestablement les formes du corps que les peintres reconnaissent instinctivement comme les meilleures et appellent « belles », sont tellement sous le commandement de la force plastique de la pensée volontaire, que l'autorité originelle et future d'une telle force plastique sur l'ensemble de la création ne peut que paraître aux peintres une influence directe, quoique non certaine ; et ils adhéreraient immédiatement à la déclaration faite il y a de nombreuses années dans ses conférences d'ouverture à Oxford par l'actuel professeur Regius de médecine (pour autant que je me souvienne approximativement, en ces termes) - selon laquelle "il est tout aussi logique, et bien plus facile de concevoir l'anima originelle comme s'adaptant aux formes de la substance, que la substance originelle comme s'adaptant aux modes d'esprit. »

305. Il n'est donc sûrement pas exagéré d'attendre des futures écoles de métaphysiciens qu'elles dirigent l'humanité vers des méthodes de pensée qui seront à la fois heureuses, infaillibles et médicinales, et donc entièrement sages ; qu'ils marqueront les limites au-delà desquelles l'uniformité doit être dangereuse et la spéculation vaine ; et qu'ils mettront bientôt fin à l'acrimonie des théologiens, et aux insolences, ainsi qu'aux chagrins, d'une foi sans fondement, en montrant qu'il nous est réservé, en commun avec le reste de la création animale, de vivre dans au milieu d'un univers dont la nature est autant meilleure que nous ne pouvons le croire, qu'elle est plus grande que nous ne pouvons comprendre.

NOTES DE BAS DE PAGE :

[36] Revue contemporaine, juin 1871.— ED.

LITTÉRATURE.

FICTION – JUSTE ET FAUX.

(Dix-neuvième siècle, juin, août, septembre, novembre 1880 et octobre 1881.)

CONTES DE FÉES.

(Préface aux « Histoires populaires allemandes », 1868.)

FICTION, JUSTE ET FAUX.

1. [37]

1. Le premier jour doux, ou du moins le premier jour lumineux du mois de mars de cette année, j'ai traversé ce qui était autrefois un chemin de campagne, entre l'hôtellerie de la Demi-Lune au pied de Herne Hill, et le Collège isolé de Dulwich.

Dans ma jeunesse, Croxsted Lane était une route verte que l'on pouvait parcourir sur une certaine distance en charrettes ; mais rarement ainsi traversé, et, pour la plupart, rien d'autre qu'une étroite bande de champ en friche, séparée par des haies de mûres des prairies mieux entretenues de chaque côté : poussant donc plus de mauvaises herbes qu'elles, et peut-être au printemps une ou deux primevères – des marguerites blanches en abondance, et des chardons violets en automne. Un mince ruisseau, ne se vantant pas de sa luminosité, car il n'y a pas de sources à Dulwich, et pourtant alimenté assez purement par la pluie et la rosée du matin, coulait ici, flânait là, à travers les hautes herbes sous les haies, et s'étendait là où il pourrait le faire. , dans des bassins moyennement clairs et profonds, dans lesquels, sous leurs voiles de lentilles d'eau, une ou deux coquilles d'eau douce, diverses petites crevettes sauteuses curieuses, des têtards en quantité en leur temps, et même parfois une chauve-souris, s'offraient aux yeux de mon enfance. observation heureuse et non inexacte. Là, ma mère et moi cueillions les premiers bourgeons de l'aubépine ; et là, des années plus tard, je me promenais dans les ombres de l'été, comme dans un endroit plus sauvage et plus doux que notre jardin, pour réfléchir à tout passage que je voulais faire mieux que d'habitude dans les Peintres *modernes* .

Ainsi, comme je l'ai dit, le premier jour bienveillant de cette année, pensant plus que d'habitude à ces temps anciens, je suis allé revoir l'endroit.

2. Souvent, à cette époque et depuis, je me suis efforcé, en vain, de trouver des mots pour raconter de belles choses ; mais la beauté existe dans le monde depuis la création du monde, et le langage humain peut, d'une manière ou d'une autre, opérer un changement pour en rendre compte, alors que les forces particulières de dévastation induites par la vie urbaine moderne ne sont entrées dans le monde que récemment ; et aucun terme de langage existant à ma connaissance ne suffit pour décrire les formes de saleté et les modes de ruine qui variaient le long du cours de Croxsted Lane. Les champs de chaque côté sont maintenant pour la plupart creusés pour la construction, ou coupés en coins décharnés et en recoins de terrain aveugle par les croisements sauvages et les concurrences de trois voies ferrées. Une demi-douzaine de poignées de cottages neufs, avec des portes doriques, sont

déposées ici et là parmi le terrain entaillé : l'allée elle-même, maintenant entièrement sans herbe, est une route charretière profondément défoncée et fortement vallonnée, divergeant sans porte dans diverses briqueteries ou morceaux de déchets; et bordé de chaque côté par des tas de - Hadès seul sait quoi ! - poussière mélangée de toute chose impure qui peut s'effondrer par la sécheresse, et moisissure de toute chose impure qui peut pourrir ou rouiller dans l'humidité : cendres et chiffons, bouteilles de bière et vieux chaussures, poêles battues, vaisselle brisée, lambeaux de vêtements anonymes, balayages de portes, balayages de sol, déchets de cuisine, eaux usées du jardin, vieux fer, bois pourri déchiqueté par des clous arrachés, bouts de cigares, bols de pipe, cendres , les os et les ordures, indescriptibles ; et, diversement pétris, collés ou flottant salement ici et là sur tout cela, des restes diffusés, de toutes sortes de journaux, de publicités ou d'affiches en gros caractères, purulent et affichant leur dernière publicité dans les fosses de poussière puante et bave mortelle.

3. La ruelle se termine maintenant là où commençaient autrefois ses plus jolis détours ; étant coupé par un carrefour menant de Dulwich à une petite gare ferroviaire : et de l'autre côté de cette route, ce qui était autrefois la plus délicate complexité de sa solitude est transformé en une allée de calèche droite et uniformément macadamisée entre les nouveaux des maisons d'une extrême respectabilité, avec de bons jardins et bureaux attenants - la plupart de ces immeubles étant plus grands - tous plus prétentieux, et beaucoup, j'imagine, étaient loués à un loyer beaucoup plus élevé que celui de mon père, loué pendant vingt ans à Herne Hill. Et il m'est devenu sujet de réflexion curieuse sur ce que devaient devenir ici des enfants ressemblant à mon pauvre petit rêveur d'avant par le caractère, et ainsi élevés à la même distance de Londres, et dans des circonstances identiques ou meilleures de fortune mondaine ; mais avec seulement Croxsted Lane dans son état actuel pour leur promenade à la campagne. La route bien entretenue devant leurs portes, telle qu'on en voyait autrefois dans les banlieues à la mode de Cheltenham ou de Leamington, n'offre à leur bureau que du gravier et des lampadaires à gaz ; l'ajout moderne d'un pilier aux lettres vermillon contribuant certes à la splendeur, mais peu à l'intérêt de la scène ; et un enfant doué de bon sens ou d'imagination s'arrangerait en toute hâte pour échapper à un désert aussi stérile de politesse et se lancerait dans une enquête, autant que possible, réalisable, sur l'histoire naturelle de Croxsted Lane.

4. Mais, pour ses sens ou sa fantaisie, quelle nourriture ou quel stimulant peut-il trouver sur cette chaussée immonde de son jeune pèlerinage ? Ce qui me serait arrivé, si je l'avais dirigé ainsi, je ne peux pas l'imaginer clairement. Peut-être que je me serais intéressé au vieux fer et aux copeaux de bois ; et devenez ingénieur ou charpentier : mais pour les enfants d'aujourd'hui, habitués, dès l'instant où ils sont sortis du berceau, à la vue de cette

méchanceté infinie, prévalant comme une condition fixe de l'univers, sur la face de l'univers. nature, et accompagnant toutes les opérations de l'homme industrieux, quelle sera la question scolaire ? à moins, en effet, que le frisson de la vanité scientifique dans l'analyse primaire de quelque processus de corruption inouï – ou la récompense de la recherche microscopique à la vue de vers avec plus de pattes et d'acariens d'une génération plus curieuse que jamais vivifiée à l'odeur plus simple plasma de l'Antiquité.

Un résultat de cette éducation élémentaire est cependant déjà certain ; à savoir, que le plaisir que nous pouvons concevoir pris par les enfants des temps à venir, dans l'analyse de la corruption physique, guide, vers des domaines plus dangereux et plus désolés, l'expatriation d'une littérature imaginative : et que les réactions de la maladie morale sur elle-même , et les conditions d'un caractère langoureusement monstrueux développé dans une atmosphère de faible vitalité, sont devenus le matériau le plus apprécié de la fiction moderne et les textes les plus discutés de la philosophie moderne.

5. Les nombreuses raisons concurrentes de ce méfait peuvent, je crois, être regroupées sous quelques titres généraux. [38]

I. Il y a d'abord la fermentation chaude et le secret malsain de la population entassée dans les grandes villes, chaque mot dans la misère étant plus léger, en tant qu'âme individuelle, qu'une feuille morte, mais devenant oppressant et contagieux chacun pour son voisin, dans la masse fumante. de décadence. Les modes de ruine et de détresse mentale qui en résultent sont continuellement nouveaux ; et dans un certain sens, méritent d'être étudiés dans leur monstruosité : ils ont en conséquence développé une science de fiction correspondante, préoccupée principalement par la description de formes de maladies telles que la botanique des lichens à feuilles.

Dans l'histoire du *Père Goriot de De Balzac* , un épicier gagne une grande fortune, dont il dépense pour lui-même autant qu'il peut le maintenir en vie ; et sur ses deux filles, tout ce qui peut favoriser leurs plaisirs ou leur fierté. Il les marie à des hommes de haut rang, pourvoit à leurs dépenses secrètes et assure à sa favorite un établissement séparé et clandestin avec son amant. Sur son lit de mort, il fait venir sa fille préférée, qui désire venir, et hésite un quart d'heure entre le faire et se rendre à un bal où depuis un mois elle a pour principale ambition d'être vue. . Elle va enfin au bal.

Il s'agit bien entendu d'une histoire dont les contrastes violents et la catastrophe spectrale ne pourraient se produire ou être conçues que dans une grande ville. Un épicier de village ne peut pas faire une grande fortune, ne peut pas marier ses filles à des écuyers titrés et ne peut pas mourir sans qu'on lui amène ses enfants, même s'ils sont dans le quartier, par crainte des commérages du village, ne serait-ce que pour une meilleure raison.

6.II. Mais un sentiment bien plus profond que cette simple curiosité de la science pour les phénomènes morbides est impliqué dans la production des formes les plus soignées de fiction moderne. La honte et le chagrin résultant de la simple pression du piétinement et de la friction électrique de la vie urbaine deviennent pour ceux qui souffrent, particulièrement mystérieux dans leur immérité, et effrayants dans leur caractère inévitable. Le pouvoir de tout ce qui les entoure pour le mal ; l'incapacité de leur propre esprit à refuser la pollution et de leur propre volonté à s'opposer au poids de la masse stupéfiante qui les étouffe et les écrase jusqu'à la perdition, remet en question avec eux toute loi d'existence saine et toute prétendue méthode d'aide. et l'espoir dans le doute. L'indignation, sans aucune foi apaisante en la justice, et le mépris de soi, sans aucun reproche curatif, émoussent l'intelligence et dégradent la conscience, en une incrédulité maussade de tout soleil hors du fumier, ou de toute brise au-delà de son impureté ; et enfin une philosophie se développe, en partie satirique, en partie consolatrice, préoccupée uniquement par la vigueur régénératrice du fumier et les obscurités nécessaires de la Providence fimétique ; montrant que la faute de chacun est celle de quelqu'un d'autre, que l'infection n'a pas de loi, que la digestion n'a pas de volonté et que la saleté rentable n'a pas de déshonneur.

C'est ainsi qu'une scolastique élaborée et ingénieuse, dans ce qu'on peut appeler la Divinité de la décomposition, s'est établie en relation avec les formes les plus récentes de romans, leur donnant à la fois un ton complaisant de dignité cléricale et une agréable touche d'impudence hérétique ; tandis que la doctrine inculquée a le double avantage de ne nécessiter aucune érudition laborieuse pour sa fondation, et aucun abnégation douloureuse pour sa pratique.

7. III. La monotonie de la vie dans les rues centrales de toute grande ville moderne, mais particulièrement dans celles de Londres, où toute émotion censée provenir de la vue de la nature ou du sens de l'art est interdite à jamais, laisse le désir de vivre. le cœur pour un intérêt sincère, mais changeant, à nourrir d'une seule source. Dans les conditions naturelles, le degré d'excitation mentale nécessaire à la santé corporelle est fourni par le cours des saisons, ainsi que par les diverses compétences et fortunes de l'agriculture. A la campagne, chaque matin de l'année apporte avec lui un nouvel aspect de la nature naissante ou fanée ; un nouveau devoir à accomplir sur terre, et une nouvelle promesse ou avertissement au ciel. Aucun jour n'est sans son espoir innocent, sa prudence particulière, son don bienveillant et son danger sublime ; et dans chaque processus d'agriculture sage, et dans chaque effort de courage pour combattre ou remédier, les passions saines, l'orgueil et la puissance corporelle du travailleur sont excités et exercés à l'unisson la plus heureuse. La compagnie des domestiques, le soin des animaux utiles, adoucissent et agrandissent sa vie avec d'humbles charités, et

le disciplinent dans des sagesses familières et des courages sans vantardise ;
tandis que les lois divines du temps des semailles qui ne peut être rappelé, de
la récolte qui ne peut être hâtée et de l'hiver dans lequel aucun homme ne
peut travailler, contraignent les impatiences et la convoitise de son cœur à un
travail trop soumis pour être anxieux, et un repos trop doux pour être
dévergondé. Quelle pensée peut assez comprendre le contraste entre une telle
vie et celle des rues où l'été et l'hiver ne sont que des alternances de chaud et
de froid ; où la neige n'est jamais tombée blanche, ni le soleil clair ; où le sol
n'est qu'un trottoir, et le ciel la verrière d'une arcade ; où la plus grande
puissance d'une tempête est d'étouffer les gouttières, et la plus belle magie du
printemps, de changer la boue en poussière ; où, différence d'état principale
et la plus fatale, il n'y a d'intérêt d'occupation pour aucun des habitants que
la routine . du comptoir ou du bureau à l'intérieur des portes, et l'effort de se
croiser sans collision à l'extérieur ; de sorte que, du matin au soir, la seule
variation possible de la monotonie des heures et de l'allégement de la peine
de l'existence, doit être une sorte de mal, limité, à moins que ce ne soit par
une aubaine de fatalité plus qu'ordinaire, à la chute d'un cheval. ou la fente
d'une poche ?

8. J'ai dit qu'en vertu de ces lois d'inanition, le besoin du cœur humain d'une
sorte d'excitation ne pouvait être satisfait que par *une* seule source. N'importe
qui, autre qu'un philosophe hésitant, aurait pu penser que refuser aux
sentiments humains leur nourriture naturelle aurait provoqué un désir
réactionnaire ; et que la tristesse de la rue eût été dorée par des rêves de félicité
pastorale. L'expérience a montré qu'il en était autrement ; le Londonien bien
entraîné ne peut jouir d'aucune autre excitation que celle à laquelle il est
habitué, mais il la demande *avec* une concentration toujours plus ardente ou
plus virulente ; et le pouvoir ultime de la fiction pour le divertir est de varier
selon sa fantaisie les modes et de définir pour son ennui les horreurs de la
mort. Dans le roman unique de "Bleak House", il y a neuf morts (ou laissées
pour la mort, dans la scène de chute) soigneusement préparées ou conduites,
soit par surprise agréable, alors que le bébé est chez le fabricant de briques,
soit terminées. dans leurs menaces et leurs souffrances, avec autant de
jouissance que l'on peut trouver dans l'anticipation, et autant de pathologie
que l'on peut concentrer dans la description. Sous les variétés de méthodes
suivantes : -

Un par assassinat	M. Tulkinghorn.
Un par faim, avec phtisie	Joe.
Un par chagrin	Richard.

Un par combustion spontanée	M. Krook.
Un par chagrin	L'amant de Lady Dedlock.
Un par remords	Dame Dedlock.
Un par folie	Mlle Flite.
Un par paralysie	Monsieur Leicester.

Outre le bébé, par la fièvre, et une jeune française pleine de vie, laissée à pendre.

Et tout cela, observez-le, non pas dans une histoire tragique, aventureuse ou militaire, mais simplement comme l'animation supplémentaire d'un récit destiné à être amusant ; et comme moyenne bien représentative des statistiques de mortalité civile dans le centre de Londres.

9. Observez plus loin et surtout. Ce n'est pas le simple nombre de morts (qui, si l'on compte les quelques soldats dans la dernière scène, est dépassé dans "Old Mortality", et atteint, à un ou deux près, dans "Waverley" et "Guy Mannering") qui marque le ton particulier du roman moderne. C'est le fait que tous ces décès, sauf un, concernent des personnes inoffensives, ou du moins, selon l'estimation du monde, respectables ; et qu'ils sont tous grotesquement violents ou misérables, prétendant ainsi illustrer la théologie moderne selon laquelle le destin assigné à une grande partie de notre population est de mourir comme des rats dans les égouts, soit par piège, soit par poison. Non pas, en effet, qu'un avocat en exercice puisse généralement être considéré comme aussi irréprochable aux yeux du ciel qu'une colombe ou une bécasse ; mais il n'est pas, chez les anciennes divinités, pensé que la volonté de la Providence le laisse tomber d'un coup de feu d'un client derrière son pare-étincelles, et soit récupéré le matin par sa servante sous le lustre. Lady Dedlock n'est pas non plus moins répréhensible dans sa conduite que beaucoup de femmes à la mode l'ont été et le seront : mais il n'aurait donc pas été pensé poétiquement juste, dans la morale démodée, que sa fille la retrouve morte, avec son visage dans la boue d'un cimetière de St. Giles.

10. Dans l'œuvre des grands maîtres, la mort est toujours soit héroïque, méritée, soit calme et naturelle (à moins que leur objectif ne soit totalement et profondément tragique, lorsqu'une mort collatérale plus méchante est autorisée, comme celle de Polonius ou de Roderigo). Dans « Old Mortality », quatre des morts, celle de Bothwell, celle de l'enseigne Grahame, celle de Macbriar et celle d'Evandale, sont magnifiquement héroïques ; Burley et Oliphant sont mérités depuis longtemps et rapides ; celui des soldats,

rencontrés dans l'accomplissement de leur devoir militaire, et celui du vieil avare, aussi doux que le passage d'un nuage, et presque beau dans ses dernières paroles de soins désormais désintéressés.

"Ailie" (il m'a déjà appelé Ailie, nous étions une vieille connaissance), "Ailie, prends soin de toi et remets l'équipement ensemble ; car le nom de Morton de Milnwood est sorti comme le dernier soupir d'un vieux chanté." Et comme ça, il est tombé d'un bain dans un autre, et n'a jamais dit un mot, à moins que ce soit quelque chose que nous ne pourrions pas comprendre, à propos d'une bougie allumée qui est assez bonne pour voir avec. Il n'aurait jamais pu espérer voir une canne moulée, et, par malheur, il y en avait une sur la table.

Dans "Guy Mannering", le meurtre, bien que non prémédité, d'une seule personne (lui-même pas entièrement innocent, mais au moins par manque de cœur dans une fonction cruelle qui a gagné son sort), est vengé au maximum sur tous les hommes conscients du crime. ; La mort de M. Bertram, comme celle de sa femme, brève dans la douleur, et chacune racontée en l'espace d'une demi-douzaine de lignes ; et celle de l'héroïne du conte, dévouée, héroïque au plus haut point et heureuse.

Il ne faut jamais non plus oublier, lorsqu'on compare l'œuvre de Scott avec des travaux inférieurs, que ses splendides pouvoirs ont été, dès le début de sa vie, entachés et détruits dans ses dernières années, par les conditions modernes de l'excitation commerciale, alors d'abord, mais rapidement. , se développant. Il y a des parties, même dans ses meilleurs romans, colorées pour répondre à des goûts qu'il méprisait ; et de nombreuses pages écrites dans ses dernières pour allonger son article pour le marché aveugle.

11. Mais il y avait une faiblesse dont son esprit sain restait incapable jusqu'au bout. Dans les récits modernes préparés pour un public plus raffiné ou plus exigeant que ceux de Dickens, l'excitation funèbre n'est pas obtenue, pour la plupart, par l'infliction d'une mort violente ou dégoûtante ; mais dans le suspense, le pathos et les phénomènes mortels plus ou moins ressentis et reconnus par tous de la chambre du malade. La tentation, pour les écrivains faibles, de cet ordre de sujets est particulièrement grande, parce que son étude

à partir du modèle vivant – ou mourant – est si facile, et pour beaucoup a été la partie la plus impressionnante de leur propre expérience personnelle ; tandis que, si la description est donnée, même avec une exactitude médiocre, une très grande partie des lecteurs admirera sa vérité et chérira sa mélancolie. Peu d'auteurs de génie de second ou de troisième ordre peuvent enregistrer ou inventer une conversation probable dans la vie ordinaire ; mais rares sont ceux, en revanche, qui sont assez dénués de faculté d'observation pour être incapables de raconter les syllabes brisées et les mouvements languissants d'un invalide. L'image facilement rendue et trop sûrement reconnue de la souffrance familière apparaît immédiatement comme réelle là où tout le reste avait été faux ; et l'historien des gestes de la fièvre et des paroles du délire peut compter sur les applaudissements d'un public satisfait aussi sûrement que le dramaturge qui introduit sur la scène de son action en déclin une voiture qui roule ou une fontaine qui coule. Mais les maîtres à l'imagination forte dédaignent un tel travail, et ceux à la sensibilité profonde s'en détournent. [39] Ce n'est que dans des conditions de faiblesse personnelle, à noter actuellement, que Scott se plierait aux envies de son public inférieur dans des scènes de terreur comme la mort de Front-de-Bœuf. Mais il n'a jamais retiré le rideau sacré de la chambre du malade, ni permis la honte de larmes gratuites autour de l'humiliation de la force ou du naufrage de la beauté.

12.IV. Aucune exception à cette loi du respect ne se trouvera dans les scènes de la maladie de Cœur de Lion introductives à l'incident principal du « Talisman ». Un écrivain inférieur eût fait charger le roi en imagination à la tête de sa chevalerie, ou errer en rêve au bord des ruisseaux d'Aquitaine ; mais Scott ne nous permet pas d'apprendre de symptômes plus surprenants de la maladie du roi que le fait qu'il était agité et impatient et ne pouvait pas porter son armure. Aucune faiblesse physique ou crise de danger ne peut non plus troubler un instant la royauté de l'intelligence et du cœur dans laquelle il examine, fait confiance et obéit au médecin que craignent ses assistants.

Pourtant, le choix du sujet principal de cette histoire et de son compagnon - le procès, jusqu'à la torture totale, de la foi chevaleresque, et plusieurs passages dans la conduite des deux, plus particulièrement les scènes exagérées de la maison de Baldringham et de l'ermitage d'Engedi, sont des signes du déclin progressif de la force de l'intellect et de l'âme que ceux qui aiment le plus Scott lui ont fait la pire injustice dans leurs efforts pour déguiser ou nier. Les inquiétudes mesquines, les humiliations morales et le travail cérébral impitoyablement exigé qui l'ont tué, montrent leur emprise sépulcrale pendant de nombreuses années avant leur victoire finale ; et les états d'imagination plus ou moins émoussés, déformés et pollués qui culminent dans "Castle Dangerous" jettent une teinte stygienne sur "St. Ronan's Well", "The Fair Maid of Perth" et "Anne of Geierstein", qui abaisse eux, le premier en totalité, les deux autres à intervalles fréquents, en communion avec la maladie normale qui s'infecte dans tout le corps de notre littérature fictive inférieure.

13. Fictif ! J'utilise délibérément le mot ambigu ; car il est impossible de distinguer dans ces récits de prison à quel point leurs vices et leurs tristesses sont jetés dans leur fabrication uniquement pour répondre à une vile demande, et à quel point ils font partie intégrante de la pensée dans l'esprit des hommes formés à partir de leur jeunesse à la connaissance de la misère londonienne et parisienne. La spécialité de la peste est de se délecter de l'exposition des rapports entre culpabilité et décrépitude ; et j'appelle les résultats de cette littérature « de la prison », parce que les habitudes contrariées du corps et de l'esprit, qui sont le châtiment de la promiscuité inconsidérée dans les villes, deviennent, dans l'issue de ce châtiment, des sujets effrayants d'un intérêt exclusif. eux-mêmes; et l'art de la fiction auquel ils se plaisent finalement n'est que la disposition et l'illustration plus étudiées, à la lueur des feux colorés, des bulletins quotidiens de leur propre misère, dans le calendrier de la prison, les nouvelles de la police et le rapport de l'hôpital.

14. Le lecteur sera peut-être surpris de voir que je sépare avec honneur la plus grande œuvre de Dickens, « Oliver Twist », de la masse répugnante à laquelle elle appartient typiquement. Ce livre est un récit sérieux et non caricatural d'états de la vie criminelle, écrit dans un but didactique, plein des instructions les plus graves, et non dépourvu d'études pathétiques sur la noble passion. Même les "Mystères de Paris" et le "Crime d'Orcival" de Gaboriau sont élevés, par leur intention historique précise et leur inquiétude annonciatrice, bien au-dessus du niveau de leur ordre, et peuvent être acceptés comme preuves photographiques d'une civilisation par ailleurs incroyable, corrompue . dans son fait infernal, jusqu'à la genèse de personnages tels que le Vicomte d'Orcival, le Poignardeur, le Squelette et la Louve. Mais le chef efficace de toute cette école crétine est le célèbre roman dans lequel l'amant bossu assiste à l'exécution de sa maîtresse depuis la tour de Notre-Dame ; et sa force se dissipe peu à peu dans les préparations anatomiques, destinées au marché général, de romans comme « Pauvre Miss Finch », dans lesquels l'héroïne est aveugle, le héros épileptique, et l'odieux frère est retrouvé mort, les mains abandonnées, dans les régions arctiques.
[41]

15. Cette littérature de la Prison-house, entendant par ce mot non seulement la cellule de Newgate, mais aussi et plus définitivement la cellule de l'Hôtel-Dieu, l'Hôpital des Fous, et le couloir grillagé aux dalles dégoulinantes de la prison. La morgue, ayant ainsi sa racine centrale dans l'Ile de Paris – ou historiquement et par excellence la « Cité de Paris » – est, lorsqu'elle est

comprise en profondeur, la contre-corruption précise de la religion de la Sainte Chapelle, tout comme les pires formes de ruine physique et mentale sont la corruption de l'amour. Je l'ai donc appelé « Fiction mécroyante », avec une exactitude et une précision littérales : selon l'explication du mot, que le lecteur peut trouver dans tout bon dictionnaire français, [42] et autour de son pôle arctique dans la Morgue, il peut rassembler en une Caïna de putrescence glaciale, tout le produit de l'imagination infidèle moderne, s'amusant à la destruction du corps et s'occupant de l'aberration de l'esprit.

16. Observez l'aberration, la paralysie ou la peste comme étant distincts du mal normal, tout comme le venin de la rage ou du choléra diffère de celui d'une guêpe ou d'une vipère. La vie de l'insecte et du serpent mérite, ou du moins permet, nos réflexions ; il n'en est pas de même pour les étapes de l'agonie chez le chien furieux. Il y a en effet une certaine excuse au travail pathologique du romancier moderne dans le fait qu'il ne peut pas facilement trouver, dans une population urbaine, un esprit sain pour vivisecter : mais la plus grande partie de cette chirurgie amateur est la lutte, à une époque de compétition littéraire sauvage, pour obtenir de la nouveauté du matériel. Les variétés d'aspect et de couleur des fruits sains, qu'ils soient sucrés ou aigres, peuvent être décrites de manière exhaustive dans certaines limites. Il n'en va pas de même pour les taches de son fléau concevable : et tandis que les symétries du caractère humain intégral ne peuvent être retracées que par une habileté harmonieuse et tendre, comme les branches d'un arbre vivant, les défauts et les lacunes d'un arbre rongé par un accident corrosif peuvent être mélangés. changement insensé comme les protections d'une écluse Chubb.

17. V. Il est inutile d'insister sur le vaste champ de cette calamité du jeu de dés ou de cartes distribuées qui s'ouvre dans l'ignorance, l'intérêt financier et la passion mesquine du mariage en ville. Les paysans se connaissent depuis leur enfance : ils se rencontrent à mesure qu'ils grandissent dans un travail éprouvant ; et si le fils d'un gros fermier épouse une fille sans mains, c'est sa faute. Même dans les familles patriciennes du domaine, les jeunes savent ce qu'ils font, et épousent un domaine voisin, ou un titre convoité, avec une certaine conception des responsabilités qu'ils assument. Mais même parmi eux, leur passage dans la métropole confuse crée une tentation licencieuse et fortuite auparavant inconnue ; et dans les classes moyennes inférieures, un tout nouveau royaume de malaise et de disgrâce leur a été prêché dans les doctrines du plaisir effréné qui ne sont que des excuses pour leurs formes particulières de mauvaise éducation. Il est assez curieux de voir combien de fois la catastrophe, ou l'intérêt principal, d'un roman moderne, repose sur le manque, tant chez les jeunes filles que chez les célibataires, de la maîtrise de soi commune qui a été enseignée à leurs grands-mères et à leurs grands-pères comme le premier élément de la vie ordinaire. comportement décent. L'autre jour, en demandant imprudemment à une amie l'intrigue d'une histoire

moderne [43] , j'ai compris, après quelques hésitations, qu'elle reposait principalement sur le fait que les jeunes « s'oubliaient dans un bateau » ; et je crois qu'il est presque accepté comme un axiome dans le code de la chevalerie civique moderne que la force d'un sentiment aimable est prouvée par notre incapacité, dans les occasions appropriées, à l'exprimer, et dans les occasions inappropriées, à le contrôler. L'orgueil d'un gentleman de la vieille école était autrefois dans son pouvoir de dire ce qu'il voulait dire et de se taire quand il le fallait (sans parler de la noblesse supérieure qui accordait l'amour là où il était honorable et le respect là où il était dû). ; mais les amours automatiques et les propositions involontaires des romans récents ne reconnaissent guère d'autres lois de la moralité que l'instinct d'un insecte ou l'effervescence d'un mélange chimique.

18. Il existe une jolie petite histoire d'Alfred de Musset, « La Mouche », qui, si le lecteur veut bien y jeter un coup d'œil, m'évitera davantage de peine à expliquer l'autorité disciplinaire de la simple politesse à l'ancienne, comme dans une sorte de protecteur des choses supérieures. Il décrit, avec beaucoup de grâce et de précision, un état de société qui n'est en aucun cas éminemment vertueux, ni enthousiastement héroïque ; dans lequel beaucoup de gens font extrêmement mal, et aucun n'est sublimement bien. Mais comme il y a des hauteurs qu'on ne tente pas d'atteindre, il y a des abîmes vers lesquels la chute est interdite ; ni le hasard ni la tentation ne feront s'écarter aucun des principaux personnages d'une résolution adoptée, ou ne violeront un principe d'honneur accepté ; On attend naturellement des gens qu'ils parlent avec convenance à l'occasion et qu'ils attendent avec patience lorsqu'on leur demande : ceux qui font le mal l'admettent ; ceux qui font le bien ne s'en vantent pas ; chacun connaît son esprit et tout le monde a de bonnes manières.

19. Il ne faut pas non plus oublier que dans les pires jours de l'auto-indulgence qui a détruit les aristocraties d'Europe, leurs vices, aussi licencieux soient-ils, n'ont jamais été, au sens fatal du terme moderne, « sans principes ». Les plus vaniteux croyaient à la vertu ; les plus vils le respectaient. « Chaquechose avait son nom » [44] , et le plus sévère des moralistes anglais reconnaît l'esprit précis, la haute intelligence et la bienveillance sans souci qui rachetèrent d'un environnement vicié le cercle de d'Alembert et de Marmontel. [45]

J'ai dit, avec trop d'éloges, que les plus vaniteux, à cette époque-là, « croyaient » à la vertu. De beaux et héroïques exemples en étaient toujours devant eux ; Ce n'est pas non plus sans la signification secrète attachée à ce qui peut paraître le moindre accident dans le travail d'un maître, que Scott a donné à ses deux héroïnes de l'époque de la révolution en Angleterre le nom de la reine du plus haut ordre de la chevalerie anglaise. [46]

20. Cela ne veut pas dire grand-chose des types de jeunes et de servantes que seul Scott éprouvait une joie d'imaginer, ou jugeait honorable de représenter, qu'ils agissent et se sentent dans une sphère où ils ne sont jamais un instant responsables d'aucun des deux. les faiblesses qui troublent le calme ou ébranlent la résolution de la chasteté et du courage dans un roman moderne. Scott vivait dans un pays et à une époque où, du plus haut au plus bas, mais principalement dans cette classe moyenne digne et noblement sévère ^{à laquelle il} _{appartenait lui-même, une habitude de pensée sereine et sans tache était aussi naturelle aux gens que leur montagne.} air.

Des femmes comme Rose Bradwardine et Ailie Dinmont étaient la grâce et la garde de presque tous les foyers (Dieu soit loué car leur race n'est pas encore éteinte, malgré tout ce que Mall ou Boulevard peuvent faire), et cela a peut-être échappé à l'attention même des plus attentifs. aux lecteurs que le caractère relativement inintéressant des héros de Sir Walter avait toujours été étudié parmi une classe de jeunes qui étaient tout simplement incapables de faire quoi que ce soit de grave ; et ne pouvaient qu'être embarrassés par les conséquences de leur légèreté ou de leur imprudence.

21. Mais il existe une autre différence entre la trame d'un roman de Waverley et la toile d'araignée d'un roman moderne, qui dépend de la vision plus large de la vie humaine de Scott. Le mariage n'est en aucun cas, dans sa conception de l'homme et de la femme, l'affaire la plus importante de leur existence ; [48] ni l'amour comme seule récompense à proposer à leur vertu ou à leur effort. Dans sa lecture des lois de la Providence, il n'est pas nécessaire que la vertu soit récompensée, soit par l'amour, soit par toute autre bénédiction extérieure ; [49] et le mariage est dans tous les cas pensé comme un élément constitutif du bonheur de la vie, mais non comme son seul intérêt, encore moins son seul but. Et en analysant avec quelque soin les motifs de ses principales histoires, nous constaterons souvent que l'amour qui s'y trouve n'est qu'une lumière par laquelle les traits les plus sévères du caractère doivent être irradiés, et que le mariage du héros est tout aussi subordonné au mariage du héros. Le principal tournant de l'histoire de la cour d'Henri Cinquième envers Katherine est la bataille d'Azincourt. Bien plus, la fortune de la personne qui est nominalement le sujet du conte n'est souvent guère plus qu'un arrière-plan sur lequel des figures plus grandioses doivent être dessinées et des destins plus profonds annoncés. Les jugements entre la foi et la chevalerie de l'Écosse à Drumclog et à Bothwell Bridge doivent peu de leur intérêt dans l'esprit d'un lecteur sensé au fait que le capitaine du Popinjay est transporté prisonnier à une bataille et revient prisonnier de l'autre. : et Scott lui-même, tandis qu'il regarde pour la dernière fois la voile blanche qui transporte la reine Mary depuis son pays natal, oublie presque de terminer son roman, ou de nous le dire - et avec peu de sentiment de consolation à en tirer . circonstance mineure, — que « Roland et Catherine étaient unis, malgré leurs croyances différentes ».

22. Ne pensons pas non plus un instant que le regard léger, et parfois méprisant, avec lequel Scott passe sur des scènes qu'un romancier de nos jours eût analysées avec des airs de philosophe et peintes avec la curiosité d'un commère , indique toute absence dans son cœur de sympathie pour les éléments grands et sacrés du bonheur personnel. Une époque comme la nôtre, qui a balayé son cœur avec diligence et ostentation de toutes les passions autrefois connues sous le nom de loyauté, de patriotisme et de piété, amplifie nécessairement la force apparente du seul sentiment restant qui soupire à travers les chambres stériles ou s'accroche inextricablement autour de lui. les gouffres de la ruine ; il ne peut pas non plus ne pas considérer avec crainte l'esprit invincible qui tente encore ou trahit les sagacités de l'égoïsme dans l'erreur ou la frénésie que l'on croit être l'amour.

Que Scott n'ait jamais été lui-même, au sens de l'expression employée par les amoureux de l'école parisienne, « ivre d'amour », peut être admis sans préjudice de sa sensibilité [50] ^{et} qu'il n'a jamais connu « l'amor che move 'l sol e l'altre stelle", fut la calamité principale, bien que méconnue, de sa vie profondément mouvementée. Mais le lecteur honnête et sensible ne supposera donc pas que l'amour que miss Vernon sacrifie, en se baissant un instant de son cheval, soit d'un caractère moins noble, ou d'une foi moins durable, que celui qui trouble et dégrade toute l'existence de Consuelo ; ou que l'affection de Jeanie Deans pour le compagnon de son enfance, dessiné comme un champ de doux ciel bleu au-delà des nuages de son chagrin, est moins pleinement en possession de son âme que les impulsions hésitantes et d'auto-reproche sous lesquelles une femme moderne l'héroïne s'oublie dans un bateau, ou se compromet dans la fraîcheur du soir.

23. Je ne veux pas revenir sur le terrain vague que nous avons parcouru, en comparant point par point les manières de Scott avec celles de Bermondsey et des Faubourgs ; mais il peut être peut-être intéressant en ce moment d'examiner, à l'aide d'illustrations tirées des romans de Waverley qui ont si récemment *détourné* l'attention d'un public juste et doux, [51] les conditions universelles du « style », appelé à juste titre, qui sont à toutes les époques, et surtout les courants locaux ou les marées vacillantes des mœurs passagères, les piliers de ce qui est toujours fort et les modèles de ce qui est toujours juste.

Mais je dois d'abord définir, et cela dans un horizon strict, les œuvres de Scott, dans lesquelles son esprit parfait peut être connu et ses voies choisies comprises.

Ses grandes œuvres de fiction en prose, à l'exception seulement du premier demi-volume de "Waverley", ont toutes été écrites en douze ans, 1814-26 (de 43 à 55 ans pour lui), le temps réel employé dans leur composition. ne dépassant pas quelques mois par an ; et pendant cette période uniquement les heures du matin et les minutes libres de la journée professionnelle. "Bien que le premier volume de "Waverley" ait été commencé il y a longtemps et perdu pendant un certain temps, les deux autres ont été commencés et terminés entre le 4 juin et le 1er juillet, pendant toute la durée de mon service au tribunal. et s'est déroulé sans perte de temps ni entrave aux affaires. [52]

Peu de maximes pour l'application desquelles, dans "Peintres modernes", j'ai acquis il y a longtemps le caractère général d'un amateur de paradoxe, sont plus singulières et plus sûres que la déclaration, apparemment si encourageante pour les oisifs, que si une grande chose peut être faite, elle peut l'être facilement. Mais c'est ce genre de facilité avec laquelle un arbre fleurit après de longues années de force rassemblée, et tous les grands écrits de Scott étaient la recréation d'un esprit confirmé dans un travail consciencieux et riche d'une collecte organique de ressources illimitées.

En omettant de notre décompte les deux esquisses mineures et mal finies du "Nain Noir" et de la "Légende de Montrose", et, pour une raison à remarquer maintenant, le malheureux "St. Ronan's", les romans mémorables de Scott sont au nombre de dix-huit. , répartis en trois groupes distincts, contenant six chacun.

24. Le premier groupe se distingue des deux autres par des caractères de force et de félicité qui n'apparurent plus après que Scott fut frappé par sa terrible maladie en 1819. Il comprend "Waverley", "Guy Mannering", "The Antiquary", " Rob Roy », « Old Mortality » et « The Heart of Midlothian ».

La composition de ceux-ci occupait les matinées de ses jours les plus heureux, entre quarante-trois et quarante-huit ans. Le 8 avril 1819 (il avait quarante-huit ans le 15 août précédent), il commença pour la première fois à dicter, incapable d'écrire, « La Fiancée de Lammermuir », « l'affectueux Laidlaw implorant " Non, Willie, " répondit-il, " veillez seulement à ce que les portes soient fermées. J'aimerais garder tous les cris ainsi que toute la laine pour nous ; mais quant à donner au travail, cela ne peut se produire que lorsque je suis en laine. » [53] À partir de ce moment-là, l'éclat de la joie et la sincérité de l'humour inévitable, qui perfectionnaient l'imagerie des romans précédents, sont totalement absents, sauf dans les deux courts intervalles de santé inexplicablement restaurés, dans lesquels il a écrit « Redgauntlet » et « Nigel ».

Il est étrange, mais ce n'est qu'une partie de la simplicité générale du génie de Scott, que ces renaissances du pouvoir antérieur aient été inconscientes, et que l'époque d'extrême faiblesse au cours de laquelle il a écrit "St. Ronan's Well", soit celle dans laquelle il a affirmé pour la première fois sa propre restauration.

25. C'est aussi une caractéristique profondément intéressante de sa noble nature qu'il ne gagne jamais rien par la maladie ; l'homme tout entier respire ou s'évanouit comme une seule créature : la douleur qui raidit un membre lui glace le cœur, et chaque pincement de son estomac paralyse le cerveau. Il n'en est pas de même des esprits inférieurs, dans le fonctionnement desquels il est souvent impossible de distinguer la fantaisie indigène de la fantaisie narcotique, et les battements de conscience de ceux de l'indigestion. Que ce soit dans l'exaltation ou la langueur, les couleurs d'esprit sont toujours morbides qui brillent sur la mer pour le « Vieux Marin », et à travers les fenêtres pour « la veille de Sainte-Agnès » ; mais Scott est à la fois aveuglé et abruti par la maladie ; il n'a jamais de crampe sans gâcher un chapitre, et il est peut-être le seul auteur d'une imagination débordante qui n'ait jamais écrit un mot stupide sans être malade.

Il ne reste plus qu'à remarquer sur ce point que toute forte excitation naturelle, affectant les sources les plus profondes de son cœur, rendrait aussitôt ses facultés intellectuelles à leur plénitude, et cela, bien avant leur déclin : mais que la forte volonté sur laquelle il Il était fier de lui, même s'il pouvait piétiner la douleur, faire taire le chagrin et contraindre au travail, mais il ne pouvait jamais réchauffer son imagination ni éclaircir son jugement dans ses heures les plus sombres.

Je crois que ce pouvoir du cœur sur l'intellect est commun à tous les grands hommes : mais quel était le caractère spécial de l'émotion, qui seul pouvait élever Scott au-dessus du pouvoir de la mort, je vais le demander au lecteur, dans peu de temps. , à observer avec une attention joyeuse.

26. La première série de romans, mentionnée ci-dessus, est donc la seule qui montre l'accent mis sur ses facultés intactes. Le second groupe, composé dans les trois années qui suivent la maladie, presque mortelle, en porte chacun plus ou moins le sceau.

Ils se composent de la « Mariée de Lammermuir », « Ivanhoe », le « Monastère », « l'Abbé », « Kenilworth » et le « Pirate ». [54] Les marques d'une santé brisée sur tous ces éléments sont essentiellement doubles : la mélancolie dominante et l'invraisemblance fantastique. Trois des contes sont atrocement tragiques, "l'Abbé" ne l'est guère moins dans son événement principal, et "Ivanhoe" profondément blessé dans toute sa panoplie lumineuse ; tandis que même dans la plus puissante des séries, les tirs à l'arc et les coups de hache impossibles, les apparitions incroyablement opportunes de Locksley, la mort d'Ulrica et la réanimation d'Athelstane, sont en partie enfantins, en partie fébriles. Caleb dans la « Mariée », Triptolème et Halcro dans le « Pirate », sont tous laborieux et le premier incongru ; un demi-volume de « L'Abbé » est consacré à des détails extrêmement ennuyeux sur les relations de Roland avec ses compagnons de service et sa maîtresse, qui n'ont rien à voir avec l'histoire future ; et la dame d'Avenel elle-même disparaît après le premier volume, « comme une couronne de neige au dégel, Jeanie ». Le public s'est prononcé lui-même sur le « Monastère », mais avec autant de dureté qu'il a bêtement loué les horreurs de « Ravenswood » et les absurdités d'« Ivanhoe » ; parce que le public moderne trouve dans la torture et l'aventure de ceux-ci le genre d'excitation qu'il recherche dans un opéra, alors qu'il n'a aucune sympathie pour le bonheur pastoral de Glendearg, ni pour les simplicités persistantes de la superstition qui donnent une vraisemblance historique à l'histoire. légende de la Dame Blanche.

Mais cette histoire méprisée et sa suite ont le cœur de Scott en elles. Le premier commença à se rafraîchir pendant les intervalles de travail artificiel sur « Ivanhoe ». "C'était un soulagement", dit-il, "de pouvoir mêler le paysage qui me était le plus familier [55] avec le monde étrange pour lequel j'ai dû tant faire appel à mon imagination." À travers toutes les scènes finales de la seconde, il est élevé à son véritable niveau par son amour pour la reine. Et dans le cadre du code de l'œuvre de Scott auquel je vais faire appel pour illustrer ses pouvoirs essentiels, j'accepte le « Monastère » et « l'Abbé », et j'en rejette les quatre autres de ce groupe.

27. La dernière série en contient deux tout à fait nobles, « Redgauntlet » et « Nigel » ; deux de très grande valeur, « Durward » et « Woodstock » ; le « Peveril », négligé et diffus, écrit pour le commerce ; [56] les maladifs « Contes des croisés » et le « Puits de Saint-Ronan » entièrement brisé et malade. Ce dernier, je le mets hors de tout compte, et du reste, je n'accepte que les quatre premiers cités comme œuvres saines ; de sorte que la liste des romans dans lesquels je propose d'examiner ses méthodes et ses normes idéales, se réduit aux douze suivants (nommés par ordre de production) : « Waverley », « Guy Mannering », « l'Antiquaire », « Rob Roy ». , "Old Mortality", le "Cœur de Midlothian", le "Monastère", "l'Abbé", "Redgauntlet", les "Fortunes de Nigel", "Quentin Durward" et "Woodstock". [57]

28. Il est cependant trop tard pour aborder mon sujet dans cet article, que je peux conclure en soulignant quelques-unes des caractéristiques purement verbales de son style, qui illustrent par quelques aspects les questions que nous avons examinées, et principalement de celle qui peut être la plus embarrassante pour beaucoup de lecteurs, la différence entre le caractère et la maladie.

Un charme tout à fait distinctif des Waverley est leur utilisation modifiée du dialecte écossais ; mais on n'a généralement pas observé, ni par leurs imitateurs, ni par les auteurs de goûts différents qui ont écrit pour un public ultérieur, qu'il y ait une différence entre le dialecte d'une langue et sa corruption.

Un dialecte se forme dans toute région où se trouvent des personnes assez intelligentes pour employer la langue elle-même dans toute sa finesse et sa force, mais dans des conditions particulières de vie, de climat et d'humeur, qui introduisent des mots particuliers au paysage, des formes de mots. et des idiomes de phrases propres à la race, et des prononciations indicatives de leur caractère et de leur disposition.

Ainsi, « brûler » (d'un ruisseau) est un mot possible seulement dans un pays où les eaux coulent brillamment, « lassie », un mot possible seulement là où les filles sont aussi libres que les ruisseaux, et « auld », une forme de le « vieux » sudiste, adopté par une race à l'oreille musicale plus fine que les Anglais.

Au contraire, de simples détériorations, ou des formes d'énonciation grossières, stridulentes et, dans le sens ordinaire de l'expression, « larges », ne sont pas du tout des dialectes, n'ayant rien de dialectique en elles ; et toutes les phrases développées dans des états d'emploi grossier et de relations sexuelles restreintes nuisent au ton et réduisent la puissance de la langue qu'elles affectent. La simple ampleur de l'accent ne gâte pas un dialecte tant que les locuteurs sont des hommes aux idées variées et dotés d'une bonne intelligence ; mais dès que la vie est réduite par les travaux miniers, les travaux de menuiserie ou tout autre travail oppressant et monotone, les accents et les phrases s'avilissent. Cela fait partie de la folie populaire de l'époque que de trouver du plaisir à essayer d'écrire et d'épeler ces formes avortées, paralysées et plus ou moins brutales du langage humain.

29. Les dialectes avortés, estropiés ou brutaux ne sont cependant pas nécessairement des dialectes « corrompus ». Le langage corrompu est celui recueilli par l'ignorance, inventé par le vice, mal utilisé par l'insensibilité, ou haché et prononcé par affectation, surtout dans la tentative de traiter des mots dont seulement la moitié du sens est comprise ou la moitié du son entendu. Les « apparentement ainsi » de Mme Gamp – et les « sous-esprits » avec un sentiment primaire de sape, de - j'oublie quels potins, dans le "Mill on the Floss", sont des chefs-d'œuvre et des maîtresses dans ce dernier genre. Les « allégories sur les rives du Nil » de Mme Malaprop sont d'un ordre d'erreur un peu plus élevé : l'ignorance de Mme Tabitha Bramble est vulgarisée par son égoïsme, et celle de Winifred Jenkins par sa vanité. Le « wot » de Noah Claypole et les autres dégradations du cockneyisme (Sam Weller et son père ne sont rien de plus admirables que la puissance du cœur et des sens qui peuvent purifier même ceux-là) ; le « trewth » de M. Chadband et le « natur » de M. Squeers sont des exemples de corruption des mots par insensibilité : l'utilisation du mot « bloody » dans le bas anglais moderne est

une corruption plus profonde, qui n'altère pas la forme du mot. le mot, mais en souillé la pensée.

Ceci étant compris, je vais procéder à l'examen approfondi d'un fragment du dialecte écossais des basses terres de Scott ; ne pas le choisir de la plus belle espèce ; au contraire, ce sera un morceau aussi bas qu'il permettra au Scotch de descendre - c'est peut-être le seul patriotisme injuste en lui, que si jamais il veut un mot ou deux d'argot vraiment méchant, il le donne en anglais. ou néerlandais – pas écossais.

J'avais eu l'intention à la fin de cet article d'analyser et de comparer les personnages d'Andrew Fairservice et de Richie Moniplies, par exemple, le premier au mal inné, non affecté par les influences extérieures et indemne, mais distinct de la bonté naturelle comme l'ortie est distincte de la bonté naturelle. baume ou lavande; et ce dernier, de bonté innée, contracté et pincé par les circonstances, mais toujours intact, comme une feuille de chêne croustillante par le gel et non par le ver. Ceci, avec bien d'autres choses en tête, je dois différer ; mais l'étude attentive d'une phrase d'Andrew nous donnera beaucoup de matière à réflexion.

30. Je reprends son récit du sauvetage de la cathédrale de Glasgow au moment de la Réforme.

Ah ! c'est une église courageuse – aucun d'eux n'a eu de fantaisies, de curliewurlies et d'ourlets en acier ouvert – un ouvrage de maçon solide et bien jointé, qui tiendra aussi longtemps que le monde, gardera les mains et la poudre dessus. Il y avait eu un long terme à la Réforme, quand ils avaient pu démolir les églises de St. Andrews et de Perth, et par la suite, pour les purifier du papier, de l'idolâtrie, du culte des images, des surplis, et sic. - comme des haillons de la race muckle qui est assise sur sept collines, comme si une tresse n'était pas assez pour son vieux derrière. Comme les communes de Renfrew, la baronnie et les Gorbals, et tout le reste, ils devaient venir à Glasgow un beau matin pour tenter de purger le High Kirk des surnoms papistes. Mais les citadins de Glasgow craignaient que leur ancien édifice ne glisse des sangles à cause d'une physique si rude, alors ils sonnèrent la cloche commune et rassemblèrent les fanfares du train au son du tambour. Par chance, le digne James Rabat était doyen de la Guilde cette année-là (et un bon maçon, il était lui-même, ce qui le rendait d'autant plus désireux de maintenir le vieux bigging), et les métiers se rassemblèrent et livrèrent carrément une bataille aux communs. plutôt que leur église devrait coup d'État aux crans, comme d'autres l'avaient fait ailleurs. Ce n'était pas par amour pour Paperie – na, na ! – personne ne pourrait jamais dire cela des métiers de Glasgow – puisqu'ils sont parvenus à un accord pour retirer les statues idolâtres des saints (que le chagrin soit sur eux !) o 'leurs neuks - Et ainsi les morceaux des idoles de

Stane ont été brisés en morceaux par mandat de l'Écriture et jetés dans le feu de Molendinar, et le vieux kirk se tenait aussi crouse qu'un chat quand les puces sont attaquées sur elle, et un' corps était également content. Et j'ai entendu des gens sages dire que si la même chose avait été faite à Ilka Kirk en Écosse, la réforme aurait été aussi pure qu'elle l'est aujourd'hui, et nous aurions davantage d'églises chrétiennes ; car j'ai vécu si longtemps en Angleterre que rien ne me sera chassé de la tête, que le chenil d'Osbaldistone-Hall vaut mieux que n'importe quelle maison de Dieu en Écosse.

31. Or, cette phrase est avant tout un morceau de l'histoire écossaise d'une valeur tout à fait inestimable et concentrée. Le tempérament d'Andrew est le type d'une vaste classe d'esprit écossais — dirons-nous l'appeler « *truie - thistlien* » — qui adopte nécessairement l'opinion soit du pape, soit du saint, que le chardon du Liban a pris du cèdre ou des lys du Liban ; et toute la force des passions qui, dans la révolution écossaise, ont prédit et prévenu la révolution française, est racontée dans ce seul paragraphe ; sa grossièreté, observez-la, étant admise, non pas pour rire, pas plus qu'un oignon dans un bouillon simplement pour sa saveur, mais pour sa viande ; la constance inhérente de cette grossièreté étant un fait dans cet ordre d'esprit et une partie essentielle de l'histoire à raconter.

Deuxièmement, remarquez que ce discours, dans la passion religieuse qu'il peut avoir, est tout à fait sincère. Andrew est un voleur, un menteur, un lâche et, dans le service juste d'où il tire son nom, un hypocrite ; mais sous la forme de préjugés, qui est tout ce dont son esprit est capable à la place de la religion, il est entièrement sincère. Il ne prétend pas du tout détester le culte des images pour plaire à son maître ou à qui que ce soit ; il méprise honnêtement la « moralité charnelle [58] aussi fade et sans fusion que les feuilles de rue à Noël » du sermon dans la cathédrale supérieure ; et lorsqu'il est plongé dans une attention critique sur la « vraie saveur de la doctrine » dans la crypte, il oublie si complètement l'hypocrisie de son juste service qu'il répond à la tentative de son maître de le déranger avec de violents coups de coude.

Troisièmement. C'est un homme d'une sagacité non négligeable, tout à fait à la hauteur du bon sens écossais moyen, et non d'un niveau bas ; et, bien qu'incapable de comprendre quelque sorte de pensée ou de passion élevée, il est un mesureur astucieux des faiblesses, et non sans une ou deux étincelles de bon sentiment. Voir d'abord son esquisse du caractère de son maître à M. Hammorgaw, commençant par : « Il n'est pas non plus aussi vide de sens » ; » et puis la fin du dialogue : « Mais ce garçon n'est plus un mauvais garçon après tout, et il a besoin d'un corps prudent pour s'occuper de lui.

Quatrièmement. C'est un bon ouvrier ; connaît bien son propre métier et peut juger d'autres métiers, s'ils sont solides ou non.

Ces quatre qualités doivent être connues avant que nous puissions comprendre ce seul discours. En les gardant à l'esprit, je le reprends mot à mot.

32. Vous observez qu'au début, Scott ne fait aucune tentative pour indiquer des accents ou des modes de prononciation par une orthographe modifiée, à moins que le mot ne devienne un mot tout à fait définitivement nouveau et pouvant être écrit en toute sécurité. La manière écossaise de prononcer « James », par exemple, est tout à fait particulière et extrêmement agréable à l'oreille. Mais il en est ainsi, simplement parce que cela ne change *pas* le mot en Jeems, ni en Jims, ni en Jawms. Un écrivain moderne de dialectes trouverait amusant d'utiliser l'une ou l'autre de ces orthographes laides. Mais Scott écrit le nom dans un anglais pur, sachant qu'un lecteur écossais le prononcera correctement et qu'un lecteur anglais sera sage de le laisser tranquille. D'un autre côté, il écrit « weel » pour « bien », parce que ce mot est complet dans son changement et peut être très étroitement exprimé par le double *e* . Les *u* ambigus dans « gude » et « sune » sont admis, parce que le son est bien plus semblable que ne le serait le double *o* , et cela dans « hure », par grâce, pour adoucir le mot ; donc aussi « puces » pour « puces ». "Mony" pour "beaucoup" a encore une fois un son positivement correct, et "neuk" diffère de notre "coin" dans le sens, et n'est pas du tout le même mot, comme nous le verrons tout à l'heure.

Deuxièmement, remarquez qu'aucun mot n'est corrompu par une hâte indécente, une lenteur, une négligence ou une incapacité de prononciation. Il n'y a pas de zézaiement, de traînement, de bave ou de reniflement : le discours est aussi clair qu'une cloche et aussi aiguisé qu'une flèche : et ses élisions et contractions sont soit mélodieuses, ("na", pour "pas", - "pu' d," pour "tiré",") ou aussi normal que dans un verset latin. Les longs mots sont prononcés sans la moindre maladresse ; et "bigging" a terminé jusqu'à son dernier *g* .

33. Je prends maintenant les mots importants à leur place.

Courageux. Le vieux sens anglais du mot « aller courageux » a été conservé, exprimant l'admiration sincère et respectueuse d'Andrew. S'il avait voulu insinuer que l'Église était trop belle, il aurait dit « braw ».

Église. C'est bien sûr un mot aussi pur et peu provincial que « Kirche » ou « église ».

Whigmaleerie. Je n'arrive pas à comprendre la racine de ce mot, mais il montre que le locuteur n'est pas lié par les règles classiques, mais qu'il utilisera toutes les syllabes qui enrichiront son sens. "Nipperty-tipperty" (du "poésie-absurdité" de son maître) est un autre mot de la même classe. "Curliewurlie" est bien sûr aussi pur que "Hurlyburly" de Shakespeare. Mais voir la première suggestion de l'idée à Scott chez Blair-Adam (L. vi. 264).

Ourlets ouverts. Une description plus détaillée, ou mieux, du gothique ultérieur ne peut pas être résumée en quatre syllabes. "Steek", mélodieux pour point, a un sens combiné de fermeture ou d'attache. Et notons que le gothique ultérieur étant précisément ce que Scott connaissait le mieux (dans Melrose) et aimait le plus, c'est, ici comme ailleurs, tout autant de lui-même [59] que ^{Frank}, dont il rit, quand il rit *avec* Andrew, dont Les « ourlets d'opensteek » ne sont qu'une métaphore plus grossière de ses propres « couronnes de saule changées en pierre ».

La poudre à canon. "-Ther" est un vestige persistant du français "-dre".

Syné. Un des mots écossais mélodieux et mystérieux qui contiennent en partie le bruit du vent et du courant, et en partie la gamme d'idées adoucies qui est comme une distance de collines bleues au-dessus des terres frontalières ("loin dans le bleu lointain de Cheviot"). Peut-être que même l'« Anglais » le moins sympathique pourrait le reconnaître s'il entendait « Old Long Since » substituer vocalement les mots écossais dans l'air. Je ne connais pas la racine ; mais le sens propre du mot n'est pas « depuis », mais avant ou après un intervalle d'une certaine durée, « aussi bien comme syne ». "Mais d'abord sur Sawnie gies a ca', Syne, elle entre brutalement."

Behoved (*à venir*). Un mot riche, avec un langage particulier, toujours utilisé plus ou moins ironiquement pour désigner tout ce qui est fait sous une notion en partie erronée et en partie feinte du devoir.

Siccan. Bien plus joli et plus complet que « tel ». Il contient un sentiment supplémentaire d'émerveillement ; et signifie proprement « si génial » ou « si inhabituel ».

A pris (*oh tambour*). "Tuck" classique de l'italien "toccata", le prélude "toucher" ou fleurir, sur n'importe quel instrument (mais voir Johnson sous le mot "tucket", citant "Othello"). Les voyelles écossaises plus graves sont utilisées ici pour marquer le son plus grave de la grosse caisse, comme dans un avertissement plus solennel.

Grandir. Le seul mot dans toute la phrase dont la forme écossaise est moins mélodieuse que celle de l'anglais, « et pourquoi pas », étant donné que l'architecture écossaise n'est pour la plupart guère au-delà de celle de Bessie Bell et de Mary Gray ? "Ils ont un gros coup d'arc à côté de chez toi, et ça va être avec des éruptions cutanées." Mais il est purement anglo-saxon dans ses racines ; voir le glossaire de l'édition de Fairbairn du Douglas « Virgil », 1710.

Coup. Un autre des mots les plus englobants ; abréviation de « bouleversé », mais avec un sentiment de maladresse comme cause inhérente de la chute ; comparez Richie Moniplies (également pour le sens de « behoved ») : « Un vieux diable hirplin de potier a dû juste se mettre en travers de mon chemin et m'offrir un cochon (pot en terre – étym. dub.), comme il a dit « juste pour J'ai mis ma pommade écossaise dedans ; et je lui ai donné un coup de pouce, comme si c'était naturel, et le diable chancelant s'est propagé parmi ses propres porcs et en a endommagé une vingtaine. " Ainsi que Dandie Dinmont dans la chaise de poste : "'Od ! J'espère qu'ils ne nous couperont pas."

Les Crans. Idiomatique ; racine inconnue de moi, mais cela s'entend dans cet usage, chute totale, et sans reprise. [60]

Molendinaire. De « molendinum », le lieu de broyage. Je ne sais pas s'il s'agit réellement du nom local [61] ou de l'invention de Scott. Comparez les « Molinaras » de Sir Piercie. Mais en tout cas utilisé ici avec un sentiment de dégradation des saints autrefois oisifs à moudre au moulin.

Crouse. Courageux, adouci par un sentiment de confort.

Ilka. Encore un mot avec une distance azur, incluant tout le sens de « chacun » et « chaque ». Le lecteur doit distinguer soigneusement et respectueusement ces mots complets, qui rassemblent deux ou plusieurs significations parfaitement comprises en un seul *accord* de sens, et qui sont des harmonies plus que des mots, des erreurs notées ci-dessus entre deux significations à moitié frappées, frappées comme un mauvais piano . -le joueur frappe le bord d'une autre note. En anglais, nous avons moins de ces pensées combinées ; de sorte que Shakespeare joue plutôt avec les lumières distinctes de ses mots, plutôt que de les fondre en une seule. Ainsi encore, Mgr Douglas épelle, et parle sans doute, le mot « rose », différemment, selon son dessein ; si en tant que chef ou dirigeante des fleurs, «rois», mais ne serait-ce que dans sa propre beauté, se levait.

Chrétien. Le sens de la décence et de l'ordre propre au christianisme est plus fort en Écosse que dans tout autre pays, et le mot « chrétien » s'oppose plus nettement à « bête ». D'où le revers de la médaille envers les Anglais pour leurs soins trop pieux envers les chiens.

34. Je suis moi-même un peu surpris de la longueur jusqu'où nous a conduit cet examen d'un petit morceau de l'ouvrage de premier ordre de Sir Walter, mais je dois ici terminer pour cette fois, confiant, si l'éditeur du dix-neuvième siècle me *le* permet , mais pour empiéter, peut-être plus d'une fois, sur la patience de ses lecteurs ; mais, en tout cas, d'examiner dans un article suivant les caractéristiques techniques du propre style de Scott, tant en prose qu'en

vers, ainsi que celui de Byron, par opposition à nos dialectes et rythmes à la mode récents ; les vertus essentielles du langage, chez les deux maîtres de la vieille école, dépendent en fin de compte, aussi peu qu'on puisse le penser, de certaines de leurs conceptions inaltérables concernant le code appelé « des Dix Commandements », en totale contradiction avec les dogmes de la langue automatique. une moralité qui, résumée à nouveau par la phrase des sorcières : « Ce qui est juste est immonde et ce qui est impur est juste », flotte dans le brouillard et l'air sale de notre Angleterre prospère.

NOTES DE BAS DE PAGE :

[37] *XIXe siècle* , juin 1880.

[38] Voir *Time and Tide* , § 72.— ED .

[39] Nell, dans le « Old Curiosity Shop », a été simplement tué pour le marché, comme un boucher tue un agneau (voir « Life » de Forster), et Paul a été écrit dans les mêmes conditions de maladie qui ont affecté Scott - une partie des paralysies inquiétantes, saisissant à la fois l'auteur et le sujet à la fois dans "Dombey" et "Little Dorrit".

[40] "Chourineur" ne frappe pas avec la pointe d'un poignard, mais déchire avec le tranchant d'un couteau. Pourtant je fais injustice à lui et à La Louve en les classant parmi les deux autres ; ils ne sont rassemblés que comme parties d'un même fantasme. Comparez avec La Louve, la force de la vertu sauvage dans la « Louvécienne » (Lucienne) de Gaboriau, elle, née et élevée en province ; et opposée à la civilisation parisienne dans le personnage de son amie couturière. "De ce Paris, où elle était née, elle savait tout—elle connaissait tout. Rien ne l'étonnait, nul ne l' intimidait. Sa science des détails matériels de l'existence était inconcevable. Impossible de la duper!—Eh bien ! cette fille si laborieuse et si économe n'avait même pas la plus vague notion des sentiments qui sont l'honneur de la femme. Je n'avais pas idée d'une si complète absence de sens moral; d'une si inconscience dépravation , d'une impudence si effrontément naïve."—"L'Argent des autres", vol. IP 358.

[41] Le lecteur qui veut la rechercher peut facilement trouver des preuves médicales des effets physiques de certains états de maladie cérébrale en produisant notamment des images de déformations tronquées et de type Hermès, compliquées de grossièreté. Horace, dans les Épodes, s'en moque, non sans horreur. Luca Signorelli et Raphaël dans leurs arabesques en sont profondément frappés : Dürer, le défiant et jouant avec lui tour à tour, est presque abattu encore et encore dans les visages déformés, coupant les hallebardes, et suspendant les satyres de ses arabesques autour du Notre Père polyglotte ; elle s'empare entièrement de Balzac dans les Contes Drolatiques

; cela a frappé Scott dès les premiers jours de ses « visions » enfantines intensifiées par le meurtre à la hache de sa grand-tante (L. i. 142, et voir la fin de cette note). Il choisit pour lui le sujet du « Cœur de Midlothian », et produisit ensuite toutes les idées récurrentes d'exécutions, entachant « Nigel », gâtant presque « Quentin Durward » – tout à fait la « Belle Fille de Perth » : et culminant dans « Bizarro » " (L. x. 149). Cela évoquait toutes les morts par chute, ou naufrage, comme dans un sommeil délirant – Kennedy, Eveline Neville (presque répétée dans Clara Mowbray), Amy Robsart, le maître de Ravenswood dans les sables mouvants, Morris et le caporal Grace-be-here – à comparer. le rêve de Gride, dans "Nicholas Nickleby", et les derniers mots de Dickens, *sur le sol* (de même, dans ma propre inflammation du cerveau, il y a deux ans, j'ai rêvé que je tombais à travers la terre et ressortais de l'autre côté). côté). Dans son pouvoir grotesque et déformant, il a produit toutes les figures du Gobelin laïc, Pacolet, Flibbertigibbet, Cockledemoy, Geoffrey Hudson, Fenella et Nectabanus ; chez Dickens, il donne de la même manière Quilp, Krook, Smike, Smallweed, Miss Mowcher, ainsi que les nains et les œuvres de cire de la caravane de Nell ; et se déchaîne complètement dans "Barnaby Budge", où, avec un corps de drame composé d'un idiot, de deux fous, d'un gentleman-fool qui est aussi un méchant, d'un garçon de magasin qui est aussi un canaille, d'un bourreau, d'un un virago ratatiné et une poupée en rubans - transportant cette compagnie à travers l'émeute et le feu, jusqu'à ce qu'il pend le bourreau, l'un des fous, sa mère et l'idiot, fasse courir le gentleman-imbécile dans un duel sanglant, brûle et écrase. le garçon de magasin imbécile jusqu'à devenir informe, il ne peut pas encore se contenter de couper la jambe de rechange de l'amant et de le marier à la poupée dans une poupée en bois ; le garçon de magasin informe étant finalement également marié dans *deux* en bois. C'est cette mutilation, remarquez-le, qui est le signe même manuel de la peste ; rejoint, dans ses formes artistiques, un amour des épineux - (dans leur racine mystique, la troncature du serpent sans membres et les épines de l'aile du dragon. Comparez "Modern Painters", vol. iv., "Chapitre sur le Mountain Gloom », art. 19); et sous *toutes* ses formes, avec pétrification ou perte de puissance par le froid dans le sang, d'où le dernier procédé darwinien du charme des sorcières : « refroidissez-le avec du *sang de babouin, alors* le charme est ferme et bon ». Les deux fresques des affiches colossales qui ont récemment décoré les rues de Londres (le babouin au miroir et la décapitation de Maskelyne et Cooke) sont les dernières formes anglaises de l'arabesque de Raphaël sous cette influence ; et cela vaut la peine d'obtenir le numéro de la semaine se terminant le 3 avril 1880 de « Young Folks — un magazine de littérature instructive et divertissante pour garçons et filles de tous âges », contenant « A Sequel to Desdichado » (le moderne développement d'Ivanhoe), dans lequel on trouvera un exemple tout à fait monumental du genre d'art en question comme illustration majeure de cette phrase caractéristique : « Voyez, bon Cerberus, dit Sir Rupert, ma main a été radiée . *Il faudra me fabriquer une main de fer, munie de ressorts, afin que je puisse lui faire saisir un poignard .* » Le texte est également, comme il prétend l'être, instructif ; étant la dégénérescence ultime de ce que j'ai appelé plus haut la « folie » d'« Ivanhoe » ; car la folie engendre la folie de bas en bas ; et tout ce que Scott et Turner ont fait de mal a des milliers d'imitateurs : leur sagesse, personne ne l'entendra, et encore moins la suivra !

Dans les deux Maîtres, il faut toujours se rappeler que le mal et le bien sont également des conditions de *vision littérale* : et par conséquent aussi, inséparablement liés à l'état de santé. Je crois que les premiers éléments de toutes les erreurs de Scott étaient dans le lait de sa nourrice phtisique, qui l'a presque tué alors qu'il était bébé (L. i. 19) - et a été sans aucun doute la cause de la fièvre dentaire qui a abouti à sa boiterie. L. i. 20). Puis vinrent (si le lecteur veut savoir ce que j'entends par « Fors », qu'il lise attentivement la page) les terribles accidents de sa sœur unique et sa mort (L. i. 17) ; puis la folie de sa nourrice, qui a planifié son propre meurtre (21), puis les récits lui racontaient continuellement les exécutions de Carlisle (24), le mari de sa tante les ayant vu ; sortant, il sait à peine lui-même comment, dans la terreur inexplicable qui l'envahit à la vue de la statuaire (31) - en particulier de l'échelle de Jacob ; puis le meurtre de Mme Swinton, et enfin l'éclatement presque mortel du vaisseau sanguin à Kelso, avec la maladie nerveuse qui a suivi (65-67) - réconforté, alors qu'il était « saigné et couvert d'ampoules jusqu'à ce qu'il lui reste à peine un pouls », " par cette histoire des Chevaliers de Malte, évoquée avec tendresse et réalisée par le modelage réel de leur forteresse, qui lui revenait à l'esprit pour le thème de son dernier effort vers la disparition.

[42] « Se dit par dénigrement, d'un chrétien qui ne croit pas les dogmes de sa religion. » — Fleming, vol. ii. p. 659.

[43] Le roman auquel il est fait allusion est « Le moulin à soie ». Voir ci-dessous, p. 272, § 108. — ÉD .

[44] « Un fils nom », correctement. La phrase est celle de Victor Cherbuliez, dans « Prosper Randocé », qui en regorge d'autres précieuses. Voir « ici bas les choses vont de travers, comme un chien qui va à vêpres », de la vieille nourrice, p. 93 ; et comparez les trésors de Prosper, « la petite Vénus, et le petit Christ d'ivoire », p. 121 ; aussi la demande de Madame Brehanne pour le divertissement de "quelque belle batterie à coups de couteau" avec la réponse de Didier. "Hélas! madame, vous jouez de malheur, ici dans la Drôme, l'on se massacre aussi peu que possible", p. 33.

[45] « Contes » d'Edgeworth (Hunter, 1827), « Harrington et Ormond », vol. iii. p. 260.

[46] Alice de Salisbury, Alice Lee, Alice Bridgnorth.

[47] Le père de Scott était habituellement ascétique. « J'ai entendu son fils dire qu'il était courant chez lui, si quelqu'un remarquait que la soupe était bonne, de la goûter à nouveau et de dire : « Oui, elle est trop bonne, les enfants », et de verser un verre d'eau froide. dans son assiette. »—« Life » de Lockhart (Black, Édimbourg, 1869), vol. ip 312. Dans d'autres endroits, je fais référence à ce livre sous la forme simple de « L ».

[48] Une jeune femme m'a chanté, juste avant que je copie cette page pour la presse, la « grande chanson » de Miss Somebody, « Live, and Love, and Die ». S'il avait été écrit pour rien de mieux que les vers à soie, il aurait au moins dû ajouter : Spin.

[49] Voir le passage d'introduction à « Ivanhoe », judicieusement cité dans L. vi. 106.

[50] Voir ci-dessous, note, p. 199, sur la conclusion de « Woodstock ».

[51] La référence est à une série de « Tableaux de Waverley » donnés à Londres peu avant la publication de cet article.— ED .

[52] L. iv. 177.

[53] L.vi. 67.

[54] « Un autre roman de ce type, et il y a une fin ; mais qui peut durer éternellement ? qui a jamais duré si longtemps ? » — Sydney Smith (du Pirate) à Jeffrey, 30 décembre 1821. (*Lettres* , vol. ii. page 223.)

[55] L.vi. p. 188. Comparez la description de Fairy Dean, vii. 192.

[56] Hélas ! étaient maintenant en grande partie ainsi écrits. "Ivanhoe", "Le Monastère", "L'Abbé" et "Kenilworth" furent tous publiés entre décembre 1819 et janvier 1821, Constable & Co. donnant cinq mille guinées pour les droits d'auteur restants, Scott en dégageant dix mille avant le marché . a été achevée; et avant que les « Fortunes de Nigel » ne sortent de la presse, Scott avait échangé des instruments et reçu les factures de son libraire pour pas moins de quatre « œuvres de fiction », dont aucune n'était autrement décrite dans les actes d'accord, à produire dans une succession ininterrompue. , *chacun d'eux devant remplir au moins trois volumes, mais avec des clauses de sauvegarde appropriées quant à l'augmentation du prix des copies au cas où l'un d'entre eux arriverait à quatre* ; et en deux ans, toute cette anticipation avait été anéantie par « Peveril of the Peak », « Quentin Durward », « St. Ronan's Well » et « Redgauntlet ».

[57] « Woodstock » fut achevé le 26 mars 1826. Il connut alors sa ruine ; et il écrivait avec amertume, mais non avec faiblesse. Les dernières pages sont les

plus belles du livre. Mais un mois après, Lady Scott mourut ; et il n'a plus jamais écrit de mots joyeux.

[58] Comparez les discours assez fréquents de M. Spurgeon sur le même sujet.

[59] Il y a trois portraits précis et intentionnels de lui-même, dans les romans, chacun donnant une partie distincte de lui-même : M. Oldbuck, Frank Osbaldistone et Alan Fairford.

[60] Voir note, p. 224.— ÉD .

[61] Andrew connaît le latin et aurait pu inventer le mot dans sa vanité ; mais, écrivant à un aimable ami de Glasgow, je découvre que le ruisseau s'appelait « Molyndona » avant même la construction du moulin Subdean en 1446. Voir aussi le récit de la localité dans l'admirable volume de M. George, « Old Glasgow », pp. 129, 149, etc. Le protestantisme de Glasgow, depuis qu'il a jeté cette poudre de saints dans son ruisseau Kidron, lui a présenté d'autres pieuses offrandes ; et mon ami continue en disant que le ruisseau, autrefois célèbre pour la pureté de ses eaux (très utilisées pour le blanchiment), « est depuis près de cent ans un ruisseau rampant et répugnant. un chemin fait au sommet ; en dessous, le désordre immonde traverse toujours le cœur de la ville, jusqu'à ce qu'il tombe dans la Clyde près du port.

FICTION, JUSTE ET FAUX. [62]

II.

35. *"Il détestait les salutations sur la place du marché* , et il y avait généralement des flâneurs dans les rues pour le persécuter *soit à propos des événements de la journée* , soit à propos de quelques petites affaires."

Ces lignes, que le lecteur trouvera vers le début du seizième chapitre du premier volume de l'Antiquaire, contiennent deux indications sur le caractère du vieil homme qui, recevant son idéal comme un portrait de Scott lui-même, sont d'une grande authenticité. un intérêt extrême pour moi. Ils signifient essentiellement que ni Monkbarns ni Scott n'avaient l'intention d'être qualifiés d'hommes, Rabbi, par la simple audition de la foule ; et surtout qu'ils détestaient être tirés en arrière de leurs pensées lointaines, ou en avant de leurs pensées lointaines, par toute sorte de nouvelles « quotidiennes », qu'elles soient imprimées ou baratinées. De ces deux caractéristiques vitales, plus profondes chez les deux hommes (car je dois toujours parler des créations de Scott comme si elles étaient aussi réelles que lui) que n'importe laquelle de leurs vanités superficielles ou de leurs enthousiasmes passagers, je devrai en parler davantage une autre fois. Je cite le passage tout à l'heure, parce qu'il y avait un élément des nouvelles quotidiennes de l'année 1815 qui intéressait extrêmement Scott et dirigeait matériellement le travail de la dernière partie de sa vie ; et il n'y a aucun morceau d'histoire dans tout ce XIXe siècle aussi riche en enseignements divers que l'étude des raisons qui ont influencé Scott et Byron dans leurs vues opposées sur les gloires de la bataille de Waterloo.

36. Mais je le cite également pour une autre raison. Le principal salut que M. Oldbuck reçoit à cette occasion sur la place du marché, comparé au discours d'Andrew Fairservice, examiné dans mon premier article, me fournira le texte de ce que j'ai principalement à dire dans le présent.

"'M. Oldbuck,' dit le greffier de la ville (une personne plus importante, qui s'avança et osa arrêter le vieux gentleman), 'le prévôt, comprenant que vous étiez en ville, ne vous supplie sous aucun prétexte de quitter la ville.' sans le voir ; il veut vous parler de la possibilité de faire passer l'eau de la source Fairwell à travers une partie de vos terres.

"'Qu'est-ce que diable ! — n'ont-ils d'autre terre que la mienne sur laquelle couper et sculpter ? — Je n'y consentirai pas, dites-leur.'

« Et le prévôt, continua le greffier sans s'apercevoir de la rebuffade, et le conseil seraient d'accord que vous ayez le vieux stanes à la chapelle de Donagild, que vous souhaitiez avoir. »

" " Hein ?... quoi ?... Oh ! c'est une autre histoire... Eh bien, je vais aller chez le prévôt, et nous en parlerons.

« Mais vous devez exprimer votre opinion sans tarder, Monkbarns, si vous voulez les stanes ; car le diacre Harlewalls pense que les stanes sculptés pourraient être placés avec avantage sur la façade de la nouvelle maison du conseil, c'est-à-dire la double croix. -des figures à pattes que les callants utilisaient pour appeler Robbin et Bobbin, l'une sur une joue de porte, et l'autre position, qu'ils appelaient Ailie Dailie, pour ouvrir la porte. Ce sera de très bon goût, dit le diacre, et juste dans le style du gothique moderne.

" ' Bon Dieu, délivre-moi de cette génération gothique !' s'écria l'Antiquaire, un monument d'un templier de chaque côté d'un porche grec, et une Madone au sommet ! Ô *criminel !* Eh bien, dites au prévôt que je désire avoir les pierres, et nous. Je ne serai pas en désaccord sur le cours d'eau. C'est une chance que je sois venu par ici aujourd'hui.

"Ils se séparèrent mutuellement satisfaits; mais le rusé commis avait plus de raisons de se réjouir de la dextérité dont il avait fait preuve, puisque toute la proposition d'un échange entre les monuments (que le conseil avait décidé de supprimer comme une nuisance, parce qu'ils empiétaient de trois pieds sur la voie publique) et le privilège d'acheminer l'eau jusqu'au bourg, à travers le domaine de Monkbarns, était une idée qui lui était venue sous la pression du moment.

37. Dans cette seule page de Scott, le lecteur voudra-t-il noter le genre d'instinct prophétique avec lequel les grands hommes de chaque époque marquent et prédisent ses destinées ? L'eau du Fairwell est le futur Thirlmere transporté à Manchester ; les "auld stanes" [63] de la chapelle Donagild, retirés comme *nuisance* , prédisent l'opinion nécessaire adoptée par le cockneyisme moderne, le libéralisme et le progrès, de tout ce qui leur rappelle les nobles morts, la renommée de leurs pères ou la leur propre devoir ; et la voie publique devient leur idole, au lieu du sanctuaire du saint. Enfin, la friponnerie de toute la transaction – l'homme méchant voyant la faiblesse de l'honorable et « le battant » – en argot moderne, de la manière et au rythme du commerce moderne – « sous la pression du moment ».

Mais ce n'est pas non plus pour cela que j'ai cité ce passage.

Je le cite, afin que nous puissions considérer combien d'histoire merveilleuse et variée est rassemblée dans le fait rapporté pour nous dans cette pièce de fiction tout à fait juste, celle dans le quartier écossais de Fairport (Montrose, en fait), en l'an 17—de Jésus-Christ. , la connaissance donnée par les pasteurs et les enseignants fournis à ses enfants par le protestantisme écossais éclairé, sur l'histoire de leurs pères et l'origine de leur religion, avait abouti à cette substance et à cette somme ; — que les statues de deux chevaliers croisés étaient devenues , à leurs enfants, Bobbin et Bobbin ; et la statue de la Madone, Ailie Dailie.

Un merveilleux morceau d'histoire, vraiment : et beaucoup trop complet pour un commentaire général ici. Il ne me reste qu'un petit morceau sur lequel je dois transmettre les réflexions des lecteurs.

38. Les pasteurs et enseignants susmentionnés (représentés typiquement dans une autre partie de ce livre sans erreur de M. Blattergowl) ne sont pas, quoi qu'ils puissent avoir à répondre, responsables de ces noms. Les noms sont choisis et attribués par les enfants, mais ils ne les inventent pas eux-mêmes. "Robin" est un surnom classiquement attachant, enregistrant l' héroïsme *errant* d'autrefois - le nom de Bruce et de Rob Roy. "Bobbin" est un accomplissement et un ornement poétique et symétrique de la phrase originale. "Ailie" est le dernier écho de "Ave", transformé en le nom chrétien écossais le plus doux familier aux enfants, lui-même la belle forme féminine du royal "Louis" ; le "Dailie" à nouveau ajouté symétriquement pour une affection plus gentille et plus musicale. Les derniers vestiges, voyez-vous, de l'honneur de l'héroïsme et de la religion de leurs ancêtres, persistant sur les lèvres des bébés et des nourrissons.

Mais que signifie cette nécessité dans laquelle se trouvent les enfants de compléter la nomenclature en rythme et en rimes ? Notez d'abord soigneusement la différence et l'obtention des deux qualités par les distiques en question. Le rythme est la mesure syllabique et quantitative des mots dans lesquels Robin, tant en poids qu'en temps, équilibre Bobbin ; et Dailie détient une échelle de niveau avec Ailie. Mais la rime est la correspondance supplémentaire du son ; inconnu et indésirable, autant que nous pouvons le savoir, par l'Orphée grec, mais absolument essentiel et, en tant que vertu particulière, devenant titulaire, de l'Écossais Thomas.

39. Le « Ryme » [64] , comme vous pouvez l'imaginer à première vue, est la partie particulièrement enfantine de l'œuvre. Ce n'est pas le cas. C'est la partie particulièrement chevaleresque et chrétienne. Il caractérise le chant ou cantique chrétien comme une chose supérieure à une ode grecque, un melos ou un hymnos, ou à un carmen latin.

Penses-y; car c'est encore une fois merveilleux ! Que ces enfants de Montrose devaient avoir dans leur âme un élément de musique que n'avait pas Homère, que n'avait pas un melos de David, le prophète et roi, que n'avaient pas Orphée et Amphion, que les oracles sans paroles d'Apollon devinrent muets au son. de.

Étrange nouvelle équité, une justice et un jugement mélodieux, pour ainsi dire, dans tous les mots prononcés solennellement et rituellement par des créatures humaines chrétiennes ; — Robin et Bobbin — près du tombeau du croisé, jusqu'à « Dies iræ, dies illa », à jugement de l'âme croisée.

Vous devez comprendre cela plus profondément que tous les ménestrels chrétiens, du premier au dernier ; qu'ils sont plus musicaux, parce que plus joyeux, que tous les autres sur terre : ménestrels éthérés, pèlerins du ciel, fidèles aux points apparentés du ciel et de la maison ; leur joie est essentiellement celle de l'alouette du ciel, en lumière, en pureté ; mais, avec leurs yeux humains, ils recherchent l'apparition glorieuse de quelque chose dans le ciel, ce que l'oiseau ne peut pas.

C'est cela qui change le murmure étrusque en Terza rima, le latin horatien en mélodie de troubadour provençal ; non, parce que moins astucieux, moins sage.

40. Voici, par exemple, un peu de rimes françaises juste avant l'époque de Chaucer – suffisamment proches de notre propre français pour nous être encore intelligibles.

"O quant très-glorieuse vie,
Quant cil qui tout peut et maistrie,Veult espérer pour nécessaire,Ne pour quant il ne blasma mieLa vie de Marthe sa mie:Mais il lui donna exemplaireD'autrement vivre, et de bien plaireA Dieu; et plutôt de bien à faire:Pour se conclure-il que MarieQui estoit à ses piedz sans braire,Et pensoit d'entendre et de taire,Estleut la plus saine partie. La meilleure partie esleut-elleEt la plus saine et la plus belle,

Qui jà ne luy sera ostéeCar par vérité se fut celleQui fut tousjours fresche et nouvelle,D'aymer Dieu et d'en estre aymée;Car jusqu'au cueur fut entamée,Et si ardamment enflammée,Que tousjours ardoit l'estincelle;Par quoi elle fut visitéeEt de Dieu première confortée;Car charité est trop ysnelle."

41. La seule loi du *mètre* , observée dans cette chanson, est que chaque vers doit être octosyllabique :

Qui fut | tousjours | fraîche et | nouvelle,

D'autre | ment vi | vert de | bien (ben) claire

Et stylo | soit den | tendret | de taire.

Mais le lecteur doit noter que les mots qui étaient bisyllabiques en latin le restent pour la plupart en français.

La *vi* | *e* de | Marthe | samie,

bien que *mie* , qui est le langage animalier, abréviation amoureuse d' *amica* par *amie* , reste monosyllabique. Mais *vie* élide son *e* devant une voyelle :

Voiture Mar- | le moi | n'ait vie | activeEt Ma- | ri-e | mépris | latif;

et la coutume souffre de nombreuses exceptions. Ainsi *Marie* peut être de trois syllabes, comme ci-dessus, ou répondre à *moi* comme une dissyllabe ; mais *vierge* est toujours, je crois, dissyllabique, *vier-ge* , avec un accent encore plus fort sur le *-ge* , pour le latin *-go* .

Ensuite, en matière de quantité, il n'y a presque pas de loi fixe. Les compteurs peuvent être chronométrés au choix du ménestrel - rapide ou lent - et le courant iambique enregistré dans un tourbillon inversé, au fur et à mesure que les mots arrivent.

Mais, troisièmement, il doit y avoir des rimes et des carillons riches, aussi simples soient-ils, de sorte que les mots tintent et tintent ensemble avec l'art approprié de s'entrelacer et de répondre dans différentes parties de la strophe, correspondant aux involutions d'entrelacs et d'illumination. . La strophe entière de douze vers est ainsi construite avec deux rymes seulement, six de chaque, ainsi disposées :

AAB | AAB | BBA | BBA |

divisant ainsi le verset en quatre mesures, inversées en montée et en descente, ou plus correctement *en descente ;* et sans doute avec des phases correspondantes dans la voix donnée et dûment accompagnant ou suivant la musique ; Le propre précepte de Thomas le Rymer, selon lequel « tong is chefe in mynstrelsye », étant toujours fidèlement gardé à l'esprit. [65]

42. Voilà donc un exemple suffisant du chant pur des âges chrétiens ; qui est toujours au fond joyeux et se divise en quatre grandes formes ; Chant de louange, chant de prière, chant d'amour et chant de bataille ; la louange, cependant, étant la note dominante de la passion sous les quatre formes ; d'après la première loi que j'ai déjà donnée dans les "Lois de Fésole" ; "tout grand art est louange", dont le contraire est également vrai, tout art ignoble ou mécréant est accusation, διαβολ ί : "Elle m'a donné de l'arbre et j'en ai mangé" étant une expression totalement insensée de la part d'Adam, le bref contraire essentiel de Love-Song.

Avec ces quatre formes parfaites du chant chrétien, dont nous pouvons prendre pour purs exemples le « Te Deum », le « Te Lucis Ante », l'« Amor che nella mente » [66] et le « Chant de Roland », sont des chants de deuil mêlés, d'origine païenne (qu'ils soient grecs ou danois), tenant encore la main sur les races qui les ont autrefois appris, dans les temps de souffrance et de chagrin ; et des chants d'humiliation ou de chagrin chrétiens, concernant principalement les souffrances du Christ, ou les conditions de notre propre péché : tandis qu'à travers tout le système de ces plaintes musicales s'entremêlent des moralités, des instructions et des histoires liées, pour illustrer les deux, passant à l'épopée. et le vers romantique, qui progressivement, à mesure que les formes et les connaissances de la société augmentent, devient moins joyeux et plus didactique ou satirique, jusqu'à ce que les derniers échos de la joie et de la mélodie chrétiennes disparaissent dans la « vanité des désirs humains ».

43. Et ici, je dois m'arrêter une minute ou deux pour séparer clairement les différentes branches de notre enquête les unes des autres. D'une part, le lecteur doit s'il vous plaît oublier pour le moment toute pensée sur le progrès de la « civilisation », c'est-à-dire, en gros, sur la substitution des perruques aux cheveux, du gaz aux bougies et de la vapeur aux jambes. Il s'agit là d'une question entièrement distincte des phases politique et religieuse. Cela n'a rien à voir avec la Constitution britannique, ni avec la Révolution française, ni avec l'unification de l'Italie. Il y a en effet certains rapports subtils entre l'état d'esprit, par exemple à Venise, qui lui fait préférer un paquebot à une gondole, et celui qui lui fait préférer un index géographique à un duc ; mais ces relations ne doivent pas du tout être traitées tant que nous n'avons pas compris solennellement que le fait que les hommes soient chrétiens et poètes, ou infidèles et cancres, ne dépend pas de la manière dont ils se coupent les cheveux, nouent leurs culottes ou allument leur feu. Le Dr Johnson aurait pu porter sa perruque en plénitude conforme à sa dignité, sans pour autant en conclure que les désirs humains étaient vains ; ce n'est pas non plus la poudre capillaire civilisée de la reine Antoinette, contrairement aux cheveux sauvagement dénoués de la reine Berthe, qui est la cause pour laquelle Antoinette a finalement posé sa tête dans la poussière d'un échafaud, mais Bertha dans un tombeau hanté par les pèlerins.

44. Encore une fois, je viens d'utiliser les mots « poète » et « cancre », désignant le degré de chaque qualité possible à la nature humaine moyenne. Les hommes sont éternellement divisés en deux classes de poètes (croyant, créateur et louangeur) et de cancres (ou incroyant, détracteur et détracteur). Et au fil des siècles, ils ont le pouvoir de devenir des créatures fidèles et formatrices, ou infidèles et *déformatrices* . Et cette distinction entre les créatures qui, bénissant, sont bénies, et toujours *benedicti* , et les créatures qui, maudissant, sont maudites, et toujours *maledicti*, est une distinction qui

traverse toute l'humanité ; antédiluvien chez Caïn et Abel, diluvien chez Cham et Sem. Et la question pour le public d'une époque donnée n'est pas de savoir s'il est une vulgus constitutionnelle ou inconstitutionnelle, mais s'il est une vulgus bénigne ou maligne. De même, que ce soient effectivement les dieux qui ont donné à un gentilhomme la grâce de mépriser la populace, cela dépend entièrement de savoir si c'est bien la populace, ou lui, qui sont les personnes malveillantes.

45. Mais encore une fois. Cette différence entre les personnes à qui le Ciel, selon Orphée, a accordé « l'heure des délices », et celles qu'il a condamnées à l'heure de la détestation, étant, comme je viens de le dire, de tous les temps et de toutes les nations. — c'est une différence intérieure et plus délicate que nous examinons dans le don du chant *chrétien* par opposition au chant non chrétien. Orphée, Pindare et Horace sont en effet distincts de la populace prosaïque, comme l'oiseau du serpent ; mais entre Orphée et Palestrina, Horace et Sidney, il y a une autre division, et un nouveau pouvoir de musique et de chant donné à l'humanité qui a l'espoir de la Résurrection.

C'est la racine de toute vie et de toute justesse dans l'harmonie chrétienne, qu'elle soit de parole ou d'instrument ; et si littéralement que, précisément à mesure que cet espoir disparaît, le pouvoir du chant est supprimé, et complètement supprimé. "Quand le chrétien abandonne la brillante espérance de la Résurrection, même le chant d'Orphée lui est interdit. Ne pas avoir connu l'espérance est irréprochable : on peut chanter, sans le savoir, comme le cygne ou Philomèle. Mais avoir connu et s'en éloigner, et déclarer que les désirs humains, qui se résument dans celui-là : « Que ton règne vienne » – sont vains ! Les Parques ordonnent qu'il n'y ait plus de chant après ce reniement.

46. Car observez ceci et sérieusement. Le vieux chant orphique, avec son vague espoir d'Eurydice de nouveau, le chant de Philomèle accordé après le cruel silence, le chant d'Alcyon avec ses quinze jours de paix, n'étaient tous tristes ou joyeux que dans une vague vision de conquête sur la mort. Mais la vanité johnsonienne des souhaits est dans l'ensemble satisfaisante pour Johnson - acceptée avec une résignation distinguée par Pope - triomphalement et avec des braiments de trompettes à un sou et des coups de sifflet à vapeur, proclamés pour la glorieuse découverte des âges civilisés, par Mme Barbauld, Miss Edgeworth, Adam Smith et Cie. Dieu n'existe pas, mais n'avons-nous pas inventé la poudre à canon ? Qui veut un Dieu avec cela dans sa poche ? [68] Il n'y a pas de résurrection, ni ange ni esprit ; mais n'avons-nous pas du papier et des stylos, et chaque imbécile ne peut-il pas imprimer ses opinions, et le Jour du Jugement deviendra-t-il républicain, avec tout le monde pour juge et le plat de l'univers pour trône ? Il n'y a pas de loi, mais seulement la gravitation et la congélation, et nous sommes collés

ensemble dans une grêle éternelle et fondus ensemble dans une boue éternelle, et grand fut le jour où nos cultes sont nés. Et il n'y a pas d'évangile, mais seulement, tout ce que nous avons, pour en obtenir davantage et, où que nous soyons, pour aller ailleurs. Et ces découvertes ne doivent-elles pas être chantées, jouées au tambour, jouées au violon, et généralement rendues mélodieusement indubitables dans le chant de louange du XVIIIe siècle ?

47. Le Destin ne le veut pas. Aucune parole de chant n'est possible, en ce siècle, aux lèvres des mortels. Seulement des versifications polies, des pentamètres et des hexamètres sentencieux, jusqu'à ce que, après avoir assez longtemps tourné les orteils sans danser, et crépité avec ses lèvres assez longtemps sans siffler, Astraea revient soudain sur terre, et une sorte de Jour de Jugement, et là éclate. » sortit enfin une chanson, un triolet très brièvement et mélodieux de rimes amphisbæniques, « *Ça ira* ».

Amphisbænique, avec des crocs de feu dans chaque rime, et obéissant au précepte d'Ercildoune : « Tong est chefe de mynstrelsye », jusqu'à la syllabe. — Le chanté jusqu'ici affectueux de Don Giovanni « Andiam, andiam », devient soudain impersonnel et prophétique : Il ira, ET vous aussi. Un cri — avant c'est un chant, puis chant et accompagnement ensemble — parfaitement exécuté ; et la marche "vers le champ de Mars. Les deux cent cinquante mille - eux au son de la musique à cordes - précédés de jeunes filles aux banderoles tricolores, ils ont porté en soldat leurs pelles et leurs pioches, et d'une seule gorge chantent Ça *ira* ". [69]

Pendant tout le printemps 1790, de la Bretagne à la Bourgogne, dans la plupart des plaines de France, sous la plupart des murs des villes, marchent et roulent constitutionnellement au rythme du fifre et du tambour Ça-iraing - nos phalanges claires et brillantes - le chant des deux cent cinquante mille, dirigés par des vierges, sont dans la longue lumière de juillet. Néanmoins, un autre chant est encore nécessaire, pour la phalange et pour la servante. Car, après deux printemps et étés amphisbæniques, le 28 août 1792, « Dumouriez partit du camp de Maulde, vers l'est jusqu'à *Sedan* ». [70]

48. "Et Longwi est bassement tombé, et Brunswick et le roi de Prusse assiégeront Verdun, et Clairfait et les Autrichiens s'enfonceront plus profondément dans les marches du nord, l'Europe cimmérienne derrière. Et cette même nuit, Dumouriez réunit un conseil de guerre dans son logement de Sedan. Prussiens ici, Autrichiens là, triomphants tous deux. Avec une large route vers Paris et peu d'obstacles - *nous nous* sommes dispersés, impuissants ici et là - que conseiller ? Les généraux conseillent de battre en retraite, et de battre en retraite jusqu'à ce que Paris soit limogé le plus tard possible. Dumouriez, silencieux, *les* renvoie , — ne garde, d'un signe, que Thouvenot. Silencieux donc, quand cela est nécessaire, mais ayant pourtant une voix,

semble-t-il, de ce que les musiciens appellent une qualité de ténor, d'un genre rare. Rubini-esque, même, mais à peine réalisable pour les oreilles exigeantes de l'opéra. Suit la prise de la forêt d'Argonne, la canonnade de Valmy. Les Prussiens ne marchent pas sur Paris *cette* fois, les heures automnales du destin passent — *ça ira* — et le 6 novembre, Dumouriez rencontre aussi les Autrichiens. "Dumouriez aux ailes larges, eux aux ailes larges - à et autour de Jemappes, ses hauteurs vertes bordées et crinière de feu rouge. Et Dumouriez est balayé en arrière sur cette aile et balayé en arrière sur cela, et est comme être complètement balayé en arrière, quand il se précipite en personne, prononce un ou deux mots prompts, puis, avec un tuyau de ténor clair, élève l'hymne de la Marseillaise, dix mille tuyaux de ténor ou de basse se joignent, soit environ quarante mille en tout, car chaque cœur bondit. au son ; et ainsi, avec une mélodie de marche rythmée, ils se rallient, ils avancent, ils se précipitent défiant la mort et, comme un tourbillon de feu, balayent toutes sortes d'Autrichiens de la scène d'action. Ainsi, par les lèvres de Dumouriez, chantent Tyrtée, Rouget de Lisle. [71] "Aux armes-marchons." Mesure iambique avec témoin ! dans quelle large strophe commence ici, dans quelle antistrophe impensée revient dans cette salle du conseil de Sedan !

49. Pendant que ces deux grandes chansons étaient ainsi composées, chantées et dansées en cycle cométaire par la nation française, ici, dans notre île la moins étourdie, s'élevaient, au milieu des heures d'affaires en Ecosse et d'oisiveté en Angleterre, trois troubadours d'humeur tout à fait différente. Différents aussi eux-mêmes, mais pas adversaires ; formant un accord parfait, et qui les oppose tous trois également aux musiciens français, sur ce point principal : tandis que la *Caïra* et la Marseillaise étaient essentiellement des chants de blâme et de colère, les bardes britanniques écrivaient, virtuellement, toujours des chants de louange. mais en aucun cas une psalmodie dans les tonalités anciennes. Au contraire, tous trois sont également animés d'une singulière antipathie à l'égard des prêtres, et sont montrés du doigt avec crainte et indignation par les piétistes de leur temps, non sans motif latent. Car ils sont tous, avec le service le plus affectueux, des serviteurs de ce monde que le puritain et le moine méprisaient également ; et, dans le triple accord de leur chant, ils ne pouvaient qu'apparaître aux personnes religieuses qui les entouraient comme respectivement et spécifiquement les louanges : Scott du monde, Burns de la chair et Byron du diable.

Pour lutter contre cet orchestre charnel, le monde religieux, ayant depuis longtemps rejeté ses Psaumes catholiques comme étant désuets et non scientifiques, et trouvant ses mélodies puritaines plongées dans un léger tintement et un tintement de leur son de trompette natale, n'avait rien à opposer, à part les innocents, plutôt que les innocents. que religieux, des vers de l'école reconnue pour celle des Lacs anglais ; très honorable pour eux; domestique et raffiné à la fois; observant les erreurs du monde en dehors des

Lacs avec une pitié et une tendre indignation, et arrivant dans une retraite lacustre à de nombreux principes précieux de philosophie, aussi purs que les tarns de leurs montagnes, et d'une profondeur correspondante. [72]

50. J'ai récemment vu, et avec un extrême plaisir, l'arrangement des poèmes de Wordsworth par M. Matthew Arnold ; et lis avec un intérêt sincère sa haute appréciation à leur sujet. Mais l'œuvre d'un grand poète n'a jamais besoin d'être arrangée par d'autres mains ; et bien qu'il soit tout à fait approprié que Silver How comprenne clairement et fasse l'éloge de son frère Rydal Mount, nous ne devons pas oublier que, là-bas, se trouvent les Andes, pendant tout ce temps.

Le rang et l'échelle de Wordsworth parmi les poètes étaient déterminés par lui-même, dans une seule exclamation :

"Qu'était pour toi le grand Parnassus,
mont Skiddaw ?"

Répondez fidèlement à sa question, et vous aurez la relation entre les grands maîtres de l'enseignement de la Muse et le doigt agréable de sa flûte pastorale parmi les anches de Rydal.

Wordsworth est simplement un paysan du Westmoreland, avec beaucoup moins d'astuce que ce dont héritent la plupart des Anglais ou des Écossais frontaliers ; et aucun sens de l'humour : mais doué (en cela singulièrement) d'un sens vif de la beauté naturelle, et d'un joli tour pour les réflexions, pas toujours aiguës, mais, dans la mesure où elles atteignent, médicinales à la fièvre de la vie agitée et corrompue autour. lui. L'eau pour les lèvres desséchées est peut-être meilleure que le vin de Samien, mais ne confondons pas pour autant les qualités du vin et de l'eau. Je doute fort qu'il y ait beaucoup de Milton peu glorieux dans nos cimetières de campagne ; mais je suis très sûr qu'il y a là de nombreux Wordsworth qui n'étaient inférieurs au célèbre que parce qu'ils se souciaient moins de s'entendre parler.

Avec un cœur honnête et bon, un égoïsme stimulant, un contentement salutaire dans des circonstances modestes et une aisance si suffisante, dans cet état accepté, qu'elle permettait de passer beaucoup de temps à souhaiter que les pâquerettes puissent voir la beauté de leurs propres ombres. , et d'autres exercices mentaux aussi profitables, Wordsworth nous a laissé une série d'études sur la vie gracieuse et heureuse des bergers de notre pays des lacs, qui pour moi personnellement, pour ma part, sont tout à fait douces et précieuses ; mais ils ne le sont que comme le miroir d'une réalité existante, à bien des égards plus belle que son image.

51. Mais l'autre jour, je suis allé me reposer un après-midi dans la chaumière d'un de nos campagnards de la classe des anciens hommes d'État ; cottage situé presque à mi-chemin entre deux églises du village, mais plus pratique pour descendre à pied vers l'une que vers l'autre. J'ai découvert, pendant que la bonne ménagère me préparait du thé, qu'elle montait néanmoins la colline jusqu'à l'église. "Pourquoi n'allez-vous pas à l'église la plus proche ?" J'ai demandé. "Tu n'aimes pas le pasteur ?" "Oh non, monsieur," répondit-elle, "ce n'est pas ça ; mais vous savez que je ne pouvais pas quitter ma mère." "Ta mère ! elle est enterrée à H... alors ?" "Oui, monsieur ; et vous savez que je ne pourrais aller à l'église nulle part ailleurs."

Que de tels sentiments existaient parmi les paysans, non seulement de Cumberland, mais de toute la tendre terre qui donne ses fruits aux vivants et qui reçoit ses morts en paix, aurait peut-être pu être découvert, pour notre grand et infini réconfort. auparavant, si Wordsworth s'était contenté de nous dire ce qu'il savait de ses propres villages et de ses habitants, non pas en tant que chef d'une nouvelle et unique école de poésie correcte, mais simplement en tant que gentilhomme campagnard plein de sens et de sensibilité, amateur de primevères, gentil envers les enfants de la paroisse et respectueux de la bêche avec laquelle Wilkinson avait labouré ses terres : et je ne suis en aucun cas sûr que son influence sur les esprits les plus forts de son temps ait été accélérée ou étendue par l'esprit d'harmonie sous la direction duquel il J'ai découvert que le ciel rimait avec sept heures et Foy avec Boy.

52. Mélodie néanmoins de cœur et du chœur céleste, je le reconnais volontiers et franchement ; et notre littérature anglaise s'est enrichie d'une vertu nouvelle et singulière dans la pureté aérienne et la justesse salutaire de sa chanson tranquille ; — mais *aérienne* seulement, — pas éthérée ; et humble dans son intimité de lumière.

Un esprit mesuré et calme ; innocent, impénitent; utile aux créatures sans péché et sans atteinte, celles du troupeau qui ne s'égarent pas. Du moins plein d'espoir, sinon fidèle ; content des indications d'immortalité telles que peuvent l'être le saut des agneaux et le rire des enfants - peu curieux de voir dans les mains l'empreinte des clous.

Un esprit gracieux et constant ; comme l'herbe de ses collines natales, parfumée et pure ; — pourtant, au balayage et à l'ombre, au stress et à la détresse des plus grandes âmes des hommes, comme le thym en touffes au désert de lauriers de Tempe, — comme l'euphrase étincelante aux branches sombres de Dodone.

[Je suis obligé de reporter le corps principal de cet article au mois prochain, les révisions pénétrant trop tard dans ma retraite lacustre ; comme cela s'est également produit malheureusement avec l'article précédent, dans lequel le lecteur aura peut-être la gentillesse de corriger les fautes d'impression qui en résultent [maintenant corrigé, NDLR], p. 203, l. 23, de « à peine » à « en toute sécurité », et p. 206, l. 6, « plein », avec une virgule pour « tomber », sans une ; notant en outre que "Redgauntlet" a été omis dans la liste, pp. 198, 199 ; et que la référence à noter ne devrait pas être le mot « imagination », p. 198, l. 6, mais au mot « commerce », l. 15. Mon cher vieil ami, le Dr John Brown, m'envoie, tiré du *Dictionnaire* Jamieson , la fin satisfaisante suivante à l'une de mes difficultés : — « Coup the crans ». Le langage est emprunté au « cran », ou dessous de plat sur lequel sont posées les petites marmites dans la cuisine, et qui est parfois retourné les pieds vers le haut par un assistant maladroit. Cela signifie donc être *complètement* bouleversé.]

" ABBOTSFORD : 21 avril 1817.

" CHER MONSIEUR , rien de plus obligeant que votre attention aux vieilles pierres. Vous avez été aussi fidèle que le cadran solaire lui-même. " [Le cadran solaire venait d'être érigé.] "Des deux, je préférerais le plus grand, car il doit être devant un parapet tout à fait à l'ancienne. Mais en cas d'accident, il sera le plus en sécurité sous votre garde jusqu'à ce que je revenez en ville le 12 mai. Vos anciennes faveurs (qui étaient aussi importantes qu'acceptables) sont arrivées ici en toute sécurité et seront éliminées avec un grand effet.

" ABBOTSFORD : 30 juillet .

« Je pense que le Tolbooth a encore ses pieds, mais, comme il doit bientôt descendre, j'espère que vous vous souviendrez de moi. J'ai une utilité importante pour la niche au-dessus de la porte ; et bien que beaucoup d'hommes aient trouvé une niche dans le *Tolbooth* en bâtiment, je crois que je suis le premier à y avoir retiré une niche en pareille occasion, ce pour quoi je dois remercier votre gentillesse et rester bien votre humble serviteur.

" WALTER SCOTT ."
" 16 août .

" MON CHER MONSIEUR , je vous dérange avec ces [*sic*] quelques lignes pour vous remercier des dessins et des mesures très précis de la porte Tolbooth, et de votre aimable promesse de veiller à mon intérêt et à celui d'Abbotsford dans l'affaire du Chardon et Fleur de Lis. La plupart de nos écussons sont maintenant montés et ont l'air très bien, car la maison est quelque chose sur le modèle d'une vieille salle (pas d'un château), où de telles choses ont bien caractère. [Hélas — Sir Walter, Sir Walter !] « J'ai l'intention que le vieux lion prédomine sur un puits que les enfants ont baptisé la Fontaine des Lions. Sa tanière actuelle, cependant, continue d'être la salle de Castle Street.

" 5 septembre .

" CHER MONSIEUR , je vous suis très reconnaissant d'avoir sécurisé la pierre. Je ne suis pas sûr de pouvoir construire le portail exactement dans l'ancienne forme, mais je voudrais obtenir les moyens de le faire. Les pierres ornementales sont maintenant mis en place, et aura un effet très heureux. Si vous avez la gentillesse de me faire savoir quand la porte du Tolbooth s'ouvrira, j'enverrai mes chariots pour les pierres; j'ai une situation admirable pour cela. Je suppose que la porte elle-même " [il veut dire celui en bois] " sera conservé pour la nouvelle prison ; sinon, et si je n'en ai pas besoin autrement, j'estimerais curieux de le posséder. J'espère certainement que tant de cœurs endoloris ne franchiront pas la célèbre porte lorsqu'ils seront à l'intérieur. ma possession comme auparavant.

" 8 septembre .

"Je serais très heureux si je pouvais avoir aussi la porte, quoique je suppose qu'elle soit moderne, ayant été incendiée à l'époque de la foule de Porteous.

"Je suis très reconnaissant envers ces messieurs qui ont pensé que ces restes du Cœur de Midlothian n'étaient pas mal accordés à leur futur propriétaire."

NOTES DE BAS DE PAGE :

[62] Août 1880.

[63] Les fragments suivants tirés des lettres en ma possession, écrites par Scott au constructeur d'Abbotsford, alors que les décorations extérieures de la maison étaient en cours d'achèvement, montreront avec quelle précision Scott s'était représenté à Monkbarns.

[64] Désormais, non par affectation, mais pour la meilleure commodité du lecteur, je continuerai à épeler « Ryme » sans notre *h ajouté à tort* .

[65] L. ii. 278.

[66] "Che nella mente mia *ragiona* ." L'amour, observez-vous, la plus haute *raisonnabilité* , au lieu de *l'ivresse française* , ou même de la « simple folie » shakespearienne ; et Béatrice comme Déesse de la Sagesse dans ce troisième chant du *Convito* , à comparer à la Déesse Révolutionnaire de la Raison ; je me souviens de tout le poème, principalement du vers : -

"Costei penso chi che mosso l'universo."

(Voir « Canzoniere » de Lyell, p. 104.)

[67] ὡ ραν της τ ἐ ρπσιος—Platon, « Lois », ii., Steph. 669. "Heure" ayant ici presque le pouvoir du "Destin" avec en plus le sentiment d'être une fille de Thémis.

[68] « La poudre à canon est une des plus grandes inventions des temps modernes, *et qu'est-ce qui a donné une telle supériorité aux nations civilisées sur les*

nations barbares » ! (« Soirées à la maison » – cinquième soir.) Aucun homme ne peut devoir plus que moi à Mme Barbauld et à Miss Edgeworth ; et je souhaite seulement que, dans le fond de ce qu'ils ont sagement dit, ils aient été davantage écoutés. Néanmoins, les germes de toute la vanité et des erreurs modernes concernant la manufacture et l'industrie, en tant que rivales de l'art et du génie, sont concentrées dans "Soirées à la maison" et "Harry et Lucy", qui sont en même temps eux-mêmes des œuvres de véritable génie et des œuvres prophétiques. de choses qui doivent encore être apprises et accomplies. Voir par exemple le journal « Les choses par leur nom », faisant suite à celui que je viens de citer (« Le Navire ») et clôturant le premier volume de l'ancienne édition des « Soirées ».

[69] Carlyle, « Révolution française » (Chapman, 1869), vol. ii. p. 70 ; conf. p. 25, et le *Ça ira* à Arras, vol. iii. p. 276.

[70] *Ibid.* iii. 26.

[71] Carlyle, « Révolution française », iii. 106, la dernière phrase modifiée en un mot ou deux.

[72] J'ai été très déçu, en sondant nos plus majestueuses piscines de montagne, de les trouver en aucun cas à la limite de l'insondable.

FICTION, JUSTE ET FAUX.

III. [73]

[BYRON]

"L'été desséché n'a aucune garantie
pour bien consumer ce cristal ; les pluies, qui font de chaque ruisseau un
torrent, ne le souillent ni ne le gonflent."

53. Il en était ainsi d'année en année, parmi les collines impensées. Le petit Duddon et l'enfant Rotha couraient clairs et heureux ; et riait d'un rebord à l'autre, et s'ouvrait d'un bassin à l'autre, translucide, à travers des jours de paix sans fin.

Mais vers l'est, entre ses plaines de vergers, la Loire l'enfermait morte enlacée dans des sables silencieux ; Iser sombre et sanglant ; d'une pâleur glaciale, Beresina-Lethe, au bord de laquelle les cœurs fatigués oublièrent leur peuple et la maison de leur père.

Ni intact, Tibre ; ni non gonflés, Arno et Aufidus ; et Euroclydon haut sur la vague de Helle ; en attendant, que notre joyeuse piété glorifie les rochers du jardin avec un cercle de perce-neige, et respire l'esprit du paradis, où la vie est sage et innocente.

Nous disposons aujourd'hui de nombreuses cartes, qui montrent clairement les constituants de la Terre, les courants d'air et les marées océaniques. Gravrons-nous jamais la carte des recherches les plus mesquines, dont les nuances se contenteront de montrer la profondeur, ou la sécheresse, le calme, ou le trouble, de la compassion humaine ?

54. Car c'est là en effet tout ce qu'il y a de noble dans la vie de l'Homme, et la source de tout ce qu'il y a de noble dans la parole de l'Homme. S'était-elle alors rétrécie, à cette époque, parmi tout le monde, dans cette péninsule située entre Cockermouth et Shap ?

Pas tout à fait ; mais en effet, la piété *vocale* semblait s'être définitivement retirée (ou excursée ?) dans cet ermitage moussu, au-dessus de Little Langdale. La piété *non* vocale, avec le chagrin sans plainte, de l'Homme, peut avoir une portée un peu plus large, pour autant que nous le sachions : mais l'histoire ne tient pas compte de ces éléments ; et d'une religion fermement proclamée et doucement canareuse, il ne semblait vraiment à ce moment-là aucun sur lequel il fallait compter, à l'est d'Ingleborough ou au nord de Criffel. Ce n'est que sous Furness Fells ou près du Prieuré de Bolton qu'il semble que nous puissions encore écrire des sonnets ecclésiastiques, des strophes sur la force de la prière, des odes au devoir et des discours élogieux à la Divinité sur son endurance pour l'adoration. Bien autrement, là-bas, près de la baie de Spezzia, de Ravenna Pineta et des ravins de Hartz. Là, les voix les plus douces prononcent les paroles les plus folles ; et les discours de Keats sur Endymion, Shelley de Démogorgon, Goethe de Lucifer et Burger sur la résurrection de la mort jusqu'à la mort, tandis que même l'Écosse puritaine et l'Anglia épiscopale ne nous produisent que ces trois ménestrels au ton douteux, qui ne montrent que peu de respect pour le " unco guid", n'accordez qu'une confiance limitée au talentueux Gilfillan et traduisez avec une franchise sans faille la *Morgante Maggiore* . [74]

55. Lugubre l'aspect du monde spirituel, ou du moins son son, pourrait bien paraître aux yeux et aux oreilles des saints (comme nous en avions) de l'époque – lugubre aux yeux des anges aussi assurément ! Pourtant, il est possible que la tristesse de la vue angélique puisse être autrement écartée, pour ainsi dire, de la voie de l'héraldique mortelle ; et ce que j'ai vu et entendu des anges, - je le répète - avec hésitation - *est-* il possible que la bonté de l'Unco Guid, et le don de Gilfillan, et la parole de M. Blattergowl, n'aient pas été séparément la bonté de Dieu, le don de Dieu, ni la parole de Dieu : mais cela dans les efforts de bonté tant effacés et brisés, et dans le don insouciant qu'eux-mêmes méprisaient, [75] et dans le doux rythme et le murmure de leurs paroles ^{inutiles}, l'Esprit du Seigneur avait en effet erré, comme aux jours du chaos sur des eaux sans lumière, sorti dans les cœurs et des lèvres de ces trois autres prophètes étranges, même s'ils mangeaient du pain défendu près de l'autel des cendres répandues. , et même si la bête sauvage du désert les avait trouvés et tués.

Ceci, du moins, je le sais, c'est que cela avait été bien pour l'Angleterre, bien que tous ses autres prophètes, de la presse, du Parlement, de la chaire du docteur et du trône de l'évêque, se soient tus ; de telle sorte qu'elle avait pu comprendre avec son cœur ici et là la ligne la plus simple de celles-ci, qu'elle méprisait.

56. J'en prends un par hasard :

"Qui pense à soi en regardant le ciel ?" [76]

Eh bien, je ne sais pas ; M. Wordsworth l'a certainement fait, et a observé avec vérité que ses nuages prenaient une coloration sobre en conséquence de ses expériences. C'est beaucoup si, en effet, cette tristesse est désintéressée, et si nos yeux *ont* continué à veiller avec amour sur la mortalité de l'homme. J'ai eu du mal à faire croire aujourd'hui à qui que ce soit qu'une telle sobriété soit possible ; et que Turner a vu un pourpre plus profond que les autres dans les nuages de Goldau. Mais que chacun pense que les nuages ont été éclairés par la mortalité de l'homme *au* lieu d'être émoussés par sa mort, et que, regardant le ciel, il attend le jour où chaque œil devra aussi le regarder, car voici, il vient avec des nuages, c'est cela. il n'est plus possible pour l'Angleterre chrétienne d'appréhender, même si elle est exhortée par ses doués et ses guides.

57. « Mais Byron ne pensait pas à de telles choses ! » — Lui, le réprouvé ! comment un tel homme devrait-il penser au Christ ?

Peut-être pas tout à fait comme vous ou moi pensons à Lui. Prenez, au hasard, encore une ou deux lignes, pour essayer :

« Carnage (ainsi que vous le dit Wordsworth) est la fille de Dieu ; [77]
S'il dit la vérité, elle est la sœur du Christ, et, à l'instant même, elle s'est comportée comme en Terre Sainte. »

Blasphème, pleure-tu, bon lecteur ? Êtes-vous sûr de l'avoir compris ? La première phrase que je vous ai donnée était Byron facile – Byron presque superficiel – ceux-ci sont de l'homme dans ses profondeurs, et vous ne les sonderez pas, comme un tarn – ni pressé.

"Je viens de me comporter comme en Terre Sainte." Comment Carnage *s'est*-il alors comporté en Terre Sainte ? Vous vous demandez tous beaucoup, ces derniers temps, si le soleil, que vous constatez en train de s'éteindre, s'est jamais arrêté. Avez-vous, à un moment donné, lors de ces occasions scientifiques, eu l'occasion de réfléchir à ce *pour* quoi il était censé rester immobile ? ou sinon, voulez-vous s'il vous plaît regarder, et qu'est-ce qu'il a vu aussi, revenant comme un homme fort pour poursuivre sa course, en se réjouissant ?

"Puis Josué passa de Makkéda à Libnah - et combattit Libnah. Et l'Éternel la livra, ainsi que son roi, entre les mains d'Israël, et il la frappa au tranchant de l'épée, ainsi que toutes les âmes qui s'y trouvaient." Et depuis Lakis jusqu'à Eglon, et d'Eglon jusqu'à Kirjath-Arba, et le tombeau de Sara dans le pays des Amoréens, "et Josué frappa tout le pays des collines et du sud, et de la vallée et des sources, et tous leurs habitants". rois : il n'en laissa aucun, mais il détruisit entièrement tout ce qui respirait, comme l'Éternel, le Dieu d'Israël, l'avait ordonné.

58. Ainsi, « il est écrit » : bien que vous n'entendiez peut-être pas aussi souvent prêcher *ces* textes que certains autres sur l'enlèvement des péchés du monde. Je me demande comment le monde aimerait s'en séparer ! jusqu'à présent, il a toujours préféré se séparer d'abord de sa vie — et Dieu l'a pris au mot. Mais la mort n'est pas pour autant *son Fils engendré ;* la mort d'innocents dans un carnage de combat n'est pas non plus son « instrument pour élaborer une

intention pure », comme le dit M. Wordsworth ; mais l'instrument de l'homme pour en élaborer une impure, comme Byron voudrait vous le faire savoir. La théologie est peut-être moins orthodoxe, mais certainement plus respectueuse ; l'enfant de Woolwich n'est pas non plus un enfant de Dieu ; Le « Tonnerre » blindé de fer ne prononce pas non plus les tonnerres de Dieu – faits que si vous aviez eu la grâce ou le bon sens d'apprendre de Byron, au lieu de l'accuser de blasphème, cela aurait été mieux pour *vous* aujourd'hui, et pour bien d'autres . âme sauvage aussi, sur le rivage du Pont-Euxin, et sur les terres zoulous et afghanes.

59. Ce n'est cependant ni pour la théologie, ni pour l'usage de ces vers que je les ai cités ; mais il convient de noter ce point principal du propre caractère de Byron. Il fut le premier grand Anglais à ressentir la cruauté de la guerre et, dans sa cruauté, la honte. Sa culpabilité était connue de George Fox – sa folie était pratiquement démontrée par Penn. Mais la *compassion* du monde pieux s'était encore pour l'essentiel montrée uniquement en gardant son stock de Barabbas intacts si possible : et, jusqu'à l'arrivée de Byron, ni Kunersdorf, ni Eylau, ni Waterloo, n'avaient enseigné la pitié et l'orgueil des hommes qui

"Le fait de sécher une seule larme a plus
de renommée honnête que de répandre des mers de sang." [78]

De tels vers pacifiques n'auraient en effet pas été acceptables pour les volontaires d'Édimbourg sur les sables de Portobello. Mais Byron peut aussi écrire une chanson de combat, quand c'est *son* signal de se battre. Si vous regardez l'introduction des « Îles de Grèce », à savoir les 85e et 86e strophes du 3e chant de « Don Juan », vous trouverez — que ne trouverez-vous pas, si seulement vous les *comprenez* ! « Il » dans le premier vers, rappelez-vous, signifie le poète moderne typique.

"Ainsi, habituellement, lorsqu'on lui demandait de chanter,
il donnait aux différentes nations quelque chose de national. Cela lui était
égal : "Dieu sauve le roi" ou "Ca ira", selon la mode de tous ; sa muse faisait
incrémenter n'importe quoi. du haut lyrique jusqu'au bas rationnel : Si
Pindare chantait des courses de chevaux, qu'est-ce qui devrait l'empêcher
d'être aussi souple que Pindare ?

En France, par exemple, il écrirait une chanson ; En Angleterre, un conte à six chants in-quarto ; En Espagne, il ferait une ballade ou une romance sur La dernière guerre - c'est à peu près la même chose au Portugal; en Allemagne, le Pégase sur lequel il caracoler serait celui du vieux Goethe - (voir ce que dit de Staël) En Italie, il singerait les "Trecentisti" ;En Grèce, il chantait une sorte d'hymne comme celui-ci.

60. Notons d'abord ici, comme nous l'avons fait dans Scott, le pouvoir de concentration et de prédiction. Le « God Save the Queen » en Angleterre, tombé à plat maintenant, comme le « Ca ira » en France – personne en France ne sait où va la France ou « cela » (quel que soit « cela ») ; ni la reine d'Angleterre qui ose, pour sa vie, demander au plus petit Anglais de faire une seule chose qui ne lui plaît pas ; ni aucun salut, ni de la reine ni du royaume, n'étant plus possible à Dieu, à moins que sous la direction de la Royal Society : notez ensuite l'estimation de la hauteur et de la profondeur dans la poésie, balayée en un instant, « du haut lyrique au bas rationnel ». Pindare à Pope (connaissant aussi la taille de Pope, personne ne fait mieux) ; puis, la puissance poétique de la France — résumée en un mot — Béranger ; puis la coupure à Marmion, entièrement méritée, comme nous le verrons, et pourtant gentiment donnée, car tout ce qu'il nomme dans ces deux strophes est le meilleur du genre ; puis « Romance en Espagne sur… la *dernière* guerre (la guerre *actuelle* n'est pas du goût poétique espagnol), puis, Goethe, le véritable cœur de toute l'Allemagne, et enfin, le singe des Trecentisti qui s'est depuis consommé dans le préraphaélitisme ! c'est aussi la meilleure chose que l'Italie ait faite à travers l'Angleterre, que ce soit à l'époque des « damozels bénis » de Rossetti ou des « jours de la création » de Burne Jones. Vient enfin la moquerie de lui-même – le grec anglais moderne – (suivie du « dégénéré entre des mains comme les miennes » dans la chanson elle-même) ; et puis, avec étonnement, il tonne de sa voix d'Achille. Nous avons eu une ligne de lui dans sa clarté, cinq de lui dans sa profondeur, seize de lui dans sa pièce. Écoutez maintenant, mais ceux-ci, de tout son cœur :

"Quoi, encore silencieux ? et *tous silencieux* ?
Ah non, les voix des morts Sonnent comme la chute d'un torrent lointain,
Et répondent : " Qu'une *tête* vivante,
Mais une seule, se lève — nous venons — nous venons : " - " Ce n'est que les vivants qui sont muets. »

La résurrection, ça, vous la voyez comme celle de Bürger ; mais pas de mort à mort.

61. "On dirait la chute d'un torrent lointain." J'ai dit que *tout le* cœur de Byron était dans ce passage. D'abord sa compassion, puis son indignation, et le troisième élément, non encore examiné, cet amour de la beauté de ce monde dans lequel les trois enfants — impies — de sa Fournaise Ardente se ressemblaient ; mais Byron a le cœur le plus large. Scott et Burns aiment l'Écosse plus que la nature elle-même : pour Burns, la lune doit se lever sur les collines de Cumnock ; pour Scott, la vallée de Rymer divise les Eildon ; mais, pour Byron, le Loch-na-Gar *avec Ida* regarde Troie, et les doux murmures du Dee et du Bruar se transforment en voix des morts sur le lointain Marathon.

Pourtant, prenez le parallèle de Scott, par un champ de repos plus simple : -

"Et le silence aide - bien que les collines escarpées
envoient au lac mille ruisseaux; dans la marée d'été, si douce qu'ils pleurent,
le son ne fait qu'endormir l'oreille; le sabot de votre cheval semble trop
grossier, tant la solitude est tranquille.

Rien la vie paraît à l'œil ou à l'oreille, mais eh bien, je sais que les morts sont
proches ; car bien que, dans un conflit féodal, un ennemi ait abattu la
chapelle de Notre-Dame, pourtant toujours sous le sol sacré, le paysan le
repose de son labeur, et,
mourant
, ordonne que ses os soient déposés là où autrefois ses simples pères
priaient.

Et enfin, prenez la même note de chagrin – avec le doigt de Burns sur la
chute :

"Pleurez, ilka grove les cushat kens,
Vous les shaws brumeux et les tanières de briery, Vous les burnies, wimplin
'dans vos vallons avec le vacarme des tout-petits, Ou l'écume étranglée avec
des stens précipités Frae lin à lin."

62. En lisant l'un après l'autre ces fragments de chant des grands maîtres, ne
vous vient-il pas le sentiment de quelque élément dans leur passion, non
moins que dans leur son, différent notamment de celui de « L'été desséché ».
il n'y a pas de mandat" ? Est-ce plus profane, pensez-vous, ou plus tendre, et
peut-être, au fond, plus vrai ?

Par exemple, quand on nous dit que

"Wharfe, alors qu'il avançait,
Aux matines se joignit une voix triste,"

Cette disposition de l'esprit du fleuve à la psalmodie pensive s'explique-t-elle
assez logiquement par la déclaration précédente (elle-même en aucun cas
rythmiquement douce) selon laquelle

"Le garçon est dans les bras de Wharfe,
et étranglé par une force impitoyable" ?

Ou, lorsque nous sommes amenés à une réflexion améliorante,

"Comme les loisirs étaient doux, ils ne pouvaient pas rapporter plus
que de s'allonger au milieu de ce cimetière lavé par les vagues, des tombes
pastorales extrayant des pensées divines!"

— la divinité de l'extrait nous est-elle assurée par le fait qu'il est fait à loisir et
dans une attitude allongée, par rapport aux méditations d'hommes par ailleurs
actifs, dans une attitude debout ? Ou est-ce que par hasard, beaucoup d'entre
nous, nous trompons encore quelque peu dans nos notions de Divinité et
d'Humanité, d'extraction poétique et de position morale ?

63. S'il en est ainsi, pourrais-je demander à entendre encore quelques mots
de l'école de Bélial ?

Leur occasion, il faut l'avouer, est tout à fait injustifiable. Des gens très
méchants — des mutins, en fait — se sont retirés, misanthropement, dans
une partie peu fréquentée du pays, et s'y trouvent certes en sécurité, mais
extrêmement assoiffés. Sur quoi Byron leur donne ainsi à boire :

"Un petit ruisseau dégringolait des hauteurs
et s'éparpillait dans l'océan autant qu'il le pouvait. Son cristal délimitant
gambadait dans le rayon et jaillissait de falaise en rocher avec des embruns
sans sel, tout près du vaste océan sauvage, mais aussi pur et frais que
l'innocence ; et plus encore. sécurisé. Son torrent d'argent brillait au-dessus
des profondeurs, tandis que l'œil timide du chamois surplombait les pentes
abruptes, tandis que, bien en dessous, la houle vaste et maussade de l'azur
alpin de l'océan montait et descendait. [79]

Maintenant, je vous prie, avec toute l'autorité qu'un vieil ouvrier peut avoir
concernant son métier, ayant également regardé une ou deux cascades de
mon temps, et assez souvent une vague, d'assurer au lecteur qu'il s'agit là
d'une œuvre littéraire tout à fait de premier ordre. . Bien que Lucifer lui-
même l'ait écrit, la chose en elle-même est bonne, et non seulement ainsi,
mais d'une qualité inégalée, la dernière ligne étant probablement la meilleure
concernant la mer jamais écrite par la race des rois de la mer.

64. Mais Lucifer lui-même *n'aurait* pas pu l'écrire ; ni aucun serviteur de
Lucifer. Je ne doute pas que la plupart des lecteurs aient été surpris de ma
déclaration, à la fin de mon premier article, que le « style » de Byron dépendait
en quelque sorte de ses opinions concernant les dix commandements.
Qu'une chose aussi importante que le « style » dépende le moins du monde
d'une chose aussi ridicule que le sens moral ; ou que le père d'Allegra, la
regardant passer dans la voiture du comte G. et ses six, avait quelque reste
d'un sentiment aussi ridicule. quelque chose qui guiderait, ou freinerait, sa
passion poétique peut également sembler plus que discutable à la philosophie
libérale et chaste du public britannique actuel. Mais, tout d'abord, en mettant

de côté la question de savoir qui écrit ou parle, est-ce que vous, bon lecteur, *connaissez-vous* le bon « style » quand vous l'obtenez ? Pouvez-vous dire, à partir d'une demi-douzaine de vers tirés d'un roman, d'un poème ou d'une pièce de théâtre : Qu'est-ce qui est bon, essentiellement, dans le style, ou mauvais, au fond ? et pouvez-vous dire pourquoi une demi-douzaine de lignes sont bonnes ou mauvaises ?

65. J'imagine que dans la plupart des cas, la réponse sera donnée avec hésitation, mais si vous me donnez un peu de patience et prenez soin de vous, je peux vous montrer les principaux tests de style en l'espace de quelques pages. .

Je prends deux exemples de style absolument parfait et de la manière la plus élevée, *c'est-à-dire* royale et héroïque : le premier exemple dans l'expression de la colère, le second dans l'amour.

(1)

"Nous sommes heureux que le Dauphin soit si agréable avec nous, Son présent et vos douleurs, nous vous en remercions. Quand nous aurons assorti nos raquettes à ces balles, Nous jouerons en France, par la grâce de Dieu, un il frappera la couronne de son père dans le danger.

(2)

"Mon gracieux Silence, salut ! Aurais-tu ri si j'étais venu à la maison cercueil pour pleurer pour me voir triompher ? Ah, ma chère, tels yeux portent les veuves de Corioli et les mères qui manquent de fils."

66. Notons point par point les conditions de grandeur communes à ces deux passages si opposés par leur caractère.

A. Maîtrise absolue de toute passion, aussi intense soit-elle ; c'est la première des premières conditions (voir la propre phrase du roi juste avant : « Nous ne sommes pas un tyran, mais un roi chrétien, à la *grâce duquel* notre passion est aussi soumise que nos misérables enchaînés dans nos prisons ») ; et avec cette maîtrise de soi, la compréhension suprêmement approfondie de chaque pensée qui doit être prononcée, avant son émission ; afin que chacun puisse venir à sa place, à son heure et à sa connexion exactes. La moindre précipitation, l'égarement d'un mot, ou l'accent inutile sur une syllabe, détruiraient le « style » en un instant.

B. Choix des mots les plus petits et les plus simples que l'on puisse trouver dans l'étendue de la langue, pour exprimer la chose signifiée : ces quelques mots étant également disposés de la manière la plus directe et la plus intelligible ; ne permettant l'inversion que lorsque le sujet peut être rendu primaire sans obscurité : (ainsi, « son présent, et vos douleurs, nous vous remercions » vaut mieux que « nous vous remercions pour son présent et vos douleurs », car le don du Dauphin est par la courtoisie mise avant les soins de l'ambassadeur ; mais « quand à ces balles nos raquettes nous avons égalées » aurait gâché le style en un instant, parce que, j'allais le dire, balle et raquette sont de rang égal, et donc seules les choses naturelles ordre proprement dit ; mais ici aussi l'ordre naturel est celui souhaité, la raquette anglaise ayant préséance sur la balle française). Dans la quatrième ligne, le « en France » vient en premier, comme annonçant la résolution d'action la plus importante ; le « par la grâce de Dieu » ensuite, comme seule condition rendant la résolution possible ; le détail de l'émission suit avec la limite la plus stricte dans le dernier mot. Le roi ne dit pas « danger », encore moins « déshonneur », mais « danger » seulement ; il *en* est, humainement parlant, sûr.

67. C. Énonciation parfaitement emphatique et claire des mots choisis ; lentement dans le degré de leur importance, avec toutefois l'omission de tout mot qui n'est pas absolument nécessaire ; et utilisation naturelle des contractions familières du dissyllabe final. Ainsi, « jouer un set doit frapper » vaut mieux que « jouer un set *qui* doit frapper », et « match'd » est royalement court – aucune nécessité de mètre n'aurait pu excuser « matched » à la place. Au contraire, les trois premiers mots « Nous sommes heureux » auraient été prononcés par le roi plus lentement et plus complètement que toutes les autres syllabes de tout le passage, prononçant d'abord le « nous » royal dans sa forme la plus fière, puis le « sont » comme un état continu, puis le « heureux », comme l'exact contraire de ce que les ambassadeurs attendaient de lui. [80]

D. Une spontanéité absolue pour faire tout cela, facilement et nécessairement selon les battements du cœur. Le roi *ne peut pas* parler autrement qu'il ne le fait, ni le héros. Les mots ne leur viennent pas simplement, mais leur sont imposés. Même des nombres zézayant « viennent », mais des nombres puissants sont ordonnés et inspirés.

E. Mélodie dans les mots, changeante avec leur passion, adaptée exactement à elle, et tout ce dont la langue est capable, — la mélodie en prose étant éolienne et variable — en vers, plus noble en se soumettant à une loi plus stricte. Je développerai ce point tout à l'heure.

F. Contenu spirituel le plus élevé dans les mots ; de sorte que chacun porte non seulement sa signification instantanée, mais une compagnie trouble de signification plus élevée ou plus sombre selon la passion – presque toujours indiquée par la métaphore : « jouer un set » – parfois par abstraction – (ainsi dans le deuxième passage « silence » pour silencieux) parfois par description au lieu d'une épithète directe (« cercueil » pour mort) mais toujours révélateur du fait qu'il y a plus dans l'esprit de l'orateur que ce qu'il a dit, ou ce qu'il peut dire, aussi complet soit-il. De la quantité de cette plénitude dépend la majesté du style ; c'est-à-dire, virtuellement, sur la quantité de pensée contenue dans les mots les plus brefs, une telle pensée étant avant tout aimante et vraie : et ceci est la somme de tout : que rien ne peut être bien dit sans la vérité, ni magnifiquement si ce n'est par l'amour.

68. Telles sont les conditions essentielles du noble discours en prose comme en vers, mais l'adoption de la forme du vers, et surtout du vers rymé, signifie l'addition à toutes ces qualités d'une de plus ; de musique, c'est-à-dire non seulement éolienne, mais apolline ; une construction ou une architecture de mots adaptés et convenables, sous les lois extérieures du temps et de l'harmonie.

Lorsque Byron dit que « la rime est du plus grossier » [81], il veut dire que Burns en a besoin, alors qu'Henri Quint n'en a pas besoin, ni Platon, ni Isaïe ; religieux : et ainsi les plus beaux morceaux du langage chrétien sont tous en rime – le meilleur de Dante, Chaucer, Douglas, Shakespeare, Spenser et Sidney.

69. Je ne suis pas actuellement en mesure de suivre le courant de l'érudition moderne ; (et, à vrai dire, je ne fais pas l'effort, le premier bord de ses vagues étant pour la plupart boueux, et susceptible de faire rejeter une partie peu profonde du rivage :) de sorte que je n'ai pas de meilleur livre de référence de ma part que le essai confus sur l'antiquité de la rime à la fin des « Anglo-Saxons » de Turner. Je ne peux cependant pas concevoir un travail plus intéressant, s'il n'est pas encore terminé, que la collection des premiers fragments tamisés connus de chants rymed dans les langues européennes. De l'Orient, je ne sais rien ; mais, de ce côté de l'Hellespont, l'essentiel de la question est entièrement exposé dans le texte impromptu du roi Canut.

"Gaily" (ou est-ce gentiment ?—j'oublie lequel, et ce n'est pas grave)
"chantaient les moines d'Ely, alors que Knut le roi passait par là ;"

c'est une chose à noter pour tous ceux qui rendent leur religion lugubre et leur dimanche l'éclipse de la semaine. Et observez en outre que si Milton ne rime pas, c'est parce que sa faculté de chant concernait principalement la perte ; et il n'a guère plus que la faculté de Croak, concernant le Gain ; tandis que Dante, bien que les lecteurs modernes ne l'accompagnent jamais plus loin que dans la fosse, n'est retenu que par Casella dans l'ascension vers la Rose du Ciel. Ainsi, Gibbon peut écrire à *sa* manière la Chute de Rome ; mais Virgile, à *sa* manière, la montée de celui-ci ; et enfin Douglas, à *sa* manière, éclate avec une passion si rimée de louanges à la fois de Rome et de Virgile, comme il sied à un évêque chrétien et à un bon sujet du Saint-Siège.

"Maître des Maîtres - source douce et jaillissante,
Large où résonne partout ta cloche céleste;

Pourquoi devrais-je alors, avec un front terne et vaniteux,
avec un ingène grossier et un cerveau barane et vide, avec un discours
mauvais et dur et une langue barbare et lâche, présumer d'écrire là où sonne
ta douce cloche, ou contrefaire ton précieux mot est cher ? ce n'est pas le
cas ; mais agenouille-toi quand je les entends. Mais plus loin, et plus bas
pour descendre. Pardonne-moi, Virgile, si je t'offense. Pardonne ton savant,
laisse-le chanter, puisque *tu* n'étais qu'un mortel autrefois.

"Avant l'honneur, il y a l'humilité." La lecture de ces paroles noblement
pieuses ne vous éclaire-t-elle pas plus clairement sur cette loi ? Et remarquez-
vous *quelle* humilité ? Comment se fait-il que le son de la cloche vienne si
instinctivement dans son vers carillonné ? Ce doux chanteur est le fils de...
Archibald Bell-the-Cat !

70. Et maintenant, peut-être pouvez-vous lire avec une juste sympathie la
scène de "Marmion" entre son père et le roi Jacques.

"Le monarque lui prit soudain la main
: "Maintenant, par l'âme de Bruce, Angus, pardonne mon discours
précipité, aussi sûr que son esprit vit, comme il l'a dit du vieux Douglas, je
peux bien dire de vous, que jamais roi ne s'est soumis, Dans un discours
plus libre, dans la guerre plus audacieux, plus tendre et plus vrai : « Et
pendant que le roi sa main tendait, les larmes du vieil homme tombaient
comme de la pluie. »

Je crois que le plus infidèle des lecteurs scolastiques peut à peine percevoir la
relation entre la douceur, la simplicité et la mélodie de l'expression de ces
passages, et la douceur des passions qu'ils expriment, tandis que des hommes
qui ne sont pas scolastiques, et pourtant sont de vrais savants, ils
reconnaîtront en outre que la simplicité des gens instruits est plus belle que
la simplicité des gens grossiers. Écoutez ensuite un extrait de l'enseignement
de Spenser sur la manière dont la grossièreté elle-même peut devenir plus
belle même par ses erreurs, si ces erreurs sont commises avec amour.

« Vous, filles de bergers qui habitez sur la verdure,
vous y êtes à toute vitesse ; que personne n'y vienne sans que des vierges
n'aient été pour orner sa grâce : et quand vous viendrez, alors qu'elle est en
place, veillez à ce que votre grossièreté ne vous déshonore pas ; vite, et
ceignez vos déchets, pour plus de finesse, avec une dentelle taudry.

Apportez ici la cullumbine rose et violette avec des gylliflowers; apportez des couronnes et des sops dans le vin, portés par les amants; jetez-moi le sol avec des daffadowndillies, des primevères, et des coupes royales, et les lys aimés ;
la jolie panse
et la chevisaunceShall s'accorderont avec la belle fleur-délice. » [82]

71. Deux courts morceaux de plus seulement de chanson maîtresse, et nous avons de quoi tester tout cela.

(1)

"Pas plus, pas plus, puisque tu es mort, Devons-nous toujours amener des mariées timides au lit, Pas plus, lors des fêtes annuelles, Nous ferons des boules de primevère Ou des chaînes d'ancolies, Pour l'amour de telle ou telle occasion. Non , non ! nos premiers plaisirs sont enveloppés dans ton suaire avec toi. [83]

(2)

"La mort est maintenant le nid du phénix, et le sein fidèle de la tortue repose pour l'éternité. La vérité peut paraître, mais ne peut pas être; la beauté se vante, mais ce n'est pas elle: la vérité et la beauté sont enterrées." [84]

72. Si maintenant, avec l'écho de ces vers parfaits dans votre esprit, vous vous tournez vers Byron et jetez un coup d'œil ou rappelez-vous suffisamment de lui pour donner des moyens de comparaison exacte, vous reconnaîtrez, ou devriez, reconnaître ces types suivants. de méfait en lui. Premièrement, si quelqu'un l'offense — comme par exemple M. Southey ou Lord Elgin — « ses manières n'ont pas ce repos qui caractérise la caste », etc. *Ce* défaut dans le style de Sa Seigneurie, étant moi-même scrupuleusement et même douloureusement réservé dans l'usage de langage injurieux, je n'ai pas besoin de dire à quel point je déplore profondément. [85]

Deuxièmement. Dans les morceaux les meilleurs et les plus violets de son œuvre, il y a encore, par rapport aux vers élisabéthains et antérieurs, une étrange souillure ; une saveur indéfinissable de soirée de Covent Garden, pour ainsi dire ; pour ne pas dire une fuite de gaz dans le Strand. C'est simplement ce qu'il se proclame : l'air de Londres. S'il avait vécu toute sa vie à Green-head Ghyll, les choses auraient bien sûr été différentes. Mais c'était son destin de venir en ville – une ville moderne – comme le fils de Michael ; et Londres (et Venise) moderne est responsable de l'état de ses égouts, et non Byron.

Troisièmement. Sa mélancolie est sans aucun soulagement ; sa plaisanterie est plus triste que son sérieux ; tandis que, dans l'œuvre élisabéthaine, toute lamentation est pleine d'espoir et toute douleur de baume.

De ce mal, il vous a lui-même expliqué la cause en une seule ligne prophétique de toutes choses depuis et maintenant. "Là où *il* regardait, une obscurité envahissait l'espace." [86]

Ainsi, par exemple, tandis que M. Wordsworth, en visite en ville, étant un lève-tôt exemplaire, pouvait se promener, heureux, sur le pont de Westminster, remarquant à quel point la ville était maintenant comme un vêtement qui portait la beauté du matin ; Byron, se levant un peu plus tard, contempla seulement le vêtement que la beauté du matin avait alors reçu de la ville pour le porter : et encore, tandis que M. Wordsworth, dans un ravissement religieux irrépressible, prend Dieu à témoin que les maisons semblent endormies, Byron, démon boiteux comme il l'était, volant en fumée, ouvre les toits des maisons d'un seul coup d'œil, et voit ce que leur puissant cœur cockney contient dans son silence, et s'animera pour se mettre en mouvement dans les affaires éveillées,

"La sordeur de la civilisation, mêlée
à toutes les passions que la chute de l'homme a fixées." [87]

73. Quatrièmement, à cette stabilité de mélancolie amère, s'ajoute un sentiment de beauté matérielle, à la fois de la nature inanimée, des animaux inférieurs et des êtres humains, qui dans l'irisation, la profondeur des couleurs et morbide (j'utilise le mot) délibérément) son mystère et sa douceur, — avec d'autres qualités indescriptibles par aucun seul mot, et qui ne doivent être analysées qu'avec un soin extrême — ne se retrouvent, dans leur intégralité, que chez cinq hommes que je connais des temps modernes ; à savoir, Rousseau, Shelley, Byron, Turner et moi-même, différant totalement et dans l'ensemble de notre groupe, du plaisir pour la beauté clairement frappée d'Angelico et des Trecentisti ; et séparé, bien plus singulièrement, des joies joyeuses de Chaucer, Shakespeare et Scott, par son affection inexplicable pour le « Rokkes blak » et d'autres formes de terreur et de pouvoir, comme celles des océans de glace, qui pour Shakespeare n'étaient que rhum alpin; et les Via Malas et les Ponts Diaboliques que Dante n'aurait condamné que les âmes perdues à gravir ou à traverser ; — tout cet amour des montagnes imminentes, des nuages d'orage enroulés et de la mer dangereuse, se mêlant en nous à un air boudeur, presque férin, amour de la retraite dans les vallées des Charmettes, les golfes de la Spezzia, les ravins de l'Olympe, les bas gîtes de Chelsea et les broussailles serrées de Coniston.

74. Et enfin, dans notre groupe tout entier, brille l'instinct volcanique de la justice astréenne qui ne revient pas à la terre, mais qui en sort, ce qui ne

permet pas du tout que nous nous reposions dans le serein « quoi qu'il en soit » de Pope. est correct"; mais il a, au contraire, la profonde conviction qu'environ quatre-vingt-dix-neuf centièmes de ce qui est actuellement sont faux : conviction qui fait de nous quatre , selon nos diverses manières, des dirigeants de la révolution pour les pauvres et des proclamateurs d'une doctrine politique monstrueuse aux yeux de tous. les oreilles de l'humanité mercenaire ; et conduire le cinquième, moins optimiste, dans une simple mélodie peinte de lamentation sur l'erreur de l'espoir et l'implacabilité du destin.

Chez Byron, l'indignation, le chagrin et l'effort sont joints à la mort : et ce sont des parties de sa nature (comme de la mienne aussi dans ses termes les plus faibles) dont le public égoïstement aisé n'a, littéralement, aucune idée de quoi que ce soit ; et devant lequel le public pieusement sentimental, offrant quotidiennement la pure oblation de la tranquillité divine, recule avec un anathème non sans alarme.

75. Sur quels sujets j'espère parler plus en détail et avec des illustrations plus précises dans mon prochain article ; mais, voyant que celui-ci a été jusqu'ici quelque peu sombre, et peut-être, pour les lecteurs aimables, pas peu déroutant, je le terminerai par un morceau d'étude biographique légère, nécessaire à mon plan, et aussi commodément admissible ici que ensuite ; — à savoir, le récit de la manière dont Scott — que nous trouverons toujours, comme mentionné ci-dessus, être dans les éléments saillants et palpables du caractère, du monde, mondain, comme Burns l'est de la chair, charnel, et Byron du Deuce, damnable, – a passé son dimanche.

76. Comme d'habitude, à partir du farrago de Lockhart, nous ne pouvons pas découvrir la première chose que nous voulons savoir, c'est-à-dire si Scott travaillait selon sa coutume de la semaine, le dimanche matin. Mais je suppose que non ; en tout cas, sa maison et son bétail se reposaient (L. iii. 108). J'imagine qu'il est sorti dans ses bois ou qu'il a lu tranquillement dans son bureau. Immédiatement après le petit-déjeuner, quiconque était dans la maison : « Mesdames et messieurs, je lirai les prières à onze heures, quand j'espère que vous serez tous présents » (7. 306). Question du collège et autre prière extérieurement unanime réglée pour nous très brièvement : « si vous n'avez pas la foi, ayez au moins des manières ». Il a lu le service de l'Église d'Angleterre, les leçons et tout le reste, ces dernières, même si elles sont intéressantes, avec éloquence (*ibid.*). Après le service, un des sermons de Jeremy Taylor (vi. 188). Après le sermon, si le temps le permet, promenade avec sa famille, chiens compris et invités, jusqu'à un pique-nique *froid* (iii. 109), suivi de courtes romanes bibliques improvisées ; car il avait par cœur sa Bible, l'Ancien Testament surtout, car c'était le dernier cadeau que lui avait fait sa mère (vi. 174). Ces leçons d'histoire biblique étaient toujours données

à ses enfants, qu'il y ait un pique-nique ou non. Le reste de l'après-midi, il passa son plaisir dans les bois avec Tom Purdie, qui apparaissait aussi toujours aux côtés de son maître le dimanche après le dîner, et buvait longue vie au laird et à sa dame et à toute la bonne compagnie, dans un quaiigh de whisky ou un verre de vin, selon sa fantaisie (vi. 195). Quoi qu'il arrive les autres soirs de la semaine, Scott dînait toujours à la maison le dimanche ; et avec de vieux amis : jamais, sauf inévitablement, recevoir une personne avec laquelle il se tenait en cérémonie (v. 335). Il entra dans la pièce en se frottant les mains comme un garçon arrivant à la maison pour les vacances, ses poivrons et ses moutardes gambadent autour de lui, "et même la majestueuse Maida souriant et remuant la queue avec sympathie". Pour l'usquebaugh des jours de semaine les moins honorés, au conseil du dimanche, il faisait circuler le champagne vivement pendant le dîner, et considérait ensuite une pinte de bordeaux comme la juste part de chacun (v. 339). Le soir, la musique étant inconvenante pour l'esprit mondain écossais, il lisait à haute voix quelque auteur préféré, pour l'amusement ou l'édification de son petit cercle. Ce pourrait être Shakespeare, ou Dryden, — Johnson, ou Joanna Baillie, — Crabbe ou Wordsworth. Mais à cette époque, « Byron déversait son esprit frais et plein, et si un nouveau morceau de *sa* main était apparu, il était *sûr d'être lu par Scott le dimanche soir suivant* ; et cela avec une telle emphase ravie qu'il montrait à quel point l'esprit était complet. Le barde aîné avait conservé son enthousiasme pour la poésie au plus haut point de sa jeunesse et toute son admiration pour le génie libre, pur et sans tache de la moindre goutte de jalousie littéraire » (v. 341).

77. Avec des variétés aussi nécessaires et facilement imaginables que la chance d'avoir Dandie Dinmont ou le capitaine Brown pour invités à Abbotsford, ou le colonel Mannering, le conseiller Pleydell et le Dr Robertson à Castle Street, tel était le sabbat habituel de Scott : un jour, nous le percevons, de manger du gras (*le dîner* , sans doute pas froid, étant une œuvre de nécessité et de miséricorde - toi aussi, même toi, saint Thomas de Turnbull, as le tien !) et de boire du sucré, abondant à la manière de la cataracte de M. Southey. Lodore : « Le voici, pétillant. Une journée parsemée de couronnements et de verres de vin ; plongés dans des libations à la bonne espérance et à la bonne mémoire ; un jour de repos pour les bêtes et de joie pour l'homme (ainsi que pour les bêtes sympathiques qui peuvent être joyeuses), et se terminant par une heure orphique de délices, signifiant la paix à Tweedside et la bonne volonté envers les hommes, là-bas ou au loin ; - toujours à l'exception des Français et de Boney.

"Oui, et vois ce que tout cela a finalement donné."

Ce n'est pas le cas, Minos-Mucklewrath, sombre et virulent ; la fin est venue de tout autre chose ; de *ceux-ci* sont venus la durée et la paix que Scott avait dans sa patrie, et l'immortalité qu'il a dans tous les pays.

78. Néanmoins, une réprimande ferme, quoique profondément courtoise, pour son esprit parfois trop léger, lui fut administrée par Byron, plus grave et plus réfléchi. Car le seigneur abbé de Newstead connaissait sa Bible par cœur aussi bien que Scott, bien qu'elle ne lui ait jamais été donnée par sa mère comme son bien le plus cher. Il le savait, et qui plus est, il y avait pensé et y avait cherché ce que Scott n'avait jamais voulu penser, ni voulu chercher.

Et aimer bien Scott, et lui faire toujours tout le plaisir possible de la manière qui lui semble la plus agréable, comme, par exemple, se souvenir avec précision et écrire dès le lendemain matin chaque parole bénie que le prince régent avait été il se plaisait à dire de lui devant une audience courtoise, - il concevait pourtant des rimes aussi bon marché que sa propre "La Fiancée d'Abydos", par exemple, qu'il avait écrite du début à la fin en quatre jours, ou même les réflexions de voyage d'Harold et Juan sur les hommes et les femmes, étaient à peine assez stables dans la lecture du dimanche après-midi pour un patriarche Merlin comme Scott. Aussi lui consacre-t-il une œuvre à tendance véritablement religieuse, sur laquelle, pour sa part, il a fait de son mieux : le drame de « Caïn ». De quelle dédicace la signification virtuelle pour Sir Walter pourrait être traduite ainsi. Très cher et dernier des devins des Frontières, tu nous as en effet parlé des Nains Noirs et des Jeunes Filles Blanches, ainsi que des Frères Gris et des Fées Vertes ; aussi des houx sacrés près du puits et des escrocs hantés dans le vallon. Mais des buissons que déchirent les chiens noirs dans les bois de Phlégéthon ; et des escrocs dans le vallon, et des querelles du burnie où les fantômes rencontrent les plus puissants d'entre nous ; et du misanthrope noir, qui n'est en aucun cas encore un nain, et à propos duquel des créatures plus sages que Hobbie Elliot peuvent demander en tremblant : « Gude, guide-nous, qu'est-ce que tu as ? as-tu encore su, puisque tu n'as encore *rien dit* .

Scott a peut-être sa réponse. Nous l'entendrons en temps utile.

NOTES DE BAS DE PAGE :

[73] Septembre 1880.

[74] "Il faut le mettre par l'original, strophe pour strophe et vers pour vers ; et vous verrez ce qui était permis dans un pays catholique et dans une époque bigote aux hommes d'Église, au sujet de la religion - et dites ainsi à ces bouffons qui m'accusent d'attaquer la Liturgie.

"J'écris en toute hâte, c'est l'heure du Corso, et je dois aller me moquer avec les autres. Ma fille Allegra vient de partir avec la comtesse G. dans le carrosse du comte G. et six. Notre vieux cardinal est mort, et le nouveau n'est pas encore nommé, mais le masquage continue de la même manière. (Lettre à Murray, 355e à Moore, datée de Ravenne, 7 février 1820.) "Un endroit terriblement moral, car vous ne devez regarder la femme de personne, sauf celle de votre voisin."

[75] Voir cité ci- *dessous* la moquerie, par Byron, de lui-même et de tous les autres poètes modernes, « Juan », canto iii. strophe 80, et comparez le chant xiv. strophe 8. En référence aux citations futures, le premier chiffre signifiera toujours chant ; la seconde pour la strophe ; le troisième, si nécessaire, pour la ligne.

[76] «Île», ii. 16, où voir le contexte.

[77] « Juan », viii. 5 ; mais, d'après la citation de Votre Seigneurie, Wordsworth dit « instrument » et non « fille ». Votre Seigneurie aurait mieux fait de dire « Infant » et de prendre à témoin les autorités de Woolwich : seule Infant n'aurait pas rymé.

[78] « Juan », viii. 3 ; comparez 14 et 63, avec tout son joli contexte 61-68 : puis 82, et ensuite lentement et avec une attention particulière, le discours du Diable, commençant par "Oui, Monsieur, vous oubliez" dans la scène 2 de "Les Déformés Transformés" : puis celui de Sardanapale, acte I. scène 2, commençant, "il est parti, et à son doigt porte mon sceau", et enfin la "Vision du jugement", strophes 3 à 5.

[79] «Île», iii. 3, et comparez, du surf côtier, les « élingues ses hauts flocons, frissonnés dans la neige fondue » de la strophe 7.

[80] Un éditeur moderne – dont je n'utiliserai pas les expressions qui me viennent à l'esprit – trouvant le « nous » une syllabe redondante dans le vers iambique, imprime, « nous sommes ». C'est peu de chose, mais je ne me souviens, au cours de mes quarante années d'expérience littéraire, d'aucune retouche d'éditeur aussi ignoble. Mais je lis peu les nouvelles éditions : il faut en tenir compte.

[81] «Île», ii. 5. J'allais dire : « Regardez le contexte », mais je me dois de le donner ici ; car la strophe, apprise par cœur, devrait être notre école d'introduction à la littérature du monde.

" Telle était cette chansonnette des jours de la Tradition,
qu'une renommée persistante transmet aux morts dans une chanson, où la renommée n'a encore laissé aucun signe au-delà du son dont le charme est à

moitié divin ; qui ne laisse aucune trace à l'œil sceptique, mais rend toute la jeune histoire à harmonie ; Un jeune Achille, avec la lyre du centaure à la main, pour lui apprendre à surpasser son père. Pour la simple portée d'une ballade longtemps chérie, Sonnée du rocher, ou mêlée à la vague, Ou du côté herbeux du ruisseau bouillonnant, Ou rassemblant les échos des montagnes alors qu'ils glissent, A un plus grand pouvoir sur chaque cœur et chaque oreille vrais, Que toutes les colonnes que les serviteurs de la conquête se dressent ; Invite, quand les hiéroglyphes sont un thème Pour les travaux des sages ou le rêve de l'étudiant ; Attire, quand les volumes de l'Histoire sont un thème. le labeur - Le premier, le bourgeon le plus frais du sol de Feeling, Telle était cette rime grossière - la rime est des plus grossières, Mais telle a inspiré la solitude du Norvégien, qui est venu et a conquis; telles, partout où s'élèvent des Terres qu'aucun ennemi ne détruit ni ne
civilise
, Exister ; et que peut notre art accompli du vers faire plus que d'atteindre le cœur éveillé ? »

[82] "Calendrier du berger". « Coronatiön », fidèle-pastoral pour Carnation ; « sops in wine », joyeux-pastoral pour double rose ; « paunce », pastoral irréfléchi pour la pensée ; « chevisaunce », je ne sais pas (pas dans Gérarde) ; « flowre-delice » — prononcez dellice — composé à moitié de « délicat » et de « délicieux ».

[83] Herrick, « Chant funèbre pour la fille de Jephté ».

[84] « Pèlerin passionné ».

[85] Comparez sur ce point la « Malédiction de Minerve » avec les « Larmes des Muses ».

[86] « Lui », — Lucifer ; (« Vision du jugement », 24). C'est précisément parce que Byron n'était *pas* son serviteur qu'il pouvait voir la tristesse. Pour les véritables serviteurs du Diable, la présence de leur Maître apporte à la fois gaieté et prospérité ; avec un sentiment délicieux de leur propre sagesse et de leur vertu ; et du « progrès » des choses en général : — par mer calme et par beau temps, — et sans avoir besoin ni de toucher à la barre, ni de travailler à la rame : comme lorsqu'on est une fois bien à l'intérieur des limites du Maelström.

[87] «Île», ii. 4 ; une théologie parfaitement orthodoxe, observez-vous ; pas de déni de la chute, ni de substitution de la naissance bactérienne à celle-ci. Bien plus, une théologie presque évangélique, au mépris du cœur humain ; mais avec une humilité plus profonde qu'évangélique, reconnaissant aussi ce qu'il y a de sordide dans sa civilisation.

FICTION, JUSTE ET FAUX.

IV. [88]

79. Je crains que l'éditeur du *XIXe siècle* ne reçoive peu de remerciements de la part de ses lecteurs pour avoir accordé autant d'espace, dans des numéros rapprochés, à mon exposé sur les hommes et les choses démodés. J'ai néanmoins demandé son indulgence, cette fois, pour une note ou deux concernant des modes encore plus anciennes, afin de mettre plus clairement en évidence les grandes lignes du fait littéraire, que je n'ai osé que dans mon dernier article mettre en silhouette, s'affirmant *obscurément* . contre les projecteurs de la croyance morale récente et de la fabrication de fiction.

L'évêque de Manchester, à l'occasion du grand mouvement Wordsworthien dans cette ville pour l'agrandissement, l'ornement et la vente de Thirlmere, observa, dans son plaidoyer en faveur de ces opérations, que très peu de gens, supposait-il, avaient jamais vu Tairlmere. Sa Seigneurie aurait pu supposer, avec plus de bonheur, que très peu de gens avaient jamais lu Wordsworth. Ma propre expérience en la matière est que les personnes aimables qui se disent « Wordsworthian » ont lu – généralement il y a longtemps – « Lucy Gray », « The April Mornings », un ou deux sonnets choisis et « l'Ode sur les indications ». ", ce dernier terme, ils semblent généralement avoir l'impression que personne d'autre n'a jamais rencontré : et mon expérience ultérieure de ces étudiants sentimentaux est qu'ils sont rarement enclins à mettre en pratique une seule syllabe des conseils que leur donne leur modèle. poète.

Or, comme j'ai moi-même utilisé Wordsworth comme un manuel quotidien depuis ma jeunesse jusqu'à mon âge, et que j'ai en outre vécu sur tous les points essentiels selon la teneur de son enseignement, ce fut pour moi une certaine mortification lorsque : à Oxford, j'ai essayé de faire honorer le souvenir du bêche de M. Wilkinson par quelques travaux pratiques à Ferry Hincksey, pour découvrir qu'aucun autre précepteur à Oxford ne pouvait voir le moindre bien ou le moindre sens à ce que je faisais ; et que, même si mon ami le professeur Rolleston recherchait parfois les nuances de nos lauriers rydaliens avec des expressions d'admiration, sa manière professorale « d'extraire des tombes pastorales des pensées divines » était de remplir le musée d'Oxford de crânes croûtés de crétins frappés par la peste.

80. J'ose donc respectueusement dire à mes amis bucoliques que je sais, de loin plus vitalement qu'eux, ce qu'il *y a* dans Wordsworth et ce qui ne l'est pas. Tout homme qui choisit de vivre selon ses préceptes trouvera heureusement en eux une beauté et une justesse (une justesse *exquise* que j'ai

appelée dans "Sésame et Lys") qui le préserveront également du plaisir mesquin, de l'espoir vain et de l'acte coupable : afin qu'il ne pleure pas à la porte des champs qu'il a vendus avec un esprit de cupidité, qu'il ne boive pas des eaux qu'il a volé avec un esprit de cupidité encore plus grand, qu'il ne dévore pas en secret le pain des pauvres et qu'il ne le mette pas sur sa table d'hôtes. l'agneau du pauvre : — dans toutes ces vertus simples et ces justices assurées, qu'il soit le véritable disciple de Wordsworth ; et il pourra alors avec sérénité entendre dire, quand il y aura besoin de le dire, que son excellent maître écrivait souvent des vers qui n'étaient pas musicaux, et exprimait parfois des opinions qui n'étaient pas profondes.

Et la nécessité de le dire devient impérative lorsque les vers inachevés et les fantaisies non corrigées sont promus par l'affection de ses disciples à des places d'autorité où ils donnent appui aux préjugés nationaux populaires dont, dans la plupart des cas, ils sont eux-mêmes infectés. jaillit.

81. Prenons, par exemple, les trois vers et demi suivants du 38e Sonnet ecclésiastique :

"L'étonnement frappe la foule ; tandis que beaucoup détournent
les yeux avec tristesse, d'autres brûlent de mépris, invoquant une
interdiction vindicative de la nature outragée."

Le premier caractère bien évident de ces vers, c'est qu'ils sont d'extrêmement mauvais iambiques, aussi mal construits que peu mélodieux ; le retournement et la brûlure étant aux mauvais côtés, et les extrémités elles-mêmes sont placées juste au moment où la phrase est au milieu.

Mais un défaut plus grave de ces trois lignes et demie est que l'étonnement, le retournement, l'incendie et l'interdiction sont tous également fictifs ; et infecte et fictive, conçue de manière calomnieuse et fausse. Pas un des spectateurs de la scène évoquée n'était en réalité étonné, pas un seul méprisant, pas un seul maléfique. Il n'y a que notre doux ménestrel qui siège à la place des méprisants – seul l'ermite du Mont Rydal qui invoque la malison de la Nature.

Ce qu'était réellement la scène et comment en a été témoin, il ne faudra pas longtemps pour le dire ; le récit ne sera pas non plus inutile : mais je dois d'abord renvoyer le lecteur à une période précédant, de près d'un siècle, la grande action symbolique sous le porche de Saint-Marc.

82. L'historien ecclésiastique protestant et infidèle, qui se plaît à soutenir son orgueil ou à dissiper sa méchanceté en dévoilant la corruption par laquelle le christianisme est passé, devrait étudier dans chaque fragment de document authentique que la fureur de son époque a laissé, le la vie des trois reines du

sacerdoce, Théodora, Marozia et Mathilde, et la fondation du pouvoir impitoyable des papes, par le moine Hildebrand. Et s'il y a quelqu'un d'entre nous qui voudrait satisfaire avec une nourriture plus noble que les catastrophes de la scène, l'admiration devant ce qu'il y a de merveilleux dans la douleur humaine qui rend sacrée la fontaine de larmes dans la tragédie authentique, qu'il le suive, pas à pas, et qu'il se sente douloureux. par la douleur, l'humiliation du quatrième Henri à Canossa, et sa mort dans l'église qu'il avait bâtie à la Vierge à Spire.

Son antagoniste, Hildebrand, est mort vingt ans avant lui ; captif des Normands à Salerne, après avoir vu la Rome dans laquelle il avait proclamé sa principauté sur toute la terre, couchée dans sa dernière ruine ; et pour toujours. Rome elle-même, depuis sa désolation par Guiscard, n'est qu'un tombeau et un désert [89] — ce *que nous* appelons Rome n'est qu'une simple colonie d'étrangers dans son « Champ de Mars ». Cette destruction de Rome par les Normands est précisément et totalement la fin de sa puissance capitoline et allaitée par les loups ; et à partir de ce jour sa puissance léonine ou chrétienne prend son trône dans la ville léonine, sanctifiée dans la tradition par sa prière de salut pour le Borgo saxon, dans lequel avait été formée l'enfance de notre propre Alfred.

Et à partir de cette date (que l'on considère généralement comme 1090, année de la naissance de saint Bernard), n'étant plus opprimés par les restes de la mort romaine, la foi chrétienne, la chevalerie et l'art possèdent le monde et le recréent, à travers l'espace de quatre cents ans : les douzième, treizième, quatorzième et quinzième siècles.

Et, nécessairement, au premier de ces siècles survient le principal débat entre les pouvoirs du Moine et du Chevalier, qui se réconcilie dans cette scène sous le porche de Saint-Marc.

83. Ce débat a atteint sa crise et son enjeu avec la naissance de la nouvelle troisième force élémentaire de l'État : le citoyen. L'enthousiasme républicain de Sismondi ne lui permet pas de reconnaître le caractère essentiel de ce pouvoir. Il parle toujours des républiques et des libertés de l'Italie, comme si un artisan ne différait d'un chevalier que par des privilèges politiques, et comme si sa vertu particulière consistait à n'obéir à aucun maître. Mais la force des grandes villes d'Italie n'était pas plus républicaine que celle de ses monastères ou de ses forteresses. L'artisan de Milan, le marin de Pise et le marchand de Venise sont tous des personnages essentiellement différents du soldat et de l'anachorète : mais la ville, sous la bannière de son caroccio et sous le commandement de son podestat, était *bien* plus *disciplinée* . strictement que n'importe quel escadron militaire errant par son chef, ou tout ordre inférieur de moines sous son abbé. Dans la fondation des constitutions

civiques, le seigneur de la ville est généralement son évêque : — et il est curieux d'entendre l'historien républicain — qui, même s'il est aveugle dans son jugement, n'a jamais un cœur franc, se prépare à clore son récit des dix années. » guerre de Côme avec Milan, avec ce résumé de détresse des héroïques montagnards : « ils avaient perdu leur évêque Guido, qui était leur âme ».

84. Je perçois comme l'une des plus désespérées des nombreuses difficultés que le modernisme rencontre, et trouvera insurmontable soit par la vapeur, soit par la dynamite, celle de coincer ou de souder dans sa propre tête en fonte toute conception d'un roi. moine ou citadin du XIIe et des deux siècles suivants. Et cependant aucune syllabe de l'énoncé, aucun fragment des arts du moyen âge, et encore moins aucun motif de leurs actes, ne peut être lu même dans la lettre, et encore moins jugé en esprit, à moins, avant tout, que nous puissions quelque peu imaginez toutes ces trois âmes vivantes.

Premièrement, un roi qui était le meilleur chevalier de son royaume et aux coups d'épée duquel dépendait le sort de la chrétienté. Un roi tel qu'Henri l'Oiseau, le premier et le troisième Édouard d'Angleterre, Bruce d'Écosse, et ce Frédéric Premier d'Allemagne.

Deuxièmement, un moine qui avait été formé dès sa jeunesse dans des conditions plus difficiles que n'importe quel soldat, et avait finalement appris à ne désirer d'autre vie que celle des difficultés ; — un homme croyant en sa propre immortalité et en celle de ses semblables, dans les pouvoirs aidants de les anges et la présence éternelle de Dieu ; versé dans toutes les sciences, gracieux dans toute la littérature, connaissant toute la politique de son époque ; et sans peur de toute chose créée, sur terre ou sous elle.

Et enfin, un artisan absolument maître de son métier, et aussi fier de l'exercer que toutes les âmes saines en mettent en avant leurs forces personnelles : fier aussi de sa ville et de son peuple ; enrichissant, d'année en année, leurs rues de bâtiments plus élevés, leurs trésors de biens plus rares ; et léguant son art héréditaire à une lignée de maîtres successifs, par lesquels le tact de race et l'honneur de l'effort, les compétences essentielles du travail des métaux en or et en acier, de la poterie, de la peinture sur verre, du travail du bois et du tissage, furent transmises à une perfection à ne jamais dépasser ; et dont notre plus grand espoir moderne est de produire une imitation qui ne soit pas immédiatement détectée.

Ces trois sortes de personnages, je le répète, nous devons les concevoir avant de pouvoir comprendre un seul événement du Moyen Âge. Car tout ce qui est durable en eux a été fait par des hommes comme ceux-là. L'histoire, en effet, rapporte vingt défaites pour un acte, vingt désolations pour une rédemption ; et il considère le fou et le méchant comme le sage et le vrai.

Mais la nature et ses lois ne reconnaissent que les nobles : les générations des cruels passent comme les ténèbres des épidémies de sauterelles ; tandis qu'un cœur aimant et courageux fonde une nation.

85. Je donne le caractère de Barberousse dans les paroles de Sismondi, homme économe en louanges des empereurs :

« La mort de Frédéric fut pleurée même par les villes qui avaient été si longtemps l'objet de son hostilité et les victimes de sa vengeance. Tous les Lombards, même les Milanais, reconnurent son rare courage, sa constance dans le malheur, sa générosité dans conquête.

« Une intime conviction de la justice de sa cause l'avait souvent rendu cruel, jusqu'à la férocité, contre ceux qui résistaient encore ; mais après la victoire, il ne se vengea que sur des murs insensés ; et irrité comme il l'avait été par le peuple de Milan, Crema , et Tortona, et quel que soit le sang qu'il ait versé pendant la bataille, il n'a jamais souillé son triomphe par des châtiments odieux. Malgré la trahison dont il usa une fois contre Alexandrie, ses promesses furent en général respectées, et quand, après la paix de Constance, les villes qui lui avaient été les plus invétérément hostiles le reçurent dans leurs murs, elles n'eurent pas besoin de se prémunir contre toute tentative de sa part de supprimer les privilèges qu'il avait autrefois reconnus.

Ma propre appréciation du caractère de Frédéric ne serait guère aussi favorable ; c'est le seul point de l'histoire sur lequel j'ai douté de l'autorité même de mon propre maître, Carlyle. Mais je ne m'intéresse ici qu'aux réalités de ses guerres en Italie, avec les habitants de ses villes et le chef de sa religion.

86. Frédéric de Souabe, héritier direct des droits gibelins, bien que presque lié par le sang aux maisons guelfes de Bavière et de Saxe, fut élu empereur presque au milieu exact du XIIe siècle (1152). Il fut appelé en Italie par les voix des Italiens. Le pape d'alors, Eugène III, invoqua son aide contre le peuple romain sous Arnold de Brescia. Les habitants de Lodi priaient pour sa protection contre les tyrannies de Milan.

Frédéric entra dans la plaine de Vérone en 1154, par la vallée de l'Adige, — ravagea le territoire de Milan, — pilla et brûla Tortona, Asti et Chieri, — célébra Noël à Novare ; marcha sur Rome, livra Arnold au Pape [90] (qui, le tuant sur le coup, mit fin pour ce temps aux réformes protestantes en Italie), détruisit Spolète ; et revint par Vérone, après avoir brûlé son chemin à travers l'Italie comme un coup de foudre rasant le sol.

Trois ans après, Adrian mourut ; et surtout, par l'amour et la volonté du peuple romain, Roland de Sienne fut élevé au trône papal, sous le nom d'Alexandre III. Le conclave des cardinaux choisit un autre pape, Victor III

; Frédéric, lors de sa deuxième invasion de l'Italie (1158), convoqua les deux chefs élus de l'Église pour que leurs réclamations soient jugées devant *lui* .

Le pape des cardinaux, Victor, obéit. Alexandre du peuple refusa ; répondant que le successeur de saint Pierre ne se soumettait au jugement ni des empereurs ni des conciles.

L'esprit de la prélature moderne a peut-être rendu impossible à un ecclésiastique anglais de concevoir cette réponse autrement que comme celle de l'insolence et de l'hypocrisie. Mais un pape fidèle et digne de son trône ne pouvait répondre autrement. Bien entendu, Frédéric confirma aussitôt les affirmations de son rival ; les évêques allemands et les cardinaux italiens réunis à Pavie joignirent leurs pouvoirs à ceux de l'empereur et Alexandre, chassé de Rome, erra, insoumis d'âme, de ville en ville, se réfugiant enfin en France.

87. Entre-temps, en 1159, Frédéric prit et détruisit Créma, après avoir d'abord lié ses otages à ses machines de guerre. En 1161, Milan se soumet à sa miséricorde et il décrète que son nom périsse. Il ne nous reste que quelques piliers d'un temple romain et l'église Saint-Ambroise de la ville antique. Averties de sa destruction, Vérone, Vicence, Padoue, Trévise et Venise s'associèrent au vœu — appelé Ligue Lombard — de réduire le pouvoir de l'empereur dans ses justes limites. Et, en 1164, Alexandre, sous la protection de Louis VII. de France et Henri II. d'Angleterre, revint à Rome, et fut reçu à Ostie par son sénat, son clergé et son peuple.

Trois ans après, Frédéric fondit de nouveau sur la Campagna ; attaqua la ville léonine, où la basilique du Vatican, transformée en forteresse et tenue par la garde du pape, résista à son assaut jusqu'à ce que, par ordre de l'empereur, le feu soit mis le feu à l'église Sainte-Marie-de-Pitié.

La ville léonine fut prise ; Le pape se retira au Colisée, d'où, exprimant une fois de plus son défi constant à l'empereur, mais craignant une trahison, il s'enfuit déguisé en bas du Tibre jusqu'à la mer et chercha asile à Bénévent.

L'armée allemande campa autour de Rome en août 1166, avec sous les yeux l'enseigne des ruines de l'église Notre-Dame de Pitié. La fièvre des marais les frappa : elle tua le cousin de l'empereur, Frédéric de Rothenburg, le duc de Bavière, l'archevêque de Cologne, les évêques de Liège, Spire, Ratisbonne et Verden, et deux mille chevaliers ; les morts ordinaires étaient innombrables. L'empereur rassembla les débris de son armée, se retira sur la Lombardie, cantonna ses soldats à Pavie et s'enfuit en secret par le Mont-Cenis avec trente chevaliers.

88. Il ne lui restait de places fortes au sud des Alpes que Pavie et Montferrat ; et pour les contenir et commander les plaines du Piémont, la Ligue Lombard construisit la ville forteresse, qui, du nom du pape qui avait maintenu à travers toutes les adversités l'autorité de son trône et la cause du peuple italien, elle nomma "Alexandrie". ".

Contre ce rempart, l'empereur, toujours indomptable, se précipita de toutes ses forces rassemblées après huit ans de pause et avec l'humeur avec laquelle les hommes mettent leur âme sur un seul enjeu. Tout avait été perdu dans sa dernière guerre, sauf son honneur ; dans celle-ci, il avait aussi perdu son honneur. Quelle que soit la juste appréciation des autres éléments de son caractère, il est incontestablement, parmi les chevaliers de son temps, remarquable par son impiété. Dans la bataille de Cassano, il perça l'avant-garde milanaise jusqu'à son *caroccio* et abattit de sa propre main son crucifix d'or ; deux ans après, sa croix et son étendard furent inclinés devant lui, et en vain. [91] Il revendique sans crainte son droit de décision entre les papes en conflit et campe contre le légitime sur les cendres de l'Église de la Vierge.

Déjoué lors de son premier assaut sur Alexandrie, retenu devant elle par les inondations de l'hiver, et menacé par l'armée de la Ligue au printemps, il annonça une trêve aux assiégés, afin qu'ils puissent observer le Vendredi saint. Puis, violant à la fois le caractère sacré de ce jour et son propre serment, il attaqua la ville confiante à travers une mine secrètement achevée. Et, pour la seconde fois, le verdict de Dieu fut prononcé contre lui. Tous ceux qui avaient réussi à entrer dans la ville étaient tués ou chassés des remparts ; les Alexandrins ouvrirent toutes leurs portes, tombèrent avec les fugitifs brisés sur les troupes qui investissaient, les dispersèrent en désordre et incendièrent leurs tours d'attaque. L'empereur rassembla leurs restes à Pavie le dimanche de Pâques, épargnés par sa défaite face à l'armée de la Ligue.

89. Et pourtant, une fois de plus, il a porté sa cause au combat. Temporisant à Lodi avec les légats du pape, il rassembla, sous les archevêques de Magdebourg et de Cologne, et les principaux prélats et princes d'Allemagne, une septième armée ; il le descendit jusqu'à Côme, à travers le Splügen, s'y plaça à sa tête, et au début du printemps de 1176, la quinzième année depuis qu'il avait décrété l'effacement du nom de Milan, il fut accueilli à Legnano par le spectre de Milan.

Ressuscitée de sa tombe, elle dirigea la Ligue Lombarde dans cette bataille finale. Trois cents de ses nobles gardaient son *caroccio* ; neuf cents de ses chevaliers se sont engagés, sous le nom de Cohorte de la Mort, à gagner pour elle ou à mourir.

Le champ de bataille est au milieu de la plaine, maintenant couverte de maïs et de mûriers, d'où le voyageur, entrant en Italie par le Lac Majeur, voit d'abord derrière lui les neiges ininterrompues de la Rosa et les pinacles blancs de la cathédrale de Milan en face. le sud. L'Empereur, comme à son habitude, dirigeait lui-même sa chevalerie de charge. Les Milanais s'agenouillèrent au moment où ils arrivaient, prièrent à haute voix Dieu, saint Pierre et saint Ambroise, puis s'avancèrent à pied autour de leur *caroccio* . La charge de l'Empereur traversa leurs rangs presque à la hauteur de leurs étendards, puis la Cohorte de la Mort se lança contre lui.

90. Et toute sa bataille se transforma devant eux en fuite. Pour la première fois dans un champ de bataille, l'étendard impérial tomba et fut pris. Les Milanais suivirent l'armée brisée jusqu'à ce que leurs épées soient fatiguées ; et l'empereur, frappé au combat depuis son cheval, resta perdu parmi les morts. L'Impératrice, à qui il avait interdit la miséricorde envers Milan, portait déjà son deuil à Pavie, lorsque son mari vint, solitaire et suppliant, à sa porte.

La leçon suffisait enfin ; et Barberousse envoya ses évêques hérétiques demander pardon au pape et la paix aux Lombards.

Le pardon et la paix ont été accordés – sans conditions. Le « successeur de César » était le fléau de l'Italie depuis un quart de siècle ; il avait ravagé ses récoltes, incendié ses villes, décimé ses enfants par la famine, ses jeunes gens par l'épée ; et sept fois, au cours d'une nouvelle invasion, il chercha à établir sa domination sur elle, depuis les Alpes jusqu'au rocher de Scylla.

Elle ne lui demandait aucune restitution, ne convoitait aucune province, ne demandait aucune forteresse de ses terres. Ni lâche ni voleur, elle dédaignait sur ses frontières la garde et le gain : elle ne comptait aucune compensation pour son chagrin ; et n'a fixé aucun prix sur les âmes de ses morts. Elle se tenait sous le porche de son temple le plus lumineux, entre les plaines bleues de sa terre et de sa mer, et, en la personne de son père spirituel, accorda le pardon à son ennemi.

« Des démons noirs planent au-dessus de sa tête mitrée », pensez-vous, doux sonnete du marais aux jonquilles ? Et la race de Barberousse a-t-elle appris de meilleurs anges comment se comporter envers un empereur conquis, ou l'Angleterre, par des impulsions plus courageuses et plus généreuses, comment protéger son fils exilé ?

La chute de Venise, depuis ce jour, a été mesurée par Byron en une seule ligne :

"Un empereur piétine là où un empereur s'est agenouillé."

Mais quels mots pourraient mesurer l'humiliation la plus sombre de l'Allemand pillant son ennemi impuissant et de l'Angleterre laissant son allié sous la lance du sauvage ?

91. Avec les indices maintenant donnés, et une heure ou deux de lecture supplémentaire de n'importe quel historien standard qu'il veut, le lecteur peut juger avec certitude si la trêve de Venise et la paix de Constance ont été l'œuvre du Diable : de quoi que ce soit qu'il puisse finalement ressentir ou affirmer, du moins il voudra le noter avec certitude, que M. Wordsworth, n'ayant aucun doute sur la sagesse complète de chaque idée qui lui vient à l'esprit, écrit dans un sonnet dogmatique sa première impression de l'instrumentalité noire dans le monde. entreprise; de sorte que ses lecteurs innocents, le prenant pour seul maître, loin de vouloir approfondir la chose, peuvent rester même inconscients qu'elle est discutable, et à jamais incapables de concevoir ni le sentiment d'un catholique, ni l'hésitation d'un historien attentif, touchant la crise de pouvoir d'une importance capitale dans tout le Moyen Âge ! Tandis que Byron, connaissant parfaitement l'histoire et jugeant le catholicisme avec un cœur honnête et ouvert, n'ose rien affirmer qui permette un débat, ni sur les motifs humains, ni sur les présences angéliques ; mais lie en une seule ligne de mélodie massive la somme infaillible de la majesté et de la honte vénitiennes.

92. Dans un prochain article, je propose d'examiner sa méthode de traitement du débat, lui-même sur une question plus élevée : et je clôturerai donc le présent article en piétinant quelques-unes des ronces et des épines de l'offense populaire.

Les chefs d'accusation courants contre Byron sont pour l'essentiel au nombre de trois.

I. Qu'il a avoué – en quelque sorte, et même proclamé avec défi (ce qui est la manière naturelle de se confesser à un homme fier) [92] – la méchanceté de sa vie.

L'hypocrisie [93] même de Pall Mall et du Petit Trianon ne va pas, je suppose, et n'ose pas, jusqu'à condamner la méchanceté elle-même ? Et le fait qu'il l'*ait* avoué est précisément la raison pour laquelle il l'a lu selon sa propre devise « Trust Byron ». Vous le pouvez toujours ; et l'homme ordinaire au visage lisse du monde est plus coupable dans la mesure précise de la plus haute estime que vous lui portez.

II. Qu'il a écrit sur de jolies choses dont on ne devrait jamais entendre parler.

En présence des propriétés exactes de la fiction, de l'art et du théâtre modernes, j'hésite à aborder la question de ce qui devrait être mentionné et vu – et ne devrait pas l'être. Tout ce que je veux dire ici, c'est que Byron vous parle des réalités, et que le fait qu'elles soient jolies est, à mon avis, — à première vue (littéralement) — plutôt en sa faveur. Si cependant vous avez imaginé qu'il veut vous faire trouver Dudu aussi jolie que Myrrha, [94] ou même Haidee, qu'elle soit en grande tenue ou non, aussi jolie que Marina, c'est votre faute, pas la sienne.

93. III. Qu'il a blasphémé Dieu et le roi.

Avant de répondre à ce récit, je dois demander la patience du lecteur dans un ouvrage très sérieux, la vérification du sens réel et complet du mot Blasphème. Cela signifie simplement « parler nuisible » – diction masculine – ou en bref « blâme » ; et peut être commis autant contre un enfant ou un chien, si vous *désirez* leur faire du mal, que contre la Divinité. Et il est, dans son usage original, exactement opposé à un autre mot grec, « Euphémie », qui signifie une manière respectueuse et aimante de bénédiction, tombé entièrement en désuétude dans le sentiment et le langage modernes.

Maintenant, l'étendue et le caractère essentiel de la diction masculine, appelée en latin, ou du blasphème, appelé en grec, peuvent, je pense, être mieux expliqués au lecteur général par un exemple dans une très petite chose, traduisant d'abord le de courts morceaux de Platon qui montrent le mieux le sens du mot dans les codes de la morale grecque.

"Voici donc les choses" (le véritable ordre du Soleil, de la Lune et des planètes), "oh mes amis, dont je désire que tous nos citoyens et nos jeunes apprennent au moins autant de choses sur les Dieux du Ciel, que de ne pas blasphémer à leur sujet, mais euphémiser avec révérence, à la fois dans les sacrifices et dans chaque prière qu'ils prient. "- Lois, VII. Stéph. 821.

"Et pendant toute la vie, au-delà de tout autre besoin, il y a un besoin d'euphémie de la part d'un homme envers ses parents, car il n'y a pas de châtiment plus lourd que celui des paroles légères et ailées," (à eux) ? "Car Némésis, l'ange de la récompense divine, a été nommé évêque sur tous les hommes qui pèchent de cette manière." - IV. Stéph. 717.

Le mot que j'ai traduit par « récompense » est plus strictement que « justice céleste » — la véritable lumière du monde, à laquelle rien ne peut être caché, et par laquelle tous ceux qui le veulent peuvent marcher en toute sécurité ; d'où la réponse mystique d'Ulysse à son fils, alors qu'Athéna, elle-même invisible, marche avec eux, remplissant de lumière la chambre de la maison : « C'est la justice des dieux qui possèdent l'Olympe ». Voir le contexte en référence auquel Platon cite la ligne.—Laws, X. Steph. 904. La petite histoire que j'ai à raconter est significative principalement en relation avec le deuxième passage de Platon cité ci-dessus.

94. J'ai mentionné ailleurs que j'étais un garçon de race locale et que, comme ma mère m'a enseigné avec diligence et scrupule ma Bible et ma grammaire latine, de même mon père m'a enseigné avec tendresse et dévouement mon Scott, mon pape et mon Byron. [95] La grammaire latine que ma mère m'a enseignée était la 11e édition de Alexander Adam - (Edinb. : Bell et Bradfute, 1823) - à savoir, qu'Alexander Adam, recteur du lycée d'Édimbourg, dans la classe supérieure duquel Scott est passé en octobre 1782, et qui - les maîtres précédents n'ayant rien trouvé de remarquable chez ce garçon à l'air lourd - *trouva* en lui de remarquables qualités et "se référait constamment à lui pour les dates, les détails des batailles et autres événements remarquables évoqués dans Horace". , ou *quels que soient les autres auteurs que les garçons lisaient* ; et l'appelait l'historien de sa classe » (L. i. 126). *Cet* Alex. Adam également, qui, lui-même un historien passionné, se souvenait du sort de chaque garçon de son école au cours des cinquante années où il l'avait dirigé, et dont les dernières paroles : « Il fait noir, les garçons peuvent renvoyer », a donné au cœur de Scott le vision et audit de la mort d'Elspeth de Craigburn-foot.

Bizarrement, en ouvrant à ce moment l'ancien volume (je ne le donnerais pas pour un missel enluminé) je trouve, dans son article sur la Prosodie, des choses qui m'étaient extrêmement utiles, que j'ai cherchées en vain par Zumpt et Matthiæ. À tous égards rationnels, je crois que c'est la meilleure grammaire latine qui ait jamais été écrite.

Lorsque ma mère m'eut conduit jusqu'à la syntaxe, il fut jugé souhaitable que je fusse placé sous la direction d'un maître : et le maître choisi fut un ecclésiastique profondément et à juste titre honoré, le révérend Thomas Dale, mentionné dans l'ouvrage de M. Holbeach. article, "The New Fiction," (*Contemporary Review* de février de cette année), avec M. Melville, qui était notre pasteur après le départ de M. Dale à St. Pancras.

95. Le premier jour où je suis allé prendre place dans la salle de classe de M. Dale, je lui ai apporté mon ancienne grammaire, avec une modeste fierté, attendant quelques encouragements et honneurs pour l'exactitude avec laquelle je pouvais répéter, sur demande, certains cent soixante pages imprimées de façon serrée.

Mais M. Dale me l'a renvoyé avec un fracas violent sur son bureau, en disant (avec un accent et un air de mépris sept fois ardent) : « C'est un truc *écossais* .

Maintenant, mon père étant écossais et un lycéen d'Édimbourg, et ma mère ayant travaillé sur ce livre avec moi depuis que je savais lire, et toutes mes vacances les plus heureuses ayant été passées dans le nord de Perth, ces quatre mots, avec l'action qui les accompagnait contenait autant d'insulte, de douleur et de relâchement de mon respect pour mes parents, de mon amour pour le pays de mon père et de mon honneur pour ses dignes, qu'il était possible de résumer en quatre syllabes et un geste mal élevé. Ce qui était donc un pur blasphème à double tranchant et empoisonné. Car faire en sorte qu'un garçon méprise les soins de sa mère est le moyen le plus direct de lui faire mépriser également la voix de son Rédempteur ; et lui faire mépriser son père et la maison de son père, le moyen le plus direct de lui faire renier son Dieu et le ciel de son Dieu.

96. Je ne parle, n'observe, dans ce cas, que des paroles elles-mêmes et de leur effet ; pas du sentiment dans l'esprit de l'orateur, qui était presque ludique, bien que ses paroles, entachées d'une extrême fierté, fussent si légères que les hommes en rendront compte au Jour du Jugement. Le véritable péché de blasphème ne réside pas dans le dire, ni même dans la pensée ; mais dans le vouloir qui est le père de la pensée et de la parole : et sa nature est simplement de vouloir du mal à quoi que ce soit ; car, de même que la qualité de la Miséricorde n'est pas tendue, de même celle du Blasphème, l'une distillant des nuages du Ciel, l'autre de la vapeur de la Fosse. Celui qui est injuste dans peu de choses est injuste dans les grandes, celui qui est méchant envers les plus petits est envers les plus grands, celui qui hait la terre, qui est le marchepied de Dieu, hait encore plus le Ciel, qui est le trône de Dieu, et celui qui y est assis. Enfin, le blasphème, c'est vouloir du mal à *quelque* chose ; et son résultat réside dans les « mauvaises manières » extrêmes de Vanni Fucci : souhaiter du mal à Dieu.

Au contraire, Euphémie souhaite du bien à tout, et son résultat est dans les « bonnes manières » extrêmes de Burns, souhaitant du bien à :

"Ah ! vous y penseriez, et les hommes !"

C'est le suprême de l'Euphémie.

97. Fixez donc d'abord dans votre esprit que le péché de malédiction, qu'il s'agisse de l'individu de Shimei ou du national de John Bull, est dans la malignité vulgaire, non dans la diction vulgaire, et notez ensuite que le « phème » ou la « renommée » des deux mots, blasphème et euphémie, signifie au sens large le fait de porter un *faux* témoignage *contre* son prochain dans un cas, et un *vrai* témoignage *pour* lui dans l'autre : de sorte que, tandis que le rôle particulier du blasphémateur est de jeter la lumière sur le mal chez les bonnes personnes, le rôle de l'euphuiste (je dois utiliser le mot de manière imprécise faute de meilleur) est de jeter la lumière du soleil sur le bien chez les mauvaises ; tels que, par exemple, Bertram, Meg Merrilies, Rob Roy, Robin Hood et la plupart des corsaires, des Giaours, des Turcs, des Juifs, des Infidèles et des Hérétiques ; non, même les sœurs de Rahab et les filles de Moab et d'Ammon ; et enfin toute la race spirituelle de celui à qui il a été dit : « Si tu fais bien, ne seras-tu pas accepté ?

98. Et étant ainsi ramené à notre sujet actuel, j'ai l'intention, après quelques notes plus sommaires sur l'éclat du langage électrotype de la passion moderne, d'examiner quels faits ou probabilités se trouvent à la racine de l'imagination de Goethe et de Byron de ce sujet. lutte entre les puissances du Bien et du Mal, dont le récit biblique paraît à M. Huxley si incompatible avec les lois reconnues de l'économie politique ; et a été, par la lâcheté de nos anciens traducteurs, si mutilé de sa vitalité, que la franche affirmation grecque selon laquelle Saint Michel n'ose pas blasphémer le diable, [96] est dix fois plus malicieusement endormie et caricaturée par leur périphrase de « oser ne pas porter contre lui une accusation injurieuse », que par la description apparemment – et seulement apparemment – moins respectueuse de Byron de la manière de rencontre angélique pour un dirigeant inférieur du peuple.

"Entre ses ténèbres et sa luminosité,
il y eut un regard mutuel d'une grande politesse."

PARIS , *20 septembre 1880* .

POST-SCRIPTUM .

99. Je suis moi-même extrêmement reconnaissant, et sans doute un sentiment similaire chez la plupart de mes lecteurs, à la fois pour les informations contenues dans la première des deux lettres suivantes ; et la correction des références dans la seconde, dont j'ai cependant omis certaines phrases finales que l'auteur verra, je pense, comme étant inutiles. [97]

NORTH STREET, WIRKSWORTH :
2 août 1880.

CHER MONSIEUR ,—En lisant votre intéressant article dans le numéro de juin du *XIXe siècle* et votre citation de Walter Scott, j'ai été frappé par la grande similitude entre certains mots écossais et ma langue maternelle (le norvégien). *Whigmaleerie* , quant à l'origine de laquelle vous semblez être quelque peu perplexe, est en norvégien *Vægmaleri* . *Væg* , prononcé « Vegg », signifiant mur, et Maleri « image », prononcé presque de la même manière qu'en écossais, et dérivé de *at male* , peindre. Siccan est en danois *sikken* , utilisé plus pour quelque chose de comique que de grand, et n'appartenant guère à la langue écrite, dans laquelle *slig* , tel, et *slig en* , tel, seraient l'équivalent. Je n'ai pas besoin de remarquer qu'en ce qui concerne la langue écrite, le danois et le norvégien sont les mêmes, seuls les dialectes diffèrent.

Ayant été informé par quelques amis anglais que cette explication ne serait peut-être pas sans intérêt pour vous, je me permets d'écrire cette lettre. Je reste respectueusement vôtre,

THÉA BERG .

TEMPLE INTÉRIEUR : 9 septembre 1880.

MONSIEUR , — Dans votre dernier article sur Fiction, Foul and Fair (*XIXe siècle* , septembre 1880), vous avez la note suivante :

"Juan viii. 5" (cela devrait être 9) "mais d'après la citation de Votre Seigneurie, Wordsworth dit 'instrument' et non 'fille'."

Maintenant, dans l'édition de Murray de Byron, 1837, in-8, la citation de Sa Seigneurie est la suivante : -

"Mais ton instrument le plus redoutable
pour élaborer une intention pure est l'homme arrangé pour un massacre mutuel ; oui, Carnage est ta fille."

Et Sa Seigneurie vous renvoie à "l'Ode de Thanksgiving de Wordsworth".

Je n'ai pas d'édition ancienne de Wordsworth. Dans Moxon's, 1844, aucune ligne de ce type n'apparaît dans l'Ode de Thanksgiving, mais dans l'ode datée de 1815 et imprimée immédiatement avant, les lignes suivantes apparaissent.

"Mais l'homme est ton instrument le plus terrible
pour élaborer une intention pure."

Il est difficilement possible d'éviter la conclusion que Wordsworth a modifié les lignes après que "Don Juan" ait été écrit. Je suis, avec beaucoup de respect, votre obéissant serviteur,

RALPH THICKESSE .

JOHN RUSKIN , esq.

NOTES DE BAS DE PAGE :

[88] Novembre 1880.— ÉD .

[89] « Enfant Harold », iv. 79 ; comparer "Adonais" et Sismondi, vol. IP 148.

[90] Adrien Quatrième. Eugène est décédé l'année précédente.

[91] "Toutes les multitudes se jetèrent à genoux, implorant miséricorde au nom des croix qu'elles portaient : le comte de Blandrata prit la croix des ennemis avec lesquels il avait servi, et tomba au pied du trône, priant pour leur miséricorde. Toute la cour et l'armée témoin étaient en larmes, l'Empereur seul ne montrait aucun signe d'émotion. Se méfiant de la sensibilité de sa femme, il lui avait interdit la présence à la cérémonie ; les Milanais, ne pouvant s'approcher d'elle, jetèrent vers elle fenêtres les croix qu'ils portaient, pour plaider pour eux. "—Sismondi (édition française), vol. IP 378.

[92] La confession la plus noble et la plus tendre se trouve dans l'épitaphe d'Allegra : « J'irai vers elle, mais elle ne reviendra pas vers moi ».

[93] L'hypocrisie est un mot trop beau pour Pall Mall ou Trianon, étant appliqué à juste titre (comme toujours dans le Nouveau Testament), uniquement aux hommes dont la fausse religion est devenue sérieuse et fait partie de leur être : de sorte qu'ils parcourent le ciel. et de la terre pour faire du prosélyte. Il n'y a aucune relation entre les esprits de cet ordre et ceux des coquins ordinaires. Ni Tartuffe ni Joseph Surface ne sont des hypocrites – ils sont simplement des imposteurs : mais beaucoup des prédicateurs les plus sérieux dans toutes les églises existantes sont des hypocrites au plus haut niveau ; et le Tartuffe-Squiredom et le Joseph Surface-Masterhood de notre vertueuse Angleterre, qui construisent des églises et paient des prêtres pour maintenir leurs paysans et leurs mains en paix, afin que les loyers et les pour cent puissent être dépensés, inaperçus, dans les débauches de la métropole, sont des formes plus sombres. d'imposture que ni le ciel ni la terre n'ont encore été parcourus ; et ce par quoi ils finiront, seuls le ciel et la terre le savent. Comparez encore, « Île », ii. 4, « les prières d'Abel liées aux actes de Caïn » et « Juan », viii. 25, 26.

[94] Peut-être même certains des lecteurs attentifs de Byron n'ont-ils pas observé le choix des trois noms - Myrrha (encens amer), Marina (dame de la mer), Angiolina (petit ange) - en relation avec les intrigues des trois pièces. .

[95] J'aurai finalement perdu la raison lorsque j'oublierai la première fois que j'ai fait plaisir à mon père avec un couplet de vers anglais (après plusieurs années d'épreuves) ; et la joie radieuse sur son visage alors qu'il déclarait, le lisant à haute voix à ma mère avec une emphase à moitié étouffée par les larmes, que « c'était aussi beau que tout ce que Pope ou Byron ont jamais écrit !

[96] De nos querelles de mésanges au Parlement, comme des rouges-gorges dans un buisson, mais pas un rouge-gorge dans toute la maison connaissant son grand A, entendez encore Platon : « Mais eux, pour toujours si peu de querelle, poussant beaucoup de voix blasphémant, dites du mal les uns des

autres, et il n'est pas convenable que dans une ville de personnes bien ordonnées, de telles choses soient, non, rien de tout cela nulle part, et que ceci soit la loi unique pour tous. personne ne dit du mal à personne (Μηδ έ να κακηγορε ὶ το μηδεις)."—Lois, livre ii. s. 935 ; et comparez le Livre IV. 117.

[97] Un paragraphe commençant par « Je trouve que les corrections de presse sont toujours un travail fastidieux, et dans mon dernier article, je fais confiance à la gentillesse du lecteur pour apporter quelques corrections dans l'article précédent », est ici omis, et les corrections sont apportées. - ED .

FICTION, JUSTE ET FAUX.

V. [98]

LES DEUX SERVITEURS .

100. J'ai supposé tout au long de ces articles que tout le monde savait ce que signifiait la fiction ; comme M. Mill l'a supposé dans son économie politique, tout le monde savait ce que signifiait la richesse. Cette hypothèse convenait à M. Mill et il a persisté : mais, pour ma part, je n'ai pas l'habitude de parler, même aussi longtemps que je l'ai fait dans ce cas, sans m'assurer que le lecteur sache ce que je dis. parler de; et il est grand temps que nous soyons d'accord sur la notion première de ce qu'est la fiction.

Une chose feinte, fictive, artificielle, surnaturelle, montée hors de la tête. Tout cela doit être le cas, pour commencer. Le meilleur type étant le plus pratiquement fictile : un vase grec. Une chose qui a deux côtés pour être vu, deux poignées pour être portée, et un fond sur lequel se tenir debout, et un dessus pour se déverser, ceci, toute bonne fiction est, quelle qu'elle *soit* . Planifié avec rigueur, arrondi en douceur, équilibré symétriquement, manipulé avec maniabilité, rebord doux pour verser l'huile et le vin. Peint enfin avec délicatesse avec des images de choses éternelles -

Tu aimeras pour toujours, et elle sera juste.

101. Tout autre chose qu'un « moulage », c'est ce travail d'argile entre les mains du potier, tel qu'il lui semblait bon de le faire. Très intéressant, un casting d'après nature peut-être l'être ; plus intéressant, peut-être pour certains, un moulage d'après la mort ; la plupart des romans modernes sont comme des spécimens de Lyme Regis, des impressions de squelettes dans la boue.

« Planifié rigoureusement » — je réitère les conditions une à une — il doit en être ainsi, comme toujours labyrinthe memphien ou forteresse normande. Une complexité pleine de surprises délicates ; chemin parcouru dans le secret de buts précis, pas une pierre inutile, ni une parole ni un incident jetés.

"Arrondi en douceur" - la roue de la Fortune tournant avec elle avec une rapidité insensible ; comme le monde, son histoire s'élevant comme l'aube, se terminant comme le coucher du soleil, avec sa propre douce lumière pour chaque heure.

« Équilibrée symétriquement » – ayant ses deux côtés clairement séparés, sa guerre du bien et du mal divisée à juste titre. Ses figures évoluent selon la majestueuse loi de l'ombre et de la lumière.

"Manié à la main" - afin que, en étant prudent et doux, vous puissiez le saisir facilement et tout ce qu'il contient ; une chose désormais remise entre vos mains pour l'avoir et la tenir. Compréhensible, ce n'est pas une masse que vos deux bras ne peuvent pas contourner ; tenable, pas un tas de cailloux confus dont on ne peut soulever qu'un caillou à la fois.

"Lipped doucement" - plein de gentillesse et de réconfort: la ligne Keats en effet le message perpétuel - "Pour toujours tu aimeras, et elle sera juste." Toute belle fiction concerne la Madone, qu'elle soit la Vierge d'Athènes ou de Juda – toujours panathénaïque.

Et toute fiction grossière est *une lèze majesté* envers la Madone et la féminité. Car en effet, la grande fiction de chaque vie humaine est la formation de son Amour, avec la prudence, l'imagination, la persévérance et la perfection nécessaires, du début à la fin de son histoire ; pour chaque âme humaine, son Palladium. Et il s'ensuit que tout bon travail imaginatif est beau, ce qui est une loi pratique et brève le concernant. Toutes les choses effrayantes sont soit des folies, soit des maladies, des accès de frénésie ou des pollutions de peste.

102. Prenant ainsi le vase grec à son meilleur moment, pour le symbole de la belle fiction : de la fétide, vous trouverez dans la grande salle d'entrée du Louvre, remplie de la luxueuse orfèvrerie du XVIe siècle, des types parfaits et *innombrables* : Satyres sculptés en serpentine, Gorgones plaquées d'or, Furies aux yeux de rubis, Scyllas aux écailles de perle ; un travail infiniment inutile, une méchanceté infiniment stupide ; le plaisir rassasié en idiotie, la passion provoquée en folie, pas d'objet de pensée, ni de vue, ni de fantaisie, mais l'horreur, la mutilation, la distorsion, la corruption, l'agonie de la guerre, l'insolence de la disgrâce et la misère de la mort.

Il est vrai que la facilité avec laquelle un serpent, ou quelque chose qui peut être compris pour quelqu'un, peut être ciselé ou façonné dans le métal, et le peu d'habileté manuelle requise pour imager le sabot et les cornes d'un satyre, comparé à celui nécessaire pour un être humain. pied ou front, ont grandement influencé le choix du sujet par des forgerons incompétents ; et de la même manière, la prédominance de ces histoires vicieuses ou laides dans la masse de la littérature moderne n'est pas tant un signe de la lascivité de l'époque que de sa stupidité, bien que chacun réagisse sur l'autre et que la vapeur du sulfureux La piscine devient enfin si répandue dans l'atmosphère de nos villes, que celui qu'elle ne peut corrompre, elle va du moins l'abêtir.

103. Hier, le dernier août, m'est venu de la Société des Beaux-Arts une série de vingt scrabbles en noir et blanc [99] dont on m'informe dans une éloquente préface que l'auteur était un Michel-Ange de la Glébe, et que ses bergers et ses bergères s'apparentent en dignité et en grandeur aux prophètes et aux sibylles de la Sixtine.

En parcourant la série de ces productions prodigieuses, j'en trouve une particulièrement caractéristique et expressive de l'art moderne de l'image et de l'écriture de romans, appelée « Hauling » ou plus précisément « Paysan rentrant du Fumier », qui représente le dos d'un homme, ou du moins. le dos de son gilet, de son pantalon et de son chapeau, en pleine lumière, et une petite tache à l'endroit où devrait être son visage, avec une petite égratignure à l'endroit où devrait être son nez, allongé en une seule représentant un morceau de bois en arrière-plan.

En examinant le volume plus loin, dans l'espoir de découvrir quelque trace de motif raisonnable pour la publication de ces ouvrages par la Société, je m'aperçois que ce Michel-Ange de la Glébe avait effectivement en lui des facultés naturelles d'un ordre non négligeable, et que la triste histoire de sa vie contient des leçons très curieuses sur les conditions modernes de l'imagination et de l'art.

104. Je trouve d'abord qu'il était un paysan breton ; le filleul de sa grand-mère, baptisé de bonne espérance, et baptisé Jean, du nom de son père, et François du nom du saint d'Assise, patron de sa marraine. C'est sous ses soins et sa direction et ceux de son oncle, l'abbé Charles, qu'il fut élevé ; et le sérieux digne et laborieux de ses gouverneurs fut une influence majeure dans sa vie et un trait distinctif de son caractère. La famille Millet menait une existence presque patriarcale dans sa simplicité et son assiduité inaltérables ; et le garçon a grandi dans un environnement de labeur, de sincérité et de dévotion. Il a été nourri par la Bible et le grand livre de la nature... Quand il s'est réveillé, c'était au mugissement du bétail et au chant des oiseaux ; il jouait toute la journée, parmi « les images et les sons du paysage ouvert ; et il dormait avec le murmure du rouet dans ses oreilles et le souvenir de la prière du soir dans son cœur... Il apprit le latin ». du curé et de son oncle Charles ; et il devint bientôt l'élève de Virgile et, alors qu'il était encore jeune, commença à suivre son père dans les champs, et désormais, comme il convenait à l'aîné des garçons d'un grand famille, travaillait dur à greffer et à labourer, à semer et à récolter, à faucher, à tondre et à planter, et à toutes les nombreuses tâches des laboureurs. Entre-temps, il s'était mis au dessin... copiait tout ce qu'il voyait et produisait non seulement des études mais aussi des compositions. ; jusqu'à ce qu'enfin son père soit poussé à l'éloigner de l'agriculture et à lui faire enseigner la peinture.

105. Maintenant, tout cela est raconté concernant la jeunesse du garçon par l'auteur préambule et commentateur, comme s'il s'attendait à ce que le lecteur général admette qu'il avait eu pour lui quelque avantage dans cette manière d'éducation : que la simplicité et la dévotion sont des états sains de vie. esprit; que les curés de paroisse et les oncles abbés ne sont pas des traîtres ou des dévoreurs de l'innocence juvénile ; qu'il y a une lecture profitable dans la Bible, et quelque chose d'agréablement apaisant, sinon utile, dans le son de la prière du soir. Je peux aussi observer en passant que son éducation, jusqu'à présent, est précisément ce que, depuis dix ans, je décris comme la plus souhaitable pour toutes les personnes ayant l'intention de mener une vie honnête et chrétienne : (ma recommandation que les paysans devraient apprendre le latin ayant fait, il y a quatre ou cinq ans, l'objet de beaucoup de réjouissances dans les pages de *Judy* et d'autres infirmières de la sagesse divine dans l'esprit public.) Il a cependant été déterminé par le père du garçon qu'il devrait être peintre. , et cet art étant inconnu de l'abbé Charles et du curé du village (de quelle sorte d'ignorance, si l'infaillible Pape le savait, lui et ses bergers désormais *naïfs* se trouvent dans le monde dans un désavantage fatal par rapport aux moines qui pourraient illuminer de couleurs aussi bien que de mots) - la jeune âme simple est envoyée pour exalter et perfectionner ses facultés artistiques à Paris.

106. « C'est là que, observe mon auteur préliminaire, « le mouvement romantique était en pleine prospérité ».

Hugo avait écrit « Notre Dame », et Musset avait publié « Rolla » et les « Nuits » ; Balzac le "Lys dans la Vallée" ; Gautier la « Comédie de la Mort » ; Georges Sand « Léone Léonie » ; et une vingtaine de romans sauvages et éloquents encore ; et sous l'instruction de ces auteurs romantiques, sa logeuse, à qui il avait confié les quelques francs qu'il possédait, pour le lui distribuer selon ses besoins, tomba amoureuse de lui, et voyant qu'il ne pouvait ou ne voulait pas répondre à ses demandes. ses avances, confisquèrent tout le dépôt et le laissèrent sans le sou. La préface continue en nous racontant comment, ne se sentant pas en harmonie avec ces formes du romantisme, il se met à l'étude de l'Infini et de Michel-Ange ; comment il a appris à peindre le Nu héroïque ; comment il mélangea pour les imiter les manières de Rubens, de Ribera, de Mantegna et de Corrège ; comment il a lutté toute sa vie contre la négligence et a enduré avec sa famille toutes les affres de la pauvreté ; devait à son boucher et à son épicier, était exposé à des inquiétudes et à des ennuis sans fin dus aux assignations et aux exécutions ; et quand sa grand-mère mourut d'abord, puis sa mère, aucun des deux lit de mort ne put réunir l'argent qui l'aurait transporté de Barbizon à Gruchy.

L'œuvre présentée aujourd'hui au public par la Société des Beaux-Arts doit donc être considérée, quels que soient ses mérites ou ses défauts, comme une expression de l'influence de l'Infini et de Michel-Ange sur un esprit innocemment préparé à leur réception. Et ailleurs, je pourrai profiter de l'occasion pour souligner l'adaptabilité particulière de l'eau-forte moderne à l'expression de l'Infini, par la multitude de rayures qu'elle peut mettre sur une surface sans rien représenter de particulier ; et à l'illustration de la majesté de Michel-Ange en préférant le dos et les jambes des gens à leurs visages.

107. Mais je fais référence au livre dans cet article, en partie en effet parce que mon esprit est plein de chagrin, et je ne pourrai peut-être pas trouver une autre occasion de le dire ; mais surtout parce que l'auteur de la préface a résumé dans une seule phrase les principaux auteurs de fiction dépravée ; et j'aimerais que le lecteur se demande pourquoi, parmi toutes les formes de pittoresque suggérées par ce groupe de chefs littéraires, aucune n'était acceptable ni utile à l'esprit d'un jeune formé à la pureté et à la foi.

Il découvrira, s'il y réfléchit, que ce n'est pas dans un but romantique, ou dans tout autre but sain, que l'école se détache de celles que les écrivains récents appellent parfois « classiques » ; mais d'abord par l'infidélité, et par une absence si totale de l'élément religieux qu'elle finit par se transformer en haine du sacerdoce, devenue caractéristique du républicanisme ; et deuxièmement, par la souillure et la lèpre de la passion animale idéalisée comme puissance dirigeante de l'humanité, ou du moins utilisée comme principal élément d'intérêt dans la conduite de ses histoires. C'est avec le *Péché* de Maître Antoine que Georges Sand (qui est le meilleur d'entre eux) éclipse tout le déroulement d'un roman censé prôner la simplicité de vivre — et par la faiblesse de Consuelo que le même auteur croit naturel de faire ressortir le splendeur du génie musical le plus exalté.

Je ne suis pas en mesure de juger du degré de dessein moral ou de conviction avec lequel aucun des romanciers a écrit. Mais je puis dire avec certitude que, quel que soit leur but, leur méthode est erronée, et que la représentation picturale de ses maladies ne fait jamais de bien à la société.

108. Toute littérature saine et utile établit des barrières simples entre le bien et le mal ; suppose la possibilité, chez l'homme et la femme, d'avoir un esprit sain dans un corps sain, et ne perd pas de temps pour diagnostiquer la fièvre ou la dyspepsie dans l'un ou l'autre ; encore moins dans le type particulier de fièvre qui signifie l'excès incontrôlé de tout appétit ou de toute passion. La « matité » que ressentent inévitablement de nombreux lecteurs modernes, et que certains imbéciles modernes croient digne d'alléguer, chez Scott, consiste en grande partie dans sa pureté absolue de tout élément répugnant ou excitation des passions inférieures ; de sorte que les gens qui vivent habituellement dans des conditions de pensée satyriques ou hirciniennes le trouvent aussi insipide qu'ils trouveraient une image d'Angelico. La

différence précise et tranchée entre lui et le romancier commun des gares ferroviaires est que, dans sa méthode de conception globale, seul un caractère élevé mérite d'être décrit ; et il devient intéressant, non par ses défauts, mais par les difficultés et les accidents de la fortune par où il passe, tandis que, dans le roman ferroviaire, l'intérêt s'obtient chez le lecteur vulgaire pour le personnage le plus vil, parce que l'auteur décrit soigneusement à son reconnaître les taches, les bavures et les boutons dans lesquels la nature mesquine ressemble à la sienne. Le « Moulin à soie » est peut-être l'exemple le plus frappant qui soit de cette étude sur les maladies cutanées. Il n'y a pas une seule personne dans le livre qui ait la plus petite importance pour qui que ce soit au monde, à part elle-même, ou dont les qualités méritaient autant qu'une ligne de caractères d'imprimeur dans leur description. Il n'y a pas de fille vivante, assez intelligente, à moitié instruite et malheureusement apparentée, dont la vie n'ait pas au moins autant d'avantages que celle de Maggie, qui puisse être décrite et à plaindre. Tom est un voyou maladroit et cruel, capable de créer de meilleures choses en lui (et la même chose peut être dite de presque tous les Anglais actuels fumant et se frayant un chemin à travers le monde laid que ses erreurs ont contribué à créer) ; tandis que le reste des personnages n'est que les déchets d'un omnibus de Pentonville. [100]

109. Et il est très nécessaire que nous distinguions cette littérature essentiellement cockney, développée uniquement dans la banlieue de Londres et alimentant la demande des rangées de maisons en brique semblables, qui se ramifient en dévorant le cancer autour de chaque ville industrielle, - de la littérature vraiment romantique. littérature de France. Georges Sand est souvent immoral ; mais elle est toujours belle, et dans le roman caractéristique que j'ai nommé « Le Péché de Mons. Antoine », les cinq personnages principaux, le vieux cavalier marquis, le charpentier, M. de Chateaubrun, Gilberte, et l'amant vraiment passionné et généreux, sont tous aussi héroïques et radieux idéaux que le colonel Mannering de Scott, Catherine Seyton et Roland Graeme ; tandis que le paysage est riche et vrai avec l'émotion des années de vie passées dans les vallons de granit normand et au bord des baies de la mer italienne. Mais dans l'école anglaise Cockney, qui se consomme dans George Eliot, les personnages sont ramassés derrière le comptoir et hors du caniveau ; et le paysage, en train d'excursion jusqu'à Gravesend, avec billet aller-retour pour la City-road.

110. Mais la deuxième raison de l'ennui de Scott pour le lecteur inculte ou mal éduqué est bien plus profonde ; et son analyse est liée aux questions les plus subtiles des Arts du Design.

Le mélange de gaieté et de tristesse dans le plan de tout roman moderne assez habile dans sa réalisation peut être comparé, presque avec précision, au patchwork d'une robe d'Arlequin bien pailletée ; une jolie chose, si la forme humaine en dessous est gracieuse et active. Peu de personnages sur scène me plaisent autant qu'un bon Arlequin ; aussi, si par hasard je n'ai rien de mieux à faire, je peux encore lire mon Georges Sand ou mon Alfred de Musset avec beaucoup de contentement, pour peu que l'histoire se termine bien.

Mais il ne faut pas habiller Cordélia ou Rosalinde de robes à pièces triangulaires, couvertes de paillettes, pour rendre leur *coup d'œil moins ennuyeux* ; et ainsi le récit de Scott est comme la robe de Séphora Sixtine − brodée uniquement sur les bords d'or et de bleu, et la broderie impliquant une légende écrite en lettres mystiques.

Et l'intérêt et la joie qu'il veut que son lecteur trouve dans son récit résident dans le fait de reprendre le fil d'or ici et là dans sa récurrence prévue - et de suivre, à mesure qu'il monte encore et encore, sa mélodie à travers la marche disciplinée et sans accent de la fugue.

111. Ainsi, tout le charme et la signification de l'histoire du Monastère dépendent du degré de sympathie avec lequel nous comparons les premiers et derniers incidents de l'apparition d'un personnage, dont peut-être pas un lecteur sur vingt ne se souviendrait comme appartenant au drame. personæ— Stawarth Bolton.

Sans enfant, il assure la sécurité dans la première scène du conte d'ouverture à la veuve de Glendinning et à ses deux enfants - le garçon aîné le défiant à ce moment-là : « Je te ferai la guerre jusqu'à la mort, quand je pourrai dégainer l'épée de mon père. " Dans pratiquement la dernière scène, le jeune adulte, maintenant aux commandes d'une petite compagnie de lanciers au service du régent Murray, est à pied, dans la première pause après la bataille de Kennaquhair, à côté des cadavres de Julian Avenel et Christie, et Catherine mourante. [101]

Glendinning oublia un instant sa propre situation et ses devoirs, et fut d'abord rappelé par un piétinement de cheval et le cri de Saint-Georges pour l'Angleterre, que les soldats anglais continuaient à utiliser. Sa poignée d'hommes, car la plupart des retardataires avaient attendu l'arrivée de Murray, restèrent à cheval, tenant leurs lances droites, n'ayant aucun commandement ni de se soumettre ni de résister.

« Voilà notre capitaine », dit l'un d'eux, alors qu'arrivait un fort groupe d'Anglais, l'avant-garde de la troupe de Foster.

"Votre capitaine ! avec son épée au fourreau et à pied en présence de son ennemi ? un soldat brut, je le garantis", dit le chef anglais. "Alors ! ho ! jeune homme, ton rêve est terminé, et vas-tu me répondre maintenant si tu veux te battre ou voler ?"

"Ni l'un ni l'autre", répondit Halbert Glendinning avec une grande tranquillité.

"Alors jette ton épée et rends-toi", répondit l'Anglais.

"Pas avant que je ne puisse m'en empêcher autrement", dit Halbert avec la même modération de ton et de manière.

"Es-tu pour ta propre main, ami, ou à qui dois-tu servir ?" demanda le capitaine anglais.

"Au noble comte de Murray."

"Alors tu sers," dit le Southron, "le noble le plus déloyal qui respire - faux à la fois envers l'Angleterre et l'Écosse."

"Tu mens", dit Glendinning, quelles que soient les conséquences.

"Ha! es-tu si chaud maintenant, et avais-tu si froid il y a seulement une minute? Je mens, n'est-ce pas? Veux-tu me battre dans cette querelle?"

"Avec un contre un, un contre deux ou deux contre cinq, selon votre liste", a déclaré Halbert Glendinning; "accorde-moi seulement un champ équitable."

"C'est ce que tu auras. Reculez, mes amis", dit le courageux Anglais. "Si je tombe, accordez-lui le fair-play et laissez-le repartir libre avec son peuple."

« Longue vie au noble capitaine ! s'écrièrent les soldats, aussi impatients de voir le duel que s'il eût été un taureau.

"Mais sa vie sera courte," dit le sergent, "si lui, un vieil homme de soixante ans, doit se battre, pour quelque raison ou sans raison, avec tous les hommes qu'il rencontre, et particulièrement avec les jeunes gens. il pourrait être le père de. Et voilà que le directeur vient en plus pour voir le jeu d'épée.

En fait, Sir John Foster arriva avec un corps considérable de ses cavaliers, au moment même où son capitaine, que son âge le rendait inégal au combat contre un jeune homme aussi fort et aussi actif que Glendinning, perdit son épée. [102]

« Prenez-le pour honte, vieux Stawarth Bolton, » dit le directeur anglais ; "Et toi, jeune homme, va chez tes amis et ne traîne pas ici."

Malgré cet ordre péremptoire, Halbert Glendinning ne put s'empêcher de s'arrêter pour jeter un regard sur la malheureuse Catherine, qui restait insensible au danger et au piétinement de tant de chevaux autour d'elle,

insensible, comme le second regard l'assurait, de tout et pour toujours. .
Glendinning se réjouit presque lorsqu'il vit que les dernières misères de la vie
étaient terminées, et que les sabots des chevaux de guerre, parmi lesquels il
fut obligé de la laisser, ne pouvaient que blesser et défigurer un cadavre
insensé. Il saisit l'enfant des bras, à moitié honteux des éclats de rire qui
s'élevaient de toutes parts, de voir un homme armé, dans une pareille
situation, assumer un fardeau si insolite et si incommode.

"Épaulez votre bébé!" s'écria un arquebusier.

« Portez votre bébé ! » dit un piquier.

« Paix, brutes ! » dit Stawarth Bolton, et respectez l'humanité chez les autres,
si vous n'en avez pas vous-mêmes. Je pardonne à ce garçon d'avoir discrédité
mes cheveux gris, quand je le vois prendre soin de cette créature impuissante,
que vous auriez piétinée comme si vous aviez été piétinée. avait été jonché
de garces de loups, pas né de femmes.

L'enfant ainsi sauvé est l'héritier d'Avenel, et la complexité et la portée
fatidique de chaque incident et de chaque mot de la scène, reliant en un seul
moment central tous les éléments d'écoute de l'intrigue de deux romans,
tandis que le riche patron d'un caveau gothique rassemble les les moulures
du puits ne peuvent être ressenties que par un lecteur entièrement attentif ;
tout comme (pour suivre la ressemblance sur le propre terrain de Scott) les
couronnes de saule changées en pierre d'entrelacs de Melrose ne peuvent être
saisies dans leur état critique que par les yeux les plus perspicaces. Les mailles
sont à nouveau rassemblées par la main du maître lorsque l'enfant maintenant
dans les bras de Halbert, dans vingt ans, se penche sur lui pour délacer son
casque, alors que le chevalier déchu gît insensé sur le terrain de Carberry Hill.
[103]

112. Mais il y a une autre méthode, encore plus cachée, dans la conception
de l'histoire par Scott, dans laquelle, en prenant un soin extrême, il compte
sur beaucoup de sympathie de la part du lecteur, et ne peut certainement en
trouver aucune chez un étudiant moderne. Le but moral de l'ensemble, qu'il
affirmait dans la préface de la première édition de Waverley, était toujours
impliqué dans l'étude la plus minutieuse des effets de la vraie et de la fausse
religion sur la conduite ; ce sujet étant toujours touché avec la plus grande
légèreté de son esprit. la main et la furtivité de l'art, et fondé sur une
connaissance du caractère écossais et du cœur humain, telle qu'aucun autre
homme vivant ne possédait, son objectif échappe souvent à la première
observation aussi complètement que les sentiments intérieurs des personnes
vivantes ; et je suis moi-même étonné, alors que j'examine n'importe quel
morceau de son œuvre, de découvrir combien de points j'avais auparavant
manqués ou ignorés.

113. Les groupes de personnages dont la conduite dans le roman de Scott est définitivement affectée par la conviction religieuse peuvent être classés largement, comme ceux du monde actuel, sous les rubriques suivantes :

1. Le groupe le plus bas est constitué de personnes qui, croyant aux vérités générales de la religion évangélique, les accommodent à leurs passions et sont capables, par une augmentation graduelle de la dépravation, de tout crime ou de toute violence. Je ne vais pas les inclure dans notre présente étude. Trumbull ("Red Gauntlet"), Trusty Tomkyns ("Woodstock"), Burley ("Old Mortality"), sont trois des principaux types.

2. Le rang suivant est constitué d'hommes qui croient suffisamment fermement et sincèrement pour être retenus de toute conduite qu'ils reconnaissent clairement comme criminelle, mais dont l'égoïsme naturel les rend incapables de comprendre la moralité de la Bible au-delà d'un certain point ; et dont les pouvoirs de pensée imparfaits les rendent sujets dans de nombreuses directions à la déformation de l'intérêt personnel ou à de petites tentations.

Service équitable. Blattergowl. Tambour de bouilloire. Gilfillan surdoué.

3. Le troisième ordre est constitué d'hommes naturellement justes et honnêtes, mais avec peu de sympathie et beaucoup d'orgueil, chez qui leur religion, tout en soutenant au fond leurs meilleures vertus, fait ressortir à la surface tous leurs pires défauts et les rend censurant, fastidieux et souvent terriblement espiègle.

Richie Moniplies. Davie Doyens. Mause Hedrigg.

4. Le type enthousiaste, conduisant à l'effort missionnaire, souvent jusqu'au martyre.

Gardien, dans "Monastère". Colonel Gardiner. Ephraïm Macbriar. Josué Geddes.

5. Type le plus élevé, accomplissant le devoir quotidien ; toujours doux, entièrement fermes, le confort et la force de tout ce qui les entoure ; miséricordieux envers toute faute humaine, et soumis sans colère à toute oppression humaine.

Rachel Geddes. Jeanie Deans. Bessie Maclure, dans « Old Mortality » – la reine de tous.

114. Dans le présent article, je demande seulement la patience du lecteur avec l'accomplissement d'une promesse faite depuis longtemps, de marquer l'opposition des effets d'une foi religieuse tout à fait similaire chez deux

hommes de position inférieure, représentant parfaitement les types les plus communs dans L'Écosse du deuxième et du troisième ordre de religieux se distingue ici, Andrew Fairservice ("Rob Roy") et Richie Moniplies ("Nigel").

Les noms des deux hommes impliquent une tromperie d'une sorte ou d'une autre : Fairservice, comme servant équitablement seulement en feignant ; Moniplies, comme ayant de nombreux détours, virages et voies de sortie. Les noms de Scott sont eux-mêmes si monopolisés qu'ils nécessitent autant de suivi que ceux de Shakespeare ; et comme leurs racines sont purement écossaises, et que peu de gens possèdent à côté d'eux un bon glossaire écossais, ou l'utiliseraient s'ils en avaient, les romans sont généralement lus sans qu'il soit nécessaire de tourner les premières clés. Je ne connaissais moi-même que très récemment la racine du nom de Dandie Dinmont : « Dinmont », un mouton de deux ans ; encore moins celui de Moniplies, dont je m'étais toujours contenté de reprendre l'interprétation de maître George Heriot : « Cet homme n'est pas mal nommé ; il a plus d'un pli dans son manteau. (« Nigel », i. 72.) Dans son premier sens, c'est le mot écossais pour tripes, Moniplies étant le fils d'un boucher.

115. Ils sont donc tous deux rusés à un haut degré, mais Fairservice seulement pour lui-même, Moniplies pour lui-même et son ami ; ou, dans les affaires graves, même pour son ami d'abord. Mais c'est l'un des premiers principes de la loi morale de Scott que la ruse ne réussira jamais, à moins qu'elle ne soit employée définitivement *contre un ennemi* par une personne dont le caractère essentiel est entièrement franc et vrai ; comme par Roland contre Lady Lochleven, ou Mysie Happer contre Dan de Howlet-hirst ; mais la ruse constante du personnage échoue toujours : Scott ne permet aucun héros Ulyssean.

C'est pourquoi la ruse du Fairservice échoue toujours et totalement ; mais celle de Moniplies précisément selon le degré de son égoïsme : en totalité, dans l'affaire de la pétition (« Je suis sûr que j'avais a' le droit et a' le risque », i. 73) — en partie, dans celle de le carcanet. C'est ce qu'il reconnaît lui-même enfin avec complaisance :

"Je pense que vous m'avez peut-être quitté", dit Nigel dans leur scène d'adieu (i. 286), "pour agir selon mon propre jugement."

"Mickle ferait mieux de ne pas le faire", répondit Richie; "Il vaudrait mieux ne pas mickle. Nous sommes des créatures fragiles, et pouvons mieux juger de la même manière que dans nos propres cas. Et pour moi, même moi-même, je me suis toujours observé comme étant beaucoup plus prudent dans ce que j'ai fait dans le cadre de votre Seigneurie. en mon nom, que même dans ce que j'ai pu accomplir dans mon propre intérêt — pendant la dernière fois, j'ai en effet toujours reporté, comme je le devrais par devoir.

" Je crois que tu l'as, " répondit Lord Nigel, " t'avoir toujours trouvé vrai et fidèle. "

Et son succès final est entièrement dû à son courage et à sa fidélité, non à sa ruse.

A cette subtilité, les deux hommes joignent un pouvoir considérable de pénétration dans les faiblesses du caractère ; mais Fairservice ne voit que les défauts superficiels et n'a aucun respect pour aucune sorte de noblesse ; tandis que Richie observe la dégradation progressive du caractère et de la réputation de son maître avec une sincère tristesse.

« Monseigneur, » dit Richie, « pour être avec vous, la grâce de Dieu vaut mieux que les pièces d'or, et, si c'étaient mes derniers mots, » dit-il en élevant la voix, « je dirais que vous êtes induit en erreur, et vous abandonnez les sentiers empruntés par votre honorable père ; et qui plus est, vous allez − toujours sous correction − au diable avec un torchon, car ceux qui vous conduisent dans ces sentiers détournés désordonnés se moquent de vous » (i. 282).).

116. En troisième lieu, notez que la pénétration de Moniplies, quoique, comme nous l'avons dit, plus dans les défauts que dans les vertus, étant pourtant fondée sur la vérité de sa propre nature, est indécelable. Aucun coquin ne peut lui échapper un instant ; et il voit à travers toutes les machinations des ennemis de Lord Glenvarloch dès le début ; tandis que Fairservice, assez astucieux pour détecter les folies des bonnes personnes, est tout à fait impuissant devant les fripons, et est trompé trois fois par ses propres amis choisis, d'abord par le clerc de l'avocat, Touthope (ii. 21), puis par l'hypocrite MacVittie . et enfin par sa véritable amie presbytérienne bleue Laurie.

Dans ces premiers éléments de caractère, les hommes se distinguent ainsi largement ; mais dans le cas suivant, qui nécessite une analyse, les différences sont beaucoup plus subtiles. Tous deux ont, à un degré presque égal, l'amour particulier de faire ou de dire ce qui provoque, en contradiction exacte avec les désirs de la personne avec laquelle ils ont affaire, ce qui est un défaut inhérent au côté rude du caractère écossais inculte ; mais chez Andrew, l'habitude est freinée par son intérêt personnel, de sorte que ce n'est que dans le dos de son maître que nous entendons son opinion sur lui ; et ce n'est que lorsqu'il s'est mis en colère que la provocation inhérente apparaît (voir la sombre chevauchée vers l'Écosse).

Au contraire, Moniplies ne parle qu'en louange de son maître *absent* ; mais il exulte de le mortifier dans un colloque direct : mais ne se livre jamais à cette disposition aimable que dans un but vraiment bienveillant et en sachant parfaitement de quoi il s'agit. Fairservice, en revanche, sombre peu à peu dans une fatalité inconsciente faite de bévues et de provocations diverses ; et finalement provoque toute la catastrophe de l'histoire en apportant les bougies alors qu'on lui a ordonné de rester en bas.

117. Nous devons ensuite nous rappeler que chez Scott, la vérité et le courage ne font qu'un. Il surestimait quelque peu le courage *animal* – le considérant comme la base de toutes les autres vertus – selon ses propres mots : « Sans courage, il ne peut y avoir de vérité, et sans vérité, pas de vertu. » Il permettait cependant parfois à ses méchants de posséder la base, sans la superstructure, et ainsi Rashleigh, Dalgarno, Balfour, Varney et d'autres hommes de cette trempe doivent être soigneusement distingués de ses héros errants, Marmion, *Bertram*, Christie de Clinthill, ou Nanty Ewart, chez qui la fidélité est toujours la véritable force de caractère, et les défauts de la vie sont dus à une passion passagère ou à un mauvais sort. Scott diffère sensiblement dans ce niveau d'héroïsme de Byron [104], aux yeux duquel le simple courage, associé à de fortes affections, suffit à l'admiration : tandis que Bertram et même Marmion, bien que fidèles à son pays, ne sont destinés qu'à être plaints - et non pas honoré. Mais ni Scott ni Byron n'accorderont jamais la moindre pitié à un lâche ; et la dernière différence entre Fairservice et Moniplies, qui décide de leur sort entre les mains de Scott, est donc celle entre leur courage et leur lâcheté. Fairservice est chassé à la porte de la cuisine, pour ne plus jamais entendre parler, tandis que Richie se transforme en Sir Richie de Castle-Collop – le lecteur peut peut-être en ce moment penser à une grâce trop insouciante de la part du roi ; ce que, en effet, Scott voulait dire dans une certaine mesure ; mais le grotesque et le caractère souvent évasif des manières communes de Richie nous font oublier à quel point ses paroles amères sont sûrement soutenues par son coup prêt, quand le besoin s'en fait sentir. Sa première introduction à nous (i. 33), c'est parce que son caractère rapide l'emporte sur sa prudence, -

"Je me suis dit: 'Vous êtes un homme avec qui je dois me mêler; mais laissez-moi vous attraper à Barford's Park, ou lors d'une crise de vennel, je pourrais faire chanter à certains d'entre vous un autre chant.' Sae, un vieux diable de potier hurleur s'est mis en travers de mon chemin et m'a offert un cochon, comme il l'a dit, juste pour y mettre ma pommade écossaise, et je lui ai donné un coup de pouce, comme si c'était naturel, et le diable chancelant s'est *coupé* . owre parmi ses autres porcs, et en a endommagé une vingtaine. Et puis le reird [105] a augmenté "-

tandis qu'à la fin des événements (ii. 365), il gagne sa femme par un combat au corps à corps, dont son évaluation froide et sévère, en réponse au templier gai, est l'une des de superbes phrases marquant les deux sentiments sous-jacents de Scott à l'égard de la guerre, malgré son amour de l'héroïsme.

"Bravo, Richie", s'écria Lowestoffe, "eh bien, mec, là gît Sin frappé comme un bœuf, et Iniquity a la gorge tranchée comme un veau."

« Je ne sais pas pourquoi vous me reprocheriez mon éducation, maître Lowestoffe, » répondit Richie avec beaucoup de sang-froid ; "Mais je peux vous dire que la pagaille n'est pas un mauvais endroit pour s'entraîner à ce travail."

118. Telles sont donc les conditions radicales du caractère indigène des deux hommes, indépendamment de leur conviction religieuse, nous devons noter quelle forme prend chez chacun leur foi presbytérienne et quel effet elle a sur leur conscience.

Chez Richie, cela n'a pas grand-chose à voir ; sa conscience étant, au fond, franche et claire. Sa religion ne lui commande rien qu'il ne soit immédiatement prêt à faire, ou qu'il n'ait fait habituellement ; et cela ne lui interdit rien auquel il ne veut pas renoncer. Il ne lui demande aucun pardon pour les fautes connues ; il ne cherche aucune évasion dans la lettre pour violation de son esprit. On ne se rend donc guère compte de sa puissance vitale en lui, sauf dans les moments de sentiment très grave et de sa nécessaire expression.

me l'a envoyée , qui ai une estime particulière pour l'écrivain et qui ai en outre autant de miséricorde et d'honnêteté en moi qu'un homme. je peux bien faire son pain avec, et je suis prêt à aider toute créature en détresse, c'est l'ami de mon ami.

Ainsi, encore une fois, dans le sentiment profond qui reproche à son maître la ruine imprudente du pauvre apprenti :

"Je dis donc, comme je suis un vrai homme, quand j'ai vu cette puir créature sortir du ha' à cette ordinaire, qui est maudite (Dieu me pardonne de jurer) de Dieu et de l'homme, avec ses dents serrées, et son les mains serrées et son bonnet tiré sur ses sourcils... » Il s'arrêta un instant et regarda fixement le visage de son maître.

- et encore une fois en sauvant le pauvre garçon lui-même lorsqu'il prend la rue vers sa dernière destruction "le cœur brûlant et l'œil injecté de sang" :

"Pourquoi m'arrêtes-tu?" dit-il avec férocité.

"Parce qu'elle est mauvaise, Maître Jenkin", dit Richie.

"Non, ne commencez jamais à en parler, homme; vous voyez que vous êtes connu. Hélas! que le fils d'un honnête homme puisse vivre assez longtemps pour commencer à s'entendre appeler par son propre nom."

"Je vous prie de me laisser partir", a déclaré Jenkin. "J'ai envie d'être
dangereux pour moi-même ou pour qui que ce soit."

"Je prendrai le risque", dit l'Écossais, "si seulement vous venez avec moi.
Vous êtes le garçon au monde que je souhaite le plus rencontrer." [106]

"Et vous," répondit Vincent, "ou n'importe lequel de vos misérables
compatriotes, êtes le dernier spectacle que je souhaiterais jamais voir. Vous,
les Écossais, êtes toujours justes et faux."

" Quant à notre pauvreté, mon ami, " répondit Richie, " c'est comme le ciel
le veut ; mais en ce qui concerne notre fausseté, je vais vous prouver qu'un
Écossais a envers son ami un cœur aussi loyal et aussi vrai que jamais dans
un pourpoint anglais. ".

119. Dans ces passages, et dans d'autres du même genre, on aura l'impression
que j'ai fait une certaine injustice à Richie en le classant parmi les religieux
qui ont peu de sympathie ! Pour toute détresse réelle, sa compassion est
instantanée ; mais sa religion doctrinale devient immédiatement pour lui une
cause d'échec dans la charité.

"Votre divin a un autre air du puissant Maître Rollock et de Mess David Black
de North Leith, et ainsi de suite. Hélas, que peut-on savoir, si cela plaît à
Votre Seigneurie, si les prières que les Southrons lisent dans leur ancien là-
bas, un livre de mess noir et bouillonnant, n'est peut-être pas aussi puissant
pour inviter des démons, qu'une bonne prière rouge et chaude du cœur peut
être puissante pour les chasser; de même que l'esprit maléfique a été chassé
par l'odeur du foie du poisson. la chambre nuptiale de Sara, la fille de Raguel
! »

La scène dans laquelle se déroule ce discours est l'une des pièces les plus
abouties de Scott, montrant avec un art suprême à quel point la faiblesse de
la formalité superstitieuse de Richie est accrue par le fait qu'il est à ce
moment-là partiellement ivre !

Il convient en revanche de noter, à son honneur, pour un lecteur de la Bible
sérieux et approfondi, qu'il cite les Apocryphes. Gilfillan, pas si doué,—

"Mais si Votre Honneur considérait le cas de Tobit...!"

"Tobie!" s'écria Gilfillan avec beaucoup de chaleur ; "Tobie et son chien Baith
sont tout à fait païens et apocryphes, et seul un prélatiste ou un papiste
pourrait les remettre en question. Je doute que je me sois trompé en vous,
mon ami."

Gilfillan et Fairservice sont exactement semblables, et tous deux se distinguent de Moniplies par leur dogmatisme méprisant et exclusif, qui est en effet le foyer distinctif de la secte évangélique inférieure partout, et le pire fléau des natures étroites, capables de sa profession zélée. Chez Blattergowl, au contraire, comme son nom l'indique, l' enseignement *doctrinal* est devenu un simple Blather, Blatter ou patter - une suite de lieux communs prononcés habituellement dans l'exercice de sa fonction cléricale, mais sans aucun intérêt personnel ou sectaire de sa part. .

« Il a dit de belles choses sur le devoir de se résigner à la volonté de Dieu — c'est ce qu'il a fait » ; mais son propre esprit est fixé, dans les circonstances ordinaires, uniquement sur le revenu et le privilège de sa position. Scott indique cependant cela sans sévérité comme l'une des faiblesses d'une église établie, au principe général de laquelle, comme à toute autre loi établie et monarchique, il est entièrement soumis et généralement affectueux (voir la description du dimanche d'Édimbourg du colonel Mannering). , de sorte que Blattergowl, *hors de la chaire* , ne manque pas à son sérieux devoir pastoral, mais apporte un réel réconfort par sa présence et ses exhortations dans la chaumière des Mucklebackits.

D'un autre côté, envers toutes sortes d'indépendants et de non-conformistes (sauf du type Roderick Dhu), Scott est hostile avec tous ses pouvoirs ; et en conséquence, Andrew et Gilfillan sont beaucoup plus sévères et méprisants que Blattergowl.

120. Dans ces trois cas cependant, le lecteur ne doit pas soupçonner un instant ce qu'on appelle communément « l'hypocrisie ». Leur religion n'est pas un masque assumé ou un prétexte avancé. C'est en tout une foi confirmée et intime, malicieuse par son erreur, proportionnellement à sa sincérité (comparez « Ariane Florentina », paragraphe 87), et bien que par sa lâcheté, son petit larcin [107] et sa basse ruse, Fairservice [est] absolument séparé en une classe d'hommes différente de celle des Moniplies : dans son principe religieux fixe et sa conception primaire de la conduite morale, il lui ressemble exactement. Ainsi, lorsque, dans une agonie de terreur, il parle pour une fois à son maître en toute sincérité, on pourrait un instant croire qu'il s'agit d'une conférence de Moniplies à Nigel.

« Oh, Maître Frank, les folies de votre oncle et les fliskies de votre cousin n'étaient rien à cela ! Buvez du bouchon propre, comme Sir Hildebrand ; commencez la matinée bénie avec des robinets de cognac comme Squire Percy ; rin wud parmi les filles comme Squire John ; jouez comme Richard ; gagnez des âmes au pape et au diable, comme Rashleigh ; rivez, déclamez, *violez le sabbat* et exécutez les ordres du pape, comme eux et mettez-les

ensemble - mais la Providence miséricordieuse ! Prends soin de tes jeunes.
bluid, et gang na près de Rob Roy.

J'ai dit, on pourrait penser un instant qu'il s'agissait d'une conférence de
Moniplies à Nigel. Mais pas pendant deux instants, si nous pouvons
effectivement penser. Nous ne pouvions pas trouver de passage plus
concentré dans l'expression du caractère total d'Andrew ; ni plus
caractéristique de Scott dans la précision calculée et l'application délibérée de
chaque mot.

121. Observez d'abord que la réprimande de Richie, citée ci-dessus, fixe
instantanément l'esprit de Nigel sur la *noblesse* de son père. Mais celui
d'Andrew envers Frank s'attache tout aussi instantanément aux *folies* de son
oncle et de ses cousins.

Deuxièmement, le résumé de la leçon d'Andrew est : « faites tout ce qui est
coquin, si seulement vous sauvez votre peau ». Mais celle de Richie se résume
dans « la grâce de Dieu vaut mieux que les pièces d'or ».

Troisièmement, Richie ne prête guère attention aux croyances, sauf lorsqu'il
est ivre, mais cherche toujours à bien se conduire ; tandis qu'Andrew conclut
sa liste de torts en « faisant les ordres du Pape » et en violant le sabbat ; ces
définitions de l'impardonnable étant la pire absurdité de toute la méchanceté
écossaise à cette heure — tout étant pardonné aux gens qui vont à l'église le
dimanche et maudissent le pape. Scott ne perd jamais de vue ce merveilleux
foyer de peste de la religion presbytérienne, et les derniers mots d'Andrew
Fairservice sont :

"Le méchant Laurie ! pour trahir un vieil ami qui chantait le même livre de
psaumes avec lui *chaque sabbat* pendant vingt ans,"

et la tragédie de ses dernières paroles, et de son expulsion de son ancienne
demeure heureuse - "un poirier jargonelle à une extrémité de la chaumière,
un ruisseau et une parcelle fleurie d'un jubé en face, un potager derrière". , et
un enclos pour une vache » (viii. 6, de l'édition de 1830) ne peut être compris
que par la lecture du chapitre qu'il cite lors de ce dernier soir de sabbat où il
y passe, le 5 de Néhémie.

122. Car - et je dois le souligner encore et encore au lecteur moderne, qui,
vivant dans un monde d'affectation, soupçonne « l'hypocrisie » dans chaque
créature qu'il voit - le fléau même de cette piété évangélique inférieure est
qu'elle n'est *pas* hypocrisie; qu'Andrew et Laurie *s'attendent* tous deux à obtenir
la grâce de Dieu en chantant des psaumes le dimanche, quelle que soit la

coquinerie qu'ils pratiquent pendant la semaine. Dans le drame populaire moderne de « l'École » [108] , le seul personnage religieux est un huissier sale et malveillant qui apparaît pour la première fois en train de lire les « Méditations » d'Hervey et jette le livre dès qu'il est hors de vue de la société. Mais quand Andrew est trouvé par Frank « perché comme une statue près d'une rangée de ruches dans une attitude de contemplation pieuse, avec un œil surveillant les mouvements des petits citoyens irritables, et l'autre fixé sur un livre de dévotion », vous comprendrez. Veuillez noter, lecteur méfiant, que le fervent jardinier n'a aucune attente de l'approche de Frank, qu'il n'a aucun dessein sur lui, et qu'il ne lit pas ou n'adopte aucune attitude en vue d'un effet d'aucune sorte sur qui que ce soit. Il suit ses propres coutumes ordinaires, et son livre de dévotion a déjà été si bien utilisé que « beaucoup d'usure l'avait privé de ses coins et lui avait donné une forme ovale » ; son attrait pour Andrew est double : le premier, qu'il contient une doctrine à son esprit ; la seconde, qu'une telle saine doctrine est exposée sous des chiffres appartenant proprement à son métier. "J'étais même en train de jeter un sort à la "Fleur d'une douce saveur semée sur le milieu de ce monde" du digne mess John Quackleben " (notez au passage l'invention facile, instantanée et exquise de Scott du nom de l'auteur et du titre du livre); et il est très curieux de savoir dans quelle mesure ces doux « sorts » à Quackleben et autres exercices religieux d'une nature compatible avec les affaires du monde (comparez Luckie Macleary, « avec les yeux occupés sur « l'escroc dans le Lot » de Boston, tandis que ses idées étaient occupées à résumer les comptes » (Waverley, i. 112) – modifient en effet en Écosse le caractère national pour le meilleur ou pour le pire ; ou, sans le modifier matériellement, faites-le au moins le solenniser et confirmer le bien dont il peut être capable. Ma propre nourrice écossaise décrite dans « Fors Clavigera » d'avril 1873 aurait, je n'en doute pas, été aussi fidèle et affectueuse sans sa petite bibliothèque de théologie puritaine ; et ses fautes mineures, autant que j'ai pu le voir, n'ont pas été atténuées par ses exhortations ; mais je ne peux m'empêcher de croire que son endurance sans se plaindre face aux maladies les plus douloureuses et sa fermeté d'humeur face aux malentendus fréquents de la part de ceux qu'elle aimait et servait le plus, ont été dans une large mesure aidée par toute la foi et l'espérance chrétiennes qu'elle avait réussi à obtenir. , sans en parler.

123. J'ai cependant connu dans mes premiers jours un très vieux Covenanter dans la maison de ma tante écossaise, dont, avec Mause Hedrigg et David Deans, je pourrai peut-être parler davantage dans mon prochain article. [109] Mais je ne peux que maintenant écrire avec soin sur ce qui concerne mon travail immédiat : et je dois demander l'indulgence du lecteur pour le rassemblement hâtif de matériaux destinés, avant ma maladie au printemps dernier, à avoir été traités de manière beaucoup plus approfondie. Les amis qui craignent pour ma réputation d'« écrivain » se souviendront peut-être

qu'une phrase des « Peintres modernes » était souvent écrite quatre ou cinq fois de ma propre main, et essayée dans chaque mot pendant peut-être une heure, peut-être une heure. avant-midi, avant qu'il ne soit transmis à l'imprimeur. Il est rare maintenant que je fixe mon esprit sur une phrase ou une pensée pendant cinq minutes dans le calme du matin, mais un télégramme arrive m'annonçant que quelqu'un ou autre se fera le plaisir d'appeler à onze heures, et qu'il y a deux shillings. payer.

NOTES DE BAS DE PAGE :

[98] Octobre 1881.

[99] "Jean François Millet." Vingt gravures et gravures sur bois reproduites en fac-similé et notice biographique par William Ernest Henley. Londres, 1881.

[100] Je suis désolé de constater que ma première allusion à l'expédition en bateau dans ce roman a été mal interprétée par une jeune auteure de promesses qui a conduit au dénigrement de son propre travail ; je ne suppose pas qu'il soit possible que j'aie pu être contraint de consulter celui de George Eliot uniquement par le récit imparfait d'un ami.

[101] J'ai honte d'illustrer le misérable travail de « révision » en mutilant et en marmonnant ce noble chapitre final du « Monastère », mais je ne peux pas montrer la toile du travail sans la détisser.

[102] Avec des retouches ridiculement fatales dans l'édition ultérieure, "a été privé de" son épée.

[103] Encore une fois, je suis obligé, par nécessité de révision, d'omettre la moitié des points de la scène.

[104] Je dois exprimer profondément et sincèrement mes remerciements à mon ami M. Hale White pour sa justification de la véritable opinion de Goethe sur Byron à partir de la représentation mutilée de celle-ci par M. Matthew Arnold (*Contemporary Review* , août 1881).

[105] « Reirde, rerde, reord anglo-saxon, lingua, sermo, clameur, criant » (glossaire Douglas). Aucune phrase écossaise dans les romans de Scott ne devrait être prononcée sans en examiner chaque mot, son dialecte, comme nous l'avons déjà remarqué, étant toujours pur et classique au plus haut degré, et sa signification toujours plus complète à mesure qu'elle est tracée plus loin.

[106] Le lecteur doit remarquer qu'en citant Scott pour illustrer des points particuliers, je suis parfois obligé de modifier la succession et d'omettre une

grande partie du contexte des pièces que je veux, car Scott ne vous laisse jamais voir sa main, ni atteindre ses points. sans se souvenir et comparer soigneusement des pièces lointaines. Recueillir les preuves d'une phase quelconque du caractère, c'est comme arracher les racines détachées d'une plante grimpante.

[107] Notez les « petites affaires de mon ain », i. 213.

[108] Son « héros » est un grand garçon avec de beaux mollets jusqu'aux jambes, qui tue un taureau avec un morceau d'oiseau, mange un copieux déjeuner, trouve spirituel de traiter Othello de « nègre » et, n'ayant rien pour vivre et n'étant capable de rien faire pour gagner sa vie, il s'établit pour toujours dans les déjeuners et les cigares, en épousant une fille qui a de la fortune. L'héroïne est une aimable gouvernante qui, pour l'encouragement général de la vertu chez les gouvernantes, est récompensée en épousant un seigneur.

[109] Le présent article était cependant le dernier. — ED .

124. Il y a longtemps, bien avant le début de certains contes de fées, l'éditeur qui a été assez téméraire, à ma demande, m'a demandé de réimprimer mes vieilles histoires préférées dans leur première forme anglaise, de lui présenter mon raisons de les préférer aux légendes plus raffinées, morales et satiriques, qui sont maintenant, avec de riches ornements de chaque page par un art très admirable, présentées à l'acceptation de la Pépinière.

Mais il me semblait que cela importait si peu à l'indépendance majestueuse du public enfantin, qui, hors d'eux-mêmes, aimait ou n'aimait pas ce qu'il disait divertissant, que ce n'est que sur la stricte prétention d'une promesse imprudente étant donné que j'ose sur l'impertinence de l'éloge funèbre ; et ma réticence est d'autant plus grande qu'il n'y a en fait rien de très remarquable dans ces contes, si ce n'est leur absence de défauts qui ont été tenus depuis quelque temps pour tout le contraire des défauts par la majorité des lecteurs.

125. Dans les meilleures nouvelles récemment écrites pour la jeunesse, il y a une souillure qu'il n'est pas facile de définir, mais qui découle inévitablement du fait que l'auteur s'adresse aux enfants élevés dans les salles d'école et les salons, au lieu des champs et des bois - les enfants dont les amusements favoris sont des imitations prématurées des vanités des personnes âgées, et dont les conceptions de la beauté dépendent en partie du prix élevé des vêtements. Les fées qui interviennent dans la fortune de ces petits sont susceptibles d'être resplendissantes principalement en chapellerie et en pantoufles de satin, et effroyables plus par leurs airs que par leurs enchantements.

La belle satire qui, transparaît dans chaque mot ludique, rend certaines de ces nouvelles récentes aussi attrayantes pour les vieux que pour les jeunes, ne me semble pas moins les rendre impropres à leur propre fonction. Les enfants doivent rire, mais pas se moquer ; et quand ils rient, ce ne doit pas être des faiblesses et des défauts des autres. Il faut leur apprendre, dans la mesure où il leur est permis de s'occuper du caractère de ceux qui les entourent, à rechercher fidèlement le bien, à ne pas guetter malicieusement pour se réjouir du mal : ils doivent être trop douloureusement sensibles au mal. souriez-y; et trop modeste pour en constituer eux-mêmes les juges.

126. Ces erreurs mineures en impliquent une autre bien plus grave. De même que la simplicité du sens de la beauté s'est perdue dans les récents contes pour enfants, la simplicité de leur conception de l'amour aussi. Ce mot qui, dans le cœur d'un enfant, doit représenter la partie la plus constante et la plus vitale de son être ; qui devrait être le signe des pensées les plus solennelles

qui informent son âme qui s'éveille et, dans un vaste mystère de pur lever de soleil, devrait inonder le zénith de son ciel et briller sur la rosée à ses pieds ; ce mot, qui doit être consacré sur ses lèvres, avec le Nom qu'il ne peut pas prendre en vain, et dont le sens doit adoucir et animer toutes les émotions par lesquelles les choses inférieures et les créatures faibles, mettent au-dessous de lui dans son monde étroit, se révèlent à sa curiosité ou à sa compagnie ; ce mot, dans les contes pour enfants modernes, est trop souvent retenu et assombri dans le hiéroglyphe d'un mystère maléfique, troublant la douce paix de la jeunesse avec des lueurs prématurées d'une passion incomprise et des ombres flottantes d'un péché méconnu.

Ces grands défauts dans l'esprit des fictions jeunesse récentes sont liés à une folie de propos parallèle. Les parents qui sont trop indolents et indulgents pour former le caractère de leurs enfants par une saine discipline, ou par leurs propres habitudes et principes de vie, sont conscients de ne pas leur donner d'exemple irréprochable et s'efforcent en vain de leur substituer l'influence persuasive des préceptes moraux, introduits dans leur vie. l'apparence de l'amusement, pour la force de l'habitude morale imposée par une autorité juste : — pensent en vain à informer le cœur de l'enfance avec une sagesse délibérative, alors qu'ils abdiquent la tutelle de son innocence incontestable ; et transformer dans les angoisses d'une philosophie de conscience immature la force autrefois intrépide de sa vertu intacte et sans hésitation.

127. Un enfant ne devrait pas avoir à choisir entre le bien et le mal. Il ne devrait pas être possible de se tromper ; il ne faut pas qu'il conçoive le mal. Obéissant, comme une barque au gouvernail, non par une tension ou un effort soudain, mais dans la liberté de son cours lumineux de vie constante ; vrai, avec une vérité sans distinction, sans louange et sans vantardise, dans un monde cristallin de vérité domestique ; doux, par des supplications quotidiennes de douceur, des confiances honorables et de jolies fiertés de camaraderie enfantine dans des offices de bien ; fort, non pas dans une lutte amère et douteuse avec la tentation, mais dans la paix du cœur et dans l'armure du droit habituel, d'où la tentation tombe comme la grêle dégelée ; maîtrise de soi, non pas dans la retenue maladive d'appétits mesquins et de pensées cupides, mais dans la joie vitale d'une vie peu luxueuse et dans le contentement d'une possession étroite, sagement estimée.

Les enfants ainsi formés n'ont pas besoin de contes de fées moraux ; mais ils trouveront dans les cours apparemment vains et capricieux de toute tradition ancienne, qui leur est honnêtement transmise, un enseignement auquel aucun autre ne peut se substituer, et dont la puissance ne peut être mesurée ; animant pour eux le monde matériel d'une vie inextinguible, les fortifiant contre le froid glacial de la science égoïste, et les préparant avec soumission et sans amertume d'étonnement, à contempler, dans les années ultérieures, le mystère - divinement destiné à rester tel pour tous les êtres humains. pensée - des sorts qui arrivent aussi bien aux méchants qu'aux bons.

128. Et l'effet de l'effort visant à rendre les histoires morales sur la valeur littéraire de l'œuvre elle-même est aussi nuisible que le motif de cet effort est faux. Car tout conte de fées qui mérite d'être enregistré est le vestige d'une tradition possédant une véritable valeur historique ; historique, du moins dans la mesure où elle est naturellement née de l'esprit d'un peuple dans des circonstances particulières, et s'est développée non sans signification, ni sans signification. complètement éloignés de leur sphère de foi religieuse. Il subit ensuite des changements naturels dus à l'action sincère de la peur ou de la fantaisie des générations successives ; cela prend une nouvelle couleur à leur manière de vivre et une nouvelle forme à leur changement d'humeur morale. Tant que ces changements sont naturels et faciles, accidentels et inévitables, l'histoire reste essentiellement vraie, modifiant sa forme, certes, comme un nuage volant, mais restant un signe du ciel ; une image sombre, faisant aussi véritablement partie du grand firmament de l'esprit humain que la lumière de la raison qu'elle semble interrompre. Mais sa belle tromperie et son erreur innocente ne peuvent être interprétées ni restreintes par un dessein délibéré, et tous les ajouts par acte ne font que souiller, comme le berger trouble les flocons de brume matinale avec la fumée de son feu de feuilles mortes.

129. Il y a aussi un mal collatéral plus profond dans cette indulgence de changement licencieux et de retouche d'histoires pour convenir à des goûts particuliers ou pour inculquer des doctrines préférées. Cela détruit directement le pouvoir de l'enfant d'exprimer une telle croyance comme il aurait été dans sa nature de donner à une vision imaginative. Beaucoup peuvent se demander dans quelle mesure il est opportun d'occuper son esprit avec des formes idéales, mais pas pour moi ; mais il est tout à fait hors de doute que si nous admettons la représentation fictive, cette représentation doit être calme et complète, possédée pleinement et lue dans sa plus grande profondeur. L'attention du petit lecteur ne doit jamais être confuse ou perturbée, qu'il s'intéresse aux contes de fées ou à l'histoire. Faites-lui connaître son conte de fées avec précision et ressentez une joie ou une crainte parfaite en le concevant comme s'il était réel ; ainsi, il exercera toujours son pouvoir de saisie des réalités : mais un mandat confus, négligent ou discréditant de la fiction conduira à une lecture tout aussi confuse et négligente des faits. Que les circonstances des deux soient strictement perçues et qu'on s'y attarde longuement, et que l'esprit de l'enfant développe le fruit de la pensée des deux. Il est de la plus haute importance d'acquérir dès le début cette habitude de contemplation, et c'est donc une grave erreur, soit de multiplier inutilement, soit d'illustrer avec une richesse extravagante, les incidents présentés à l'imagination. Il doit les multiplier et les illustrer par lui-même ; et, si l'intellect a une valeur réelle, il y aura un mystère et une

merveille dans ses propres rêves qui ne pourraient être contrecarrés que par une illustration extérieure. Cependant, je ne présente pas le texte ou les gravures de ce volume comme exemples de ce que l'un ou l'autre devrait être dans des œuvres de ce genre : ils sont à bien des égards communs, imparfaits, vulgaires ; mais leur vulgarité est saine et inoffensive. Ce n'est pas, par exemple, un anglais gracieux de dire qu'une pensée « est venue à l'esprit de Catherine » ; mais il vaut néanmoins bien mieux, pour s'initier au style littéraire, qu'on dise ceci à un enfant plutôt que de dire qu'« un sujet a attiré l'attention de Catherine ». Et dans les formes authentiques de tradition mineure, un ton grossier et plus ou moins analphabète sera toujours perceptible ; car tous les meilleurs contes de fées ont dû leur naissance et la plus grande partie de leur pouvoir à l'étroitesse des circonstances sociales ; ils appartenaient en propre à des districts dans lesquels les villes fortifiées sont entourées d'une campagne claire et intacte, et dans lesquels une vie urbaine saine et animée, peu raffinée, est soulagée et contrastée par le calme enchantement des paysages pastoraux et boisés, soit sous humble culture par des maîtres paysans, ou laissée dans sa solitude naturelle. Dans des conditions de ce genre, l'imagination est suffisamment excitée pour inventer instinctivement (et se réjouir de l'invention de) des formes spirituelles de beauté et de sauvagerie, tandis qu'elle est néanmoins contenue et rendue joyeuse par les accidents et les relations familières de la vie urbaine, se mêlant toujours dans son imaginant des circonstances humoristiques et vulgaires avec des circonstances pathétiques, et jamais tellement impressionné par ses fantasmes surnaturels au point de risquer de les retenir comme partie intégrante de sa foi religieuse. Le bon esprit descend progressivement d'un ange à une fée, et le démon se rétrécit en un grotesque ludique de petite malveillance, tandis que tous deux conservent une influence accréditée et vitale sur le caractère et l'esprit. Mais le langage dans lequel de telles idées seront habituellement exprimées doit nécessairement participer à leur étroitesse ; et l'art les ignore systématiquement, n'ayant de force que dans les conditions qui les éveillent pour s'exprimer dans un grotesque irrégulier et grossier, propre à la décoration architecturale extérieure.

130. Les illustrations de ce volume sont presque les seules exceptions que je connaisse à la règle générale. Ils sont d'un art tout à fait remarquable et admirable, dans une classe précisément parallèle en élévation au caractère des contes qu'ils illustrent ; et les gravures originales, comme je l'ai déjà dit dans l'appendice de mes "Éléments de dessin", étaient sans égal en termes de maîtrise du toucher depuis Rembrandt (dans certaines qualités de délimitation sans égal même chez lui). Ces copies ont été si soigneusement exécutées, qu'au début j'ai été trompé par elles et j'ai supposé qu'il s'agissait d'impressions tardives tirées des planches (et de plus, je crois que le maître lui-même s'est trompé et a supposé qu'il s'agissait de ses propres

impressions).); et bien qu'après une comparaison minutieuse avec les premières preuves, on ne trouve aucune exception à la loi terrible selon laquelle la répétition littérale d'un travail tout à fait beau sera, même pour la main qui l'a produit, - bien plus pour toute autre, - à jamais impossible, ils n'en continuent pas moins. représentent, avec suffisamment de fidélité pour être au plus haut degré instructif, la lumière et l'ombre harmonieuses, la virile simplicité d'exécution et la fantaisie facile et libre de dessins qui appartenaient à la meilleure période du génie de Cruikshank. En faire des copies quelque peu agrandies, en les regardant à la loupe, et en ne mettant jamais deux lignes là où Cruikshank n'en a mis qu'une, serait un exercice de décision et de dessin sévère qui laisserait ensuite peu de choses à apprendre dans les écoles. je dirai volontiers aussi beaucoup de choses dans leurs éloges en tant que conceptions imaginatives ; mais la puissance d'un travail d'imagination authentique, et sa différence avec celui qui est composé et rapiécé à partir de sources empruntées, est de toutes les qualités de l'art la plus difficile à expliquer ; et je dois me contenter de simples affirmations.

C'est pourquoi je fais confiance au bon vieux livre et à l'ouvrage honnête qui l'orne, pour obtenir la faveur qu'ils peuvent trouver auprès des enfants au cœur ouvert et aux vies modestes.

DENMARK HILL , *Pâques* , 1868.

NOTES DE BAS DE PAGE :

[110] Cet article constitue l'introduction d'un volume intitulé « Histoires populaires allemandes, avec des illustrations d'après les dessins originaux de George Cruikshank, édité par Edgar Taylor, avec une introduction de John Ruskin, MA » Londres : Chatto et Windus, 1868. Le livre est une réimpression des sélections originales (1823) de M. Edgar Taylor des « Hausmärchen » ou « Histoires populaires allemandes » des frères Grimm. Les sélections originales étaient en deux volumes in-8; la réimpression en un format plus petit, étant (le dit l'éditeur dans sa préface) « le souhait de M. Ruskin que la nouvelle édition plaise aux jeunes lecteurs plutôt qu'aux adultes. » — ED .

ÉCONOMIE.

LA MAISON ET SES ÉCONOMIES.

(*Revue contemporaine, mai* 1873.)

USURE. UNE RÉPONSE ET UNE RÉPLIQUE.

(*Revue contemporaine, février* 1880.)

USURE. UNE PRÉFACE.

(*Brochure* , 1885.)

LA MAISON ET SES ÉCONOMIES. [111]

131. Dans le numéro de mars de la *Contemporary Review* ont paru deux articles, [112] rédigés par des écrivains de renom, dont je ne peux qu'espérer que leurs auteurs percevront après réflexion comme ayant impliqué des erreurs d'autant plus graves qu'ils sont devenus, ces derniers temps, dans l'esprit de presque tous les hommes publics, facile et familier. J'ai donc demandé à l'éditeur la permission de proposer une réponse à ces deux essais, leurs sujets étant intimement liés.

Le premier dont je parle est celui de M. Herbert Spencer, paru sous le titre de « Les préjugés du patriotisme ». Mais le véritable sujet de l'article (discuté dans toute son étendue, avec un soin et une équité singuliers) n'était que le parti pris de la vanité nationale ; et le débat fut ouvert par cette phrase très curieuse : « Le patriotisme est nationalement, ce que l'égoïsme est individuellement.

M. Spencer, je pense, n'accepterait pas lui-même cette affirmation, si elle était formulée sous une forme claire : « Ce qui est l'égoïsme chez un homme, est le patriotisme chez deux ou plusieurs, et le vice d'un individu est la vertu d'une multitude. » [113] Mais il est étrange, même si M. Spencer a pu limiter récemment son attention aux sujets métaphysiques ou scientifiques, sans tenir compte du langage de la littérature historique ou imaginative, il est étrange, je le répète, qu'un étudiant aussi prudent soit ignorant que le terme « patriotisme » ne peut, dans son usage classique, être étendu à l'action d'une multitude. Aucun écrivain faisant autorité ne parle jamais d'une nation comme ayant ressenti ou agi de manière patriotique. Le patriotisme est, par définition, une vertu des individus ; et bien loin d'être chez ces individus un mode d'égoïsme, c'est précisément dans le sacrifice de leur égoïsme qu'il consiste. C'est leur état d'esprit qui les détermine à faire passer leurs propres intérêts par rapport à ceux de leur pays.

132. En supposant qu'un sentiment parallèle puisse animer une nation comme un seul corps, il pourrait se référer uniquement à la position qu'elle occupe parmi les autres familles du monde. Le nom de l'émotion serait alors proprement « Cosmisme » et signifierait la résolution d'un tel peuple de sacrifier ses propres intérêts particuliers à ceux de l'humanité. Jusqu'à présent, le cosmisme ne s'est généralement affirmé que dans le désir de la nation cosmique que tous les autres adoptent ses opinions théologiques et lui permettent d'adopter leurs propriétés personnelles ; mais le patriotisme a réellement existé, et même comme sentiment dominant, dans l'esprit de nombreuses personnes qui ont eu une grande influence sur le sort de leurs races, et qu'un de nos principaux philosophes devrait être inconscient de la nature de ce sentiment et ignorer la nature de ce sentiment. de sa puissance

politique, doit être considérée comme une caractéristique douloureuse de l'état actuel de l'Angleterre elle-même.

Il ne s'ensuit pas en effet qu'un sentiment que nous ignorons s'éteigne nécessairement en nous ; et les facultés de perception et d'analyse sont toujours tellement paralysées par les ingéniosités linguistiques de la logique qu'il est impossible de dire, d'un logicien de profession, s'il n'agit pas encore sous la force réelle d'idées dont il a perdu à la fois la conscience et la conscience. et la conception. Aucun homme qui s'est une fois empêtré dans ce que M. Spencer définit plus loin comme « la science des relations impliquées par les conclusions, les exclusions et les chevauchements de classes », ne peut espérer, pendant le reste de sa vie, percevoir davantage de une chose autre que le fait qu'elle soit incluse, exclue ou recouverte par autre chose ; ce qui est en soi un état d'esprit assez confus, et d'autant plus nuisible qu'il nous permet d'éviter de considérer si notre linge intellectuel est lui-même propre, alors que nous nous préoccupons seulement de savoir s'il est inclus, exclu ou recouvert par le col de notre habit. . Mais c'est un phénomène grave de l'époque que le patriotisme — parmi tous les autres — soit le sentiment qu'un logicien anglais non seulement est incapable de définir, mais tente de définir comme son contraire exact. À chaque époque de déclin, des hommes, même dotés d'une haute énergie intellectuelle, ont été entraînés dans le diluvium de la vie publique et les bords cristallins de leur esprit ont été usés par la friction avec des esprits émoussés ; mais je n'avais pas cru que tout le poids de la foule dépravée de l'Angleterre moderne, bien qu'ils soient devenus incapables à la fois de fidélité à leur propre pays et d'alliance avec un autre, aurait pu rendre perplexe l'un de nos étudiants les plus exigeants au point de le faire confondez l'héroïsme avec la vanité, et l'amour de la patrie et du foyer avec les iniquités de l'égoïsme. Cela ne fait-il qu'un quart de siècle depuis la mort du Dernier Ménestrel – et avons-nous déjà répondu à sa réponse : « Un homme y vit ? avec l'affirmation calme qu'il n'y a pas d'autre que tel ; et que le « misérable concentré tout en soi » est le « Patriote » de notre génération ?

133. Qu'il en soit ainsi. Admettons même que l'égoïsme soit la seule puissance qu'un métaphysicien moderne puisse concevoir comme source d'énergie mentale ; tout comme l'excitation chimique est peut-être la seule puissance que le médecin moderne puisse identifier comme source d'énergie musculaire. Et pourtant, l'analyse ultérieure de M. Spencer est inexacte et peu scientifique. Car l'égoïsme n'implique pas nécessairement une mauvaise compréhension ou une mauvaise mesure. Il y a des modes d'amour de notre pays qui sont résolument égoïstes, comme ceux d'un chat du foyer, et pourtant entièrement équilibrés et calmes dans la faculté judiciaire ; des passions qui déterminent la conduite, mais n'ont aucune influence sur l'opinion. Par exemple, j'ai acheté, pour mon plaisir exclusif, la chaumière

dans laquelle j'écris, près du lac-plage sur lequel je jouais quand j'avais sept ans. Si j'étais un scientifique à l'esprit public ou un homme pieux et bienveillant, j'examinerais sans doute plutôt les relations géographiques des montagnes de la Lune, ou je traduirais le Symbole d'Athanase en chinois tartare. Mais je déteste le nom même du public, et je ne travaille sous aucune inquiétude oppressante ni pour le progrès de la science, ni pour le salut de l'humanité. J'aime donc mieux m'amuser avec les galets du lac, dont je ne sais rien sinon qu'ils sont jolis ; et converser avec des gens que je peux comprendre sans peine, et qui, loin d'avoir besoin de se convertir, me paraissent en somme meilleurs que moi. C'est de l'égoïsme moral, mais ce n'est pas une erreur intellectuelle. Je ne me forme jamais, et encore moins n'exprime aucune opinion sur les beautés relatives du rocher de Yewdale et des montagnes de la Lune ; je ne me plais pas non plus à considérer, sous un jour exagéré, les avantages spirituels que je possède dans ma familiarité avec les trente-neuf articles. Je connais la hauteur des montagnes voisines au pied près ; et l'étendue de mes possessions réelles, théologiques et matérielles, à un article. L'égoïsme patriotique m'attache à l'un ; l'égoïsme personnel me satisfait chez l'autre ; et le calme égoïsme avec lequel la nature a béni toutes ses créatures non philosophiques, m'aveugle sur les attraits — comme sur les défauts — des choses qui ne m'intéressent pas, et me sauve immédiatement de la folie du mépris et de l'inconfort de l'envie. . J'aurais pu écrire, avec autant de justesse : « L'inconfort du mépris » ; car en effet, les formes de rivalité irritable et d'affirmation de soi que M. Spencer considère comme des développements de l'égoïsme ne sont que des maladies de celui-ci ; (en prenant le mot « maladie » dans son sens le plus littéral). Un homme sensé est plus égoïste dans sa modestie qu'un imbécile ne l'est dans sa vantardise ; et ce n'est ni l'orgueil ni le respect de soi, mais seulement l'ignorance et la mauvaise éducation, qui soit déguisent les faits de la vie, soit violent ses courtoisies.

134. J'espère que cela ne sera pas considéré comme une violation de la courtoisie envers un écrivain de l'influence étendue de M. Spencer, si j'attire son attention sur le danger sous lequel les métaphysiciens sont toujours placés de supposer que l'investigation des processus de pensée permettra eux pour distinguer ses formes. « Autant le chimiste, qui avait examiné de manière exhaustive les conditions de la fusion vitreuse, se croirait ainsi qualifié pour numéroter ou classer les vases courbés par le souffle de Venise. M. Spencer a déterminé, je crois, à la satisfaction de ses lecteurs, de quelle manière les pensées et les sentiments sont construits ; il est temps pour lui maintenant d'observer les résultats de la construction, qu'ils soient originaires de son propre esprit ou découvrables dans d'autres territoires intellectuels. Le patriotisme est cependant peut-être la dernière émotion qu'il puisse maintenant étudier commodément en Angleterre, car l'humeur qui couronne

la joie de vivre avec la douceur et le décorum de la mort peut difficilement se manifester clairement dans un pays qui s'efforce rapidement de devenir un pays où la paix est assurée. la pollution, et dont la bataille, le crime ; dans les limites duquel il est répugnant de vivre, et pour la cause de qui il est honteux de mourir.

135. Les principales causes de sa dégradation ont été défendues, avec de délicates excuses, dans le deuxième article auquel j'ai fait référence ci-dessus ; la modification par MWR Greg d'une lettre qu'il avait adressée, au sujet des dépenses luxueuses et de leurs résultats économiques, à la *Pall Mall Gazette* ; et que M. Greg déclare avoir donné lieu dans ce journal à une controverse à laquelle ont pris part quatre ou cinq combattants, dont la liberté d' idées l'a amené à exprimer les siennes, plus cohérentes, dans la *Contemporary Review* .
[114]

Je suis désolé de constater que M. Greg a considéré mon propre rôle dans cette correspondance comme controversé. Je lui ai simplement posé une question qu'il a déclarée insidieuse et hors de propos (sans considérer que si c'était l'une, ça ne pouvait pas être l'autre), et j'ai exposé quelques faits sur lesquels aucune controverse n'était possible et que M. Greg , selon ses propres termes, « s'est abstenu assidûment » de s'en apercevoir.

Mais M. Greg trouvait ma question insidieuse car elle lui faisait en partie prendre conscience qu'il n'avait examiné que la moitié du sujet dont il discutait, et même cette moitié sans précision.

M. Goldwin Smith a parlé d'un homme riche qui consomme les moyens de subsistance des pauvres. M. Greg, en réponse, a souligné à quel point l'homme riche dépensait ce qu'il avait obtenu. Sur quoi j'ai osé demander « comment il l'a obtenu » ; ce qui est précisément la première de toutes les questions à se poser lorsqu'il s'agit d'examiner les relations économiques d'un homme avec son prochain.

Dick Turpin est accusé, supposons-le, par une personne simple d'esprit de consommer les moyens de subsistance d'autrui. "Non", dit Dick à la personne simple d'esprit, "observez avec quelle bienveillance et agréablement je dépense tout ce que je reçois!"

"Oui, Dick", persiste l'homme simple d'esprit ; "mais comment l'obtiens-tu ?"

"La question", dit Dick, "est insidieuse et hors de propos".

Ne laissez pas supposer que j'ai l'intention d'affirmer une quelconque irrégularité ou inconvenance dans la profession de Dick - j'affirme simplement la nécessité pour M. Greg d'examiner, s'il veut être maître de son sujet, la manière de Gain dans chaque cas, ainsi que comme mode de dépense. De tels comptes doivent toujours être rendus avec précision dans une société bien réglementée.

136. "Le lieutenant adressa la parole au capitaine, et lui dit qu'il venait d'enlever ces mannequins, remplis de sucre, de cannelle, d'amandes, et de raisins secs, à un épicier de Bénavente. Après qu'il eu rendu compte de son expédition au bureau, les dépouilles de l'épicier furent portées dans l'office. Alors il ne fut plus question que de se réjouir; je débutai par le buffet, que je parai de plusieurs bouteilles de ce bon vin que le Seigneur Rolando m'évite de vanté."

M. Greg se borne strictement à un examen des bienfaits conférés au public par cette fête si agréable ; mais il ne faut pas qu'il soit surpris ou indigné qu'une enquête soit faite sur l'état qui en résulte pour l'épicier de Bénavente.

Et il est d'autant plus nécessaire qu'une telle enquête soit instituée que le capitaine de l'expédition est un serviteur, non de la lune, mais du soleil ; et éblouissant, donc, pour tous les spectateurs. « C'est le ciel qui me dicte ce que je dois faire dans cette occasion », dit Henri de Navarre ; "ma retraite hors de cette ville, [116] avant de m'en rendre maître, sera la retraite de mon âme hors de mon corps." « En conséquence, nous avons forcé tout le quartier qui résistait encore, dit M. de Rosny, après quoi les habitants, ne se trouvant plus en mesure de résister, ont déposé les armes, et la ville a été livrée au pillage. La fortune me jeta un petit coffre de fer dans lequel je trouvai environ quatre mille écus d'or.

Je ne puis douter que la dépense de cette somme par le baron ne soit au plus grand avantage pour la France et pour la religion protestante. Mais la science économique complète doit étudier l'effet de son abstraction sur la prospérité immédiate de la ville de Cahors ; et même au-delà, le mode de son acquisition antérieure par la ville elle-même, qui peut-être, dans les économies du monde inférieur, aurait délégué certains de ses citoyens au septième cercle. [117]

137. Et le point le plus curieux de la partialité de la science économique moderne est que, tout en renonçant toujours à cette question des voies et moyens à l'égard des riches, elle la pousse soigneusement dans le cas des pauvres ; et tandis qu'il affirme que la consommation d'un article de luxe tel que le vin (pour prendre ce que M. Greg lui-même cite) est économiquement opportune, lorsque le vin est bu par des personnes qui n'ont pas soif, il affirme que la même consommation est tout à fait raisonnable. inutile, lorsque le privilège est étendu à ceux qui le sont. Ainsi, M. Greg rejette, en un seul endroit, avec un dédain compatissant, l'idée extrêmement vulgaire "qu'un homme qui boit une bouteille de champagne valant cinq shillings,

alors que son voisin a besoin de vraie nourriture, fait d'une manière ou d'une autre du tort à son voisin". ; et pourtant M. Greg lui-même, ailleurs, [118] reste évidemment sous l'impression tout aussi vulgaire que les vingt-quatre millions de personnes aussi assoiffées qui dépensent quinze pour cent de leurs revenus en boisson et en tabac, font du tort à leurs voisins par cette dépense.

138. Ce ne peut certainement pas être la différence de degré de raffinement entre la liqueur de malt et le champagne qui provoque chez M. Greg le sentiment indéfini de délinquance morale et d'erreur économique dans un cas, et d'absence d'erreur dans l'autre ; si ce n'est que cela, je peux le tirer de son embarras en mettant les cas sous une forme plus parallèle. Un ecclésiastique m'écrit, affligé, parce que les ouvriers valides qui viennent mendier chez lui en hiver boivent du porto dans des seaux en été. Bien sûr, l'esprit logique de M. Greg admettra immédiatement (en conséquence de son très juste *argument ad hominem* dans une page précédente [119]) que la consommation de porto dans des seaux doit être tout autant bénéfique pour la société en général. comme la consommation de champagne en bouteille ; et pourtant, curieusement, je suis sûr qu'il comprendra ma question : « Où le buveur trouve-t-il les moyens de boire ? plus pertinent dans le cas des buveurs de porto que dans celui des buveurs de champagne. Et bien que M. Greg procède, avec ce mépris élevé pour les préceptes de la nature et du christianisme que les économistes radicaux ne peuvent que ressentir, en observant que « tandis que l'homme naturel et le chrétien voudraient que le buveur de champagne renonce à sa bouteille et donne la valeur de Au misérable affamé à côté de lui, l'économiste radical condamnerait un tel comportement comme étant nettement criminel et pernicieux", il ne mettrait guère, je pense, à appliquer avec la même confiance triomphante les conclusions de l'homme contre nature et de l'anti-chrétien, avec respect. à l'ouvrier comme à l'oisif ; et déclarent que tandis que les personnes extrêmement simples qui croient encore aux lois de la nature et à la miséricorde de Dieu voudraient que le buveur de porto renonce à son seau et en donne la valeur à la femme affamée et à l'enfant à côté de lui, "le Un économiste radical condamnerait un tel comportement comme étant clairement criminel et pernicieux. »

M. Greg a en effet le pouvoir de répondre qu'il est bon d'économiser pour le bien de sa femme et de ses enfants, mais pas pour celui des autres. Mais puisque, selon un autre représentant des principes de l'économie radicale, dans le *Cornhill Magazine* [120] , un ouvrier agricole bien conduit ne doit pas se marier avant l'âge de quarante-cinq ans, ses économies, le cas échéant, au début de sa vie, doivent être aussi offensants pour M. Greg du point de vue de leur humanité abstraite, que ceux du célibataire le plus riche de la ville.

139. Il y a une autre phrase courte dans cette même page, dont il est difficile d'exagérer la signification accidentelle.

"L'observateur superficiel", dit M. Greg, "se souvient d'un texte qu'il a entendu dans sa jeunesse, mais dont il n'a jamais considéré l'applicabilité précise : 'Celui qui a deux tuniques, qu'il le transmette à celui qui n'en a pas.'"

L'hypothèse selon laquelle aucun Anglais instruit n'a jamais entendu ce texte sauf dans sa jeunesse, et que ceux qui sont assez vieux pour se souvenir de l'avoir entendu « n'ont jamais réfléchi à son applicabilité précise », sont sûrement téméraires dans le traitement d'un sujet scientifique. Je peux assurer M. Greg que quelques fidèles aux cheveux gris du credo de la chrétienté lisent encore – quoique peut-être à voix basse – les mots que les premières associations leur ont rendus précieux ; et que dans le passé, lorsque ce Sermon sur la Montagne était encore écouté avec respect par de nombreuses personnes non analphabètes, sa signification était non seulement prise en compte, mais très délibérément mise en pratique. Même les lecteurs de la *Contemporary Review* auront peut-être un certain plaisir à s'éloigner du soleil de la science contemporaine, pendant quelques instants tranquilles, dans l'ombre de celle du passé, et à entendre dans les extraits suivants de deux lettres de Scott (la première décrivant le genre de vie de sa mère, dont il annonce la mort à un ami, le second, anticipant le verdict de l'avenir sur la gestion de son domaine par un noble écossais) quelles relations entre riches et pauvres étaient possibles, quand les philosophes n'avaient pas mais même zézayé dans les doux numéros de Radical Sociology.

---

140. « Elle était une économiste stricte, ce qui, selon elle, lui permettait d'être libérale ; sur son petit revenu d'environ 300 £ par an, elle en versait au moins un tiers à des œuvres caritatives bien choisies et, avec le reste, vivait comme une gentille femme, et même avec une hospitalité plus générale que ne semblait convenir à son âge ; pourtant je n'ai jamais pu la convaincre d'accepter aucune aide. Vous ne pouvez pas concevoir combien il m'a été touchant de voir les petits préparatifs de cadeaux qu'elle avait assortis pour le Nouvel An, car elle était une grande observatrice des vieilles modes de son époque - et dire que le bon cœur était froid qui se plaisait dans tous ces arts de la bienveillance.

141. "Le duc est un de ces hommes retirés et pleins d'esprit qui ne seront jamais connus jusqu'à ce que le monde se demande ce qu'il est advenu de l'immense chêne qui poussait au sommet de la colline et abritait une telle

étendue de terrain. Au cours de la fin dans la détresse, bien que ses immenses loyers soient restés en souffrance, et bien que je sache qu'il était à court d'argent, comme tous les hommes, mais plus particulièrement les propriétaires de domaines concernés, il s'est absenté de Londres pour payer, avec facilité, les ouvriers employés dans ses divers domaines, qui s'élevaient (car j'ai souvent vu le rôle et aidé à le vérifier) à neuf cent cinquante hommes, travaillant au salaire journalier, dont chacun, en moyenne modérée, pouvait entretenir trois personnes, puisque le les hommes célibataires ont des mères, des sœurs et des parents âgés ou très jeunes à protéger et à aider. En fait, il est merveilleux de voir combien même une petite somme, comparativement, peut contribuer à subvenir aux besoins du travailleur écossais, qui, dans son état naturel, est peut-être l'un des meilleurs. , le plus intelligent et le plus généreux des êtres humains ; et en vérité j'ai beaucoup limité mes autres habitudes de dépenses depuis que j'ai pris l'habitude d'employer mes honnêtes gens. J'aurais souhaité que vous ayez vu une centaine d'enfants, presque entièrement soutenus par le travail de leurs pères ou de leurs frères, descendre hier pour danser au son des cornemuses et obtenir un morceau de gâteau et de la bannique, et un sou chacun (ce qui n'est pas une générosité très mortelle).) en l'honneur de Hogmanay. Je vous déclare, mon cher ami, que lorsque je pensais que ces pauvres gens qui gardaient ces enfants si soignés, si bien instruits et si bien élevés, travaillaient toute la journée pour dix-huit deniers ou vingt deniers au maximum, j'avais honte de leur gratitude, et de leurs signes et arcs. Mais après tout, on fait ce qu'on peut, et il vaut mieux que vingt familles soient confortablement installées selon leurs désirs et leurs habitudes, que la moitié de ce nombre soit élevée au-dessus de leur situation.

---

142. Je dois en outre prier M. Greg d'observer, s'il a daigné jeter un coup d'œil à ces restes de pensée presque préhistoriques, que bien que le philosophe moderne n'ait jamais de raison de rougir de la gratitude d'aucun homme, et qu'il ait totalement abandonné l'idée romantique de rendant même une seule famille confortable selon ses souhaits et ses habitudes, l'alternative suggérée par Scott, selon laquelle la moitié « du nombre devrait être élevé au-dessus de leur situation » peut devenir très gênante si les doctrines de l'égalité moderne et de la concurrence devaient rendre le l'autre moitié désireuse d'une promotion parallèle.

143. Il y a à peine seize ans que la philosophie actuelle des dépenses de M. Greg a été exprimée avec une grande précision par les Conseillers Communs

de New York, dans leur rapport sur la crise commerciale de 1857, dans les termes suivants : - [121]

"Une autre idée erronée est qu'une vie luxueuse, des vêtements extravagants, des tenues splendides et de belles maisons sont la cause du malheur d'une nation. Il ne peut plus y avoir d'impression erronée. Toute extravagance à laquelle se livre l'homme de 100 000 ou 1 000 000 de dollars, ajoute-t-il. aux moyens, au soutien, à la richesse de dix ou cent qui n'avaient guère ou rien d'autre que leur travail, leur intelligence ou leur goût. Si un homme de 1 000 000 de dollars dépense le principal et les intérêts en dix ans, et se retrouve mendié à à la fin de ce temps, il a en fait enrichi une centaine de personnes qui ont répondu à ses extravagances, employeurs ou employés, par le partage de sa richesse. Il peut être ruiné, mais la nation est mieux lotie et plus riche, pour cent les esprits et les mains, avec 10 000 dollars chacun, sont bien plus productifs qu'un seul avec le tout. »

Or, c'est précisément l'opinion qu'un grand nombre d'économistes radicaux en Angleterre et en Amérique partagent également sur la question ; seulement ils sentent que le temps, si court soit-il, que prend le riche gentleman pour partager ses biens entre eux à sa manière, est pratiquement perdu ; et pire encore, parce que les méthodes que le gentleman lui-même est susceptible d'adopter pour diminuer sa fortune ne seront, selon toute probabilité, pas propices à l'élévation de son caractère. Il semble donc, pour des raisons morales aussi bien qu'économiques, souhaitable que la division et la distribution soient immédiatement effectuées sommairement ; et le seul point encore ouvert à discussion dans l'opinion des conseillers communs est de savoir dans quelle mesure ils jugeraient opportun de procéder à la subdivision ultérieure.

144. Je ne suppose cependant pas que ce soit la conclusion que M. Greg souhaite que le grand public antichrétien adopte ; et dans ce cas, comme je le vois par son article dans le dernier numéro du *Contemporain* , [122] qu'il considère la vie chrétienne elle-même pratiquement impossible, puis-je recommander son examen des mœurs des préchrétiens ? Car je peux lui certifier que ce sujet important, dont il n'a lui-même étudié qu'imparfaitement un côté, avait été étudié à fond de tous côtés, au moins sept cents ans avant Jésus-Christ ; et depuis ce jour jusqu'à aujourd'hui, tous les hommes d'esprit, de sens et de sentiment ont eu exactement les mêmes vues sur les sujets d'économie et de charité, dans toutes les nations sous le soleil. Peu importe que M. Greg choisisse l'expérience de la Béotie, de la Lombardie ou du Yorkshire, ni qu'il étudie les relations de travail aujourd'hui ou sous Hésiode, Virgile ou Sydney Smith. Mais il est souhaitable qu'il prenne au moins connaissance des opinions de certaines de ces personnes, ainsi que de celles des conseillers communs de New York ; car bien qu'on puisse pardonner à

un homme d'une sagacité supérieure de penser, avec les amis de Job, que la Sagesse mourra avec lui, ce ne peut être que par négligence des opportunités existantes de la culture générale qu'il reste nettement sous l'impression qu'elle est née. avec lui.

145. Il serait peut-être bon, en conclusion, d'exposer brièvement les causes et les termes de la crise économique actuelle, qui a fait l'objet du débat entre M. Goldwin Smith et M. Greg.

Aucun homme n'est jamais devenu, ni ne peut devenir, largement riche simplement par le travail et l'économie. [123] Toutes les grandes fortunes (sans compter les trésors et les jeux de hasard) sont fondées soit sur l'occupation des terres, soit sur l'usure, soit sur l'imposition du travail. Que ce soit ouvertement ou occultement, le propriétaire foncier, le prêteur d'argent et l'employeur capitaliste mettent en leur possession une certaine quantité de moyens d'existence que d'autres produisent par le travail de leurs mains. L'effet de cet impôt sur la condition de vie du locataire, de l'emprunteur et de l'ouvrier est le premier point à étudier, c'est-à-dire les résultats de la manière dont le capitaine Roland remplit sa bourse.

Deuxièmement, il faut étudier les effets de la manière dont le capitaine Roland vide sa bourse. Le propriétaire foncier, l'usurier ou le maître d'ouvrage ne consomme pas et ne peut pas consommer lui-même tous les moyens de subsistance qu'il rassemble. Il les donne à d'autres personnes qu'il emploie pour son propre compte : vignerons, jockeys, valets de pied, bijoutiers, maçons, peintres, musiciens, etc. La division du travail de ces personnes de la production de nourriture à la production d'articles de luxe est très fréquemment, et aujourd'hui, très gravement la cause de la famine. Mais lorsque les objets de luxe sont produits, la question de savoir qui les possédera et de savoir si le propriétaire foncier et le capitaliste doivent monopoliser entièrement la musique, la peinture, l'architecture, le service manuel, le service des chevaux et l'architecture devient une tout autre question. champagne pétillant du monde.

146. Et il devient progressivement, ces jours-ci, devenu évident pour les locataires, les emprunteurs et les ouvriers, qu'au lieu de verser ces grosses sommes entre les mains des propriétaires, des prêteurs et des employeurs, pour qu'ils achètent de la musique, des peintures, etc. ., avec, les locataires, les emprunteurs et les ouvriers feraient mieux de s'acheter un peu de musique et de peinture. Que, par exemple, au lieu que l'employeur capitaliste paie trois cents livres pour un portrait en pied de lui-même, dans l'attitude d'investir son capital, les ouvriers unis feraient mieux de remettre eux-mêmes les trois cents livres entre les mains de l'ingénieux artiste. , pour une peinture à la manière surannée de Léonard ou de Raphaël, d'un sujet qui les intéresse plus

religieusement ou historiquement ; et placé là où ils peuvent toujours le voir. Et encore, au lieu de payer trois cents livres au propriétaire obligeant pour qu'il achète une loge à l'opéra, où il pourra étudier les raffinements de la musique et de la danse, les locataires commencent à penser qu'ils pourraient aussi bien garder leur loyer pour eux. , et ainsi payer un Willie errant pour jouer du violon à leur propre porte, ou demander à un ménestrel aux cheveux gris

"Accordez, pour plaire à l'oreille d'un paysan,
La harpe qu'un roi aimait entendre."

Et de même, les habitants des cabanes des champs et des mansardes de la ville commencent à penser qu'au lieu de payer une demi-couronne pour le prêt d'une demi-cheminée, ils feraient mieux de garder leur demi-couronne dans leurs poches jusqu'à ce qu'ils puissent le faire. s'en acheter un tout entier.

147. Telles sont les opinions qui gagnent du terrain parmi les pauvres ; et il est tout à fait vain de vouloir les réprimer par des équivoques. Ils sont fondés sur des lois éternelles ; et bien que leur reconnaissance soit longtemps refusée, et leur promulgation, malgré la résistance qu'elle sera, en partie par la force, en partie par le mensonge, ne pourra se faire que par une confusion et une misère incalculables, elles doivent finalement être reconnues ; et avec ces trois résultats ultimes : que le métier d'usurier sera complètement aboli, que l'employeur sera payé justement pour sa surveillance du travail, mais non pour son capital, et que le propriétaire foncier paiera pour sa surveillance de la culture de la terre, quand il sera capable de le diriger avec sagesse : que lui et l'employeur du travail mécanique seront reconnus comme des maîtres bien-aimés, s'ils méritent l'amour, et comme de nobles guides lorsqu'ils sont capables de donner une direction discrète ; mais il ne sera plus permis à aucun des deux de s'établir comme des conduits insensés par lesquels la force et les richesses de leur pays natal doivent être déversées dans la coupe de fornication de sa capitale.

NOTES DE BAS DE PAGE :

[111] *Revue contemporaine* , mai 1873.

[112] Il s'agissait, premièrement, de « Bias of Patriotism » de M. Herbert Spencer, qui constitue le neuvième chapitre de son « Study of Sociology », publiée pour la première fois dans la *Contemporary Review* ; et, deuxièmement, « Qu'est-ce que le luxe coupable ? » de MWR Greg. Voir ci-dessous, p. 303, § 135. —ÉD .

[113] Je prends dûment note que M. Spencer entend en partie par sa phrase adverbiale que le patriotisme est un égoïsme individuel, attendant son propre bénéfice central à travers le bénéfice circonférentiel de la Nation, comme à travers un entonnoir : mais, tout au long, M. Spencer confond ce sentiment, qu'il appelle « égoïsme réflexe », avec l'action de la « conscience d'entreprise ».

[114] Voir les lettres sur « Comment les riches dépensent leur argent » (réimprimées du *Pall Mall*) dans « Arrows of the Chace », vol. ii., où l'origine de la discussion est expliquée. — ED .

[115] J'utilise l'anglais actuel de la traduction de Mme Lennox, mais le véritable dicton d'Henry était (voir la première édition à feuille verte de Sully) : « Il est écrit au-dessus de ce qui doit m'arriver à chaque occasion. » « Toute occasion » devient « cette occasion » dans les éditions suivantes, et enfin « ce que doit être fait de moi » devient « ce que je devrais faire » en anglais.

[116] Cahors. Voir les « Mémoires du duc de Sully », livre 1. (Bohn's 1856 Edition, vol. i., pp. 118-9.) — ED .

[117] Où la violence et la brutalité sont punies. Voir « L'Enfer » de Dante, Canto XII . — ED .

[118] Voir la *Contemporary Review* , aux pp. 618 et 624.— ED .

[119] À savoir : — Que si la dépense d'un revenu de 30 000 £ par an en produits de luxe est destinée à voler les pauvres, de même pro *tanto* est la dépense d'une part d'un revenu de 300 £ dépensée pour tout ce qui dépasse « le les nécessités les plus simples de la vie. "- ED .

[120] Faisant référence à deux articles anonymes sur « The Agricultural Labourer », dans le *Cornhill Magazine* , vol. 27, janvier et juin 1873, pp. 215 et 307.— ED .

[121] Voir le Times du 23 novembre de la même année.

[122] « Une vie chrétienne est-elle réalisable de nos jours ? » – ED .

[123] Voir *Munera Pulveris* , § 139 : « Aucun homme ne peut devenir largement riche par sa volonté personnelle... Ce n'est que par la découverte d'une méthode de taxation du travail des autres qu'il peut devenir opulent. Et voir aussi *Time and Tide* , § 81. — ED .

USURE. [124]

UNE RÉPONSE ET UNE RÉPLIQUE.

148. J'ai été honoré par la réception d'une lettre de l'évêque de Manchester, que, avec la permission de Sa Seigneurie, j'ai demandé au rédacteur en chef de la *Contemporary Review* de la placer devant le grand cercle de ses lecteurs, accompagnée d'une brève déclaration de les circonstances dans lesquelles la lettre a été demandée, et la réponse imparfaite qu'il est en mon pouvoir de rendre sans délai.

J.Ruskin . _

MANCHESTER , 8 *décembre* 1879.

CHER MONSIEUR , — Dans une lettre de vous-même au révérend FA Malleson, [125] publiée dans la *Contemporary Review* du mois en cours, j'observe le passage suivant : — « Je n'ai jamais encore entendu autant *un* (prédicateur) chaleureusement proclamant contre tous ces « trompeurs aux paroles vaines », qu'aucun « avare, c'est-à-dire idolâtre, n'a *d'* héritage dans le royaume du Christ et de Dieu » ; et sur moi-même, défiant personnellement et publiquement les évêques d'Angleterre en général, et nommément l'évêque de Manchester, de dire si l'usure était ou non selon la volonté de Dieu, je n'ai reçu de réponse d'aucun d'entre eux. J'avoue, pour ma part, que jusqu'à ce que je voie ce passage imprimé il y a quelques jours, j'ignorais l'existence d'un tel défi et je ne pouvais donc pas y répondre. Il semble avoir été livré (A) au n° 82 d'une série de lettres que, sous le titre de *Fors Clavigera* , vous adressez depuis quelque temps aux classes ouvrières d'Angleterre, mais qui, à cause du mode particulier de leur publication, ne sont pas facilement accessibles au grand public et que je n'ai qu'entrevu, sur la table de la bibliothèque de l'Athenæum Club, dans les rares occasions où je peux user de mes privilèges de membre de cette Société. Je ne sais pas pourquoi j'ai eu l'honneur d'être spécialement mentionné par mon nom (B) ; mais je vous assure que mon silence ne vient pas d'un manque de courtoisie à l'égard de mon challenger, ni de cette discrétion qui, selon certains, est habituellement la meilleure partie de la valeur épiscopale, et qui consiste à ignorer les questions gênantes par sentiment de incapacité d'y répondre; mais simplement du fait que je n'avais pas conscience que ta lance avait touché mon bouclier.

149. La question que vous posez n'est qu'une de celles auxquelles s'applique la sage prudence d'Aristote : « Nous devons distinguer et définir de tels mots, si nous voulons savoir dans quelle mesure et dans quel sens les vues opposées sont vraies » (Eth. *Nic* . , ix, c. viii. § 3). Qu'entendez-vous par « usure » ? (C)

Comprenez-vous ici *tout* paiement d'argent comme intérêt pour l'utilisation du capital emprunté ? ou seulement des intérêts exorbitants, inéquitables et exorbitants, comme ceux extorqués par le prêteur d'argent Fufidius ?

Quinas hic capiti mercedes exsecat, atque
Quanto perditior quisque est, tanto acrius urget:Nomina sectatur modo sumta veste viriliSub patribus duris tironum. Maxime, quis non,Jupiter, exclamat, simul atque audivit ?

—Hor . *Assis*. je. 2, 14-18.

L'usure, en soi, est un mot purement neutre, n'entraînant, dans son sens premier, ni louange ni blâme ; et un « usurier » est défini dans nos dictionnaires comme « une personne habituée à prêter de l'argent et à en percevoir des intérêts », ce qui est la fonction ordinaire d'un banquier, sans l'aide duquel de grandes entreprises commerciales ne pourraient être réalisées ; bien qu'il soit évident avec quelle facilité le mot peut se transformer en un terme de reproche, de sorte qu'avoir été « traité d'usurier » était l'un des souvenirs amers qui ont le plus irrité dans la liste de ses torts par Shylock.

150. Je ne crois pas que quoi que ce soit ait fait plus de mal à l'efficacité pratique des sanctions religieuses que les tentatives extravagantes qui sont fréquemment faites pour les imposer dans des cas qu'elles n'avaient jamais envisagés à l'origine, ou pour interpréter des « ordonnances », de toute évidence « imposées pour un temps" - δικαι ώ ματα μ έ χρι καιρου (Héb. ix. 10) - une loi d'obligation éternelle et immuable. De même qu'on nous dit (D) de ne pas nous attendre à trouver dans la Bible un schéma de science physique, de même je ne m'attends pas à y trouver un schéma d'économie politique. Ce que j'attends de retrouver, par rapport à mon devoir envers mon prochain, ce sont ces principes inaltérables d'équité, de justice, de véracité, d'honnêteté (E), qui sont les bases indispensables de la société civile. Je suis sûr que je n'ai pas besoin de vous rappeler que, bien que sa loi interdisait à un Juif de prendre de l'usure , *c'est-à-dire* des intérêts pour le prêt d'argent, de son frère, s'il était devenu pauvre et tombait dans la décadence avec lui, et cette disposition généreuse était étendue même aux étrangers et aux résidents du pays (Lév. XXV. 35-38), et l'histoire intéressante de Néhémie (v. 1-13) nous raconte comment ce principe fut reconnu dans les derniers jours du monde. la république — encore dans cette ancienne loi il n'y a pas de dénonciation de l'usure en général, et elle était expressément permise dans le cas des étrangers ordinaires [126] (Deut. XXIII, 20).

Il me semble clair également que le précepte de notre Bienheureux Seigneur selon lequel « prêter sans plus rien espérer » (Luc VI, 35) a en vue la même classe de circonstances, ou une classe similaire, et était destiné simplement à régir la vie d'un chrétien. conduite envers les pauvres et les nécessiteux, et « ceux qui n'ont pas d'aide », et ne peut, sans une violente torsion (F), être interprétée comme une loi générale déterminant pour toujours et dans tous les cas l'usage légitime du capital. En effet, à une autre occasion, et dans une parabole très mémorable, le grand fondateur du christianisme reconnaît et sanctionne implicitement la pratique du prêt d'argent à intérêt. « Tu aurais dû, dit le maître en s'adressant à son inutile serviteur, tu aurais dû, εδει σε, remettre mon argent aux changeurs ; et alors, à mon arrivée, j'aurais reçu le mien avec *usure* .

151. « Saint Paul dénonce sans doute les avares. » (G) Mais qui est le πλεον έ κτης ? Ce n'est pas l'homme qui peut avoir de l'argent prêté à un taux d'intérêt équitable ; mais, comme Liddell et Scott donnent le sens du mot, « celui qui possède ou réclame *plus que sa part* ; donc avide, cupide, égoïste ». De tels hommes, dont les affections sont entièrement tournées vers les choses de la terre, et qui ne sont pas très scrupuleux dans la façon dont ils les satisfont, on ne peut peut-être pas dire indûment (H) qu'ils « n'ont pas d'héritage dans le royaume de Christ et de Dieu." Mais ici encore, ce serait une « déformation » manifeste des mots que de les appliquer à un cas auquel nous n'avons aucune preuve que l'Apôtre avait en contemplation lorsqu'il les prononça. La rapacité, l'avidité du gain, les comportements durs et oppressifs, le fait de tirer un avantage injuste de notre propre connaissance supérieure et de l'ignorance d'autrui, de fermer les entrailles de la compassion envers un frère dont nous voyons qu'il a besoin - toutes ces choses et autres choses semblables sont interdites par l'esprit même. du christianisme, et ne sont manifestement « *pas* conformes à la volonté de Dieu », car ils sont tous des formes d'injustice ou de mal. Mais l'argent peut être prêté à intérêt sans qu'une de ces mauvaises passions entre en jeu, et dans ces cas j'avoue mon incapacité à voir où, soit en termes, soit en esprit, un tel usage de l'argent est condamné soit par le code chrétien de la charité, ou par cette loi naturelle de la conscience qui, nous dit-on (I), est inscrite dans le cœur des hommes.

152. Permettez-moi de prendre deux ou trois exemples simples à titre d'illustration. Ce qui suit m'est arrivé. Toute ma vie, depuis l'époque où mes revenus ne représentaient pas le dixième de ce qu'ils sont aujourd'hui, j'ai senti comme un devoir, tout en m'efforçant de satisfaire à toutes mes créances légitimes, de vivre dans les limites de ce revenu, et donc d'y ajuster mes dépenses. qu'il devrait y avoir une marge sur le côté droit. Cette marge, bien sûr, s'est accumulée et a atteint avec le temps, disons, 1 000 £. À ce moment-là, par exemple, la London and North-Western Railway Company proposait d'émettre des actions obligataires, portant une valeur de quatre pour cent. intérêt, dans le but d'étendre les communications et d'augmenter ainsi la richesse du pays. Qui diable vais-je blesser – quel mal imaginable est-ce que je fais – où et comment est-ce que je contrecarre « la volonté de Dieu

» – si je laisse à la Compagnie mes 1 000 £ et que je reçois d'elle 40 £ par an pour la l'utilise-t-on depuis ? A moins que l'argent ne soit venu de quelque part, un travail absolument nécessaire à la prospérité de la nation et qui trouve un emploi rémunérateur (K) pour un nombre immense d'Anglais, leur permettant d'élever leur famille dans la respectabilité et la dignité. confort, n'aurait jamais été réalisé. Me direz-vous que cette méthode de réalisation des grandes entreprises commerciales, sanctionnée par l'expérience (L) comme la plus, sinon la seule, praticable, n'est « pas conforme à la Volonté de Dieu » ?

153. Prenons un autre exemple. Dans le Lancashire, un grand nombre de filatures de coton ont été construites selon le principe des sociétés par actions à responsabilité limitée. La chose a probablement été poussée trop loin et, à une époque, il y avait beaucoup de spéculations malsaines sur les sociétés flottantes. Mais là n'est pas la question dont nous sommes saisis ; et les entreprises donnaient aux ouvriers l'occasion de placer leurs économies, ce qui était un grand stimulant pour l'épargne et, jusqu'à présent, un avantage pour le pays. Dans une usine dont la construction et l'équipement en machines coûteraient peut-être 50 000 £, le capital souscrit, qui aurait droit au partage des bénéfices une fois que toutes les autres demandes auraient été satisfaites, ne s'élèverait probablement pas à plus de 20 000 £. Le reste serait emprunté à des taux d'intérêt variant selon les conditions du marché. Vous ne prétendriez sûrement pas que ceux qui prêtaient leur argent dans un tel but et se contentaient de 5 ou 6 pour cent pour l'utiliser, permettant ainsi, dans les périodes de prospérité, aux actionnaires de réaliser 20 ou 25 pour cent sur leur capital souscrit, faisaient du tort soit aux actionnaires, soit à qui que ce soit d'autre, ou pouvaient, d'une manière ou d'une autre, être accusés d'avoir agi « non conforme à la volonté de Dieu » ?

154. Prenons encore un cas. Un agriculteur demande à son propriétaire de drainer ses terres. "Avec plaisir", dit son écuyer, "si vous me payez cinq pour cent de la dépense." En d'autres termes, « si vous me permettez de partager les bénéfices accrus dans cette mesure ». Le marché est acceptable pour les deux parties ; la productivité de la terre est largement augmentée ; à qui est lésé ? Assurément, une telle transaction ne peut pas être décrite à juste titre comme « non conforme à la volonté de Dieu » ; sûrement, à moins que le commerce et les industries productives du pays ne soient détruits et, avec cette destruction, que sa population ne soit réduite à ce qu'elle était du temps d'Elizabeth, ces transactions et d'autres similaires - qui peuvent être entièrement tenues à l'écart le péché de convoitise, et reposent sur la base bien comprise de l'avantage mutuel, chacun et tous y gagnant – sont non seulement légitimes, mais inévitables (M). Et maintenant que j'ai relevé votre défi et que, dans la mesure de mes capacités, j'y ai répondu, puis-je, sans m'attarder à chercher dans quelle mesure votre accusation contre le clergé

peut être justifiée, selon laquelle ils « patronnent et encouragent généralement toute l'iniquité ». du monde en prêchant constamment ses sanctions » (N), permettez-vous au moins de vous opposer à votre dénonciation globale des grandes villes de la terre, qui, selon vous, « sont devenues des centres répugnants de fornication et de convoitise, la fumée de leur péché montant à la face du ciel, comme la fournaise de Sodome, et sa pollution pourrissant et faisant rage à travers les os et les âmes des paysans qui les entourent, comme s'ils étaient chacun un volcan dont les cendres éclatent en flammes . sur l'homme et la bête. [127] Sûrement, Monsieur, votre juste indignation face au mal vous a amené à surcharger votre langage. Personne ne peut avoir vécu dans une grande ville, comme moi depuis dix ans, sans avoir conscience de ses péchés et de ses pollutions. Mais à moins que vous ne parveniez à empêcher le regroupement des êtres humains dans les grandes villes, ce sont des maux qui doivent nécessairement exister ; en tout cas, qui ont toujours existé. Les grandes villes d'aujourd'hui ne sont pas pires que les grandes villes ne l'ont toujours été (O). Sur un point capital, je crois qu'ils sont meilleurs. De plus en plus de citoyens sont conscients de ces maux et font de leur mieux, avec l'aide de Dieu, pour y remédier. À Sodome, il n'y avait qu'un seul homme juste qui « tourmentait son âme » à cause des actes illégaux dont il était témoin jour après jour, de tous côtés ; et apparemment, il n'a fait que contrarier son âme. À Manchester, les hommes et les femmes, de tous rangs et de toutes convictions, qui s'engagent activement dans une œuvre chrétienne ou philanthropique pour lutter contre ces gigantesques maux, se comptent par centaines. Nulle part je n'ai vu d'exemples plus frappants d'effort chrétien et de dévouement sans réserve aux intérêts les plus élevés de l'humanité. Et même si, sans aucun doute, si ces efforts étaient mieux organisés, on pourrait faire davantage, et des éléments, dont on pourrait souhaiter l'absence, se mêlent parfois et gâchent l'œuvre, mais une grande ville, même « avec la fumée de son péché qui monte » face au Ciel », est le domaine le plus noble des vertus les plus nobles, parce qu'il donne le champ le plus large à l'exercice le plus varié d'entre elles.

Si vous nous apprenez, nous, membres du clergé, comment mieux remplir notre fonction de ministres d'un Royaume de vérité et de justice, nous vous aurons tous une profonde dette de gratitude ; ce que personne ne sera plus prompt à reconnaître que, mon cher Monsieur, le vôtre fidèlement et avec beaucoup de respect,

J.MANCHESTER .

JOHN RUSKIN , esq.

155. La lettre précédente, à laquelle j'aurais volontiers accordé toute mon attention, ne m'est parvenue entre les mains, comme le montre sa date, qu'à

la fin de l'année, alors que ma correspondance générale dépasse toujours de loin mes pouvoirs de traitement. avec cela, et mes forces - telles qu'il me reste maintenant - avaient été dépensées, presque jusqu'à leur plus bas niveau, dans des affaires totalement inattendues résultant des méfaits menacés à Venise. Mais je suis heureux que la réponse fragmentaire qui m'a été possible sous cette pression clôt le débat en ce qui me concerne. La question en cause n'est pas une question d'interprétation privée ; et les intérêts en jeu sont trop vastes pour permettre que sa décision soit longtemps retardée.

L'évêque, j'espère, ne considérera pas comme un manque de respect le mode de réponse sous forme de notes attachées à des passages spéciaux, indiqués par des lettres insérées, qui a été adopté à *Fors Clavigera* dans tous les cas de correspondance importante, comme définissant plus clairement les différents points. en débat.

156. (A) « Le défi semble avoir été relevé. » Puis-je respectueusement exprimer mon regret que Votre Seigneurie n'ait pas lu la lettre à laquelle vous m'avez fait l'honneur de répondre. Le nombre de *Fors* mentionné ne répond pas - il ne fait que réitérer - le défi lancé dans les *Fors* du 1er janvier 1875, en référence à la prière "Ayez pitié de tous les Juifs, Turcs, infidèles et hérétiques, et ramenez-les donc chez eux". , Seigneur béni, à ton troupeau, afin qu'il soit sauvé parmi le reste des vrais Israélites », en ces termes : « Qui *sont* les vrais Israélites, mon Seigneur de Manchester, lors de votre échange ? d'autres personnes ? – ont-ils des relations sournoises avec les faux Israélites susceptibles d'être damnés – les Rothschild et autres ? ou sont-ils dûment soucieux des âmes de ces vagabonds ? et à quelle fréquence, en moyenne, votre clergé de Manchester prêche-t-il depuis la délicieuse parabole, la plus savoureuse de toutes les Écritures, jusqu'aux coquins (au moins depuis le XIe siècle, quand je trouve qu'elle a été spécialement intitulée avec un titre en or dans mon meilleur manuscrit grec) du pharisien et du publicain, - et combien de fois, sur la moyenne, de ces premier et quinzième Psaumes répréhensibles ? »

(B) "Je n'ai aucune idée de la raison pour laquelle j'ai eu l'honneur d'être spécialement mentionné par mon nom." Par diocèse, mon Seigneur ; pas de nom, veuillez observer ; et pour cette raison très simple : que j'ai déjà une connaissance assez précise de la divinité des anciennes écoles de Cantorbéry, d'York et d'Oxford ; mais je considérais Votre Seigneurie comme le représentant faisant autorité de la divinité la plus avancée de l'école de Manchester, avec laquelle je ne suis pas encore familier.

157. (C) « Qu'entendez-vous par usure ? Ce que *je* veux dire par ce mot, mon Seigneur, n'a sûrement aucune conséquence pour qui que ce soit, sauf pour mes quelques lecteurs et mes quelques disciples. Ce que David et son Fils

voulaient dire par là, j'ai prié Votre Seigneurie de le dire à votre troupeau, au nom de l'Église qui leur dicte quotidiennement les chants de l'un et prétend leur interpréter les commandements de l'autre.

Et bien que je puisse facilement concevoir qu'un évêque de la cour du Troisième Richard ait pu s'arrêter en réponse à la question d'un profane trop curieuse sur ce que l'on entendait par « meurtre » ; et peut aussi concevoir un évêque à la cour du Second Charles hésitant quant à la signification du mot « adultère » ; et plus loin, dans le climat actuel de la Constitution britannique, un ancien de l'Église de Glasgow débattait en lui-même pour savoir si le commandement qui interdisait sévèrement le vol ne pourrait pas être légèrement permissif de détournement ; — à aucun moment, ni sous aucune condition, ne peut Je conçois qu'il existe une question sur le sens des mots τοκος, *fœnus* ; *usura* , ou usure : et j'espère que Votre Seigneurie m'absoudra immédiatement de vouloir attacher au mot une autre signification que celle qu'il était pleinement destiné à transmettre à chaque occasion de son utilisation par Moïse, par David, par Christ, et par les Docteurs de l'Église chrétienne, jusqu'au XVIIe siècle.

Même depuis cette date, bien que l'expression commerciale « intérêt » ait été adoptée pour distinguer un taux d'usure ouvert et non oppressif d'un taux d'usure subreptice et tyrannique, le débat sur la licéité ou l'illégalité n'a jamais tourné sérieusement vers cette distinction. Elle n'est ni justifiée par ses défenseurs uniquement dans sa douceur, ni condamnée par ses accusateurs uniquement dans sa sévérité. Les docteurs de l'Église primitive affirment que l'usure, à quelque degré que ce soit, est un péché, tout comme le vol et l'adultère sont considérés comme un péché, bien que ni l'un ni l'autre n'aient pu être accompagnés de violence ; et bien que le vol ait pu être de la plus grande ampleur et la fornication du raffinement le plus courtois.

De même, de nos jours, bien que la voix de la Banque d'Angleterre au Parlement déclare qu'un prêt sans intérêt est un monstre, [128] et qu'un prêt accordé en dessous du taux d'intérêt actuel, un monstre dans son degré, l'augmentation du taux d'intérêt est un monstre. Les dividendes supérieurs à ce taux actuel ne sont pas, à ma connaissance, boudés par les actionnaires avec une horreur tout aussi religieuse.

158. Mais – cette étrange question étant posée – je donne sa réponse simple et large dans les paroles du Christ : « La reprise de ce que tu n'as pas déposé » ; – ou, en termes expliqués et littéraux, l'usure est toute somme d'argent payée, ou autre avantage accordé, pour le prêt de tout ce qui est restitué à son propriétaire intact et intact. Par exemple, l'autre jour, en emmenant un chauffeur de taxi faire un long trajet, je lui ai prêté un shilling pour préparer

son dîner. Si j'avais gardé treize pence sur son billet, quelques centimes auraient été de l'usure.

Ou encore. J'ai prêté, il y a quelques années, onze cents livres à un de mes domestiques, pour construire une maison et en entretenir le terrain. Après quelques années, il m'a remboursé les onze cents livres. Si j'avais pris onze cents livres et un sou, le centime supplémentaire aurait été de l'usure.

Je ne sais pas si par l'expression, utilisée peu à peu par Votre Seigneurie, « sanctions religieuses », je dois comprendre la Loi de Dieu que David aimait et que Christ accomplissait, ou si la splendeur, la prospérité commerciale et la connaissance familière avec tous les secrets de la science et les trésors de l'art, que nous admirons dans la ville de Manchester, doivent, selon Votre Seigneurie, être considérés comme des « cas » que l'intelligence du Divin Législateur n'aurait pas pu envisager à l'origine. Sans vouloir dissimuler l'étroitesse de l'horizon saisi par le regard du Seigneur depuis le Sinaï, ni l'inconvénient des commandements que le Christ a ordonné à ceux qui l'aiment de garder, suis-je trop gênant ou trop exigeant pour demander à l'un de ceux à qui le Saint-Esprit a fait de nos surveillants au moins une carte distincte du Vieux Monde tel que contemplé par le Tout-Puissant ; et une définition claire de la teneur même inappropriée des ordres du Christ : ne serait-ce que pour que l'homme d'Église scientifique moderne puisse triompher avec plus de sécurité dans la circonférence de sa vision céleste et accepter avec plus de reconnaissance la glorieuse liberté des enfants de Dieu libres-penseurs ?

159. Pour prendre un exemple précis et non impertinent, j'observe dans la suite de votre lettre que Votre Seigneurie reconnaît dans le Christ lui-même, comme sans doute toutes les autres perfections humaines, ainsi aussi la perfection d'un usurier ; et que, s'attendant avec confiance à entendre un jour de ses lèvres la sentence convaincante : « Vous saviez que j'étais un homme austère », Votre Seigneurie se prépare, par la disposition de votre capital non moins que de vos talents, une meilleure réponse que le stérile, "Voici, tu as là ce qui est à toi!" Je ferai seulement observer en réponse que, bien que la conception du Bon Pasteur, qui dans le langage de Votre Seigneurie est « implicite » dans cette parabole, puisse en effet être moins celle de celui qui donne sa vie pour ses brebis, que celle de celui qui prend En investissant son argent pour eux, les passages de l'instruction de notre Maître, dont le sens n'est pas implicite, mais explicite, sont peut-être ceux que ses disciples les plus simples seront plus en sécurité à suivre. Je trouve, au début de son enseignement, ceci, presque pour ainsi dire, dans les mots d'une seule syllabe : « Donne à celui qui te le demande, et ne te détourne pas de celui qui veut emprunter de toi. »

Il n'y a rien de plus « implicite » dans cette phrase que la probable disposition à se détourner, qui pourrait être la première impulsion dans l'esprit d'un chrétien invité à prêter pour rien, à la différence du disciple de l'école de Manchester, dont le principal souci est plutôt pour trouver, que pour éviter, l'enthousiaste et entreprenant « celui qui t'emprunterait ». Nous, de tradition plus ancienne, mon Seigneur, pensons que la prudence, tout autant que la charité, interdit la provocation ou la tentation d'autrui dans l'état de dette, ce à quoi nous pourrions être appelés à un moment ou à un autre, non seulement pour permettre le paiement de sans l'usure, mais même tout à fait pardonner.

160. (D) "Tout comme on nous le dit." Où, mon Seigneur, et par qui ? Il est possible que certains des intrigants de la science physique, dont j'ai entendu, il y a quelques jours seulement, l'un des médecins les plus éminents expliquer à un auditoire satisfait que les serpents avaient autrefois des jambes et qu'ils les avaient laissées tomber au cours de leur développement, il se peut qu'il ait conseillé au disciple moderne du progrès un nouveau sens dans la simple phrase : « tu iras sur ton ventre » ; et que la sagesse du serpent peut désormais consister, pour les vrais croyants à l'Évangile scientifique, à fournir des viandes à cet organe spirituel du mouvement. Il est sans doute aussi vrai que nous chercherons en vain parmi les paroles de Salomon une quelconque expression des opinions de M. John Stuart Mill ; mais au moins cette partie de la science naturelle, suffisante pour nos plus grands besoins, nous pouvons trouver dans les Écritures : que c'est par la Parole du Seigneur que les cieux ont été faits, et toute leur armée par le souffle de sa bouche ; une grande partie de la politique, que la bénédiction du Seigneur, *rend* riche - et il n'y ajoute aucune tristesse.

(E) "Ce que j'espère trouver." Votre Seigneurie *n'a-t-elle pas* d'attentes plus élevées que celles-ci, suite à un examen plus rigoureux de l'Évangile ? Comme par exemple, d'une ordonnance d'Amour, construite sur le fondement de l'Honnêteté ?

161. (F) "Impossible sans une violente torsion." Je n'ai jamais moi-même trouvé quelqu'un sincèrement désireux d'obéir à la Parole du Seigneur, qui ait eu le moindre désir ou occasion de la déformer ; bien plus, même ceux qui l'étudient uniquement pour découvrir des méthodes de désobéissance pardonnables, reconnaissent le fil implacable de son épée et, dans les pires circonstances de leur besoin, s'efforcent non pas de l'éviter, mais de l'éviter. Le caractère le plus trompeur de l'injustice ne peut pas se tromper dans une interprétation erronée satisfaisante ; elle se réduit toujours à une omission tremblante des textes auxquels elle est résolue à désobéir. Mais il y a peu de temps, j'ai entendu un ecclésiastique tout à fait bien intentionné, surpris au cours d'un culte familial chez un riche ami, et se trouvant dans la pénible

nécessité de lire le quinzième Psaume, omettre la première phrase de le verset final. J'ai par la suite eu l'occasion de lui demander pourquoi il avait fait cela, et j'ai reçu pour réponse que l'humilité de la réussite chrétienne n'était pas encore « à la hauteur » de ce verset. Les harmonies de l'iniquité sont ainsi curieusement parfaites : — les économies de nourriture spirituelle approuvent les mêmes méthodes d'adultération qui se trouvent profitables dans le charnel ; jusqu'à ce que le pasteur prudent suive l'exemple du laitier bien instruit ; et il donne à ses nouveau-nés le lait *sincère* de la Parole, afin qu'ils ne grandissent *pas* ainsi.

162. (G) « Saint Paul dénonce sans aucun doute les avares. » Dois-je comprendre que Votre Seigneurie considère cette dénonciation indéniable comme un point de vue original et particulier adopté par le moindre des Apôtres – peut-être, dans cette opinion particulière, n'est-il pas digne d'être appelé Apôtre ? Les traditions de mes débuts me renvoyaient à une source antérieure de cette idée ; ce qui ne semble cependant pas être venu à l'esprit de Votre Seigneurie - sinon la référence à l'autorité de Liddell et Scott, pour la signification du nom πλεον ἑ κτης , aurait dû être faite également pour celle du verbe επιθυμ ἑ ω . Et la franchise de Votre Seigneurie, en me référant aux exemples de votre propre pratique dans la disposition de vos revenus, doit plaider mon excuse pour ce qui autrement aurait pu paraître impertinent, en notant que l'irréprochabilité du caractère épiscopal, même du moindre des apôtres, requis dans sa première épître à Timothée, consiste non seulement à se contenter d'une part épiscopale des biens de l'Église, mais à n'être en aucun cas ni αισχροκορδ ἡ ς - un preneur de gain d'une manière basse ou vulgaire, ni φιλ ἀ ργυρος - un " amoureux de l'argent, " ce dernier mot étant le mot commun et approprié pour avare, dans les Évangiles et les Épîtres ; comme des Pharisiens dans Luc XVI. 14 ; et associé aux autres caractères des hommes en temps périlleux, 2 Timothée iii. 2, et son nom relatif φιλαργαρ ι α, donné en somme pour la racine de *tout* mal dans 2 Timothée vi. 10, tandis que même l'autorité de Liddell et Scott dans l'interprétation de πλεονεξ ι α lui-même comme étant uniquement le désir d'obtenir plus que notre part, peut peut-être être améliorée par l'autorité de l'enseignant, qui, refusant l'appel qui lui est adressé en tant que l'équitable μεριστ ἡ ς (Luc XII. 14-46), dit à ses disciples de se méfier de la convoitise, simplement comme du désir d'obtenir plus que ce que nous avons. "Car la vie d'un homme ne dépend pas de l' *abondance* des choses qu'il possède."

163. Croyez-moi, mon Seigneur, ce n'est pas sans difficulté que je réprime mon impulsion naturelle à vous suivre, en tant qu'érudit, dans l'analyse intéressante des distinctions qui peuvent être établies entre la rapacité et l'acquisition ; entre l'avarice, ou le soin prudent, de la possession ; entre l'avidité et l'attente modeste du gain ; entre l'amour de l'argent, qui est la

racine de tous les maux ; et l'esprit commercial, qui est considéré en Angleterre comme la source de tout bien. Ces délicats ajustements de la balance, par lesquels nous nous efforçons de peser au grain près les quantités relatives de dévotion que nous pouvons rendre au service de Mammon et de Dieu, sont entièrement d'invention et d'application récentes ; ils n'ont pas non plus la moindre incidence, ni sur la portée spirituelle du commandement final du Décalogue, ni sur la netteté de l'interdiction ultérieure de l'usure pratique.

Il faut se rappeler aussi combien il est devenu difficile de définir avec précision le terme « sale », dans l'état actuel, moral et physique, de l'atmosphère anglaise ; et plus encore, pour juger dans quelle mesure, dans cet élément sain, un appétit modéré et délicatement sanctifié pour l'or peut se développer en des scrupules plus vifs de faim de justice. Il peut s'agir d'une question d'opinion privée quant à savoir dans quelle mesure le gain tiré par Votre Seigneurie de la commission sur les tarifs et les rafraîchissements des passagers du North-Western peut être odoriférant ou précieux, dans le même sens que l'onguent sur la tête d'Aaron ; ou jusqu'à quel point les redevances perçues par le primat d'Angleterre sur la circulation de la littérature en amélioration [129] peuvent enrichir, comme avec des parfums d'albâtre brisé, l'air empyréen d'Addington. Mais la classe supérieure des ouvriers de la vigne du Seigneur pourrait sûrement, avec une vraie grâce, recevoir, du dernier au premier, l'instruction réfléchie si souvent donnée par le premier jusqu'au dernier : « Contentez-vous de votre salaire ».

(H) « On ne peut peut-être pas dire à tort : » La Société biblique ajoutera sans doute à l'avenir avec gratitude cette garantie à ses publications.

(I) "Ce qu'on nous dit." Ne pouvons-nous donc plus retrouver par nous-mêmes cette écriture dans notre cœur, ou bien a-t-elle cessé d'être lisible ?

164. (K) « Emploi rémunéré ». Je ne peux pas facilement exprimer l'étonnement avec lequel je trouve un homme aussi intelligent que Votre Seigneurie reprenant l'expression courante de « donner du travail », comme si, en effet, le travail était le meilleur cadeau que les riches puissent accorder aux pauvres. Bien sûr, tout vagabond oisif, qu'il soit riche ou pauvre, « donne du travail » à un misérable par ailleurs suffisamment chargé, pour lui fournir son dîner et ses vêtements ; et tout vagabond vicieux, dans la puissance destructrice de son vice, occupe douloureusement les énergies de résistance et de rénovation de la vertu. L'enfant oisif qui jonche sa chambre et déchire sa robe, donne du travail à la bonne et à la couturière ; la femme oisive, qui encombre son salon de bibelots et qui a honte d'être vue deux fois dans le même costume, est, aux yeux de Votre Seigneurie, la partisane éclairée des arts et des manufactures de son pays. À la fin de votre lettre, mon Seigneur,

vous, bien qu'en termes mesurés, êtes en désaccord avec indignation sur ma déclaration sur le pouvoir des grandes villes pour le mal, et en fait j'ai peut-être été conduit, par mon étude prolongée des causes de la Chute de Venise, dans une reconnaissance plus claire de certaines de ces influences urbaines que Votre Seigneurie n'aurait pu le faire au centre des vertus et des convenances qui ont été bénies par la Providence lors de l'essor de Manchester. Mais le symbole biblique du pouvoir de tentation entre les mains de la Babylone spirituelle – « tous les rois se sont enivrés du vin de sa fornication » – est parfaitement littéral dans son exposition de l'influence particulière des villes sur un monde vicieux, c'est-à-dire disons, un peuple en déclin. Ils sont le foyer de sa fornication, et la signification pratique est que les seigneurs du sol prennent la nourriture et le travail des paysans, qui sont leurs esclaves, et les dépensent surtout dans des formes de luxe perfectionnées par ce qu'on appelle définitivement « les femmes ». de la *ville* " qui, qu'il s'agisse de East-cheap Doll ou de West - bien à l'opposé de cheap - Nell, sont, à la fois par la couleur qu'ils donnent aux arts et par le ton qu'ils donnent aux manières, de l'État. , une peste littérale, une peste et un fardeau, tout autrement malin et maléfique que la pauvre jeune fille de la campagne qui perd son avançon parmi la bruyère. Et quand, enfin, l'économie politique *réelle* montrera les sources exactes et les conséquences de la dépense des grands capitaux de la civilisation pour leurs propres indulgences, Votre Seigneurie recevra, dans les statistiques de son plaisir le plus splendide et le plus impie, un enregistrement c'est précisément la plus grande source existante d'"emplois rémunérateurs" - (si *c'était* tout ce que les pauvres devaient demander), juste après la préparation et la pratique de la guerre. Je crois qu'il est en effet probable que la « facilité des rapports sexuels » vient en deuxième position en termes d'occupation ; et, comme Votre Seigneurie le fait remarquer à juste titre, aux personnes les plus respectables. Et si la population entière de Manchester perdait l'usage de ses jambes, Votre Seigneurie aurait également la satisfaction d'observer et pourrait partager les bénéfices de la fourniture des machines nécessaires de portage et de civières. Mais observez, monseigneur — et observez comme vérité dernière et inévitable — que, que vous prêtiez votre argent pour fournir à une population invalide des béquilles, des civières, des corbillards ou des logements ferroviaires qui sont si souvent synonymes des trois, l' *impôt sur le leur usage* , qui constitue le dividende de l'actionnaire, est pour eux une charge permanente, exigée par l'avarice, et nullement une aide accordée par bienveillance.

165. (L) « Sanctionné par l'expérience ». L'expérience de vingt-trois ans, mon Seigneur, et avec le résultat suivant :

"Nous avons maintenant eu l'occasion de tester pratiquement la théorie. Pas plus de dix-sept ans" (maintenant vingt-trois - je cite une lettre datée de 1875)

"années se sont écoulées depuis" (par l'abolition définitive des lois sur l'usure)
"tous la restriction a été levée sur la croissance de ce que Lord Coke appelle
« cette mauvaise herbe pestilentielle » » et nous voyons les paroles de Bacon
se vérifier : « les riches deviennent plus riches et les pauvres plus pauvres,
dans tout le monde civilisé ». Lettre de M. R. Sillar, citée dans *Fors Clavigera* ,
n° 43.

(M) « Inévitable ». Ni « impossible » ni « inévitable » n'étaient des mots de la
vieille foi chrétienne. Mais voyez le dernier paragraphe de ma lettre.

(N) Avant que vous me demandiez de justifier cette accusation, mon
Seigneur, je voudrais insérer après les mots « prêchant régulièrement »,
l'expression « et expliquant poliment » – avec la qualification paulinienne «
soit par la parole, soit par la parole ». notre épître."

166. (O) « Les grandes villes d'aujourd'hui ne sont pas pires que les grandes
villes ne l'ont toujours été », je ne me souviens pas avoir dit qu'elles l'étaient,
mon Seigneur ; Je n'ai jamais prévu pour Manchester un sort pire que celui
de Sardes ou de Sodome ; je n'ai pas encore observé d'œuvres si puissantes
manifestées en elle par ses ministres, qu'elles rendent son impénitence moins
pardonnable que celle de Sidon ou de Tyr. Mais j'ai utilisé l'expression
particulière que Votre Seigneurie suppose que j'ai exagérée dans une juste
indignation, "un furoncle éclatant avec des plaies sur l'homme et la bête",
parce que ce fléau particulier était celui que Moïse avait reçu, dans la Sagesse
éternelle, de relier. avec les cendres de la Fournaise – littéralement, non moins
que spirituellement, lorsqu'il fit sortir les Israélites d'Égypte, *du milieu de la
Fournaise de Fer* . Comment littéralement, non moins que dans la foi et
l'espérance, la fumée de « la grande ville, qui spirituellement s'appelle Sodome
et Égypte », a empoisonné la terre, les eaux et les créatures vivantes, les
troupeaux et les boeufs, et les enfants qui savent ni leur main droite de leur
gauche - ni Memphis, ni Gomorrhe, ni Cahors ne sont susceptibles de
reconnaître eux-mêmes : mais, alors que je m'arrête devant l'infinitude du mal
que je ne trouve même pas la moindre pensée pour suivre - combien moins
de mots pour le suivre. parlez ! — on m'apporte une lettre qui donne ce qui
est peut-être plus impressionnant dans son exemple unique et historique, que
toutes les preuves générales déjà rassemblées dans les pages de *Fors Clavigera*
.

---

167. "Je n'ai jamais pu comprendre autrefois ce que vous vouliez dire à
propos de l'usure et du fait que c'était une erreur de prendre des intérêts. J'ai

alors dit, en toute vérité, que je vous 'avais fait confiance', ce qui signifiait que je savais que dans de telles questions vous n'aviez pas d'opinion'... et que d'innombrables choses se trouvaient dans votre horizon qui n'avaient pas de place dans le mien.

"Mais comme je ne comprenais pas, je ne pouvais que regarder et réfléchir. Peu à peu, j'en suis venu à en apprendre un peu plus - comme lorsque je lisais les faits actuels sur l'Inde - sur presque tous les pays, sur notre propre commerce, etc. Puis (une des nombreuses circonstances (on pouvait le voir de plus près) parmi les parents de ma mère dans le nord, j'ai vu la ruine de deux vies. Ils ont commencé leur vie conjugale, avec de bonnes perspectives et des moyens suffisants, dans un joli petit nid parmi les collines, au-delà de la fumée de Rochdale. Bientôt, cela devint trop étroit. « Un métier splendide », davantage de moulins, des changements fréquents en habitations encore plus belles, une vie luxueuse, l'ostentation, l'extravagance, augmentant d'année en année, tout cela, comme on le voit maintenant, rendu possible par l'usure – le capital emprunté. a été enterrée dans sa tombe récemment, et ses amis lui en sont *reconnaissants* . Le mari, dont la ruine menace ses affaires, est dans une tombe pire et vivante de mauvaises habitudes.

"Ce sont quelques-unes des failles par lesquelles la lumière est tombée sur vos paroles, leur donnant un nouveau sens et me faisant me demander comment j'ai pu ne pas les voir dès le début. Une fois conscient de cela, je reconnais le mal de tous côtés, et comment nous y sommes empêtrés ; et bien que je sois encore perplexe sur un ou deux points, je suis très clair sur le principe : que l'usure est une chose mortelle, "

Oui; et mortel toujours avec les formes les plus viles de destruction de l'âme et du corps.

168. Il se trouve étrangement, Monseigneur, que bien que dans les sept volumes des *Fors Clavigera* , je n'aie jamais posé une phrase sans la châtier d'abord en des termes qui pourraient être justifiés *littéralement* aussi bien que dans leur portée la plus large contre toute controverse, vous pourriez peut-être que vous n'auriez pas trouvé dans tout le livre, si Votre Seigneurie l'avait lu à cet effet, un texte aussi littéralement et terriblement démontrable que celui que vous avez choisi par hasard pour attaquer. Car, en premier lieu, de toutes les calamités qui, dans leur infliction apparemment impitoyable, paralysèrent la foi vacillante de la chrétienté médiévale, « l'ulcère se transformant en plaies », dans les pestes noires de Florence et de Londres, fut le messager le plus fatal des démons. : et, en second lieu, le résultat général des travaux missionnaires des villes de Madrid, Paris et Londres, pour le salut des tribus sauvages du Nouveau Monde, depuis la tant vantée découverte de

celui-ci, peut être résumé dans le Phrase fondamentale : Mort, par l'ivresse et la variole.

L'influence bienfaisante des récentes entreprises commerciales dans la communication d'une telle grâce divine et d'une telle bénédiction divine (sans parler d'autres conditions de maladie plus terribles et plus honteuses) peut être étudiée de la meilleure manière possible dans l'histoire des deux grandes compagnies françaises et anglaises. , qui ont joui du monopole de vêtir la nudité de l'Ancien Monde avec des manteaux de peaux du Nouveau.

La charte anglaise, obtenue de la Couronne en 1670, était dans le langage du libéralisme moderne : « merveilleusement libérale » [130] , comprenant non seulement l'octroi du commerce exclusif, mais aussi la pleine possession territoriale, à toute perpétuité. , des vastes terres situées dans le bassin versant de la baie d'Hudson. La Compagnie établit aussitôt quelques forts le long des rives de la grande mer intérieure d'où elle tirait son nom, et ouvrit un commerce très lucratif avec les Indiens, *de sorte qu'elle ne cessa de verser de riches dividendes* aux actionnaires fortunés, jusqu'à la fin de l'année. le siècle dernier.

Jusqu'alors, à l'exception du voyage de découverte que Herne (1770-71) effectua sous ses auspices jusqu'à l'embouchure de la rivière Coppermine, elle n'avait que peu fait pour promouvoir la découverte géographique sur son vaste territoire.

169. Pendant ce temps, les commerçants de fourrures canadiens (français) étaient devenus si odieux envers les Indiens, que ces sauvages formèrent un complot pour leur extirpation totale. *Heureusement pour les hommes blancs* , la variole éclata à cette époque parmi les peaux-rouges et les emporta comme le feu consume l'herbe desséchée des prairies. Leurs cadavres non enterrés furent déchirés par les loups et les chiens sauvages, et les survivants étaient trop faibles et découragés pour pouvoir entreprendre quoi que ce soit contre les intrus étrangers. Les commerçants de fourrures canadiens comprirent désormais eux aussi la nécessité de combiner leurs efforts pour leur bénéfice mutuel, au lieu de se ruiner mutuellement par une concurrence insensée ; et forma par conséquent en 1783 une société qui, sous le nom de Compagnie du Nord-Ouest du Canada, régna sur tout le continent depuis les lacs canadiens jusqu'aux montagnes Rocheuses, et en 1806 elle franchit même la barrière et établit ses forts sur la rive nord. affluents du fleuve Columbia. Au nord, elle étend également ses opérations, empiétant de plus en plus sur les privilèges de la Compagnie de la Baie d'Hudson, qui, réveillée en énergie, pousse aussi ses postes de plus en plus loin à l'intérieur et établit, en 1812, une colonie sur la rivière Rouge au sud du lac Winnipeg, enfonçant ainsi, pour ainsi dire, une épine aiguë dans le flanc de son rival. Mais une puissance comme la Compagnie du Nord-Ouest, qui n'avait pas moins de 50 agents, 70

interprètes et 1 120 « voyageurs » à sa solde, et dont les principaux directeurs se présentaient à leurs assemblées annuelles à Fort William, sur les rives du lac Supérieur, avec toute la pompe et l'orgueil des barons féodaux, n'était pas enclin à tolérer cet empiétement ; et ainsi, après bien des querelles, une guerre régulière éclata entre les deux partis, qui, après deux années de durée, aboutit à l'expulsion des colons de la Rivière-Rouge et à l'assassinat de leur gouverneur Semple. Cet événement eut lieu en 1816 et n'est qu'un épisode des sanglantes querelles qui continuèrent à régner entre les deux Compagnies rivales jusqu'en 1821.

170. Les dissensions des commerçants de fourrures eurent des conséquences des plus déplorables pour les Peaux-Rouges ; car les deux compagnies, pour augmenter le nombre de leurs adhérents, distribuèrent abondamment des liqueurs spiritueuses — tentation à laquelle aucun Indien ne peut résister. L'ensemble des lieux de rencontre de la Saskatchewan et de l'Athabasca n'était qu'une scène de réjouissances et d'effusion de sang. Déjà décimés par la variole, les Indiens étaient désormais victimes de l'ivresse et de la discorde, et il était à craindre que si la guerre et la démoralisation qui en résultait se poursuivaient, les tribus les plus importantes ne fussent bientôt complètement balayées.

Finalement, la sagesse l'emporta sur la passion, et les ennemis arrivèrent à une résolution qui, prise dès le début, leur aurait épargné à la fois beaucoup de trésors et de nombreux crimes. Au lieu de continuer à brandir le tomahawk, ils fumèrent désormais le calumet et fusionnèrent en 1821, sous le nom de « Compagnie de la Baie d'Hudson », et sous l'aile de la Charte.

Le gouvernement britannique, en guise de dot au couple appauvri, leur offrit une licence de commerce exclusif sur tout ce territoire qui, sous le nom de « Territoires de la Baie d'Hudson et du Nord-Ouest », s'étend du Labrador au Pacifique. et du fleuve Rouge à l'océan polaire.

171. Tels, mon Seigneur, ont été les triomphes de l'Évangile moderne de l'usure, de la concurrence et de l'entreprise privée, dans un exemple parfaitement clair de leur action, choisi, j'espère, avec suffisamment de candeur, puisque « l'Histoire », dit le professeur Hind, « ne fournit pas un autre exemple d'une association de particuliers exerçant une puissante influence sur une si grande étendue de la surface de la terre et administrant leurs affaires avec une habileté aussi consommée et un dévouement inébranlable aux objets originaux de leur incorporation.

Cet objectif initial étant, bien sûr, que la pauvre Amérique nue, ayant encore en quelque sorte deux habits, pourrait être incitée par ces marchands chrétiens à en donner à celui qui n'en avait pas ?

De la même manière, un chef de famille chrétien, qui possède deux maisons ou peut-être deux parcs, peut-il jamais être amené à donner à celui qui n'en a pas ? Mon tempérament et ma courtoisie ne me servent guère, mon Seigneur, à répondre à votre affirmation selon laquelle, alors que la moitié de la Grande-Bretagne est aménagée en terrains de chasse pour un sport plus sauvage que les Indiens, les pauvres de nos villes doivent être emporté dans des tas incestueux ; ou dans des tanières et des grottes qui ne sont que des tombeaux inquiétés, changeant ainsi la blancheur des sépulcres juifs en noirceur des sépulcres chrétiens, dans lesquels les cœurs des riches et les maisons des pauvres se ressemblent comme des tombeaux qui n'apparaissent pas ; - seulement leur murmure , qui dit "ce n'est pas assez", sonne plus profondément sous nous à chaque heure ; bien plus, la terre entière, et pas seulement ses villes, pousse ce cri épouvantable ; et ses plaines fertiles sont devenues des fosses limoneuses, et ses beaux estuaires, des golfes de mort ; pour *nous* , la Montagne du Seigneur n'est devenue que Golgotha, et le son du chant nouveau devant le Trône est noyé dans le râle d'agonie des nations : « Ô Christ, où est ta victoire ?

Ce sont vos œuvres glorieuses, Mammon parent du Bien, et c'est là le vrai débat, mon Seigneur de Manchester, entre les deux anges de votre Église, si le « pays des rêves » de ses âmes est maintenant ou plus tard, maintenant, le la lueur du feu dans la grotte, ou plus tard, la lumière du soleil du Ciel.

172. Comment, mon Seigneur, dois-je recevoir ou répondre aux étroites concessions de votre phrase finale ? L'Esprit de Vérité était respiré même depuis l'Acropole Athénienne, et la Loi de Justice tonnait même depuis le Sinaï Crétois ; mais pour *nous* , Celui qui a dit : « Je suis la Vérité », a dit aussi : « Je suis le Chemin et la Vie » ; et pour *nous* , Celui qui raisonnait sur la justice, raisonnait aussi sur la tempérance et le jugement à venir. Est-ce le lait sincère de la Parole, qui retire l'espérance de la personne du Christ, et la crainte de la charge de son apôtre, et interdit à l'héroïsme anglais la vision périlleuse de l'immortalité ? Que Dieu soit avec vous, mon Seigneur, et exaltez votre enseignement à cette qualité de Miséricorde qui, distillant comme la pluie du Ciel - non filtrée comme par les canaux d'un réservoir maussade - peut adoucir le cœur de votre peuple pour qu'il reçoive le Nouveau Commandement, qui ils s'aiment. Ainsi, autour de la cathédrale de votre ville, la loi du marchand sera juste et ses poids vrais ; la table du changeur n'a pas été renversée, et le banc du prêteur n'a pas été brisé.

Et pour tous ceux qui marchent selon cette règle, la paix sera sur eux, et la miséricorde, et sur l'Israël de Dieu.

173. Avec la lettre précédente doivent assurément terminer — pour le moment, sinon pour toujours — mes propres notes sur un sujet dont mes forces ne me servent plus à supporter le stress et le chagrin ; mais je pourrai peut-être éventuellement rassembler, sous une forme plus précise, les références déjà multiples et suffisantes dispersées à travers *Fors Clavigera* : et peut-être réimprimer pour la St. George's Guild l'admirable recueil de l'autorité ecclésiastique et laïque britannique sur le sujet, recueilli par John Blaxton, prédicateur de la Parole de Dieu à Osmington dans le Dorsetshire, imprimé par John Norton sous le titre de « The English Usurer » et vendu par Francis Bowman, à Oxford, 1631. Un témoignage encore plus précieux de la lutte acharnée de l'usure. dans la vie parmi les chrétiens, et de la résistance de Venise et de son « Antoine » [131], on le trouvera dans le dialogue « della Usura », de Messer Speron Sperone (Aldus, in Vinegia, MDXIII.), suivi du dialogue « del Cathaio », entre « Portia, sola, e fanciulla, fame, e cibo, vita, e morte, di ciascuno che la conosce », et son amant Moresini, qui est la source de tout ce qu'il y a de plus beau dans le Marchand *de Venise* . Les lecteurs qui recherchent une instruction plus moderne et plus scientifique peuvent consulter l'habile résumé du triomphe de l'usure, rédigé par le Dr Andrew Dickson White, président de l'Université Cornell ("The Warfare of Science", HS King & Co., 1877), dans lequel la victoire du grand principe scientifique moderne, selon lequel deux et deux font cinq, est attribuée avec exaltation au renversement final de saint Chrysostome, saint Jérôme, saint Bernard, saint Thomas d'Aquin, Luther et Bossuet, par " l'établissement de la famille Torlonia à Rome. On ne peut trouver une meilleure collection des preuves les plus accablantes que celle-ci, fournie par un adversaire ; une voix américaine moins irritable et pompeuse, mais plus sérieuse, « L'usure, le péché géant de l'âge », d'Edward Palmer (Perth Amboys, 1865), devrait être lue en même temps. En attendant, la substance de l'enseignement de l' *ancienne* Église d'Angleterre, dans le grand sermon contre l'usure de Mgr Jewell, n'occupera peut-être pas inutilement une page supplémentaire de la *Contemporary Review* :

174. "L'usure est une sorte de prêt d'argent, ou de blé, ou d'huile, ou de vin, ou de toute autre chose, dans lequel, sur engagement et marché, nous recevons de nouveau la totalité du capital que nous avons livré, et un peu plus, pour le prix. l'usage et l'occupation de celui-ci ; comme si je prêtais 100 livres, et pour cela je m'engageais à recevoir 105 livres, ou toute autre somme, plus grande était la somme que j'ai prêtée : c'est ce que nous appelons usure : une telle sorte de marchandage comme aucun homme bon ou homme pieux n'a jamais utilisé. Un tel genre de marchandage que tous les hommes qui ont jamais craint les jugements de Dieu ont toujours abhorré et condamné. C'est un gain sale et une œuvre d'obscurité, c'est un monstre dans la nature : le le renversement de royaumes puissants, la destruction d'États florissants, la

décadence de villes riches, les fléaux du monde et la misère des peuples : c'est le vol, c'est le meurtre de nos frères, c'est la malédiction de Dieu et la Malédiction du peuple. C'est l'usure. Par ces signes et ces signes, vous pouvez la connaître. Car partout où elle sévit, tous ces méfaits s'ensuivent.

" D'où vient l'usure ? Bientôt montré. De là même d'où naissent le vol, le meurtre, l'adultère, les plaies et la destruction du peuple. Tout cela sont les œuvres du Divell et les œuvres de la chair. Christ dit aux Pharisiens : Vous tu es de ton père le divell, et tu accompliras les convoitises de ton père. plaisir dans ses travaux. Le divell entra dans le cœur de Judas, et mit en lui cette gourmandise et cette convoitise du gibier, pour lesquelles il se contentait de vendre son maître. Le cœur de Judas était le magasin, le divell était le contremaître pour travailler dans Ceux qui veulent devenir riches tombent dans la tentation et dans les pièges, et dans de nombreuses convoitises insensées et nocives, qui noient les hommes dans la perdition et la destruction. Car le désir de l'argent est la racine de tout mal. Et saint Jean dit : Quiconque commet le péché est du Divell, 1 Jean 3 à 8. Ainsi nous voyons que le divell est le planteur et le père de l'usure.

"Quels sont les fruits de l'usure ? A. 1. Elle dissout le nœud et la communion de l'humanité. 2. Elle endurcit le cœur de l'homme. 3. Elle rend les hommes contre nature et les prive de la charité et de l'amour envers leurs amis les plus chers. 4. Il engendre la misère et provoque la colère de Dieu du ciel. 5. Il consume les hommes riches, il dévore les pauvres, il provoque la faillite et détruit de nombreux propriétaires. 6. Les pauvres occupants sont poussés à fuir, leurs femmes restent seules. leurs enfants sont désespérés et poussés à mendier leur pain, à cause des agissements impitoyables de l'usurier cupide.

175. " Celui qui est usurier souhaite que tous les autres manquent et viennent à lui et empruntent de lui ; que tous les autres puissent perdre, afin qu'il ait gagné. C'est pourquoi nos vieux ancêtres abhorraient tellement ce métier, qu'ils pensaient un usurier indigne de vivre en compagnie d'hommes chrétiens. Ils ne permettaient pas qu'un usurier soit témoin en matière de loi. Ils lui permettent de ne pas faire de testament et de conférer ses biens par testament. Lorsqu'un usurier mourait, ils ne voulaient pas permettez qu'il soit enterré dans des lieux désignés pour l'enterrement des chrétiens, tant ils n'aimaient pas cette spoliation et cette tromperie impitoyables de nos frères.

"Mais que dis-je des anciens Pères de l'Église ? Il n'y a jamais eu de religion, ni de secte, ni d'état, ni de diplôme, ni de profession d'hommes, mais ils n'ont pas aimé cela. Philosophes, Grecs, Latins, avocats, théologiens, catholiques. , hérétiques ; toutes les langues et toutes les nations ont toujours pensé qu'un usurier était aussi dangereux qu'un voleur. Le sens même de la nature le prouve. Si les pierres pouvaient parler, elles le diraient. Mais certains diront que toutes les sortes d'usure ne sont pas Il peut y avoir des cas où l'usure peut être justifiée avec raison et équité, et ici ils disent tout ce qui peut être imaginé par l'esprit pour peindre une idole immonde et laide, et pour se cacher dans une méchanceté manifeste et ouverte. Cependant telle ou telle sorte d'usure, disent-ils, qui se pratique de telle ou telle sorte, n'est pas interdite. Elle profite à la République, elle soulage un grand nombre de personnes, les pauvres devraient autrement périr, personne ne les prêterait. il y en a qui défendent le vol et le meurtre : ils disent qu'il peut y avoir des cas où il est licite de tuer ou de voler ; car Dieu a voulu que les Hébreux volent les Égyptiens et qu'Abraham tue son propre fils Isaac. Dans ces cas, le vol et le meurtre de son fils étaient licites. Alors disent-ils. De même, pour la même raison, certains de nos compatriotes entretiennent des concubines, des curtizanes et des bordels, et défendent les ragoûts ouverts. Ils sont (disent-ils) pour le bien du pays, ils préservent les hommes d'inconvénients plus dangereux ; emmenez-les, ce sera pire. Bien que Dieu dise qu'il n'y aura pas de prostituée parmi les filles d'Israël, et qu'il n'y aura pas non plus de prostituée parmi les fils d'Israël : pourtant ces hommes disent que toute sorte de prostitution n'est pas interdite. Dans ces cas-là, il n'est pas inutile de le permettre. »

" Comme Samuel le dit à Saül, pouvons-nous dire à l'usurier : Tu as imaginé des caisses et des couleurs pour cacher ta honte, mais qu'importe Dieu à tes caisses ? Que lui importent tes raisons ? Le Seigneur aurait plus de plaisir si quand tu entends sa voix, tu lui obéiras. Car quel est ton plan contre le conseil et l'ordonnance de Dieu ? Quelle présomption audacieuse y a-t-il pour un homme mortel pour contrôler les commandements de Dieu immortel ? Et pour peser sa sagesse céleste dans la balance. de folie humaine ? Quand Dieu dit : Tu ne prendras pas d'usure, quelle créature de Dieu es-tu pour pouvoir accepter l'usure ? Quand Dieu rend cela illégal, qu'es-tu, ô homme, qui dis que c'est licite ? Ceci est un signe de un esprit désespéré. On trouve vrai en toi, que Paul a dit, l'amour de l'argent est la racine de tous les maux. Tu es tellement livré au méchant Mammon, que tu ne te soucies pas de faire la volonté de Dieu.

Jusqu'à présent, la théologie de la vieille Angleterre. Qu'il se termine par la loi calme, prononcée quatre cents ans avant Jésus-Christ, α μ ἡ κατ ἑ θον, μ ἡ αν ἑ λη.

NOTES DE BAS DE PAGE :

[124] *Revue contemporaine* , février 1880.

[125] Voir ci-dessous (p. 393, § 236), dans la huitième lettre sur le Notre Père. — ÉD .

[126] Dans Proverbes xxviii. 8, « l'usure » est associée à « un gain injuste » et à un esprit impitoyable envers les pauvres, ce qui montre dans quel sens le mot doit être compris ici et dans d'autres passages comme Ps. XV. 5 et Ézéchiel. XVIII. 8, 9.

[127] Voir message, p. 394, § 237. — ÉD .

[128] Discours de MJC Hubbard, député de Londres, rapporté dans *Standard* du 26 juillet 1879.

[129] Voir les statuts de la East Surrey Hall, Museum, and Library Company. (*Fors Clavigera* , Lettre lxx.)

[130] « Le monde polaire », p. 342, Longmans, 1874.

[131]

"L'ami le plus cher pour moi, l'homme le plus gentil,
l'esprit le mieux conditionné et le plus infatigable, en faisant des courtoisies; et celui en qui
l'ancien honneur romain apparaît plus
que tout ce qui respire en Italie. "

C'est la description shakespearienne de cet Anthony, que le public britannique moderne, avec ses nouvelles lumières critiques, qualifie de « sentimentaliste et spéculateur ! » – tenant Shylock pour le véritable héros et la victime innocente du drame.

USURE. [132]

UNE PRÉFACE.

176. Dans le sermon sage, pratique et affectueux, donné depuis la chaire de Sainte-Marie l'automne dernier à la jeunesse d'Oxford, par le bon évêque de Carlisle, Sa Seigneurie a profité de l'occasion pour mettre en garde son auditoire très attentif, avec un profond sérieux, contre le crime de dette; s'attardant avec de puissantes invectives sur la cruauté et l'égoïsme avec lesquels, trop souvent, le fils gaspillait dans ses folies les fruits du travail de son père ou les moyens de subsistance de sa famille ; et s'est impliqué dans des embarras qui, a déclaré l'évêque, "j'ai su à maintes reprises causer la misère de toute vie ultérieure".

Le péché n'a été imputé, l'appel lancé, qu'aux auditeurs de premier cycle du prédicateur. Sous la galerie, les chefs de maisons se rassasient, impitoyables ; et de la chaire il n'était pas permis de laisser entendre que des mesures pouvaient être rationnellement prises pour la protection, pas moins que l'avertissement, des jeunes dont ils avaient la garde. Aucune suggestion de ce genre n'aurait été reçue, si même elle n'aurait été comprise, par aucune congrégation anglaise de cette époque ; époque étrange et périlleuse, dans laquelle les plus grands commerçants du monde ont été amenés à considérer l'usure comme la branche la plus honorable et la plus fructueuse, ou tige plutôt pérenne, d'industrie commerciale.

177. Mais à qui revient la faute si les congrégations anglaises sont dans cet état d'esprit et cette ignorance ? Ce que j'ai dit, [133] que l'auteur de ce livre cite à la fin de son introduction, a été écrit par moi avec un sens tout à fait opposé et bien plus puissant que celui qu'il pourrait sembler avoir à un interprète imprudent. [134] Dans l'état actuel de révolte populaire contre toute conception et toute forme d'autorité, mais plus particulièrement contre l'autorité spirituelle, la phrase se lit comme si elle avait été écrite par un adversaire de l'Église, un ennemi de sa Prélature, un partisan de l'Église. liberté universelle de pensée et licence du crime : alors que la sentence est en réalité écrite dans la conviction (je pourrais dire la connaissance, si je parlais sans déférence pour l'incrédulité du lecteur) que la charge pastorale doit toujours être la plus haute, pour le bien ou pour le mal, dans chaque terre chrétienne ; et que lorsqu'elle *manque* de vigilance, de foi ou de courage, les brebis *doivent* être dispersées, et ni le roi ni la loi ne peuvent plus les protéger contre la fureur de leurs propres passions, ni aucune sagacité humaine contre la tromperie de leur propre cœur.

178. Mais puisque ces choses sont instantanément ainsi, et que les évêques d'Angleterre ont maintenant consenti d'un commun accord à devenir de simples gardiens hautement salariés de ses cathédrales, prenant soin que les choristes ne jouent pas à saute-mouton dans le cimetière, que le Les enceintes sont élégamment grillagées depuis les parties profanes de la ville, et que les portes du bâtiment soient dûment verrouillées, afin que personne ne puisse y prier à des heures inappropriées. Ces choses étant ainsi, ne pouvons-nous pas nous tourner vers « chaque "L'homme-son-propre-évêque", avec sa Société biblique, son zèle missionnaire et son droit d'interprétation privée infaillible, pour demander au moins une petite exposition aux habitants de leur propre pays, de ces Écritures qui leur tiennent tant à cœur. mettre en possession d'autrui; et cela d'autant plus que la version populaire et familière du Nouveau Testament parmi nous, non écrite, semble maintenant être exactement le contraire de celle qu'on nous a autrefois enseigné comme étant d'autorité divine.

179. Je place côte à côte les versions anciennes et modernes des sept versets du Nouveau Testament qui furent le début, et sont en effet les têtes, de tout l'enseignement du Christ : —

Ancien.

Bienheureux les pauvres en esprit, car le royaume des cieux est à eux.

Bienheureux ceux qui pleurent, car ils seront consolés.

Bienheureux les doux, car ils hériteront de la terre.

Bienheureux ceux qui ont faim de justice, car ils seront rassasiés.

Bienheureux les miséricordieux, car ils obtiendront miséricorde.

Bienheureux ceux qui ont le cœur pur, car ils verront Dieu.

Bienheureux les artisans de paix, car ils seront appelés enfants de Dieu.

Moderne.

Bienheureux les riches en
chair, car le royaume de la Terre leur appartient.

Heureux ceux qui sont joyeux et qui rient les derniers.

Bienheureux les orgueilleux, car ils *ont* hérité de la
terre.

Bienheureux sont ceux qui ont faim de l'injustice, car ils partageront ses
richesses.

Bienheureux les impitoyables, car ils obtiendront de l'argent.

Bienheureux les cœurs impurs, car ils ne verront pas Dieu.

Bienheureux les faiseurs de guerre, car ils seront adorés par les enfants des
hommes.

180. Qui sont les véritables « faiseurs de guerre », leurs promoteurs et leurs
soutiens, je l'ai montré depuis longtemps dans la note accompagnant la brève
phrase de « Jusqu'à ce dernier ». "C'est entièrement la richesse des capitalistes
(*c'est-à-dire* des usuriers) [135] qui soutient les guerres injustes." Mais dans quelle
mesure l'adoration de l'usurier, et l'esclavage qui en résulte, a perverti l'âme
ou lié les mains de chaque homme en Europe, je le laisserai entendre au
lecteur, d'après l'autorité, il en doutera moins que la mienne :

"Les financiers sont le féodalisme malicieux du XIXe siècle. Une poignée
d'hommes ont inventé des prêts lointains et séduisants, ont introduit des
dettes nationales dans des pays qui les ignoraient heureusement, ont avancé
de l'argent à des puissances peu sophistiquées à des conditions ruineuses,
puis, en faisant appel aux petits les investisseurs du monde entier se sont
débarrassés des obligations. De plus, avec la différence entre les avances et
la vente des obligations, ils ont provoqué une baisse des titres qu'ils avaient
émis, et, après avoir vendu à 80, ils ont racheté à 10 , profitant de la panique
publique. Encore une fois, avec l'argent ainsi obtenu, ils ont acheté des
consciences, là où les consciences sont commercialisables, et sous prétexte
de fournir au pays ainsi négocié de nouveaux moyens de communication, ils
ont mis de l'argent dans leurs propres coffres. Ils ont eu des élèves, des
imitateurs et des plagiaires, et à l'heure actuelle, sous des noms différents, les
financiers gouvernent le monde, sont un fléau de la société et sont une des
principales causes des crises modernes.

" Contrairement au Nil, partout où ils passent, ils rendent le sol sec et stérile.
Les trésors du monde affluent dans leurs caves et y restent. Ils dépensent un
dixième de leurs revenus ; les neuf dixièmes restants, ils les thésaurisent et les
détournent de la circulation. " Ils distribuent des faveurs et sont de grands
chefs politiques. Ils n'ont pas pris la place de la vieille noblesse, mais ont pris
celle-ci à leur service. Les princes sont leurs chambellans, les ducs ouvrent
leurs portes, et les marquis leur servent d'écuyers lorsqu'ils daignent conduire.

"Ces nouveaux grands galopent sur leurs splendides Arabes le long de Rotten Ron, du Bois de Boulogne, de la Prospect, du Prater ou d'Unter den Linden. Les commerçants et tous ceux qui économisent de l'argent s'inclinent devant ces hommes qui représentent leurs économies, qui ils ne le verront plus sous aucune autre forme. A l'abri des sarcasmes, sûrs du respect de la presse continentale, se protégeant les uns les autres par une sorte de franc-maçonnerie, les financiers dictent les lois, déterminent le sort des nations et font avorter les plus savantes combinaisons politiques. " Ils sont partout reçus et écoutés, et tous les cabinets sentent leur influence. Les gouvernements les regardent avec inquiétude, et même le chancelier de fer a son Egérie dorée, qui lui rapporte les vœux de ce seul autocrate moderne. "- Lettre de *Paris Correspondant* , " *Times* ", *30 janvier* 1885.

------

181. Mais à cette affirmation, je dois ajouter celle faite au § 149 (voir note) de "Munera Pulveris", selon laquelle si nous pouvions retrouver les causes les plus profondes de toutes les guerres modernes, elles ne se trouveraient pas dans l'avarice ou l'ambition, mais l'oisiveté des classes supérieures. "Ils n'ont rien d'autre à faire que d'apprendre aux paysans à s'entre-tuer" - bien que le fait que les paysans soient ainsi enseignables, cela dépend encore une fois du fait qu'ils n'ont pas été éduqués principalement dans le droit commun de la justice. Voir encore « Munera Pulveris », annexe I. : « C'est précisément selon le nombre d'hommes justes dans une nation que dépend leur capacité d'éviter soit la guerre intestine, soit la guerre étrangère.

Je me réjouis de voir mon vieil ami M. Sillar rassembler enfin les preuves qu'il a si laborieusement rassemblées sur la culpabilité de l'usure, et les appuyer par le langage toujours impressionnant de l'art symbolique ; [136] Car en effet, je n'avais moi-même aucune idée, jusqu'à ce que je lise la déclaration connexe qu'illustrent ces images, à quel point le système de prêt d'argent avait gagné régulièrement sur la nation, et à quel point chaque main et chaque pied en était maintenant fatalement empêtré. Pourtant, en recommandant l'étude de ce livre à tout Anglais vertueux et patriote, je dois fermement rappeler au lecteur que tous ces péchés et erreurs ne sont que les branches d'une seule racine d'amertume : l'orgueil mortel. Pour cela nous nous rassemblons, pour cela nous faisons la guerre, pour cela nous mourons – ici et au-delà ; tandis que pendant tout ce temps, la Sagesse qui vient d'en haut nous enseigne en vain le chemin des richesses terrestres et de la paix céleste : « Qu'exige de toi le Seigneur ton Dieu, si ce n'est de faire la justice, d'aimer la miséricorde et de marcher humblement avec ton *Dieu* . Dieu?"

NOTES DE BAS DE PAGE :

[132] Introduction à une brochure intitulée « L'usure et les évêques anglais », ou plus complètement « L'usure, ses effets pernicieux sur l'agriculture et le commerce anglais : une allégorie dédiée sans autorisation aux évêques de Manchester, Peterborough et Rochester » (Londres : A. Southey, 146, rue Fenchurch, 1885). Par RJ Sillar. (Voir *Fors Clavigera* , vol. v. Lettre 56.)— ED .

[133] "Tout ce qui est mauvais en Europe est avant tout la faute de ses évêques."

[134] "Je savais, en l'utilisant, parfaitement ce que vous vouliez dire." (Note de M. Sillar.)

[135] « Cash », aurais-je dû dire, avec précision, et non « richesse ».

[136] Le pamphlet de M. Sillar consiste en un recueil de paragraphes, tous condamnant l'usure, tirés des écrits des évêques anglais, depuis le seizième siècle jusqu'à nos jours ; et est illustré de cinq gravures sur bois emblématiques représentant un chêne (commerce anglais) progressivement envahi et détruit par une plante de lierre (usure). — ED .

THÉOLOGIE.

NOTES SUR LA CONSTRUCTION DES BERGERERIES.

(Brochure, 1851.)

LA PRIÈRE DU SEIGNEUR ET L'ÉGLISE.

(*Lettres et épilogue* , 1879-1881.)

La nature et l'autorité du miracle.

(*Revue contemporaine, mars* 1873.)

NOTES SUR LA CONSTRUCTION DES BERGERERIES. [137]

PRÉFACE (APPELÉE « PUBLICITÉ ») À LA PREMIÈRE ÉDITION.

Beaucoup de personnes me reprocheront probablement de publier des opinions qui ne sont pas nouvelles : mais j'accepterai ce blâme avec contentement, estimant que les opinions sur ce sujet pourraient difficilement être justes si elles n'étaient pas vieilles de 1800 ans. D'autres me reprocheront de faire des propositions tout à fait nouvelles : à qui je répondrai que les choses ne semblent pas si bien aujourd'hui, mais qu'elles peuvent être réparées. Et d'autres qualifieront simplement les opinions de fausses et les propositions de stupides — au bon vouloir de qui, s'ils prennent en main de me contredire, je dois laisser ce que j'ai écrit — n'ayant aucun but de me laisser entraîner, à l'heure actuelle, dans une controverse religieuse. Si toutefois quelqu'un admet la vérité, mais regrette le ton de ce que j'ai dit, n'hésitez pas à le prier de considérer combien moins de mal est fait au monde par une audace disgracieuse que par une peur intempestive.

DANEMARK HILL ,
février 1851 .

PRÉFACE À LA DEUXIÈME ÉDITION (1851).

Depuis la publication de ces Notes, j'ai reçu de nombreuses lettres sur les affaires de l'Église, de personnes de presque toutes les confessions chrétiennes ; pour toutes ces lettres, je suis reconnaissant, et dans beaucoup d'entre elles j'ai trouvé des informations ou des suggestions précieuses : mais je n'ai pas le loisir pour le moment d'approfondir le sujet ; et aucune raison ne m'a été montrée pour modifier ou altérer une quelconque partie du texte tel qu'il est. Il est donc republié sans modification ni ajout .

Je dois cependant remercier particulièrement un de mes correspondants de m'avoir envoyé une brochure intitulée « Le sectarisme, fléau de la religion et de l'Église » [138], que je recommande, dans les termes les plus forts, à la lecture de tous ceux qui considèrent la cause du Christ; et, pour aider à lire les Écritures, je citerais aussi le court et admirable arrangement de passages parallèles relatifs aux offices du clergé, appelé « Le témoignage de l'Écriture concernant le ministère chrétien ». [139]

PRÉFACE À LA TROISIÈME (APPELÉE DEUXIÈME) ÉDITION.

Je n'ai qu'à ajouter à cette première préface que l'audace du pamphlet, assez disgracieuse, il faut l'avouer, n'a fait de mal à personne, à ma connaissance ; mais au contraire, un bien

NOTES DE BAS DE PAGE :

[137] Cette brochure a été initialement publiée en 1851, sous le titre de « Notes sur la construction des bergeries », par John Ruskin, MA, auteur des « Sept lampes d'architecture », etc. (Smith, Elder, & Co.). Une deuxième édition, avec une préface supplémentaire, suivit la même année, après quoi la brochure resta épuisée jusqu'en 1875, date à laquelle elle fut réimprimée dans une troisième, appelée à tort deuxième édition (George Allen, Sunnyside, Orpington, Kent) .— ÉD .

[138] Londres : 1846. Nisbet & Co., Berners Street.

[139] Londres : 1847. TK Campbell, 1, Warwick Square.

REMARQUES,

ETC.

182. Les remarques suivantes étaient destinées à faire partie de l'appendice d'un essai sur l'architecture : mais il m'a semblé, après les avoir mises en ordre, qu'elles pourraient être utiles à des personnes qui ne se soucieraient pas de posséder l'ouvrage auquel J'ai proposé de les joindre : je les publie donc sous une forme séparée ; mais je n'ai pas le temps de leur donner plus de consistance qu'ils n'en auraient eu dans la position subalterne initialement prévue pour eux. Je ne prétends pas enseigner la Divinité, et je prie le lecteur de comprendre cela et de pardonner la légèreté et l'insuffisance des notes rédigées sans plus d'intention de traitement cohérent de leur sujet que ce qui pourrait régler une conversation accidentelle. Certains d'entre eux sont simplement copiés de mon journal intime ; d'autres sont des exposés détachés de faits, qui me semblent significatifs ou précieux, sans commentaire ; tous sont écrits à la hâte et dans les intervalles d'occupation d'un sujet entièrement différent. On me demandera peut-être si j'ai le droit de parler ainsi hâtivement et insuffisamment en respectant l'affaire en question ? Oui. J'ai le droit de *parler* précipitamment ; ne pas *réfléchir* à la hâte. Je n'ai pas pensé à ces choses à la hâte ; et, en outre, la hâte de parler est avouée, afin que le lecteur puisse penser à moi seulement comme lui parlant et lui disant, aussi brièvement et simplement que je peux, des choses que, s'il les estime stupides ou vaines, il est invité à dire. mettre de côté; mais ce que, en toute vérité, je ne peux m'empêcher de dire en ce moment.

183. Les passages de l'essai qui nécessitaient des notes décrivaient la répression du pouvoir politique du clergé vénitien par le Sénat vénitien ; et il m'est devenu nécessaire — en appuyant une affirmation faite au cours de l'enquête, que l'idée de séparation de l'Église et de l'État était à la fois vaine et impie — de limiter le sens dans lequel il me semblait que le mot « Église » doit être comprise, et de noter une ou deux conséquences qui résulteraient de l'acceptation d'une telle limitation. Autant le faire dans un article séparé, lisible par toute personne intéressée par le sujet ; car il est grand temps de s'entendre sur *une définition de ce mot*. Je ne parle pas d'une définition impliquant la doctrine de telle ou telle division des chrétiens, mais limitant, d'une manière comprise par tous, le sens dans lequel le mot doit désormais être *utilisé* . L'état actuel des choses présente de graves inconvénients. Par exemple, dans un sermon récemment publié à Oxford par un religieux anti-tractarien, je trouve cette phrase : « Il est clairement du ressort de l'État d'établir une église nationale *ou* une *institution extérieure de certaines formes de culte* . Supposons maintenant que l'on prenne cette interprétation du mot « Église », donnée par un religieux d'Oxford, et que l'on le substitue au mot simple

dans certains textes bibliques, comme, par exemple, « À l'ange de l'institution extérieure de certaines formes de culte d'Éphèse, écrivez », etc. Ou « Saluez les frères qui sont à Laodicée et Nymphas, et l'institution extérieure de certaines formes de culte qui est dans sa maison », — quels résultats gênants nous devrions avoir, ici et là. ! Or, je ne dis pas qu'il est possible aux hommes d'être d'accord les uns avec les autres sur leurs *opinions religieuses* , mais il leur est certainement possible d'être d'accord les uns avec les autres sur leurs *expressions religieuses* ; et lorsqu'un mot apparaît cent quatorze fois dans la Bible, ce n'est sûrement pas trop demander aux théologiens en conflit de le laisser dans le sens dans lequel il y apparaît ; et quand ils veulent une expression de quelque chose pour laquelle cela ne figure *pas* dans la Bible, pour utiliser un autre mot. Il n'y a aucun compromis d'opinion religieuse là-dedans ; c'est simplement un respect pour les Anglais de la Reine.

184. Le mot apparaît dans le Nouveau Testament, comme je l'ai dit, cent quatorze fois. [140] Dans chacun de ces événements, il revêt un seul et même grand sens : celui d'une congrégation ou d'une assemblée d'hommes. Mais il porte ce sens sous quatre modifications différentes, donnant quatre sens distincts au mot. Ceux-ci sont-

I. La multitude entière des élus ; autrement appelé le Corps du Christ ; et parfois la Mariée, la Femme de l'Agneau ; y compris les fidèles de tous les âges ; — Adam et les enfants d'Adam encore à naître.

Dans ce sens, il est utilisé dans Éphésiens v. 25, 27, 32 ; Colossiens I. 18 ; et plusieurs autres passages.

II. La multitude entière de croyants professant en Christ, existant sur terre à un moment donné ; y compris les faux frères, les loups déguisés en brebis, les boucs et l'ivraie, ainsi que les brebis et le blé, et d'autres espèces de mauvais poissons avec du bon dans le filet.

Dans ce sens, il est utilisé dans 1 Cor. X. 32, XV. 9 ; Galates I. 13 ; 1 Tim. iii. 5, etc

III. La multitude de croyants déclarés, vivant dans une certaine ville, un lieu ou une maison. C'est le sens le plus fréquent dans lequel le mot apparaît, comme dans Actes VII. 38, XII. 1; 1 Cor. je. 2, XVI. 19, etc.

IV. Toute assemblée d'hommes : comme dans Actes XIX. 32, 41.

185. Que dans cent douze textes sur cent quatorze, le mot porte quelqu'un de ces quatre sens, est incontestable. [141] Mais il existe deux textes dans lesquels, si le mot était apparu seul, sa signification aurait pu être douteuse. Ce sont Matt. XVI. 18, et XVIII. 17.

L'absurdité de fonder une doctrine sur la possibilité inexprimable que, dans ces deux textes, le mot ait pu être utilisé avec un sens différent de celui qu'il avait dans tous les autres, couplée à l'hypothèse que le sens était ceci ou cela, Cela va de soi : il ne s'agit pas tant d'une erreur religieuse que d'un solécisme philologique ; sans précédent, autant que je sache, dans aucune autre science que celle de la divinité.

Ce n'est pas non plus, je pense, commis ouvertement par les protestants. Aucun religieux anglais, à qui l'on demande directement une définition biblique de « l'Église », n'aurait, je suppose, l'audace de répondre « le clergé ». Il n'y a pas non plus de mal à l'usage courant du mot, seulement qu'il soit clairement compris comme n'étant pas le mot scripturaire ; et donc impropre à la substitution dans un texte biblique. Il n'y a aucun mal à ce qu'un homme parle du fait que son fils « entre dans l'Église », ce qui signifie qu'il va prendre les ordres ; "Dites-le à l'Église", il aurait pu vouloir dire "Dites-le au clergé".

186. Il est temps de mettre fin à de tels malentendus. Que tous les hommes déclarent clairement, lorsqu'ils commenceront à exprimer leurs opinions sur les questions ecclésiastiques, qu'ils utiliseront le mot « Église » dans un sens ou dans l'autre ; qu'ils accepteront le sens dans lequel il est utilisé par les Apôtres, ou qu'ils nient ce sens et proposent une nouvelle définition qui leur est propre. Nous saurons alors de quoi il s'agit avec eux - nous pourrons peut-être leur accorder leur nouvel usage du terme et discuter avec eux sur cette compréhension ; afin seulement qu'ils ne prétendent pas faire usage de l'autorité scripturaire, alors qu'ils refusent d'employer le langage scripturaire. Ce n'est toutefois pas mon intention de le faire pour le moment. Je désire seulement m'adresser à ceux qui sont prêts à accepter le sens apostolique du mot Église ; et avec eux, je m'efforcerais bientôt de déterminer quelles conséquences doivent découler d'une acceptation de ce sens apostolique, et quelles doivent être nos premières et les plus nécessaires conclusions du langage commun de l'Écriture [142] ^{concernant} ces points suivants : -

(1) Les caractères distinctifs de l'Église,
(2) L'autorité de l'Église. (3) L'autorité du clergé sur l'Église. (4) Le lien de l'Église avec l'État.

187. Il s'agit là de quatre sujets de questions distincts : mais nous n'aurons pas à poser ces questions successivement avec chacune des quatre significations bibliques du mot Église, car évidemment ses deuxième et troisième sens peuvent être considérés ensemble, comme exprimant simplement les conditions générales ou particulières de l'Église visible, et le la quatrième signification est entièrement indépendante de toutes les questions d'ordre religieux. De sorte que nous ne poserons successivement les questions ci-dessus que concernant l'Église invisible et visible ; et comme

les deux dernières — l'autorité du clergé et la connexion avec l'État — ne peuvent évidemment avoir référence qu'à l'Église visible, nous aurons, en tout, ces six questions à considérer :

(1) Les caractères distinctifs de l'Église invisible.
(2) Les caractères distinctifs de l'Église visible. (3) L'autorité de l'Église invisible. (4) L'autorité de l'Église visible, (5) L'autorité du clergé sur l'Église visible. (6) La connexion de l'Église visible. Église visible à l'État.

188. (1) Quels sont les caractères distinctifs de l'Église invisible ? C'est-à-dire : qu'est-ce qui fait qu'une personne est membre de cette Église, et comment doit-elle être connue pour cela ? Vaste question — s'il fallait prendre connaissance de tout ce qui a été écrit à son sujet, si remarquable qu'il ait toujours été par la quantité plutôt que par la minutie, et plein de confusion entre le visible et l'invisible : même l'article de l'Église d'Angleterre étant ambigu dans son sens, sa première clause : « L' Église *visible* est une congrégation d'hommes fidèles. » Comme si jamais il avait été possible, sauf Dieu, de voir la Foi, ou de connaître de vue un homme fidèle ! Et il n'y a pas grand-chose d'autre écrit sur cette question, sans une confusion aussi rapide de l'Église visible et invisible ; une confusion inutile et inexplicable. Car évidemment, l'Église composée d'hommes fidèles est la seule véritable Église, indivisible et indiscernable, bâtie sur le fondement des apôtres et des prophètes, Jésus-Christ lui-même étant la pierre angulaire principale. Il inclut tous ceux qui se sont endormis en Christ, et tous ceux qui ne sont pas encore nés, qui doivent être sauvés en Lui : son Corps est encore imparfait ; il ne sera pas parfait tant que le dernier esprit humain sauvé ne sera pas rassemblé auprès de son Dieu.

Un homme ne devient membre de cette Église qu'en croyant au Christ de tout son cœur ; il n'est pas non plus positivement reconnaissable comme membre de celui-ci, lorsqu'il le devient, par quelqu'un d'autre que Dieu, pas même par lui-même. Il existe néanmoins certains signes permettant de deviner les brebis du Christ. Non pas parce qu'ils se trouvent dans un troupeau défini – car beaucoup sont parfois des brebis perdues ; mais par leur comportement moutonnier ; et un grand nombre sont en effet des moutons que, du côté opposé de la montagne, dans leur tranquillité, nous prenons pour des pierres. Pour eux, la meilleure preuve qu'ils sont les brebis du Christ est de se retrouver sur les épaules du Christ ; et, entre eux, il existe certaines sympathies (exprimées dans le Symbole des Apôtres par le terme « communion des saints »), par lesquelles ils peuvent en quelque sorte se reconnaître et devenir ainsi vraiment visibles l'un pour l'autre pour un confort mutuel.

189. (2) Les limites de l'Église visible, ou de l'Église au deuxième sens scripturaire, ne sont pas si faciles à définir : ce sont des questions délicates, celles-ci, de filets à pieux. On a essayé de manière ingénieux et plausible de faire du baptême un signe d'admission dans l'Église visible : mais de manière assez absurde ; car nous savons que la moitié des baptisés dans le monde sont des coquins très visibles, ne croyant ni en Dieu ni au diable ; et c'est un pur blasphème que d'appeler ces chrétiens visibles ; nous savons aussi que le Saint-Esprit était parfois donné avant le baptême, [143] et il serait absurde d'appeler un homme sur lequel le Saint-Esprit était tombé, un chrétien invisible. La seule distinction rationnelle est celle que nous supposons toujours, en pratique, même si cela n'est pas déclaré. Si nous entendons un homme se déclarer croyant en Dieu et en Christ, et que nous le détectons comme ne violant pas de manière flagrante et délibérée la loi de Dieu, nous parlons de lui comme d'un chrétien ; et, d'un autre côté, si nous l'entendons ou le voyons renier le Christ, que ce soit dans ses paroles ou dans sa conduite, nous supposons tacitement qu'il n'est pas chrétien. Une charité mièvre nous empêche de nous exprimer sur ce sujet et de nous efforcer sérieusement de discerner qui sont chrétiens et qui ne le sont pas ; et je considère cela comme l'un des principaux péchés de l'Église de nos jours ; car ainsi les méchants n'ont aucune honte ; et les hommes meilleurs sont encouragés dans leurs défauts, ou amenés à hésiter dans leurs vertus, par l'exemple de ceux que, dans une fausse charité, ils choisissent d'appeler chrétiens. Maintenant, étant donné qu'il est impossible de savoir avec détermination qui sont réellement des chrétiens, ce n'est pas une raison pour une négligence totale dans la séparation du chrétien nominal, apparent ou possible, du païen déclaré ou de l'ennemi de Dieu. Nous passons beaucoup de temps à discuter de l'efficacité des sacrements et d'autres mystères similaires ; mais nous n'agissons pas sur la base de tests très certains, clairs et visibles. Nous savons que le peuple du Christ n'est pas des voleurs, ni des menteurs, ni des fouineurs, ni des malhonnêtes, ni des avares, ni des gaspilleurs, ni des cruels. Débarrassons-nous donc des voleurs, des menteurs, des gens gaspilleurs, des gens avares, des gens tricheurs, des gens qui ne paient pas leurs dettes. Assurons-leur qu'eux, au moins, n'appartiennent pas à l'Église visible ; et ayant ainsi donné à cette Église une forme et une cohésion décentes, il sera temps de penser à resserrer les filets.

Je considère comme une loi, palpable au bon sens, et que seule la lâcheté et l'infidélité de l'Église l'empêche de mettre en pratique, que la conviction de toute conduite déshonorante ou crime volontaire, de toute fraude, mensonge, cruauté ou la violence, devrait être un motif d'excommunication de tout homme : — pour sa séparation publiquement déclarée du corps reconnu de l'Église visible : et qu'il ne devrait pas y être reçu de nouveau sans confession publique de son crime et déclaration de son repentir. Si cela était vigoureusement appliqué, nous aurions bientôt une vie plus pure dans le monde et moins de discussions sur les églises hautes et basses. Mais avant de pouvoir avoir une idée de la manière dont une telle loi pourrait être appliquée, nous devons considérer la seconde concernant l'autorité de l'Église. Or l'autorité est double : déclarer la doctrine et imposer la discipline ; et nous devons donc nous renseigner sur chaque espèce, -

190. (3) Quelle est l'autorité de l'Église invisible ? Évidemment, en matière de doctrine, tous les membres de l'Église invisible devaient avoir eu, et doivent toujours avoir, au moment de leur mort, raison sur les points essentiels au salut. Mais (A), nous ne pouvons pas dire qui *sont* membres de l'Église invisible.

(B) Nous ne pouvons pas recueillir de preuves sur les lits de mort sous une forme clairement définie.

(C) Nous pouvons recueillir des preuves, sous quelque forme que ce soit, seulement auprès d'un ou deux sur mille scellés de l'Église Invisible. Elie pensait qu'il était seul en Israël ; et pourtant il y avait sept mille invisibles autour de lui. Accordez que nous ayons l'intelligence d'Elie ; et nous ne pouvions compter que sur la collecte d'une sept millième partie des preuves ou opinions de la partie de l'Église invisible vivant sur terre à un moment donné : c'est-à-dire le sept millionième ou le billionième de ses preuves collectives. Il est donc très clair que nous ne pouvons espérer nous débarrasser des opinions contradictoires et conserver les opinions cohérentes par une équation générale. Mais, a-t-on dit, ce ne sont pas là des opinions contradictoires ; l'Église est infaillible. On parlait de l'infaillibilité de l'Église, si je me souviens bien, dans cette lettre de M. Bennett à l'évêque de Londres. Si une Église est infaillible, c'est assurément l'Église invisible, ou Corps du Christ : et infaillible au sens principal du terme, elle doit bien sûr l'être par sa définition. Une personne élue doit être sauvée, et ne peut donc finalement pas être trompée sur des points essentiels : de sorte que le Christ dit de la tromperie d'une telle personne : « Si c'était possible » , ce qui implique que cela est impossible. Donc, comme nous l'avons dit, si l'on pouvait se débarrasser des opinions variables des membres de l'Église invisible, les opinions constantes feraient assurément autorité : mais, pour les trois raisons exposées ci-dessus, nous ne pouvons pas parvenir à leurs opinions constantes : et comme pour les sentiments et les pensées qu'ils éprouvent ou expriment quotidiennement, la question de l'infaillibilité - qui n'est pratique que dans cette perspective - est bientôt réglée. Remarquez que saint Paul et le reste des Apôtres écrivent presque toutes leurs épîtres à l'Église invisible : — ces épîtres ont pour titre — Romains : « Aux bien-aimés de Dieu, appelés à être saints ; » 1 Corinthiens : « Aux bien-aimés de Dieu, appelés à être saints » ; ceux qui sont sanctifiés en Jésus-Christ : « 2 Corinthiens : « Aux saints de toute l'Achaïe » ; Éphésiens : « Aux saints qui sont à Éphèse et aux fidèles en Jésus-Christ ; » aux Philippiens : « À tous les saints qui sont à Philippes ; » aux Colossiens : « Aux saints et aux frères fidèles qui sont à Colosses ; » 1 et 2 Thessaloniciens : « À l'Église des Thessaloniciens, qui est en Dieu le Père et le Seigneur Jésus ; » 1 et 2 Timothée : « À son propre fils dans la foi ; « Tite, à lui ; 1 Pierre : « Aux étrangers, élus selon la prescience de Dieu » ; 2 Pierre : « À ceux qui ont obtenu chez nous une foi comme précieuse ; » 2 Jean : « À la dame élue ; » Jude : « À ceux qui sont sanctifiés par Dieu le Père, préservés en Jésus-Christ et appelés. »

191. Il y a ainsi quinze épîtres, expressément adressées aux membres de l'Église invisible. Philémon et Hébreux, ainsi que 1 et 3 Jean, sont évidemment aussi écrits ainsi, bien que pas aussi expressément inscrits. Celui de Jacques et celui des Galates s'appliquent aussi évidemment à l'Église visible : l'un étant général, et l'autre aux personnes « éloignées de Celui qui les a appelés ». En laissant donc de côté ces deux épîtres, mais en incluant les paroles du Christ à ses disciples, nous trouvons dans les adresses bibliques aux membres de l'Église invisible quatorze, sinon plus, injonctions directes « de ne pas se tromper ». [145] Voilà pour « l'infaillibilité de l'Église ».

Or, on pourrait supporter plus patiemment le Puseyisme, si ses erreurs provenaient simplement de tempéraments particuliers cédant à des tentations particulières. Mais ses refus audacieux de lire un anglais simple ; ses ajustements élaborés de bandages serrés sur ses propres yeux, comme une saine préparation à une promenade parmi les pièges et les embûches ; sa confiance audacieuse dans sa propre clairvoyance à tout moment et ses déclarations selon lesquelles chaque gouffre dans lequel il tombe est un septième ciel ; et qu'il est agréable et profitable de se casser les jambes ; — avec tout cela, il est difficile d'avoir de la patience. On pense au bandit de grand chemin les yeux fermés dans les « Mille et une nuits » ; et se demande si une quelconque sorte de flagellation pousserait le bandit anglican à ouvrir « d'abord l'un, puis l'autre ».

192. (4) Voilà donc, je le répète, pour l'infaillibilité de l' Église *visible* et pour son autorité qui en résulte. Maintenant, si nous voulons vérifier quelle est l'infaillibilité et l'autorité de l'Église visible, nous devons allier la petite sagesse et la légèreté des chrétiens invisibles, avec le grand pourcentage de fausse sagesse et le poids contraire des antichrétiens non détectés. Quel alliage constitue la monnaie actuelle des opinions dans l'Église Visible, ayant la valeur que nous pouvons choisir – sa nature étant correctement évaluée – de lui attacher.

pas , en matière de doctrine, d'autorité de l'Église. Autant parler de l'autorité d'un nuage matinal. Il peut y avoir de la lumière *en* elle, mais la lumière n'en vient pas ; et cela diminue la lumière qu'il reçoit ; et il en laisse passer moins qu'il n'en reçoit, Christ étant son soleil. Ou bien, autant parler de l'autorité d'un troupeau de brebis, car l'Église est un corps qui doit être instruit et nourri, non pas pour enseigner et nourrir : et de toutes les brebis qui sont nourries sur la terre, les brebis du Christ sont les plus simple, (les enfants de cette génération sont plus sages) : toujours se perdre ; ne faisant guère d'autre dans ce monde *que* se perdre ; ne jamais se retrouver ; toujours trouvé par quelqu'un d'autre; se retrouvant perpétuellement dans les marécages, les neiges et les fourrés de ronces, ils aimeraient y mourir, sans leur berger, qui les retrouve et les ramène sans cesse, les toisons déchirées et les yeux pleins de peur.

193. Ceci donc étant la non-autorité de l'Église en matière de doctrine, quelle autorité a-t-elle en matière de discipline ?

Beaucoup, dans tous les sens. Les moutons ont le pouvoir naturel et sain (aussi éloignés qu'ils soient de leur propre bergerie) de se rassembler en nœuds ordonnés ; se suivant les uns les autres dans les sentiers foulés aux moutons, et se tenant la tête dans un sens quand ils voient venir des chiens étrangers ; ainsi que de chasser de leur compagnie tous ceux qu'ils ont des raisons de soupçonner de ne pas être de bonnes brebis et d'être parmi eux pour rien. Toutes ces choses doivent être faites selon le moment et le lieu l'exigent, et d'un commun accord. Un chemin peut être bon à un moment de la journée et mauvais à un autre moment de la journée, ou après un changement de vent ; et une position peut être très bonne pour une défense soudaine, qui serait très raide et gênante pour se nourrir. Et le consentement commun doit souvent être de telle ou telle compagnie sur tel ou tel flanc de colline, dans tel ou tel danger particulier, - non pas de tous les moutons du monde : et le consentement peut soit être littéralement commun et exprimé en assemblée, soit nommer des officiers sur le reste, avec tels ou tels dépôts de l'autorité commune, pour être utilisés pour l'avantage commun. La condamnation pour crimes et l'excommunication, par exemple, ne pouvaient être effectuées que devant ou par l'intermédiaire d'officiers d'une autorité désignée.

194. (5) Cela nous amène alors à notre cinquième question. Quelle est l'autorité du clergé sur l'Église ?

La première clause de la question doit évidemment être : Qui *est* le clergé ? Et il n'est pas facile de répondre à cette question sans aborder le reste de la question.

Par exemple, je crois entendre certaines personnes répondre que le clergé est un peuple de trois sortes : les évêques, qui surveillent l'Église ; Prêtres, qui se sacrifient pour l'Église ; Les diacres qui servent l'Église : supposant ainsi dans leur réponse que l'Église doit être sacrifiée *pour elle* et que le peuple ne peut pas la négliger et la servir en même temps ; ce qui va beaucoup trop vite. Je pense cependant que si nous définissons le clergé comme étant les « officiers spirituels de l'Église », c'est-à-dire, par officiers, simplement les personnes en fonction, nous aurons un titre assez sûr et assez général pour commencer, et correspondant aussi , assez bien, avec l'expression générale de saint Paul προ ι σταμ έ voι, dans Rom. XII. 8 et 1 Thess. v.13.

Maintenant, en ce qui concerne ces officiers spirituels, ou responsables, nous devons d'abord nous demander : quelle est, ou devrait être, leur fonction ou autorité ? deuxièmement, qui leur a donné, ou devrait leur donner cette autorité ? C'est-à-dire, premièrement, quelle est, ou devrait être, la *nature* de leur fonction ? et deuxièmement, quelle est l' *étendue* ou la force de leur autorité en ce domaine ? car ce dernier dépend principalement de sa dérivation.

195. Premièrement, quels devraient être les offices et quelle devrait être l'autorité du clergé ?

Jusqu'à présent, je me suis référé à la Bible pour obtenir une réponse à chaque question. Je le fais encore ; et voici, la Bible ne me donne aucune réponse. Je vous défie de me répondre à partir de la Bible. Vous ne pouvez que deviner, et vaguement conjecturer, quelles *étaient* les fonctions du clergé au premier siècle. Vous ne pouvez pas me montrer un seul commandement quant à ce qu'ils seront. Étrange, cela ; la Bible ne donne aucune réponse à une question apparemment si importante ! Dieu n'aurait sûrement pas laissé sa parole sans réponse à tout ce que ses enfants devraient demander. Il s'agit sûrement d'une question ridicule – une question que nous n'aurions jamais dû poser ni penser à poser. Pensons-y encore un peu. Certes, — C'est *une* question ridicule, et nous aurions honte de l'avoir posée : — Quels doivent être les offices du clergé ? C'est-à-dire : quelles sont les nécessités spirituelles possibles qui peuvent surgir à tout moment dans l'Église, et par quels moyens et par quels hommes faut-il y pourvoir ? — question évidemment infinie. Différents types de nécessités doivent être satisfaits par différentes autorités, constituées au fur et à mesure que les nécessités se présentent. Robinson Crusoé, dans son île, ne veut pas d'évêque et fait un orage pour un évangéliste. L'Université d'Oxford se porterait mal sans son évêque ; mais il veut en plus un évangéliste ; et cela immédiatement. L'autorité dont les bergers vaudois ont besoin est celle de Barnabas, le Fils de Consolation ; l'autorité dont la ville de Londres a besoin est celle de Jacques, le Fils du Tonnerre. Modifions alors la forme de notre question et posons-la ainsi à la Bible : quelles sont les nécessités les plus susceptibles de surgir dans l'Église ? et peuvent-ils être mieux accueillis par des hommes différents, ou en grande partie par les mêmes hommes agissant à des titres différents ? et les noms attachés à leurs fonctions ont-ils une quelconque importance ? Ah, la Bible répond maintenant, et cela haut et fort. L'Église est bâtie sur le fondement des apôtres et des prophètes, Jésus-Christ lui-même en étant la pierre angulaire. Bien; nous ne pouvons pas avoir deux fondements, donc nous ne pouvons plus avoir d'apôtres ni de prophètes : — alors, quant aux autres besoins de l'Église dans son édification sur ce fondement, il y a toutes sortes de choses à faire quotidiennement ; — des réprimandes à donner ; réconfort à apporter ; Écriture à expliquer ; avertissement à appliquer ; menaces d'être exécutés; organismes de bienfaisance à administrer ; et les hommes qui font ces choses sont appelés et s'appellent eux-mêmes, avec une indifférence absolue, diacres, évêques, anciens, évangélistes, selon ce qu'ils font au moment de parler. Saint Paul se dit presque toujours diacre, saint Pierre se dit ancien, 1 Pierre v. 1 ; et Timothée, généralement considéré comme étant un évêque, est appelé diacre dans 1 Tim. iv. 6 – interdit de réprimander un ancien, au v. 1, et exhorté à faire l'œuvre d'un évangéliste, dans 2 Tim. iv. 5. Mais il y a une chose qu'ils *ne s'appellent jamais eux* -mêmes en tant qu'officiers ou comme séparés du reste du troupeau, et qu'il aurait été impossible, comme si séparés, qu'ils se *soient jamais* appelés eux-mêmes ; c'est-à-dire ... *Prêtres* .

196. Il aurait été tout aussi possible pour le clergé de l'Église primitive de s'appeler Lévites que de s'appeler (d'office) Prêtres. Toute la fonction de la prêtrise était, le matin de Noël, immédiatement et pour toujours rassemblée dans sa personne née à Bethléem ; et désormais, tous ceux qui sont unis à Lui et qui avec Lui se sacrifient eux-mêmes ; c'est-à-dire que tous les membres de l'Église invisible deviennent, au moment de leur conversion, prêtres ; et sont ainsi appelés dans 1 Pierre ii. 5, et Rév. i. 6 et XX. 6, où, remarquez, il n'y a aucune possibilité de limiter l'expression au Clergé ; les conditions de la prêtrise étant simplement d'avoir été aimé par Christ et lavé dans son sang. La prétention blasphématoire de la part du clergé d'être *plus* prêtres que les laïcs pieux, c'est-à-dire d'avoir une sainteté plus élevée que la sainteté d'être un avec le Christ, est tout à fait une hérésie romaniste, qui traîne après elle, ou qui a son origine dans les autres hérésies concernant le pouvoir sacrificiel de l'officier de l'Église, et le fait qu'il répète l'oblation du Christ, et a ainsi le pouvoir d'absoudre du péché : — avec tous les autres mensonges sans fin et misérables de la hiérarchie papale ; des mensonges pour lesquels, afin qu'il n'y ait aucune ombre d'excuse, il a été ordonné par le Saint-Esprit qu'aucun ministre chrétien ne se dira un jour prêtre d'un bout à l'autre du Nouveau Testament, sauf avec son troupeau ; et bien loin que l'idée d'une quelconque sanctification particulière, appartenant au clergé, entre jamais dans l'esprit des Apôtres, nous trouvons en fait saint Paul se défendant contre l'imputation possible d'infériorité : « Si quelqu'un se confie en lui-même qu'il appartient au Christ, qu'il pense encore une fois que, comme lui est à Christ, nous aussi sommes à Christ » (2 Cor. X. 7). Quant à la

malheureuse conservation du terme Priest dans notre livre de prières anglais, aussi longtemps qu'il était compris comme signifiant rien d'autre qu'un officier supérieur de l'Église, autorisé à dire à l'assemblée depuis le pupitre de lecture, quoi (pour le reste) ils auraient pu, penserait-on, savoir sans qu'on leur dise que « Dieu pardonne à tous ceux qui se repentent vraiment », il y avait peu de mal à cela ; mais, maintenant que cet ordre du clergé commence à présumer d'un titre qui, s'il veut dire quelque chose, est simplement l'abréviation de Presbyter, et n'a pas plus à voir avec le mot Hiereus qu'avec le mot Lévite, il est temps que certains l'ordre doit être pris à la fois auprès du livre et du clergé. Par exemple, dans ce dangereux composé de poésie hésitante et de Divinité creuse, appelé la « Lyra Apostolica », nous trouvons beaucoup de versifications sur le péché de Koré et de sa compagnie : avec un parallèle suggéré entre les Églises chrétienne et lévitique, et menaçant qu'il y ait « Les feux du jugement, pour les Korahs à la voix haute de leur époque. » De tels incendies existent effectivement. Mais quand Moïse dit : « Le Seigneur vous suscitera un prophète comme moi », voulait-il dire l'écrivain qui signe γ dans la « Lyra Apostolica » ? La fonction de législateur et de prêtre est désormais à jamais rassemblée en un seul médiateur entre Dieu et l'homme ; et ILS sont coupables du péché de Koré qui, de manière blasphématoire, s'associerait à Sa Médiation.

197. Quant aux passages de « l'Ordre des Prêtres » et de la « Visite des Malades » concernant l'Absolution, ils sont évidemment du pur romanisme, et pourraient tout aussi bien ne pas y être, pour l'effet pratique qu'ils ont sur la conscience des laïcs. ; et il vaudrait mieux ne pas y être, en ce qui concerne leur effet sur l'esprit du clergé. Il est en effet vrai que le Christ a promis des pouvoirs absolus à ses apôtres : il a aussi promis à ceux qui croiraient de prendre des serpents ; et s'ils buvaient quelque chose de mortel, cela ne devrait pas leur faire de mal. Ses paroles se sont accomplies littéralement ; mais ceux qui voudraient étendre leur force au-delà des temps apostoliques doivent étendre les deux promesses ou aucune des deux.

Quoique, cependant, les laïcs protestants n'admettent pas souvent le pouvoir absolvant de leur clergé, ils ne sont que trop enclins à céder, en quelque sorte, à l'impression de leur plus grande sanctification ; et de là résulte immédiatement la malheureuse conséquence que le caractère sacré du laïc lui-même est oublié et que son propre devoir ministériel est négligé. Les hommes qui n'exercent pas de fonctions dans l'Église se supposent, pour cette raison, d'une manière impie ; et que, par conséquent, ils peuvent pécher avec plus d'excuses, et être oisifs ou impies avec moins de danger que le clergé : en particulier, ils se considèrent relevés de toute fonction ministérielle, et comme autorisés à consacrer tout leur temps et leur énergie aux affaires de cette affaire. monde. Aucune erreur ne peut être plus grave. Chaque membre de l'Église est également tenu au service du Chef de l'Église

; et ce service est avant tout le salut des âmes. Il n'y a pas un moment de la vie active d'un homme où il ne prêche indirectement ; et pendant une grande partie de sa vie, il devrait prêcher *directement* et enseigner à la fois aux étrangers et aux amis ; ses enfants, ses serviteurs et tous ceux qui lui sont soumis de quelque manière que ce soit, lui étant donnés comme objets spéciaux de son ministère. De sorte que la seule différence entre un officier de l'Église et un membre laïc est soit un degré plus large d'autorité accordé au premier, en tant qu'homme apparemment plus sage et meilleur, soit une nomination spéciale à une fonction plus facilement exercée par une seule personne que par plusieurs : comme, par exemple, le service des tables par les diacres ; l'autorité ou la nomination étant, dans les deux cas, communément signifiée par une séparation marquée du reste de l'Église, et le privilège ou le pouvoir [146] d'être maintenu par le reste de l'Église, sans être forcé de travailler de ses mains, ou s'encombrer de préoccupations temporelles.

198. Maintenant, mettant hors de question le service des tables et autres devoirs semblables, sur lesquels il n'y a pas de débat, nous trouverons les offices du clergé, quels que soient les noms que nous choisissons de donner à ceux qui les remplissent, tombant principalement en deux grandes têtes : — Enseignement ; y compris la doctrine, l'avertissement et le réconfort : Discipline ; y compris la réprimande et l'administration directe de la punition. L'une ou l'autre de ces fonctions serait naturellement confiée à des personnes seules, à l'exclusion des autres, par simple question de commodité : si ces personnes étaient plus sages et meilleures que les autres ou non ; et concernant chacun d'eux, et l'autorité requise pour son exécution appropriée, une brève enquête doit être faite séparément.

199. I. Enseignement. — Il semble naturel et sage que certains hommes soient mis à part du reste de l'Église afin qu'ils puissent faire de la théologie l'étude de leur vie : et qu'ils soient instruits spécialement dans les langues hébraïque et grecque. ; et leur ont accordé tout le loisir d'étudier les Écritures et d'acquérir une connaissance générale des fondements de la foi et des meilleurs modes de défense contre tous les hérétiques : et il semble évidemment juste aussi qu'à ce devoir scolastique soit joint le devoir pastoral de visite constante et d'exhortation au peuple ; car, évidemment, la Bible et les vérités de la Divinité en général ne peuvent être correctement comprises que dans leur application pratique ; et il est clair aussi qu'un homme qui consacre constamment son temps à des ministères spirituels doit être mieux capable, en toute occasion, de traiter puissamment le cœur humain qu'un homme inexpérimenté dans de telles matières. L'unité de la connaissance et de l'amour, tous deux entièrement consacrés au service du Christ et de son Église, marque le véritable ministre chrétien ; qui, je crois, chaque fois qu'il a existé, n'a jamais manqué de recevoir le respect dû et approprié de la part de tous les hommes, quels que soient leur caractère ou leur opinion ; et je crois

que si tous ceux qui prétendent l'être l'étaient effectivement, il ne serait plus jamais question de leur autorité.

200. Mais, quelle que soit l'influence qu'ils puissent avoir sur l'Église, leur autorité ne supplante jamais celle de l'intellect ou de la conscience du plus simple de ses membres laïcs. Ils peuvent aider ces membres dans la recherche de la vérité ou réconforter leurs esprits épuisés et douteux ; ils peuvent même leur assurer qu'ils sont sur le chemin de la vérité, ou que le pardon est à leur portée : mais ils ne peuvent ni manifester la vérité, ni accorder le pardon. La vérité doit être découverte et le pardon doit être gagné, pour chacun pour soi. Cela ressort clairement d'innombrables textes de l'Écriture, mais principalement de ceux qui exhortent tout homme à rechercher la vérité et qui relient la connaissance à l'action. Nous devons rechercher la connaissance comme de l'argent et la rechercher comme des trésors cachés ; par conséquent, elle doit être naturellement cachée à tout homme, et sa découverte ne doit être que la récompense d'une recherche personnelle. Le royaume de Dieu est comme un trésor caché dans un champ ; et parmi ceux qui prétendent nous aider à le chercher, nous ne devons pas faire confiance à ceux qui disent : Voici le trésor, nous l'avons trouvé, nous l'avons, et nous vous en donnerons une partie ; mais chez ceux qui disent : Nous pensons que c'est un bon endroit pour creuser, et vous creuserez plus facilement de telle ou telle manière.

201. De plus, il a été promis que si une recherche aussi sérieuse était faite, la Vérité serait découverte : autant de vérité, c'est-à-dire autant de vérité qu'il en faut à celui qui cherche. Je les considère donc comme deux principes fondamentaux de la religion : que sans recherche, la vérité ne peut pas du tout être connue ; et qu'en cherchant, il peut être découvert par les plus simples. Je dis que sans chercher, on ne peut pas du tout le connaître. Il ne peut ni être déclaré en chaire, ni consigné dans des articles, ni en aucune manière « préparé et vendu » dans des emballages prêts à l'emploi. La vérité doit être extraite de son enveloppe pour chacun par lui-même, avec l'aide qu'il peut obtenir, certes, mais non sans un travail acharné de sa part. Dans quelle science la connaissance est-elle disponible à bon marché ? ou la vérité à dire sur un coussin de velours, au cours d'une conversation d'une demi-heure tous les sept jours ? Pouvez-vous ainsi apprendre la chimie ? – la zoologie ? – l'anatomie ? et espérez-vous pénétrer le secret de tous les secrets, et connaître ce dont le prix est supérieur aux rubis ; et dont la profondeur dit : Ce n'est pas en moi, d'une manière si facile ? Il y a des doutes à ce sujet que les mauvais esprits assombrissent avec leurs ailes, et cela est vrai de tous ces doutes dont on nous a parlé il y a longtemps : ils peuvent « être mis fin par l'action seule ». [147]

202. Aussi sûrement que nous vivons, cette vérité des vérités ne peut être discernée que de cette façon : à ceux qui agissent sur la base de ce qu'ils savent, davantage sera révélé ; et ainsi, si quelqu'un veut faire sa volonté, il saura si la doctrine est de Dieu. Tout homme, non pas celui qui a le plus de moyens de savoir, qui a le cerveau le plus subtil, ou qui siège sous la direction du prédicateur le plus orthodoxe, ou qui a sa bibliothèque la plus remplie de livres les plus orthodoxes, mais l'homme qui s'efforce de savoir, qui prend Dieu en considération. à sa parole, et se met à déterrer le mystère céleste, les racines et tout, avant le coucher du soleil et la nuit venue, où personne ne peut travailler. À côté d'un tel homme, Dieu se tient dans une présence de plus en plus visible alors qu'il travaille dur et lui enseigne ce qu'aucun prédicateur ne peut enseigner – aucune autorité terrestre ne le contredit. C'est par un tel homme que le prédicateur doit lui-même être jugé.

203. Vous en doutez ? Il n'y a rien de plus sûr ni de plus clair dans la Bible : les Apôtres eux-mêmes font constamment appel à leurs troupeaux et *réclament en fait* d'eux un jugement, comme le méritant et y ayant droit, plutôt que de le décourager. Mais notons d'abord la manière dont la découverte de la vérité est parlée dans l'Ancien Testament : « Les méchants ne comprennent pas le jugement, mais ceux qui cherchent le Seigneur comprennent toutes choses », Proverbes xxviii. 5. Dieu renverse non seulement le transgresseur ou le méchant, mais même « les paroles du transgresseur », Proverbes XXII. 12, et « le conseil des méchants », Job v. 13, XXI. 16 ; observez encore, dans Proverbes XXIV. 14 : « Mon fils, mange du miel, car il est bon ; ainsi sera la connaissance de la sagesse pour ton âme, quand tu l'auras *trouvée* , il y aura une récompense ; » et encore : « Quel est l'homme qui craint le Seigneur ? Il l'enseignera dans la voie qu'il choisira » ; donc Job xxxii. 8, et une multitude de lieux encore ; et puis, avec tous ces passages, qui expriment l'opération définie et personnelle de l'Esprit de Dieu sur chacun de son peuple, comparez le passage d'Isaïe, qui parle du contraire de cet enseignement humain : un passage qui semble avait été écrit pour ce jour et cette heure précis. « Parce que leur crainte à mon égard est enseignée par le *précepte des hommes* ; c'est pourquoi voici, la sagesse de leurs sages périra, et l'intelligence de leurs hommes prudents sera cachée » (XXIX. 13,14). Prenez ensuite le Nouveau Testament et observez comment saint Paul lui-même parle des Romains, même s'ils n'avaient guère besoin de son épître, mais étaient capables de se réprimander les uns les autres : « Néanmoins, *frères, je vous ai écrit avec plus de hardiesse en quelque sorte, comme en pensant à vous* » (Xv. 15). N'importe qui, aurions-nous dû penser, aurait pu faire autant que cela, et pourtant saint Paul en augmente la modestie à mesure qu'il avance ; car il revendique le droit de faire tout cela, seulement « à cause de la grâce qui m'a été donnée de Dieu, pour que je sois le ministre de Jésus-Christ auprès des Gentils ». Comparez ensuite 2 Cor. v. 11, où il fait appel à la conscience du

peuple pour qu'il manifeste qu'il a accompli son devoir ; et observez au verset 21 de cela, et dans moi du chapitre suivant, le « prier » et « implorer », et non « commander » ; et encore au chapitre vi. verset 4, "nous approuvant comme ministres de Dieu". Mais le passage le plus remarquable de tous est 2 Cor. iii. 1, d'où il ressort que les églises avaient effectivement l'habitude de donner des lettres de recommandation à leurs ministres ; et saint Paul se dispense de telles lettres, non en vertu de son autorité apostolique, mais parce que la puissance de sa prédication était suffisamment manifestée chez les Corinthiens eux-mêmes. Et ces passages sont d'autant plus forts que si dans l'un d'entre eux saint Paul avait revendiqué une autorité absolue sur l'Église en tant qu'enseignant, ce n'était pas plus que ce que nous aurions dû nous attendre à ce qu'il prétende, et ce faisant, cela ne pourrait en aucun cas avoir justifié un successeur dans la même réclamation. Mais maintenant qu'il ne l'a pas revendiqué, qui, après lui, osera le revendiquer ? Et la considération de la nécessité de joindre les expressions de l'humilité la plus exemplaire, qui devaient être l'exemple des ministres successifs, avec une telle affirmation de l'autorité divine qui devrait garantir l'acceptation de l'épître elle-même dans le canon sacré, explique suffisamment les incohérences apparentes. qui se produisent dans 2 Thess. iii. 14, et d'autres textes similaires.

204. Voilà donc pour l'autorité du clergé en matière de doctrine. Ensuite, quelle est leur autorité en matière de discipline ? Il doit évidemment être très grand, même s'il provenait du peuple seul et était simplement confié aux officiers clercs comme exécuteurs de leurs jugements ecclésiastiques et surveillants généraux de toute l'Église. Mais en accordant, comme nous devons le faire actuellement, au ministre d'exercer ses fonctions directement auprès de Dieu, son autorité de discipline devient en effet très grande ; quelle grandeur, cela me semble très difficile à déterminer, parce que je ne comprends pas ce que saint Paul entend par « livrer un homme à Satan pour la destruction de la chair ». Laissant cependant cette question trop difficile pour un examen occasionnel, il semble incontestable que l'autorité des ministres ou de la cour des ministres devrait s'étendre jusqu'à prononcer un homme excommunié pour certains crimes contre l'Église, ainsi que pour tous les crimes punissables par la loi. droit commun. Il devrait y avoir, je pense, un code de lois ecclésiastiques ; et un homme devrait subir un procès devant jury, selon ce code, devant un juge ecclésiastique ; dans lequel, s'il était reconnu coupable de mensonge, de malhonnêteté ou de cruauté, et encore plus de tout crime violent réellement commis, il devrait être déclaré excommunié ; refusé le sacrement; et faire inscrire son nom dans un lieu public en tant que personne excommuniée jusqu'à ce qu'il ait publiquement confessé son péché et demandé pardon à Dieu pour cela. Le jury devrait toujours être composé de laïcs, et aucune peine ne devrait être appliquée devant un tribunal ecclésiastique, sauf celle de l'excommunication.

205. Cette proposition peut paraître étrange à beaucoup de personnes ; mais assurément, cela, sinon beaucoup plus, est commandé dans l'Écriture, d'abord dans le texte (très abusé) : « Dites-le à l'Église » ; et plus clairement dans 1 Cor. versets 11-13; 2 Thess. iii. 6 et 14 ; 1 Tim. v. 8 et 20 ; et Tite III. dix; d'où nous connaissons aussi les deux degrés propres de la peine. Car Christ dit : Que celui qui refuse d'écouter l'Église « soit pour toi comme un païen et un publicain ». Mais Christ a servi les païens et s'est assis à table avec le publicain ; seulement toujours avec une expression déclarée ou implicite de leur infériorité ; voici donc un degré d'excommunication pour les personnes qui « offensent » leurs frères, commettant contre eux une faute mineure ; et qui, ayant été prononcés en erreur par le corps de l'Église, refusent d'avouer leur faute ou de la réparer ; qui ne doivent alors plus être considérés comme membres de l'Église ; et leur récupération dans le corps doit être recherchée exactement comme elle le serait dans le cas d'un païen. Mais les cupides, les moqueurs, les ravisseurs, les idolâtres et ceux coupables d'autres crimes grossiers doivent être entièrement retranchés de la compagnie des croyants ; et nous ne sommes pas disposés à manger avec eux. Il faudrait cependant que cette dernière peine soit strictement surveillée, afin qu'on n'en abuse pas en l'infligeant, comme cela a été le cas par les romanistes. Nous ne devons pas, en effet, manger avec eux, mais nous pouvons exercer toute la charité chrétienne envers eux, et leur donner à manger, si nous les voyons affamés, comme nous le devrions pour tous nos ennemis ; seulement nous devons les considérer distinctement comme nos *ennemis* : c'est-à-dire ennemis de notre Maître, le Christ ; et serviteurs de Satan.

206. Quant au grade ou au nom des officiers auxquels doivent être confiées les autorités, soit d'enseignement, soit de discipline, ils restent indéterminés par l'Écriture. J'ai entendu dire par des hommes qui connaissent leur Bible bien mieux que moi, qu'un examen attentif pourrait déceler des preuves de l'existence de trois ordres de clergé dans l'Église. Cela peut être; mais une chose est très claire, sans aucun examen laborieux, que « évêque » et « ancien » signifient parfois la même chose ; comme, incontestablement, dans Titus I. 5 et 7, et I Pierre v. I et 2, et que la fonction d'évêque ou de surveillant était considérablement moins importante qu'elle ne l'est chez nous. Cela ressort clairement de I Timothée III, car quel divin parmi nous, écrivant sur les convenances épiscopales, penserait à dire que les évêques « ne doivent pas être adonnés au vin », ne doivent pas être « grévistes » et ne doivent pas être « novices ». ? Nous n'avons pas l'habitude de faire évêques des novices de nos jours ; et il vaudrait bien mieux que, comme l'Église primitive, nous courions parfois le risque de le faire ; car le fait est que nous n'avons pas assez d'évêques, quelques centaines. L'idée de tutelle a été pratiquement perdue de vue, sa réalisation étant progressivement devenue matériellement impossible, faute de plus d'évêques. Le devoir d'un évêque est, sans doute, d'être

accessible aux plus humbles clergés de son diocèse, et de désirer très ardemment que tous aient l'habitude de s'adresser à lui dans tous les cas de difficulté ; s'ils ne le font pas de leur propre gré, il est évidemment de son devoir de les visiter, de vivre quelquefois avec eux et de se joindre à leurs soins envers leurs troupeaux, afin de connaître exactement les capacités et les habitudes de vie de chacun ; et si l'un d'entre eux se plaignait de telle ou telle difficulté avec sa congrégation, l'évêque devait être prêt à descendre pour l'aider, prêcher pour lui, écrire des épîtres générales à son peuple, etc. attentifs à leurs erreurs, prêts à entendre les plaintes de leurs congrégations concernant l'inefficacité ou quoi que ce soit d'autre ; en plus d'avoir la surintendance générale de toutes les institutions et écoles charitables de son diocèse, et une bonne connaissance de tout ce qui se passait en matière théologique, tant dans tout le royaume que sur le continent. C'est le travail d'un surveillant du droit ; et je laisse le lecteur calculer combien d'évêques supplémentaires – et de ces hommes qui travaillent dur aussi – nous aurions besoin pour que cela soit fait, même décemment. Alors nos évêques actuels pourraient tous devenir archevêques avec avantage et avoir une autorité générale sur les autres. [148]

207. Quant à la manière dont les officiers de l'Église devraient être élus ou nommés, je ne crois pas qu'il soit de mon devoir de dire quoi que ce soit pour le moment, ni beaucoup de respect sur l'étendue de leur autorité, soit les uns sur les autres, soit sur la congrégation. Il s'agit là d'une question des plus difficiles, dont la bonne solution se situe évidemment entre deux extrêmes les plus dangereux : l'insubordination et le radicalisme d'une part, et la tyrannie ecclésiastique et l'hérésie de l'autre : des deux, l'insubordination est de loin la moins à redouter – car c'est pour cette raison que presque tous les vrais chrétiens sont plus en garde contre leur orgueil que contre leur indolence, et préféreraient obéir à leur ecclésiastique, si possible, plutôt que de lutter avec lui ; tandis que l'orgueil même qu'ils croient vaincu revient souvent masqué et les amène à faire un mérite de leur humilité et de leur obéissance abstraite, si déraisonnable soit-elle : mais ils ne peuvent pas si facilement se persuader qu'il y a un mérite à la désobéissance *abstraite* .

208. La tyrannie ecclésiastique s'est, pour la plupart, fondée sur l'idée du vicarianisme, l'une des théories romanes les plus pestilentielles et la plus clairement dénoncée dans l'Écriture. J'ai là-dessus un mot ou deux à dire au « Vicaire » moderne. Tous les pouvoirs en place sont incontestablement ordonnés par Dieu ; afin que ceux qui résistent au Pouvoir résistent à l'ordonnance de Dieu. Par conséquent, disent certains dans ces offices : Nous, étant ordonnés par Dieu, ayant nos lettres de créance et étant dans la Bible anglaise appelés ambassadeurs de Dieu, nous représentons, en quelque sorte, Dieu. Nous sommes les Vicaires du Christ et nous tenons sur terre à la place du Christ. J'ai entendu cela dire par des ecclésiastiques protestants.

209. Or, le mot ambassadeur présente une ambiguïté particulière, en raison de son emploi dans les affaires politiques modernes ; et ces ecclésiastiques supposent que le mot, tel qu'utilisé par saint Paul, signifie un ambassadeur plénipotentiaire ; représentant de son roi et capable d'agir pour son roi. De quel droit ont-ils supposé que saint Paul voulait dire cela ? Saint Paul n'utilise jamais le mot ambassadeur. Il dit simplement : « Nous sommes en ambassade de la part du Christ ; et le Christ vous implore par notre intermédiaire. » Très vrai. Et qu'il soit en outre accordé que chaque parole que prononce l'ecclésiastique lui est littéralement dictée par le Christ ; qu'il ne peut commettre aucune erreur en transmettant son message ; et que c'est donc bien le Christ lui-même qui nous adresse la parole de vie par les lèvres du messager. Le messager représente-t-il donc Christ ? Le canal qui amène les eaux de la Fontaine représente-t-il la Fontaine elle-même ? Supposons que, lorsque nous allions puiser de l'eau à une citerne, que tout à coup le bec de plomb s'anime, ouvre la bouche et nous dise : Voyez, je suis le substitut de la fontaine. Quel que soit le respect que vous montrez à la Fontaine, montrez-en une partie. Ne devrions-nous pas répondre au Spout et dire : Spout, tu as été placé là pour notre service, et tu pourras être emmené et jeté de côté [149] si quelque chose ne va pas chez toi ? Mais la Fontaine coulera pour toujours.

210. Remarquez, je ne nie pas une autorité des plus solennelles conférée à tout messager chrétien de Dieu aux hommes. Je suis prêt à l'accorder pleinement ; et tout ce que dit George Herbert, à la fin de « Le porche de l'église », je l'appliquerais, dans un autre moment que celui-ci, jusqu'au bout. Mais l'Autorité est simplement celle d'un *messager du roi* ; pas d'un *représentant du roi* . Il y a une grande différence ; toute la différence entre un humble service et une usurpation blasphématoire.

Eh bien, la congrégation pourrait demander, accordez-lui un messager du roi dans les cas de doctrine, — dans les cas de discipline, un officier portant la commission du roi. Jusqu'où pouvons-nous lui obéir ? Dans quelle mesure est-il licite de contester ses ordres ?

Car, en admettant plus haut que le Messager donnait toujours fidèlement son message, j'en accordais trop à mes adversaires, pour que leur argument ait tout le poids possible. Les Messagers transmettent rarement leur message fidèlement ; et ont parfois déclaré, comme venant du roi, des messages de leur propre invention. Jusqu'où sommes-nous, les connaissant comme messagers du roi, pour les croire ou leur obéir ?

211. Supposons, par exemple, dans notre armée anglaise, à la veille de quelque grande bataille, qu'un des colonels donne son ordre à son régiment : « Mes hommes, attachez vos ceintures sur vos yeux, jetez vos fusils, et suivez-moi aussi régulièrement que vous le pouvez, à travers ce marais,

jusqu'au milieu de la ligne ennemie » (ceci étant précisément l'ordre émis par nos officiers de l'Église Puseyite). On pourrait se demander, dans la vraie bataille, s'il ne vaudrait pas mieux qu'un régiment fasse preuve d'insubordination ou soit mis en pièces. Mais heureusement, dans l'Église, cette difficulté n'existe pas ; car le roi est toujours avec son armée : non seulement avec son armée, mais à la droite de chaque soldat de celle-ci. Ainsi, si l'un de leurs colonels leur donne un ordre étrange, ils n'ont qu'à le demander au roi ; et jamais encore aucun chrétien n'a demandé conseil à son roi, dans quelque difficulté que ce soit, sans réserve mentale ni résolution secrète, mais il l'a obtenu immédiatement. Nous concluons donc enfin que l'autorité du clergé est, en matière de discipline, grande (étant exécutive, d'abord, des lois écrites de Dieu, et deuxièmement, de celles déterminées et convenues par le corps de l'Église), en matière de doctrine, dépendant de leur recommandation à la conscience de chacun, à la fois comme messagers de Dieu et comme eux-mêmes hommes de Dieu, parfaits et instruits aux bonnes œuvres. [150]

212. (6) Le dernier sujet que nous avons eu à étudier était, on s'en souvient, ce qu'on appelle habituellement la relation entre « l'Église et l'État ». Mais, selon notre définition du terme Église, dans toute la chrétienté, l'Église (ou société de soi-disant chrétiens) *est* l'État, et notre sujet est donc, à proprement parler, la connexion des officiers laïcs et cléricaux de l'Église ; c'est-à-dire les degrés dans lesquels les gouvernements civils et ecclésiastiques doivent s'interférer ou s'influencer mutuellement.

Il serait bien sûr vain de tenter une enquête formelle sur ce sujet complexe ; je n'ai que quelques points isolés à remarquer à son sujet.

213. Il existe trois degrés ou types de gouvernement civil. Le premier et le plus bas, simplement exécutif ; le gouvernement, dans ce sens, est simplement la main nationale et composé d'individus qui administrent les lois de la nation et exécutent ses buts établis.

Le deuxième type de gouvernement est délibératif ; mais dans ses délibérations, représentatif uniquement des pensées et de la volonté du peuple ou de la nation, et susceptible d'être déposé dès l'instant où il cesse d'exprimer ces pensées et cette volonté. Quelle que soit sa forme, qu'elle soit centrée sur un roi ou sur un nombre quelconque d'hommes, elle doit à juste titre être qualifiée de démocratique. La troisième et plus haute sorte de gouvernement est délibérative, non en tant que représentant du peuple, mais en tant que choisi pour prendre conseil séparément pour lui, et ayant le pouvoir lui étant confié, pour lui imposer toute résolution qu'il pourrait adopter, qu'elle soit conforme à sa volonté ou à sa volonté. pas. Ce gouvernement doit à juste titre être appelé monarchique, quelle que soit sa forme.

214. Je vois que les hommes politiques et les écrivains historiques se trompent continuellement, parce qu'ils confondent la forme d'un gouvernement avec sa nature. Un gouvernement peut être nominalement confié à un individu ; et pourtant, si cet individu a une telle peur de ceux qui sont au-dessous de lui qu'il ne fait rien d'autre que ce qu'il suppose leur être agréable, le gouvernement est démocratique ; d'un autre côté, le gouvernement peut être confié à une assemblée délibérante de mille hommes, tous ayant une autorité égale, et tous choisis dans les rangs les plus bas du peuple ; et pourtant, si cette assemblée agit indépendamment de la volonté du peuple, n'en a pas peur et lui impose ses décisions, le gouvernement est monarchique ; c'est-à-dire que l'Assemblée, agissant comme une, a le pouvoir sur la multitude, tandis que dans le cas du roi faible, la multitude a le pouvoir sur l'un.

Un gouvernement monarchique, agissant pour son propre intérêt plutôt que pour celui du peuple, est une tyrannie. J'ai dit que le gouvernement exécutif était la main de la nation : le gouvernement républicain en est également la langue. Le gouvernement monarchique en est le chef.

Tout gouvernement vrai et juste est monarchique et émane du chef. Quelle est sa meilleure forme est une question totalement différente ; mais s'il n'agit pas *pour* le peuple, et non comme représentant du peuple, il n'est pas du tout un gouvernement ; et l'un des imbéciles les plus grossiers des Anglais de nos jours est leur idée d'envoyer des hommes au Parlement pour « représenter *leurs* opinions ». Alors que leur seule véritable tâche est de découvrir parmi eux les hommes les plus sages et de les envoyer au Parlement pour représenter leurs *propres* opinions et agir en conséquence. De tous les spectacles de marionnettes du Carnaval satanique de la terre, le spectacle de marionnettes le plus méprisable est un Parlement avec une foule qui tire les ficelles.

215. Or, de ces trois états de gouvernement, il est clair que le simple exécutif ne peut avoir aucune influence appropriée sur les affaires ecclésiastiques. Mais des deux autres, la première, étant la voix du peuple, ou la voix de l'Église, doit avoir sur le clergé une influence telle qu'elle est normalement dévolue au corps de l'Église. Le second, qui est dans les mêmes relations avec le peuple qu'un père avec sa famille, aura une influence aussi plus grande sur les affaires ecclésiastiques qu'un père en a sur la conscience de ses enfants adultes. Aucune autorité absolue, donc, pour imposer leur fréquentation d'un lieu de culte particulier, ou leur adhésion à un Credo particulier. Mais autorité incontestable pour leur procurer telle instruction religieuse qu'il juge la plus

appropriée, [151] et pour la leur recommander par tous les moyens en son pouvoir ; non seulement il a l'autorité, mais il est obligé de le faire, ainsi que d'établir dans sa maison les disciplines et les formes de culte qu'il juge les plus convenables pour sa famille : auxquelles ils sont en effet libres de refuser de se conformer, si tel est le cas. les disciplines leur paraissent clairement opposées à la loi de Dieu ; mais non sans la conviction la plus solennelle de leur existence, ni sans une profonde tristesse d'être contraint de suivre une telle voie.

216. Mais on peut dire que le gouvernement d'un peuple ne se tient jamais à son égard dans les relations d'un père avec sa famille. Si ce n'est pas le cas, ce n'est pas un gouvernement. Aussi grossièrement qu'il puisse manquer à son devoir, et aussi peu qu'il soit adapté à sa place, s'il s'agit d'un gouvernement, il a une fonction paternelle et des relations avec le peuple. Je trouve qu'il est écrit d'un côté : « Honore ton Père », de l'autre : « Honore le roi » : d'un côté : « Quiconque frappe son Père sera mis à mort » ; [152] de l'autre : « Ceux qui résistent recevront la damnation. » Eh bien, mais, pourrait-on argumenter davantage, le clergé est dans un sens encore plus solennel les pères du peuple, et le peuple est ses fils bien-aimés ; pourquoi donc le clergé n'aurait-il pas le pouvoir de gouverner les officiers civils ?

217. Pour deux raisons très claires.

Dans toutes les institutions humaines, certains maux sont accordés par nécessité ; et, en organisant de telles institutions, nous devons tenir compte des conséquences de tels maux et prendre les dispositions nécessaires pour les contenir au mieux. Or, dans les gouvernements civils et ecclésiastiques, il y aura nécessairement un certain nombre d'hommes méchants. Le méchant civil a relativement peu d'intérêt à renverser l'autorité ecclésiastique ; c'est souvent pour lui une aide utile et présente en soi peu de choses qui semblent convoitées. Mais le méchant officier ecclésiastique a tout intérêt à renverser le civil et à prendre le pouvoir politique entre ses propres mains. Il vaut donc mieux, à l'égard des hommes méchants, que l'État ait pouvoir sur le clergé, plutôt que le clergé sur l'État.

Deuxièmement, en supposant que les officiers civils et ecclésiastiques soient chrétiens ; il n'y a aucune crainte que l'officier civil sous-estime la dignité ou raccourcisse l'utilité du ministre ; mais il y a un danger considérable que l'enthousiasme religieux du ministre puisse diminuer l'utilité du civil. (L'Histoire de l'enthousiasme religieux devrait être écrite par quelqu'un qui a eu une vie à consacrer à son enquête ; c'est l'une des pages les plus mélancoliques des archives humaines et l'une des plus nécessaires à l'étude.) Par conséquent, dans la mesure du possible, Il s'agit d'hommes, il vaut mieux que l'État ait du pouvoir sur le clergé plutôt que le clergé sur l'État.

218. C'est ce que nous pourrions, me semble-t-il, conclure par la raison seule. Mais il est certain que toute la question est, sans qu'il soit besoin de raison humaine, tranchée par l'histoire d'Israël. Si jamais un corps du clergé devait recevoir une autorité indépendante, c'est la Prêtrise Lévitique qui devrait le faire ; car ils étaient en effet un sacerdoce et plus saints que le reste de la nation. Mais Aaron est toujours soumis à Moïse. Toute révélation solennelle est faite à Moïse, le magistrat civil, et il commande en fait à Aaron quant à l'accomplissement de sa fonction sacerdotale, et cela dans une nécessité de vie ou de mort : « Allez et faites l'expiation pour le peuple ». Rien de plus remarquable dans toute l'histoire juive que la parfaite soumission du sacerdoce à l'autorité royale. Ainsi Salomon chasse Abiathar du poste de prêtre, I Rois ii. 27 ; et Joachaz administre les fonds de la Maison du Seigneur, 2 Rois XII. 4, bien que cet argent soit en réalité l'argent de l'expiation, le Hansom pour les âmes (Exode xxx. 12).

219. Nous avons cependant aussi le bel exemple de Samuel réunissant en lui-même les offices de prêtre, de prophète et de juge ; je n'insiste pas non plus sur une manière particulière de soumettre le clergé aux officiers civils, ou *vice versa* ; mais seulement sur la nécessité de leur unité parfaite et de leur influence les uns sur les autres dans chaque royaume chrétien. Ceux qui s'efforcent d'effectuer la séparation complète des officiers ecclésiastiques et civils s'efforcent, d'une part, d'exposer le clergé aux tentations les plus graves et les plus subtiles, dues à leur propre enthousiasme spirituel et à leur orgueil spirituel ; de l'autre, priver l'officier civil de tout sens de responsabilité religieuse et introduire la politique craintive, impie, sans conscience et sans âme des radicaux et des (soi-disant) socialistes. Attendu que l'idéal de tout gouvernement est l'unité parfaite des deux corps d'officiers, chacun soutenant et corrigeant l'autre ; le clergé ayant le poids qui lui revient dans tous les conseils nationaux ; les officiers civils ayant une révérence solennelle pour Dieu dans tous leurs actes ; le clergé sanctifiant toute politique du monde par son influence ; et la magistrature réprimant tout enthousiasme religieux par sa sagesse pratique. Séparer les deux, c'est s'efforcer de séparer la vie quotidienne de la nation de Dieu et de diviser la domination de l'âme en deux provinces : l'une de l'athéisme, l'autre de l'enthousiasme. Telles sont donc les raisons qui m'ont amené à parler de l'idée de séparation de l'Église et de l'État comme de fatuité ; car quelle fatuité peut être si grande que de ne pas avoir Dieu dans nos pensées ; et, dans tout acte ou fonction de la vie, dire dans nos cœurs : « Dieu n'existe pas » ?

220. J'aimerais en dire beaucoup plus sur ces choses, mais pas maintenant : ceci seulement, je dois affirmer avec insistance, en conclusion : — Que le schisme entre les soi-disant partis évangéliques et ceux de la Haute Église en Grande-Bretagne est suffisant pour ébranler la foi de beaucoup d'hommes. dans la vérité ou l'existence de la religion. Il me semble que c'est l'une des

scènes les plus honteuses de l'histoire ecclésiastique, que le protestantisme soit paralysé en son sein même par des jalousies, fondées sur rien d'autre que la simple différence entre une éducation élevée et une éducation inférieure. Car les différences essentielles dans les opinions religieuses des deux partis sont suffisamment marquées chez deux hommes que nous pouvons considérer comme les plus hauts représentants de chacun : George Herbert et John Milton ; et je ne pense pas qu'il y aurait eu beaucoup de difficulté à expier ces deux-là, si l'on avait pu les réunir. Mais la vraie difficulté, aujourd'hui, réside dans le péché et la folie des deux parties ; dans la dédain de l'un et la grossièreté de l'autre. Mais de toute évidence, le péché réside surtout à la porte de la Haute Église, car les évangéliques sont bien plus disposés à agir avec les hommes d'Église qu'avec les évangéliques ; et je crois que cet état de choses ne peut pas durer longtemps ; et que si l'Église d'Angleterre n'unit pas immédiatement à elle-même le corps évangélique tout entier, tant d'Angleterre que d'Écosse, et ne prend pas position avec eux contre la papauté, son heure a sonné. Elle ne peut plus servir deux maîtres ; ni faire des courtoisies alternativement au Christ et à l'Antéchrist. L'état actuel de l'Europe montre clairement qu'elle *a fait cela*. Trois siècles depuis Luther – trois cents ans de connaissance protestante – et la papauté pas encore renversée ! La vérité du Christ se limitait encore, dans l'aube étroite, aux falaises blanches de l'Angleterre et aux crêtes blanches des Alpes ; — l'étoile du matin s'arrêta dans sa course dans le ciel ; — le soleil et la lune restèrent, avec Satan pour leur Josué.

221. Mais comment unir les deux grandes sectes de protestants paralysés ? En s'en tenant simplement aux Écritures. Les membres de l'Église écossaise n'ont pas l'ombre d'une excuse pour refuser l'épiscopat ; on en a effectivement abusé parmi eux, gravement abusé ; mais c'est dans la Bible ; et c'est tout ce qu'ils ont le droit de demander.

Ils n'ont également aucune excuse pour refuser d'employer une forme écrite de prière. Ce n'est peut-être pas à leur goût – ce n'est peut-être pas la façon dont ils aiment prier ; mais il ne s'agit pas, à l'heure actuelle, de goûts ou de dégoûts, mais de devoirs ; et l'acceptation d'une telle forme de leur part contribuerait à moitié à les réconcilier avec leurs frères. Qu'ils allèguent toutes les objections qu'ils peuvent raisonnablement avancer contre la forme anglaise, et que celles-ci soient soigneusement et humblement pesées par les pasteurs des deux églises : certaines d'entre elles devraient être immédiatement prévenues. Car l'Église anglaise, d'un autre côté, *doit* supprimer entièrement le terme de prêtre de son livre de prières et lui substituer celui de ministre ou d'ancien ; les passages concernant l'Absolution doivent également être rejetés, sauf celui douteux du Service du Matin, dans lequel il n'y a aucun mal ; et alors il ne resterait plus que la question du baptême, qui est une question de paroles plutôt que de choses, et qui pourrait facilement être réglée au Synode, en chassant le clergé réfractaire de ses offices pour aller à Rome s'il le voulait. Ensuite, lorsque les articles de foi et la forme du culte auront été convenus entre les Églises anglaise et écossaise, les formes écrites et les articles devraient être soigneusement traduits dans les langues européennes et proposés à l'acceptation des Églises protestantes du continent, avec une prière sincère pour qu'ils les reçoivent, et un divertissement dû à toutes les objections qu'ils pourraient raisonnablement alléguer ; et ainsi le corps tout entier des protestants, réunis en un seul grand troupeau, entrerait et sortirait effectivement et trouverait du pâturage ; et le travail qui leur était assigné serait accompli rapidement et l'Antéchrist renversé.

222. Impossible : mille fois impossible ! — Je l'entends s'écrier contre moi. Non, ce n'est pas impossible. Le Christ n'ordonne pas l'impossible, et il nous *a* ordonné d'être en paix les uns avec les autres. Non, répond-on : Il n'est pas venu envoyer la paix, mais l'épée. Oui, en vérité : envoyer une épée sur terre, mais pas au sein de son Église ; car il dit à son Église : « Je vous laisse ma paix ».

NOTES DE BAS DE PAGE :

[140] J'ai peut-être manqué de compter une ou deux occurrences du mot ; mais pas, je pense, dans les passages importants.

[141] L'expression « Maison de Dieu », dans 1 Tim. iii. 15, est montré comme étant utilisé par la congrégation par 1 Cor. iii. 16, 17.

Je n'ai pas remarqué le mot κυριακ ή (oikia)] dont sont dérivés le « Kirche » allemand, le « Church » anglais et le « Kirk » écossais, car il n'est pas utilisé avec cette signification dans le Nouveau Testament.

[142] Toute référence *autre qu'à* l'Écriture, dans des notes de ce genre, serait, bien entendu, inutile : l'argumentation venant ou avec les Pères ne doit pas être compressée en cinquante pages. J'ai quelque chose à dire à propos de Hooker ; mais je réserve cela pour une autre fois, ne voulant pas le dire à la hâte, ni le laisser sans appui.

[143] Actes x. 44.

[144] Que le lecteur ne soit pas mécontent de ces déclarations d'opinion courtes et apparemment insolentes. Je n'écris pas avec insolence, mais aussi brièvement et clairement que possible ; et quand je crois sérieusement à une chose, je le dis en quelques mots, laissant au lecteur le soin de déterminer ce que vaut ma croyance. Mais je ne choisis pas de tempérer chaque expression

d'opinion personnelle en généralités courtoises, et ainsi de perdre d'un coup l'espace, le temps et l'intelligibilité. Nous sommes totalement opprimés de nos jours par nos courtoisies, nos considérations, nos complaisances et nos convenances. Pardonnez-les-moi, cette fois, ou plutôt pardonnons-les-nous tous les uns aux autres, et apprenons à parler clairement d'abord, et, s'il est possible, avec grâce ensuite ; et non seulement parler, mais rester fidèle à ce que nous avons dit. Un de mes amis d'Oxford a appris l'autre jour que j'étais employé à ces notes et m'a immédiatement écrit, paniqué, de ne pas y inscrire mon nom, de peur que je « me compromette ». Je pense que la plupart d'entre nous sont déjà compromis dans une certaine mesure, lorsque l'Angleterre a envoyé un ministre catholique romain dans la deuxième ville d'Italie et reste elle-même pendant une semaine sans aucun gouvernement, parce que ses principaux hommes ne peuvent s'entendre sur la position qu'un pape. Le cardinal doit avoir l'autorisation d'occuper à Londres.

[145] Mat. XXIV. 4 ; Marc XIII. 5 ; Luc XXII. 8 ; 1 Cor. iii. 18, VI. 9, XV. 33 ; Éph. iv. 14, verset 6 ; Col. ii. 8 ; 2 Thess. ii. 3 ; Héb. iii. 13 ; 1 Jean I. 8, iii. 7; 2 Jean 7, 8.

[146] εξουσ i α dans 1 Cor. ix. 12. 2 Thess, iii. 9.

[147] (Carlyle, « Past and Present », chapitre xi.) Peut-il y avoir quelque chose de plus frappant que les avertissements répétés de saint Paul contre les conflits de mots ; et sa présentation distincte de l'action comme le seul véritable moyen d'atteindre la connaissance de la vérité, et le seul signe de la possession par les hommes de la vraie foi ? Comparez 1 Timothée vi. 4, 20 (ce dernier verset surtout, en relation avec les trois précédents) et 2 Timothée ii. 14, 19, 22, 23, traçant ici également la connexion ; ajoute Titus Ier. 10, 14, 16, notant « *dans les œuvres* , ils le renient », et Tite iii. 8, 9, « affirment constamment qu'ils veillent à maintenir les bonnes œuvres ; mais évitent les questions stupides ; » et enfin, 1 Timothée i. 4-7 : un passage qui semble avoir été spécialement écrit pour cette époque.

[148] Je laisse de côté, dans le texte principal, la question abstraite de l'aptitude de l'épiscopat, ne me sentant pas appelé à en parler longuement pour le moment ; tout ce que je crois nécessaire de dire, c'est que les évêques étant accordés, il est clair que nous en avons trop peu pour faire leur œuvre. Mais l'argument tiré de la pratique de l'Église primitive me semble avoir un poids énorme, et je n'ai jamais entendu aucun argument rationnel allégué contre l'épiscopat, si ce n'est que, comme d'autres choses, il est susceptible d'abus, et a parfois été abusé. ; et comme, tout à fait clairement et incontestablement, la Bible décrit une fonction épiscopale, distincte de la fonction simplement ministérielle ; et, apparemment, également un officier épiscopal attaché à chaque église, et distingué dans l'Apocalypse comme un ange, je considère la

résistance de l'Église presbytérienne écossaise à l'épiscopat comme non scripturaire, futile et schismatique.

[149] « Soit déposé par juste jugement », Art. 26.

[150] La différence entre l'autorité de la doctrine et celle de la discipline est magnifiquement soulignée dans 2 Timothée ii. 25, et Tite ii. 12-15. Dans le premier passage, le serviteur de Dieu, enseignant la doctrine divine, ne doit pas lutter, mais doit « instruire avec *douceur* ceux qui s'opposent à eux-mêmes » ; dans le deuxième passage, nous enseignant « qu'en niant l'impiété et les convoitises du monde, il *doit vivre sobrement, justement et pieusement* dans ce *monde présent* », le ministre doit parler, exhorter et réprimander avec TOUTE AUTORITÉ — les deux fonctions étant exprimées comme étant unies. dans 2 Timothée iv. 3.

[151] Remarquez que cette conclusion et les suivantes dépendent entièrement de la supposition que le gouvernement fait partie du corps de l'Église, et qu'on a pris quelques soins pour le composer de religieux et de sages. Si nous choisissons, sciemment et délibérément, de composer notre Parlement en grande partie d'infidèles et de papistes, de joueurs et de débiteurs, nous pourrions bien regretter son pouvoir sur l'officier clérical ; mais le fait que nous puissions à tout moment composer ainsi notre Parlement est un signe que le clergé lui-même a failli à son devoir et l'Église à sa vigilance ; — ainsi le mal s'accumule en réaction. Tout ce que je dis de la responsabilité ou de l'autorité du gouvernement ne doit donc être compris qu'en conséquence de ce que j'ai dit précédemment de la nécessité de circonscrire étroitement l'Église, puis de composer le gouvernement civil à partir du corps circonscrit. Ainsi, tous les papistes seraient immédiatement rendus incapables d'y participer, étant soumis au deuxième degré d'excommunication, le plus sévère, d'abord, en tant qu'idolâtres, par 1 Cor. v.10; puis comme cupides et extorqueurs (vendant l'absolution,) par le même texte ; et enfin, comme hérétiques et mainteneurs de mensonges, par Titus III. 10 et 1 Tim. iv. 1.

Je n'écris pas ceci à la hâte, ni sans réfléchir sérieusement à la difficulté et aux conséquences d'une telle discipline de l'Église. Mais soit la Bible est un livre suranné et ne doit être lue que comme un récit des jours passés ; ou bien ces choses en découlent, clairement et inévitablement. Le fait que nous vivions à une époque où la Bible est devenue impraticable est (si tel est le cas) la chose même que je désire voir prendre en considération. Je ne présente pas ces plans ou schémas comme cela est actuellement possible. Je ne sais pas jusqu'où cela est possible ; mais il me semble que Dieu les a clairement commandés et que, par conséquent, leur impraticabilité est une chose sur laquelle il faut méditer.

[152] Exode. XXI. 15.

LA PRIÈRE DU SEIGNEUR ET L'ÉGLISE. [153]

DES LETTRES.

I. [154]

BRANTWOOD, CONISTON, LANCASHIRE,
20 juin 1879 .

223. CHER M. MALLESON , — Je n'ai pas pu répondre immédiatement à votre importante lettre ; car, bien que j'aie senti immédiatement l'impossibilité de m'aventurer à m'adresser à un auditoire tel que vous l'avez proposé, je ne veux pas manquer de répondre à un appel concernant des questions à l'égard desquelles mes sentiments sont sérieux depuis longtemps, si d'une manière ou d'une autre cela peut qu'il me soit possible d'y être utile. Ma santé – ou mon manque de santé – m'interdit désormais totalement de m'engager dans tout devoir impliquant une excitation ou un effort intellectuel aigu ; mais je pense que, avant le premier mardi d'août, je pourrai peut-être vous écrire une ou deux lettres, faisant référence et complétant plus ou moins certains passages déjà imprimés à Fors et ailleurs, qui pourraient, à votre *lecture* , que vous croyiez disponible, est devenu un sujet de discussion pendant la réunion pendant un moment de loisir, après que ses propres objectifs principaux aient été atteints.

En tout cas, je réfléchirai à ce que je voudrais et pourrais représenter à une telle assemblée, et je vous prierai seulement de ne pas me croire insensible à l'honneur que m'a fait votre désir et à la gravité de la confiance qui m'a été accordée. en moi.

Toujours très fidèlement vôtre,
J. RUSKIN.

Le révérend FA Malleson.

II.

BRANTWOOD, CONISTON , *23 juin 1879* .

224. CHER M. MALLESON , — Marcher et parler me sont maintenant également impossibles ; [155] mes forces sont parties pour les deux ; et je ne crois pas non plus que parler de telles questions soit de la moindre utilité, sauf pour promouvoir, entre personnes sensées, des sentiments bienveillants et une connaissance du caractère personnel de chacun. J'ai toute confiance en *votre* bonté et en votre vérité ; je ne crains pas non plus d'être moi-même

incompris par vous ; ce que je pourrai mettre par écrit, de manière à pouvoir être présenté à vos amis du conseil, doit être exposé sans aucune question de sentiment personnel, aussi simplement qu'une question ou une démonstration mathématique.

225. La première question précise qu'il me semble qu'une telle assemblée peut être sérieusement appelée à résoudre par les profanes est sûrement une axiomatique : la définition d'eux-mêmes en tant que corps et de leurs affaires en tant que telles.

À savoir : en tant que ecclésiastiques de l'Église d'Angleterre, se considèrent-ils simplement comme les serviteurs attachés d'un État particulier ? Est-ce qu'ils, en leur qualité de guides, occupent une position similaire à celle des guides de Chamouni ou de Grindelwald, qui, étant un corps numéroté de personnes examinées et dignes de confiance appartenant à ces différents villages, n'ont néanmoins aucune opinion chamouniste ou grindelwaldiste sur le sujet ? de géographie alpine ou de marche sur glacier ; mais sont-ils prêts à mettre en pratique une science commune et universelle de la localité et de l'athlétisme, fondée sur une étude sûre et une pratique réussie ? Les ecclésiastiques de l'Ecclesia d'Angleterre sont-ils donc simplement les guides attachés et salariés de l'Angleterre et des Anglais, dans la voie connue de tous les hommes bons, qui mène à la vie ? — ou sont-ils, au contraire, un corps d'hommes tenant , ou de toute manière légale, exigeait, ou obligeait d'avoir, des opinions sur le sujet - par exemple, sur la hauteur des Montagnes Célestes, les crevasses qui descendent le plus rapidement jusqu'à la fosse, et d'autres points scientifiques apparentés - différant, ou même contrairement aux principes des guides de l'Église de France, de l'Église d'Italie et d'autres pays chrétiens ?

N'est-ce pas là la première de toutes les questions auxquelles un Conseil clérical doit répondre ouvertement ?

Toujours affectueusement vôtre
J. RUSKIN.

III.

BRANTWOOD , *6 juillet.*

226. Ma première lettre contenait le plaidoyer d'un profane pour une réponse claire à la question : « Qu'est-ce qu'un ecclésiastique de l'Église d'Angleterre ? En supposant que la première réponse à cette question soit que le clergé de l'Église d'Angleterre est un enseignant, non pas de l'Évangile pour l'Angleterre, mais de l'Évangile pour toutes les nations ; et non de l'Évangile

de Luther, ni de l'Évangile d'Augustin, mais de l'Évangile du Christ, — alors la deuxième question du profane serait :

Cet Évangile du Christ peut-il être exprimé en termes si simples et si brefs qu'un homme simple puisse le comprendre ? — et, si tel est le cas, ne serait-il pas, dans un sens tout à fait primaire, souhaitable qu'il en soit ainsi, plutôt que de le laisser de côté. à rassembler à partir de trente-neuf articles, rédigés en aucun cas dans un anglais clair, et se référant, pour une explication plus approfondie du point le plus important de toute la teneur de leur enseignement, [156] à une « Homélie de justification » [156 | 157] qui n'est généralement pas en possession, ni même probablement à la portée des personnes simples ?

Toujours fidèlement vôtre,
J. RUSKIN.

IV.

227. Je suis si heureux que vous approuviez le plan de la lettre, car il me permet de construire ce que j'aimerais essayer de dire, de petites pierres, sans en soulever trop pour mes forces à la fois ; et le sentiment de m'adresser à un ami qui me comprend et sympathise avec moi m'empêche d'être arrêté par un besoin continu d'excuses ou par la peur d'offenser.

Mais je ne vois pas vraiment pourquoi vous devriez sentir que je demande dès le début une déclaration simple et compréhensible de l'Évangile chrétien. N'êtes-vous pas invité à aller dans le monde *entier* et à le prêcher à toutes les créatures ? (Je pense moi-même que l'ecclésiastique le plus susceptible de faire le bien qui a accepté le π ά ση τη κτ ί σει si littéralement qu'il sympathisait au moins avec le sermon de saint François aux oiseaux, et sentait que nourrir soit des moutons, soit des volailles, ou démuseler le bœuf, ou garder les troglodytes en vie dans la neige, serait reçu par leur nourrisseur céleste comme l' accomplissement *parfait* de son « Pais mes brebis » dans le sens le plus élevé.) [158]

228. Tout cela n'est qu'une parenthèse ; car, même si je pense que votre bonne compagnie conviendrait que la bonté envers les animaux était pour eux une sorte de sermon, et que la chasse et la vivisection étaient pour eux une sorte de blasphème, je veux seulement poser à votre conseil la question la plus sévère : *comment* cet Évangile doit être prêché soit à πανταχο ύ ", soit à "π ά ντα τ ά κτ ί σει si d'abord ses prédicateurs n'ont pas déterminé très clairement de quoi il *s'agit* ? Et une telle définition, acceptable pour tout le

corps de l'Église du Christ, ne pourrait-elle pas être obtenue en expliquant simplement, dans leur intégralité et leur vie, les termes du Notre Père, les premiers mots enseignés aux enfants dans tout le monde chrétien ?

J'essaierai d'expliquer ce que je veux dire de ses différents articles, dans les lettres suivantes ; et en réponse à la question avec laquelle vous terminez votre dernier, je peux seulement dire que vous êtes parfaitement libre d'en utiliser tout ou partie, comme bon vous semble. D'habitude, lorsqu'on me demande si mes lettres peuvent être imprimées, je réponds : « Assurément, à condition seulement que vous les imprimiez en entier. Mais entre vos mains, je retire même cette condition, et je me fie volontiers à votre jugement, restant toujours

Fidèlement et affectueusement vôtre,
J. RUSKIN.

LE RÉVÉREND FA MALLESON.

V.

π ὰ τεϱ ἡ μων ο εν το ἱ ς ουϱαν ὁ ις

Pater noster qui es in cælis.

BRANTWOOD , *le 10 juillet.*

229. Ce que je voulais dire, en disant que la prière du Notre Père pouvait devenir le fondement de l'enseignement de l'Évangile, n'était pas qu'elle contenait tout ce que les ministres chrétiens ont à enseigner ; mais qu'il contient ce que tous les chrétiens sont convenus comme étant le premier à enseigner ; et qu'il n'y a pas de bon pasteur paroissial dans aucun district du monde qui ne serait heureux de prendre sa part pour que cela soit clair et vivant pour sa congrégation.

Et la première clause, bien sûr expliquée à juste titre, nous donne le fondement de ce qui est sûrement une partie importante de l'Évangile : son « premier et grand commandement », à savoir que nous avons un Père que nous pouvons aimer et que *nous* devons aimer et désirer être avec Lui au Ciel, où que ce soit.

Et de déclarer que nous avons un Père si aimant, dont la miséricorde s'étend sur *toutes* ses œuvres, et dont la volonté et la loi sont si belles et aimables qu'elles sont plus douces que le miel et plus précieuses que l'or, pour ceux qui peuvent « goûter » et "voyez" que le Seigneur est bon - ceci est sûrement un bon message et un *sortilège des plus agréables et glorieux* à apporter aux hommes - par opposition au mauvais message et au sortilège maudit que Satan a apporté aux nations du monde à sa place. , qu'ils n'ont pas de Père, mais seulement « un feu dévorant » prêt à les dévorer, à moins qu'ils ne soient délivrés de sa flamme déchaînée par un plan de pardon pour tous, pour lequel ils doivent être reconnaissants, non pas au Père, mais à le fils.

En supposant que ce premier article du véritable Évangile soit accepté, comment la bénédiction qui clôt les épîtres de cet Évangile deviendrait-elle intelligible et vivante, au lieu d'être sombre et morte : « La grâce du Christ, et l'amour de Dieu, et la *communion* des Saint-Esprit », le mot le plus *tendre* étant celui utilisé pour désigner le Père ?

VI.

αγιασθ ή τω τ ό οναμ ά σου

Sanctificetur nomen tuum .

Brantwood , *12 juillet 1879* .

230. Je me demande combien, même parmi ceux qui participent honnêtement et attentivement à nos services religieux, attachent une idée distincte à la deuxième clause de la prière dominicale, à sa première *demande* , *à la première chose que le Christ leur ordonne de rechercher.* de leur Père ?

Suis-je injuste de penser que la plupart d'entre eux n'ont guère d'autre idée sur le sujet que le fait que Dieu a interdit les « mauvais langages » et souhaite qu'ils prient pour que tout le monde puisse Lui être respectueux ?

En est-il autrement du Troisième Commandement ? La plupart ne l'envisagent-ils pas simplement à la lumière du statut de la prestation de serment ? et lire les mots « ne le tiendra pas innocent » simplement comme une indication sans passion que, même si négligemment un homme peut prêter un serment rond, il y a vraiment *quelque* chose qui ne va pas ?

D'un autre côté, y a-t-il quelque chose de plus formidable que les mots eux-mêmes – doublement négatifs :

ου γ ά ρ μ ή καθαρ ί ση

Pour *les autres* péchés, il y a une ablution ; pour celui-ci, aucune ! le septième verset, Ex. xx., dans la Septante, marquant le pouvoir réel plutôt que l'anglais, qui (je suppose) est littéral pour l'hébreu.

Dans l'esprit de mon profane, rien n'est plus immédiat que d'expliquer à la congrégation le sens d'être rassemblé en son nom et de l'avoir au milieu d'elle ; comme, d'autre part, d'être rassemblés pour blasphèmer son nom, et d'avoir le diable au milieu d'eux, présidant les prières qui sont devenues une abomination.

231. Car l'ensemble des textes de l'Évangile contre l'hypocrisie ne sont rien d'autre que l'expansion de la menace qui clôt le Troisième Commandement. Car de même que « le nom par lequel il sera appelé est Le Seigneur Notre Justice », de même prendre ce nom en vain est la somme du « caractère trompeur de *l'* injustice chez ceux qui périssent ».

Sans m'attarder sur la possibilité - dont je ne doute cependant pas un seul instant - qu'un honnête ecclésiastique soit capable d'empêcher l'entrée dans sa congrégation de personnes menant une vie ouvertement mauvaise, un sujet plus vital pour les objectifs de vos réunions que la différence qui en résulterait entre l'état actuel et l'état probable de l'Église chrétienne, si c'était davantage l'effort de curés zélés, au lieu d'inciter les méchants pauvres à venir à l'église, à inciter les méchants riches à *rester* en *dehors* de l'église. il?

De peur que, dans toute discussion sur une telle question, on puisse prétendre, comme c'est trop souvent le cas, que "le Seigneur regarde le cœur", etc., permettez-moi de dire - avec autant de positivité que cela peut exprimer ma plus profonde conviction. — que, si en effet c'est l'affaire du Seigneur de regarder le cœur, c'est au pasteur de regarder les mains et les lèvres ; et que les serments les plus ignobles du voleur et du promeneur sont, aux oreilles de Dieu, sans péché comme le cri du faucon ou le murmure du moucheron, comparés aux réponses dans le service de l'Église, sur les lèvres de l'usurier et de l'adultère. , qui ont détruit non seulement leur propre âme, mais celle des exclus dont ils ont fait leurs victimes.

Il appartient à l'assemblée des ecclésiastiques eux-mêmes, et non à un laïc s'adressant à eux, de demander en outre dans quelle mesure le nom de Dieu peut être pris en vain et profané au lieu d'être sanctifié, aussi bien en chaire qu'en dessous .

Toujours affectueusement vôtre,
J. RUSKIN .

VII

ελθ ἐ τω η Βασιλε ἱ α σου

Adveniat regnum tuum.

BRANTWOOD , *14 juillet 1879* .

232. CHER M. MALLESON , — Sincères remerciements pour vos lettres et les épreuves [159] envoyées. Votre commentaire et votre lien directeur, si nécessaire, seront d'une grande aide et d'une grande valeur, j'en suis assuré, suggérant ce que vous savez être le sentiment probable de vos auditeurs et le point qui sera remis en question.

Oui, certainement, ce « Son » dans la quatrième ligne était censé impliquer cette présence éternelle de Christ ; comme dans un autre passage, [160] faisant référence à la Création, « quand sa main droite répandit la neige sur le Liban et aplanit les pentes du Calvaire », mais dans la mesure où nous insistons sur cette vérité, « M'as-tu vu , Philippe , et pas le Père ?" [161] nous n'enseignons pas aux gens ce qu'est spécialement l'Évangile du *Christ* comme ayant une fonction distincte, à savoir *servir* le Père et faire la volonté du Père. Et dans toutes ses relations humaines avec nous et dans toutes ses commandes, c'est en tant que Fils de l'homme, et non en tant que « puissance de Dieu et sagesse de Dieu », qu'il agit et parle. Pas en tant que Pouvoir ; car *il* doit prier, comme l'un de nous. Pas comme la Sagesse ; car il ne doit pas savoir « si cela est possible ». Sa prière doit être entendue.

233. Et dans ce que je veux dire de la troisième clause de sa prière (*la sienne* , non seulement comme son ordre, mais comme son utilisation), c'est surtout cette comparaison entre *son* royaume et celui de son Père que je veux voir les disciples. gardé contre. Je crois que très peu, même parmi les plus sérieux, qui utilisent cette requête, se rendent compte que c'est le royaume du Père, et non celui du Fils, pour qu'ils prient afin qu'il vienne, bien que toute la prière soit fondée sur ce fait : « Car à Toi appartient le *Royaume* . royaume, la puissance et la gloire. » Et j'imagine que l'esprit du chrétien le plus fidèle est complètement éloigné de sa propre espérance, en s'attardant sur le règne — ou le retour — du Christ ; ce qu'ils doivent en effet rechercher et *surveiller* , mais pas pour lequel ils doivent prier. Leur prière est d'être pour le plus grand royaume auquel Lui, ressuscité et ayant tous ses ennemis sous ses pieds, doit abandonner les *Siens* , « afin que Dieu soit Tout en Tous ».

Et bien que ce soit le plus grand, c'est ce royaume éternel que les plus pauvres d'entre nous peuvent progresser. Nous ne pouvons pas hâter la venue du Christ. "Du jour et de l'heure, personne ne le sait." Mais le royaume de Dieu est comme un grain de moutarde : nous pouvons en semer ; c'est comme une boule d'écume de levain : on peut le mélanger ; et sa gloire et sa joie sont que même les oiseaux du ciel peuvent loger dans ses branches.

Pardonnez-moi de revenir vers mes moineaux ; mais en vérité, dans l'état actuel de l'Angleterre, les oiseaux du ciel sont les seules créatures, tourmentées et assassinées comme elles le sont, qui ont encore ici et là des nids, la paix et la joie dans le Saint-Esprit. Et ce serait bien si beaucoup d'entre nous, en lisant ce texte : « Le royaume de Dieu, ce n'est ni la viande ni la boisson », parvenaient à comprendre qu'il s'agit au moins autant, et ce jusqu'à ce que nous *ayons* mangé affamés, nous n'avions aucun pouvoir pour inspirer les malheureux.

Toujours affectueusement vôtre,
J. Ruskin .

J'écrirai mon ressenti sur les morceaux de la Vie du *Christ* que vous m'avez envoyés, dans une lettre privée. Je puis dire tout de suite que je suis sûr qu'il fera beaucoup de bien, et qu'il sera droit et intelligible, alors que les écrits religieux sont rares !

VIII.

γενηθ ἡ τω το θ ἐ λημ ἀ σου ως εν ουραν ὠ , και επ ἱ γ ἡ ς.

Fiat voluntas tua sicut in caelo et in terra.

Brantwood , *9 août* 1879.

234. Ce matin, je lisais par hasard le deuxième chapitre de Malachie, et je me demandais combien d'ecclésiastiques l'avaient déjà lu et prenaient à cœur le "commandement pour *eux* ".

Car ils sont toujours assez prêts à s'appeler prêtres (bien qu'ils se sachent n'être rien de tel) chaque fois qu'il y a quelque dignité à retirer de ce titre ; mais, chaque fois que les prophètes leur donnent quelque bonne et chaude réprimande ou quelque conseil désagréable, dans leur caractère auto-assumé, ils sont aussi prêts à le quitter que toujours Dionysos sa peau de lion, quand il trouve le personnage d'Héraclès. incommode. « Vous avez fatigué le Seigneur par vos paroles » (oui, et certains de son peuple aussi, à votre époque) : « pourtant vous dites : En quoi l'avons-nous fatigué ? Quand vous dites : Quiconque fait le mal est bon à nos yeux. du Seigneur, et il prend plaisir en eux ; ou : Où est le Dieu de jugement ? »

Combien, encore et encore, je me le demande, parmi les jeunes ecclésiastiques dynamiques fournis à la demande croissante de nos extrémités ouest des villes florissantes de la Plaine, réfléchissent jamais à quel genre de péché il s'agit pour lequel Dieu (à moins qu'ils ne le prennent à cœur) "maudiront leurs bénédictions et répandront des excréments sur leurs visages", ou auront compris, même de la manière la plus vague, quelle part *ils* avaient pris et prenaient dans "la corruption de l'alliance du Seigneur avec Lévi et la chute de beaucoup". à la loi" ?

235. Peut-être que la manière la plus subtile et la plus inconsciente dont les maîtres religieux survenus à la fin du monde ont fait cela est de ne jamais dire à leur peuple le sens de la clause du Notre Père, qui, parmi toutes les autres, leur la plupart des auditeurs sérieux ont le plus souvent sur leurs lèvres : « Que ta volonté soit faite ». Ils permettent à leur peuple de l'utiliser comme si la volonté de leur Père était toujours de tuer leurs bébés, ou de leur faire quelque chose de désagréable, au lieu de leur expliquer que l'article premier et le plus intense de la volonté de leur Père était leur propre sanctification, et après le réconfort et richesse; et que le seul chemin vers la prospérité nationale et vers la paix intérieure était de comprendre quelle était la volonté du Seigneur et de faire tout ce qu'ils pouvaient pour la réaliser. Alors qu'on pourrait penser, au ton des prédicateurs les plus enthousiastes d'aujourd'hui,

qu'ils considèrent que leur fonction bénie consiste non pas à montrer aux hommes comment faire la volonté de leur Père sur terre, mais comment aller au ciel sans rien faire ici non plus. ou là !

236. Je dis surtout les prédicateurs les plus zélés ; car presque tout le corps missionnaire (avec la secte évangélique la plus chaude de l'Église anglaise) est en ce moment composé d'hommes qui pensent que l'Évangile qu'ils doivent porter pour réparer le monde, en réalité, est que « Si quelqu'un pèche, il a un avocat auprès du Père ; » tandis que je n'ai jamais encore, d'après ma propre expérience, rencontré un missionnaire ou un évêque de ville qui prétendait même « comprendre quelle était la volonté du Seigneur », et encore moins enseigner à quelqu'un d'autre à la faire ; et parmi cinquante prédicateurs, oui, et cinquante cents que j'ai entendu proclamer le Médiateur du Nouveau Testament, afin que « ceux qui étaient appelés reçoivent la promesse de l'héritage éternel », je n'en ai jamais entendu un seul proclamer de tout cœur contre *tous* . ces « trompeurs aux paroles vaines » (Eph. v. 6), selon lesquels « aucun avare, c'est-à-dire idolâtre, n'a d' *héritage* dans le royaume de Christ ou de Dieu » ; et quant à moi-même, défiant personnellement et publiquement les évêques d'Angleterre en général, et nommément l'évêque de Manchester, de dire si l'usure était ou non selon la volonté de Dieu, je n'ai reçu de réponse d'aucun d'entre eux. [162]

13 août.

237. Je me suis permis, au début de cette lettre, de m'attarder sur l'usage équivoque du mot « Priest » dans l'Église anglaise (voir Christopher Harvey, édition Grosart, p. 38), car l'hypothèse du médiateur, à défaut de pastorale, la charge du clergé s'accomplit naturellement et toujours en prétendant absoudre le pécheur de son châtiment, au lieu de le purger de son péché ; et pratiquement, dans leur patronage général et leur encouragement de toute l'iniquité du monde, en prêchant constamment les conséquences de celle-ci. De sorte que les grandes villes de la terre, qui devraient être des lieux placés sur ses collines, avec au milieu d'elles le temple du Seigneur, vers lequel monteraient les tribus, [163] — centres des royaumes et des provinces . d'honneur, de vertu et de connaissance de la loi de Dieu, sont devenus, au contraire, des centres répugnants de fornication et de convoitise - la fumée de leur péché montant à la face du ciel comme la fournaise de Sodome, et sa pollution pourrissant et faisant rage à travers les os et les âmes des paysans qui les entouraient, comme s'ils étaient chacun un volcan dont les cendres éclataient en flammes sur les hommes et sur les bêtes. [164]

Et au milieu d'eux, leurs clochers fraîchement dressés appellent la foule à une prière hebdomadaire pour que le reste de leur vie soit pure et sainte, alors qu'ils n'ont pas la moindre intention de purifier, de sanctifier ou de changer leur vie en le plus petit particulier ; et leur clergé rassemble, chacun en lui-même, la curieuse double puissance et la majesté malfaisante au visage de Janus, du prophète qui prophétise faussement et du prêtre qui gouverne par son moyen.

Et les gens aiment qu'il en soit ainsi.

BRANTWOOD , 12 août .

Je suis très heureux de votre petit mot de Brighton. J'ai cru inutile d'y envoyer les deux lettres que vous trouverez chez vous ; et ils mettent presque fin à tout ce *que je* veux dire ; car les autres clauses de la prière touchent à des choses trop élevées pour moi. Mais je vous enverrai une lettre finale à leur sujet.

IX.

τον αρτον ημ ὼ ν τον επιο ὺ σιον δος ημ ἱ ν σ ἡ μερον.

Panem nostrum quotidianum da nobis hodie.

BRANTWOOD , le 19 août .

238. J'ai conservé la lettre précédente chez moi jusqu'à présent, de peur que vous ne la croyiez écrite avec précipitation ou irritabilité ; mais chaque mot est délibéré, bien qu'il exprime l'amertume de vingt ans de vain chagrin et de plaidoiries concernant ces choses. Je ne suis pas non plus capable d'écrire quoi que ce soit de la clause suivante de la prière ; car aucun mot ne pourrait être assez brûlant pour raconter les maux qui sont tombés sur le monde à cause de l'utilisation inconsidérée et blasphématoire des hommes, priant Dieu de leur donner ce qu'ils sont délibérément résolus à voler. Car tout le vrai christianisme est connu — comme l'était son Maître — dans la fraction du pain, et tout le faux christianisme dans le vol.

Que l'ecclésiastique applique seulement, avec un regard impartial et égal, à sa congrégation le grand ordre pastoral : « Celui qui ne veut pas travailler ne doit pas non plus manger ; » et soyez résolu à exiger que chaque membre de son troupeau lui dise *ce qu'il* fait, jour après jour, pour gagner son dîner ; et il découvrira une vision entièrement nouvelle de la vie et de ses sacrements ouverte sur lui et sur eux.

239. Car celui qui ne fait pas, jour après jour, un travail qui lui rapportera son dîner, doit voler son dîner ; [165] et le fait réel est que la grande masse des hommes, se disant chrétiens, vit réellement en volant aux pauvres leur pain, et par aucun autre commerce quel qu'il soit : et le simple examen du mode

- 336 -

de production et de consommation du La nourriture européenne – qui la cherche et qui la mange – le prouvera à toute âme humaine honnête.

Il n'est pas non plus possible à une Église chrétienne d'exister sans des pollutions et des hypocrisies au-delà de tous les mots, jusqu'à ce que les vertus d'une vie modérée dans son auto-indulgence et large dans ses offices de ministère temporel auprès des pauvres soient insistées comme étant la norme normale. des conditions dans lesquelles, seulement, la prière à Dieu pour la moisson de la terre est autre qu'un blasphème.

À la seconde place. Puisque dans la parabole de Luc, le pain demandé est aussi et principalement le Saint-Esprit (Luc xi, 13), et la prière : « Donnez-nous chaque jour notre pain quotidien » est, dans sa plénitude, » des disciples : « Seigneur, donne-nous toujours *ce* pain », la question du pasteur à tout son troupeau, d'abord littérale : « Enfants, avez-vous ici de la viande ? doit, en fin de compte, toujours être la plus spirituelle : « Mes enfants, avez-vous ici du Saint-Esprit ? ou : « N'avez-vous pas encore appris s'il y en *a* ? Et, au lieu d'un Saint-Esprit, Seigneur et Donateur de vie, croyez-vous seulement en un mammon impie, Seigneur et Donateur de mort ?

L'opposition entre les deux Seigneurs a été et sera aussi longtemps que durera le monde, absolue, inconciliable, mortelle ; et le premier message du pasteur à son peuple d'aujourd'hui est — s'il est fidèle — « Choisissez aujourd'hui qui vous servirez ».

Toujours fidèlement vôtre,
J. Ruskin.

X.

και αφες ημιν τα οφειλ ἡ ματα ημων ως και ἐ ς αφ ἱ εμεν τοις οφειλ ἐ τ αις ημων

Et dimitte nobis debita nostra, sicut et nos dimittimus debitoribus nostris .

Brantwood , *le 3 septembre* .

240. Cher M. Malleson , — J'ai mis très longtemps avant d'essayer de dire ne serait-ce qu'un mot sur la sixième clause du Pater ; car chaque fois que j'y pensais, j'étais arrêté par le sentiment douloureux de la tâche désespérée que vous, pauvres ecclésiastiques, aviez aujourd'hui, consistant à recommander et à apprendre aux gens à aimer leurs ennemis, alors que toutes leurs énergies étaient déjà consacrées à escroquer leurs amis.

Mais, à tous les jours, passés ou présents, la clause est si difficile que, pour la comprendre, cela signifie presque connaître l'amour de Dieu qui dépasse la connaissance.

Mais, en tout cas, c'est sûrement le devoir du pasteur d'éviter que ses ouailles ne le comprennent *mal* ; et surtout pour les empêcher de supposer que le pardon de Dieu peut être obtenu simplement sur demande, par ceux qui « pèchent volontairement après avoir reçu la connaissance de la vérité ».

241. Il y a aussi une leçon très simple, particulièrement nécessaire aux personnes vivant des circonstances de vie heureuse, que je n'ai jamais entendue pleinement appliquée en chaire, et qui est généralement la plus perdue de vue, à cause du mot beau et inexact « intrusions ». est si souvent utilisé à la place du terme unique et précis « dettes ». Parmi les personnes bien instruites et heureuses, il peut facilement se produire que de longues périodes de leur vie se déroulent sans aucun péché conscient qui pourrait, à la découverte ou au souvenir de celui-ci, les faire crier, avec vérité et douleur : « J'ai péché. contre le Seigneur. » Mais à peine une heure de leurs jours heureux ne peut pas s'écouler sur eux sans laisser, si leur cœur était ouvert, des preuves écrites là qu'ils ont « laissé en suspens les choses qu'ils auraient dû faire », et leur donnant une raison plus amère et plus lourde de pleurer : et crient à nouveau – pour toujours, dans les paroles pures de la prière de leur Maître : « Dimitte nobis *debita* nostra ».

En ce qui concerne la traduction plus exacte de « dettes » plutôt que de « offenses » [166], il serait sûrement bon de garder constamment à l'esprit des congrégations complaisantes et inoffensives que, dans la propre prophétie du Christ sur la manière du jugement dernier, le la condamnation n'est prononcée que sur les péchés d'omission : « J'avais faim, et vous ne m'avez pas donné de viande. »

242. Mais, quelle que soit la nature du péché, par offense ou par défaut, que le prédicateur craint chez son peuple, il a sûrement récemment été totalement négligent en les obligeant à le reconnaître définitivement, dans ses détails divers et personnels. Rien dans les diverses incohérences de la nature humaine n'est plus grotesque que sa volonté d'être taxée d'une quantité quelconque de péchés grossiers et son ressentiment face à l'insinuation d'avoir commis le moindre d'entre eux en détail. Et la liturgie anglaise, évidemment rédigée dans l'aimable intention de rendre la religion aussi agréable que possible à un peuple désireux de sauver son âme sans grand inconvénient personnel, n'est peut-être en aucun point plus malsainement indulgente que dans sa concession au conviction populaire que nous pouvons obtenir l'avantage présent et échapper au châtiment futur de toute

sorte d'iniquité, en cachant adroitement la nature de celle-ci à l'homme et en en confessant triomphalement la quantité à Dieu.

243. Enfin, quels que soient les avantages et les décences d'une forme de prière, et quelle que soit l'étendue donnée à ses passages rassemblés, elle ne peut pas être à la fois adaptée à l'usage d'un corps de chrétiens bien instruits et expérimentés. , tels qu'ils devraient se joindre aux services d'une église vieille de dix-neuf siècles, et adaptés aux besoins du pécheur timide qui est entré ce jour-là pour la première fois sous son porche, ou du publicain plein de remords qui n'a pris conscience que récemment de son appel à un banc. .

Et notre clergé ne doit certainement pas être surpris de la méfiance quotidienne croissante dans l'esprit public à l'égard de l'efficacité de la prière, après avoir si longtemps insisté pour offrir des supplications, au moins tous les dimanches matin à onze heures, *que* le reste de leur vie par la suite pourraient être purs et saints, les laissant conscients tout le temps qu'ils seraient de la même manière tenus d'informer le Seigneur la semaine prochaine, à la même heure, qu '"il n'y avait pas de santé en eux!"

Parmi les folies et les abus tant réprimandés du soi-disant «ritualisme», aucun, dont j'ai entendu parler, ne soit en effet un «rituel» aussi dangereux et sombre que cette moquerie autorisée de l'acte le plus solennel de la vie humaine, et la seule entrée de la vie éternelle : la repentance.

Croyez-moi, cher M. Malleson,

Toujours fidèlement et respectueusement vôtre,
J. Ruskin .

XI.

Il s'agit d' **un moyen pour vous** d'être à la hauteur de votre vie . οτι σου εστιν η βασιλε ί α, και η δυναμις, και η δ ό ξα, εις τους αι ώ νας. Αμ ή ν.

Et ne nos inducas in tentationem; sed libera nos a malo; quia tuum est regnum, potentia et gloria in sceeula sceculorum. Amen .

Brantwood , *14 septembre 1879* .

244. Cher M. Malleson , — Les paroles douces de votre dernière lettre se rapportant à la différence entre vous et moi dans le degré d'espoir avec lequel vous pouviez considérer ce qui ne pouvait que paraître à l'esprit général comme utopique dans les desseins pour l'action du Dans l'Église chrétienne, la meilleure solution serait certainement de faire appel au ton cohérent de la prière que nous avons examinée.

Chacune de ses pétitions ne vise-t-elle pas un État parfait ? et cette dernière clause, à laquelle nous devons penser aujourd'hui — si elle est bien comprise — n'est-elle pas une pétition non seulement pour la restauration du Paradis, mais d'un Paradis dans lequel il n'y aura pas de fruit mortel, ou, du moins, pas de tentation d'en faire l'éloge ? Et ne pouvons-nous pas admettre que c'est probablement uniquement faute d'un usage sérieux de cette dernière pétition que non seulement les précédentes sont devenues formelles chez nous, mais que la prière privée et simplement restreinte pour les petites choses que nous désirons chacun individuellement a été supprimée. devenu par certains chrétiens redouté et inutilisé, et par d'autres utilisé sans foi, et donc avec déception ?

245. Et n'est-ce pas faute de cette franchise et de cette simplicité particulières de la demande, et du sens de son acceptation, que la nature entière de la prière a été mise en doute dans nos cœurs et déshonorée par nos lèvres ; que nous avons peur de demander la bénédiction de Dieu sur la terre, quand les scientifiques nous disent qu'Il a pris des dispositions préalables pour la maudire ; et qu'au lieu d'obéir, sans crainte ni débat, à l'ordre clair : « Demandez, et vous recevrez, afin que votre joie soit pleine », nous retombons avec tristesse dans l'apologie de la prière, que « c'est un exercice sain, même infructueux », et que nous devrions toujours supposer pieusement que le texte ne signifie en réalité rien de plus que « Demandez, et vous ne recevrez *pas* , afin que votre joie soit *vide* » ?

Supposons que nous soyons tous tout à fait sûrs d' *avoir* fait honnêtement la prière contre la tentation, et que nous serions heureux de nous voir refuser tout ce sur quoi nous avions mis notre cœur, si en effet Dieu voyait que cela nous conduirait au mal, pourrions-nous Je ne peux pas avoir confiance par la suite que Celui dans la main duquel est le cœur du roi, comme les rivières d'eau, dirigerait aussi nos petits cœurs dans la voie où ils doivent aller, et qu'alors la prière spéciale pour les joies qu'Il leur a appris *à* rechercher être répondu à la dernière syllabe et au débordement ?

246. Il n'est sûrement pas nécessaire de dire plus loin ce que les saints docteurs de toutes les nations ont invariablement concouru à montrer, c'est-à-dire que la prière fidèle implique toujours un effort corrélatif ; et qu'aucun homme ne peut demander honnêtement ou avec espoir d'être délivré de la tentation, à moins qu'il ne soit honnêtement et fermement déterminé à faire de son mieux pour s'en tenir à l'écart. Mais, de nos jours, le premier objectif de tous les parents chrétiens est de placer leurs enfants dans des circonstances où les tentations (qu'ils ont tendance à appeler « opportunités ») soient aussi grandes et nombreuses que possible ; où la vue et la promesse de « toutes ces choses » dans le don de Satan peuvent être brillamment proches ; et où l'acte

de « tomber pour m'adorer » peut être en partie caché par l'abri, et en partie excusé, comme involontaire, par la pression de la foule concurrente.

En quoi les royaumes du monde et leur gloire *diffèrent* du Royaume, de la Puissance et de la Gloire, qui appartiennent à Dieu pour toujours, est rarement, autant que j'ai entendu, expliqué de manière intelligible depuis la chaire ; et encore moins l'hostilité irréconciliable entre les deux royautés et royaumes affirmée dans sa décision sévère.

Qu'il soit en effet utopique de croire que le royaume pour lequel nous avons appris à prier *puisse* venir – en vérité, venir – à la demande, ce n'est sûrement pas à l'homme de juger ; mais c'est au moins à son choix de décider qu'il ne rendra plus obéissance, ni n'attribuera gloire et pouvoir au Diable. S'il ne trouve pas en lui-même la force d'avancer vers le Ciel, il peut au moins dire à la puissance de l'Enfer : « Mets-toi derrière moi » ; et s'appuyant sur le témoignage de Celui qui dit : « Certainement, je viens bientôt », ratifie sa prière heureuse avec les fidèles : « Amen, viens, Seigneur Jésus ».

Toujours, mon cher ami,
croyez-moi affectueusement et avec gratitude,
J. RUSKIN .

REMARQUE. —Les autres lettres suivantes de M. Ruskin à M. Malleson ont été imprimées dans « Lettres au clergé ».

13 septembre.

247. CHER M. MALLESON , — Je suis très reconnaissant pour votre proposition de modifier les lettres sans aucune autre référence à moi. Je pense que ce sera exactement la bonne voie ; et je crois pouvoir vous mettre vraiment à l'aise dans cette tâche, en vous expliquant, comme je peux le faire en très peu de mots, le genre de *carte blanche* que je devrais vous donner avec joie.

Interrompu aujourd'hui ! plus demain avec, j'espère, la dernière lettre.

J. RUSKIN.

14 septembre

J'ai presque fini la dernière lettre, mais je la garderai pour demain, plutôt que de la finir précipitamment, pour le premier courrier. Votre joli petit mot vient d'arriver ; et je puis seulement dire que vous ne pouvez pas me plaire mieux qu'en agissant en toute liberté avec une parfaite liberté ; et que je veux seulement voir ou répondre à ce que vous me souhaitez pour l'amour de la question. Et il n'y a sûrement aucune raison de penser ou de gaspiller quelque chose à *mon* sujet personnellement, sauf seulement pour exprimer votre connaissance de mon désir réel pour la santé et la puissance de l'Église. Vous ne devez pas me donner plus que cette louange ; car j'ai appris presque tout, puis-je dire, ce que je sais, par mes erreurs.

Je suis affectueusement vôtre,
J. RUSKIN.

17 octobre.

248. Je suis reconnaissant de voir que les lettres se lisent clairement et facilement et contiennent tout ce que j'avais en tête de dire ; et rien ne peut être plus juste à tous égards que l'impression et la reliure, [167] ni plus courtois et plus ferme que votre préface.

Oui, il y *aura* un gouffre à franchir – un *tauriformis Aufidus* [168] – plus grand que le Rubicon, et son rugissement depuis de nombreuses années a été entendu au loin, à travers le brouillard qui s'accumule sur la terre, plus fort.

Le fleuve de la mort spirituelle dans ce monde et l'entrée du purgatoire dans l'autre descendent jusqu'à nous.

Quand les pieds des prêtres seront-ils plongés dans le bord tranquille de l'eau ? Jordan fait déjà déborder ses banques.

Lorsque vous aurez mis sous presse votre grande édition, avec sa correspondance, je voudrais lire les feuilles au fur et à mesure de leur parution ; et mettre simplement des lettres de référence à reprendre dans un court « épilogue ». Mais je ne veux rien faire ni dire de plus tant que vous n'êtes pas tous parfaitement prêts pour la publication. Je devrais simplement ajouter mes lettres de référence dans la marge et les notes les plus courtes possibles à la fin.

J. RUSKIN.

NOTES DE BAS DE PAGE :

[153] Ces lettres ont été écrites par M. Ruskin au révérend FA Malleson, vicaire de Broughton-in-Furness, par qui elles ont été lues, après quelques remarques introductives, devant la Furness Clerical Society. Leur origine,

comme on peut le déduire du premier d'entre eux, est une demande de M. Malleson que M. Ruskin s'adresse à la société sur le sujet. Ils ont été imprimés sous trois formes : (1) dans un petit pamphlet (octobre 1879) « pour circulation privée uniquement », parmi les membres du Furness et d'une ou deux autres sociétés cléricales ; (2) dans la *Contemporary Review* de décembre 1879 ; (3) dans un volume (Strahan & Co., 1880) intitulé « La prière du Seigneur et l'Église », et contenant également diverses réponses aux lettres de M. Ruskin, et un épilogue en guise de réplique de M. Ruskin lui-même. Ce volume a été édité par M. Malleson, avec l'accord duquel les contributions de M. Ruskin sont réimprimées ici.— ED .

[154] Appelée Lettre II. dans la brochure Furness, — où une note est ajoutée à l'effet qu'il y avait une lettre antérieure non publiée. — ED .

[155] En réponse à la proposition d'aborder le sujet lors d'une randonnée en montagne.—FAM

[156] Art. xi.

[157] Homélie xi. du Deuxième Tableau.

[158] " *Flèches de la Chace.* "

[159] Voir post-scriptum de cette lettre . — ED.

[160] Faisant référence à la phrase finale du troisième paragraphe du cinquième ter, qui *semblait* exprimer ce que je pensais ne pas pouvoir être le sens complet de M. Ruskin, je lui ai signalé la phrase suivante dans « Modern Painters » :

"Quand, dans le désert, Jésus se ceignait pour l'œuvre de la vie, des anges de la vie venaient et le servaient ; maintenant, dans le beau monde, alors qu'il se ceignait pour l'œuvre de la mort, les serviteurs viennent à lui de du tombeau, mais du tombeau conquis. L'un du tombeau sous Abarim, que *sa* propre main avait scellé il y a longtemps, l'autre du reste dans lequel il était entré sans voir la corruption.

À ce sujet, j'ai fait une remarque à peu près dans le sens suivant : j'étais sûr que M. Ruskin considérait l'œuvre d'amour du Père et du Fils comme étant égale dans le *pardon* des péchés et la rédemption de l'humanité ; que ce qui est fait par le Père est en réalité fait aussi par le Fils ; et que c'est par une simple adaptation à l'infirmité humaine de la compréhension que la doctrine de la Trinité nous est révélée dans un langage, certes insuffisant pour transmettre les vérités divines, mais néanmoins le seul langage possible ; et je lui ai demandé si un tel sentiment n'était pas présent dans son esprit lorsqu'il utilisait le pronom « Son », dans le passage ci-dessus des « Peintres modernes

», du Fils, où il serait habituellement compris du Père ; et en corollaire, si, dans la lettre, il ne reconnaît pas lui-même pleinement le fait de la rédemption du monde par le sacrifice de soi aimant du Fils en entière concurrence avec la volonté également aimante du Père. C'est, autant que je m'en souvienne, l'origine du passage du deuxième paragraphe de la septième lettre. — FAM

[161] Les « Lettres au clergé » ajoutent une note : « Pourtant, tu ne m'as pas connu, Philippe ? Celui qui m'a vu a vu le Père » (Jean XIV. 9) .

[162] *Fors Clavigera* , Lettre lxxxii. (Voir *ante* , § 148. — ÉD .)

[163] «Bibliotheca Pastorum», Vol. je. « L'économiste de Xénophon », Préf., p. XII— ÉD .

[164] Voir *ante* , p. 319, § 154 ; p. 330, § 166. — ÉD .

[165] " *Flèches de la Chace.* "

[166] " *Flèches de la Chace.* "

[167] Se référant à la première édition, imprimée pour diffusion privée.— FAM

[168]

"Sic tauriformis volvitur Aufidus,
Qua regna Dauni praefluit AppuliQuum saevit, horrendamque cultisDiluviem meditatur agris."

—HOR. , *Carm.* , iv. 14.

ÉPILOGUE.

Brantwood, Coniston , juin 1880 .

249. Mon cher Malleson , — J'ai jeté un coup d'œil aux épreuves que vous envoyez ; et ne *peut* faire que jeter un coup d'œil, même s'il me semblait désirable d'en faire davantage, ce qu'il ne fait en aucune façon après ce regard. Permettez-moi de vous rappeler ce qu'il est absolument nécessaire que les lecteurs du livre comprennent bien : que j'ai écrit ces Lettres à votre demande, pour qu'elles soient lues et discutées dans la réunion d'une société privée d'ecclésiastiques. J'ai alors refusé d'assister à la discussion, et je refuse toujours. Vous avez ensuite demandé l'autorisation d'imprimer les lettres, ce à quoi j'ai répondu qu'elles étaient les vôtres, pour tout usage que vous jugeriez bon d'en faire. Ensuite, vos projets se sont développés, tandis que ma propre idée est restée exactement la même qu'elle avait été : que la discussion aurait dû avoir lieu. était privé et conservé dans les limites de la société, et que ses conclusions, le cas échéant, auraient dû être annoncées dans quelques pages en caractères clairs, pour la lecture exclusive des paroissiens.

Je suis, bien sûr, flatté par le cours plus large que vous avez obtenu pour les Lettres, mais je ne suis pas le moins du monde intéressé par le débat sur elles, ni par aucun débat religieux quel qu'il soit, entrepris sans la conviction sérieuse qu'il y a un rien de mal dans les choses telles qu'elles sont, ou une résolution sérieuse pour les améliorer un peu. Ce qui, autant que je puis lire dans les pensées de vos correspondants, me paraît être leur état substantiel.
[169]

250. Une chose que je ne peux pas passer sans protestation : c'est la quantité de discussions sur l'auteur des Lettres. Ce que je suis, ou ce que je ne suis pas, n'a aucune importance dans les affaires en jeu. J'observe avec réconfort, ou du moins avec complaisance, que, fort de quelques heures de conversation, à un moment où je pensais surtout aux intempéries de l'ardoise que vous avez eu la bonté de me montrer au-dessus de l'Eau de la Chèvre, vous auriez J'ai osé me baptiser dans le petit lac, non pas comme une chèvre, mais comme un mouton. Le mieux dont je puisse être sûr, moi, c'est que je ne suis pas un loup et que je n'ai jamais aspiré à la dignité même de chien du Seigneur.

Vous m'avez dit, si je me souviens bien, qu'un des membres de la réunion initiale m'a dénoncé comme un archi-hérétique [170] — c'est-à-dire, sans aucun doute, un archi-païen ; car un hérétique, ou un faiseur de sectes, est de tous les termes de reproche le dernier qu'on puisse utiliser à mon égard. Et je pense qu'il aurait fallu lui répondre que c'est précisément en archi-païen que j'ai osé demander à ses prédicateurs un récit plus intelligible et plus unanime de l'Évangile chrétien.

251. Si quelque chose dans les Lettres offensait ceux d'entre vous qui me considèrent comme un frère, il aurait sûrement été préférable de me le dire entre nous, ou de le dire à l'Église, ou de me laisser être Anathema Maranatha en paix, - en tout cas , je dois actuellement m'y conformer, en corrigeant seulement les erreurs sur moi-même qui ont conduit à des erreurs plus graves sur les choses dont je voulais parler. [171]

La plus singulière peut-être dans toutes les lettres est celle de M. Wanstall, à savoir que je n'attache pas assez de poids à l'antiquité. Je n'ai pris connaissance de la sentence qu'aujourd'hui (29 mai), mais ma réponse est déjà en partie écrite, en référence au souhait d'un autre de vos correspondants de connaître davantage les raisons pour lesquelles je critique la liturgie anglaise.

252. Si l'on enseigne aux gens à utiliser la Liturgie correctement et avec respect, cela leur apportera à tous du bien ; et pendant une trentaine d'années de ma vie, je le lisais toujours à mon serviteur et à moi-même, si nous n'avions pas d'église protestante où aller, dans les villages alpins ou italiens. On peut toujours prier tacitement ce qu'on veut et laisser passer le reste. Mais, à mesure que j'ai grandi et que j'ai observé le déclin de la foi chrétienne de toutes les nations, je me suis de plus en plus méfié de l'effet de cette forme particulière de mots sur la véracité de l'esprit anglais (devenant désormais rapidement un sel qui a perdu sa saveur et n'est bon qu'à être foulé aux pieds des hommes). Et au cours des dix dernières années, pendant lesquelles ma position à Oxford m'a obligé à examiner quelle était l'autorité du code de prière, dont l'Université a maintenant si honte qu'elle n'ose plus obliger ses jeunes à l'entendre, et encore moins pour le prononcer, j'ai nécessairement pris l'habitude de toujours me tourner vers les formes originales des prières de l'Église chrétienne pleinement développée. Je ne pensais pas non plus que c'était un simple hasard qui avait mis en ma possession un manuscrit du service religieux parfait du XIIIe siècle, écrit par les moines de la Sainte Chapelle pour Saint-Louis ; ainsi qu'un de la même date, écrit en Angleterre, probablement pour le diocèse de Lincoln ; en ajoutant quelques-uns des Recueils, dans lesquels il correspond à Saint-Louis, et les hymnes latins tant aimés par Dante, avec la musique qui leur est réservée.

253. Et mon étonnement a été plus grand à chaque heure, depuis que j'ai examiné attentivement le texte de ces livres et d'autres premiers livres, que dans un état d'énergie déclinante ou captive, l'Église d'Angleterre se soit contentée d'un service qui chassait , du début à la fin, toutes ces expressions intensément spirituelles et passionnées de prière chantée (le corps entier,

c'est-à-dire les Psaumes *chrétiens authentiques), et en adoptant ce qu'elle a timidement conservé des Collectes, les a mutilées ou émoussé jusqu'à* le degré exact qui les rendrait soit inintelligibles, soit inoffensifs – si vagues que tout le monde pourrait les utiliser, ou si inutiles que personne ne pourrait en être offensé. Pour un exemple particulier : la prière pour « nos évêques et curés, et toutes les congrégations confiées à leur charge », est, dans le Lincoln Service-book, « pour notre évêque et toutes les congrégations confiées à sa charge » . Le passage du singulier au pluriel semble léger. Mais il suffit de détourner les regards du peuple de son propre évêque vers l'espace infini ; changer une prière qui était destinée à être prononcée dans l'anxiété et l'affection personnelles, en une prière pour le bien général de l'Église, dont personne ne pouvait juger et dont personne ne se soucierait particulièrement ; et, enfin, de changer une prière à laquelle la réponse, si elle était donnée, serait visible, en une prière dont personne ne pourrait dire si elle serait exaucée ou non.

254. Dans les Collectes, le changement, bien que verbalement léger, est donc un problème énorme. Mais dans les Litanies, la parole et la pensée vont de pair. La première prière des litanies dans le livre de service de Lincoln est destinée au pape et à tous les rangs inférieurs à lui, ce qui implique un morceau de théologie très remarquable : le pape pourrait se tromper en matière religieuse et la prière du plus humble serviteur de Dieu lui être utile : — « Ut Dompnum Apostolicum, et omnes gradus ecclesie in sancta religione conservare digneris ». Cela signifie que quelles que soient les erreurs dans lesquelles certaines personnes pourraient et devraient tomber, elles priaient Dieu de garder le pape droit, ainsi que le témoignage et la conduite collectifs des rangs inférieurs à lui. Suit ensuite la prière pour leur propre évêque et *son* troupeau, puis pour le roi et les princes (seigneurs en chef), afin qu'ils (pas toutes les nations) puissent être maintenus en concorde, et ensuite pour *nos* évêques et abbés, l'Église d'Angleterre. approprié; chacune de ces pétitions étant directe, limitée et personnellement sincère ; — et puis celle-ci, charmante, pour eux-mêmes : —

"Ut obsequium servitutis nostre rationabile facias." - "Que tu rendes raisonnable l'obéissance à notre service" ("qui est ton service raisonnable").

Cette glorieuse prière est, je crois, avec précision une des « premières prières anglaises ». Ce n'est pas le cas dans les Litanies de Saint-Louis, ni dans une litanie française plus élaborée du XIVe siècle ; mais je le trouve adouci dans un MS italien. du XVe siècle en "ut nosmet ipsos in tuo sancto servitio confortare et conservare digneris", - "que tu daignes nous garder et nous réconforter nous-mêmes dans ton service sacré" (le réconfort, observez, étant ici demandé s'il est raisonnable ou non !); et dans le meilleur et le plus complet livre de service français que je possède, imprimé à Rouen en 1520, il devient : « ut congregationes omnium sanctorum in tuo sancto servitio conservare digneris » ; tandis que la victoire aussi bien que la concorde sont demandées pour le roi et les princes, ouvrant ainsi la voie à celle de la victoire de notre propre reine sur tous ses ennemis, prière qui pourrait maintenant être judicieusement transformée en une prière qu'elle - et en elle, le monarchie d'Angleterre, pourraient trouver plus de fidélité chez leurs amis.

255. Je donne encore un exemple de la corruption de notre Livre de Prières, en référence aux objections formulées par certains de vos correspondants à la distinction impliquée dans mes Lettres entre les Personnes du Père et du Christ.

La « Memoria de Sancta Trinitate », dans le livret de service de Saint-Louis, s'écrit ainsi : -

"Omnipotens sempiterne Deus, qui dedisti famulis tuis in confessione vere fidei eterne Trinitatis gloriam agnoscere, et in potentia majestatis adorare unitatem, quesumus ut ejus fidei firmitate ab omnibus semper muniemur adversis. Qui vivis et regnas Deus, per omnia secula seculorum. Amen."

"Dieu Tout-Puissant et éternel, qui a donné à Tes serviteurs, en confession de foi véritable, de reconnaître la gloire de la Trinité éternelle, et dans la puissance de sa Majesté de prier l'Unité ; nous demandons que, par la fermeté de cette foi, nous puissions sois toujours défendu de toutes les choses adverses, toi qui vis et règne Dieu à travers tous les âges. Amen.

256. En ce qui concerne notre Collecte, nous constatons que nous avons d'abord glissé le mot « nous » avant « Tes serviteurs », et par cette petite insertion, nous avons glissé le châtelain et son jockey, et le propriétaire du pub – et toute autre personne qui Il se peut qu'ils aient été persuadés, balayés ou menacés d'entrer dans l'église le dimanche de la Trinité, et ont exigé que l'ensemble d'entre eux se déclare serviteurs de Dieu et croyants au mystère de la Trinité. Et nous pensons avoir rendu service à Dieu !

"La grâce." Pas un mot sur la grâce dans l'original. On ne croit pas en ayant la grâce, mais en ayant de l'esprit.

"À reconnaître." "Agnosco", c'est reconnaître, et non reconnaître. Voir *qu'il* y a trois lumières dans un lustre est bien plus que reconnaître qu'elles sont là.

"Idolâtrer." "Adorare" c'est prier, pas adorer. Vous pouvez adorer un simple magistrat ; mais vous *priez* le Père, le Fils et le Saint-Esprit.

La dernière phrase en anglais est trop horriblement mutilée pour être traitée avec patience. Le sens de la grande vieille collecte est que, par le bouclier de cette foi, nous pouvons éteindre tous les traits enflammés du diable. La prière anglaise signifie, si elle veut dire quelque chose : « S'il vous plaît, gardez-nous dans notre foi sans que nous nous en souciions ; et, en outre, s'il vous plaît, ne nous laissez pas perdre notre argent, ni prendre froid. »

"Qui vit et règne." Droite ; mais combien de congrégations existantes ou instantanées comprennent ce que signifient ces deux mots ? Que Dieu est un Dieu vivant et non une Loi morte ; et qu'Il est un Dieu régnant, remettant les mauvaises choses en ordre, et cela, tôt ou tard, avec une main forte et une verge de fer ; et pas du tout avec une éponge douce et de l'eau tiède, lavant tout le monde aussi proprement qu'un bébé tous les dimanches matin, quel que soit le sale boulot qu'ils aient pu faire toute la semaine.

257. Sur quelle dernière supposition votre liturgie moderne, dans la mesure où elle a complété au lieu de corriger l'ancienne, s'est entièrement modelée, produisant dans son premier discours à l'assemblée devant le Tout-Puissant précisément le morceau de langue anglaise le plus défectueux et le plus insensé. que je connais dans toute la littérature anglaise ou américaine. Dans les dix-sept lignes (telles qu'imprimées dans mon vieux livre de prières en gros caractères), il y a sept fois plus de deux mots pour une idée.

1. Reconnaître et avouer.

2. Péchés et méchanceté.

3. Dissimuler ni masquer.

4. Bonté et miséricorde.

5. Rassemblez-vous et rencontrez-vous.

6. Requis et nécessaire.

7. Priez et implorez.

Il y a, en effet, une nuance de différence dans certaines de ces idées pour un bon érudit, aucune pour une congrégation générale ; [172] et quelle différence ils peuvent deviner ne fait que leur embrouiller la tête : reconnaître le péché est en effet différent de le confesser, mais cela ne peut pas se faire à la minute près ; et la bonté est autre chose que la miséricorde, mais ce n'est en aucun cas la bonté infinie de Dieu qui pardonne notre méchanceté, mais qui la juge.

258. « Le plus fautif, dis-je, et le plus insensé. Après avoir utilisé quatorze mots là où sept auraient suffi, qu'est-ce que tout le discours est dit avec tant de paroles ? Ce service du matin de toute l'Angleterre commence par l'affirmation selon laquelle l'Écriture nous pousse en divers endroits à confesser nos péchés devant Dieu. *Est*-ce ainsi ? Vos congrégations ont-elles

déjà été référées à ces divers endroits ? Ou bien prennent-ils cette affirmation avec confiance, ou restent-ils sous l'impression que, à moins de bénéficier de leur propre franchise, Dieu doit rester mal informé au sujet de leurs péchés ?

"Que nous ne devrions pas les dissimuler ni les masquer." *Pouvons* -nous alors ? Ces congrégations adultes de l'Église anglaise éclairée du XIXe siècle sont-elles encore si jeunes dans leurs crèches qu'elles ne croient toujours pas au « Tu, Dieu, vois-moi » lorsqu'elles se mettent sous le lit ?

259. Regardons les divers passages mobiles mentionnés.

(Je suppose que je suis un simple agneau du troupeau et que je ne peux utiliser que ma Bible anglaise.)

Je trouve dans ma concordance (avouer et confesser ensemble) quarante-deux occurrences du mot. Seize d'entre eux, y compris la confession de Jean selon laquelle il n'était pas le Christ, et la confession des pères fidèles qu'ils étaient des pèlerins sur la terre, nous poussent en effet fortement à confesser le Christ devant les hommes. Avez-vous déjà enseigné à vos congrégations ce que signifie cette confession ? Ils sont assez disposés à le confesser à l'église, c'est-à-dire dans leur synagogue privée. Le seront-ils au Parlement ? Vont-ils dans une salle de bal ? Vont-ils dans un magasin ? Seize des textes doivent les *imposer* .

Le plus important (1 Tim. VI. 13) fait référence à la bonne confession du Christ, qui, je suppose, ne concernait pas ses péchés, mais son obéissance. Combien de vos congrégations peuvent faire ce genre de confession, ou souhaitent le faire ?

Les dix-huitième, dix-neuvième et vingtième (1 Rois viii. 33, 2 Chron. vi. 26, Héb. xiii. 15) parlent de confesser avec gratitude que Dieu est Dieu (et non un plasma putride ni une théorie du développement), et le Le vingt et unième (Job xl. 14) parle de la propre confession de Dieu, selon laquelle nous sommes sans aucun doute le peuple, et que la sagesse mourra avec nous, et à quelles conditions Il la fera.

260. Il reste vingt et un textes qui parlent de la confession de nos péchés — des textes très émouvants en vérité — et Dieu veuille qu'un jour le public britannique en soit ému.

(1.) Le premier est Lév. v. 5, "Il confessera qu'il a péché *en cela* ." Et si vous pouvez amener n'importe quelle âme de votre congrégation à dire qu'elle a péché en *quelque* chose, elle peut le faire en deux mots pour un s'il le souhaite, et ce sera encore une bonne liturgie.

(2.) La seconde est en effet générale : Lév. XVI. 21 : le commandement selon lequel toute la nation devrait affliger son âme le grand jour des expiations une fois par an. L'Église d'Angleterre, je crois, n'interdit aucune cérémonie aussi déplaisante. Ses fêtes sont célébrées par son peuple, souvent en effet dans l'extinction de son âme, mais en aucun cas dans son affliction intentionnelle.

(3, 4, 5.) Les troisième, quatrième et cinquième (Lév. XXVI. 40, Numb. v. 7, Néhem. i. 6) se réfèrent tous à l'humiliation nationale pour idolâtrie définitive, accompagnée d'un abandon total de cette idolâtrie. l'idolâtrie et des personnes idolâtres. *Les* défenses de leur principale idole, Mammon, sous sa forme la plus vile et la plus cruelle – l'usure – avec laquelle ce livre a été souillé, le montrent bientôt .

261. (6.) Le sixième est le Psaume xxxii. 5 - presque tout ce psaume, qui se réfère en effet entièrement à la plus grande confession, ouvrant une fois pour toutes le cœur à Dieu, ce qui ne peut en aucun cas se faire cinquante-deux fois par an, et qui, une fois fait, met les hommes dans un état dans lequel ils ne diront plus jamais qu'ils n'ont pas de santé ; ni que leurs cœurs sont désespérément méchants ; mais il obéira pour toujours à l'ordre qui suit immédiatement : « Réjouissez-vous dans le Seigneur, vous les justes, et criez de joie, vous tous qui avez un cœur sincère. »

(7.) La septième (Actes XXIV, 14) est la seule confession à laquelle je puisse moi-même partager : « Après la voie qu'ils appellent hérésie, j'adore donc le Seigneur, le Dieu de mes pères.

(8.) Le huitième (Jacques v. 16) nous dit de confesser nos fautes — non pas à Dieu, mais « les uns aux autres » — une pratique peu favorisée par les catéchumènes anglais — (d'ailleurs, qu'entendez-vous tous par «» " confession auriculaire - confession qui peut être entendue ? et le protestant est-il une forme plus agréable qui ne peut pas l'être ?)

(9.) Le neuvième est ce passage de saint Jean (1, 9), le texte évangélique préféré, qui est lu et prêché chaque jour par des milliers de faux prédicateurs, sans passer une seule fois à lire son grand compagnon : « Bien-aimé, si notre cœur nous condamne, Dieu est plus grand que notre cœur et connaît toutes choses ; mais si notre cœur ne nous condamne *pas* , alors avons-nous confiance en Dieu. Faites comprendre à vos collaborateurs le deuxième texte, et ils comprendront le premier. À l'heure actuelle, vous les laissez comprendre ni l'un ni l'autre.

262. Et le corps entier des textes restants est résumé dans Josué VII. 19 et Esdras x. 11, dans lequel, qu'il s'agisse d'Acan, avec son vêtement babylonien, ou du peuple d'Israël, avec ses convoitises babyloniennes, le sens de la

confession est simplement ce qu'il est pour tout garçon, fille, homme et femme courageux, qui connaît le sens du mot « honneur » devant Dieu ou devant les hommes – à savoir dire ce qu'ils ont fait de mal et en accepter le châtiment (sans le faire blanchir par aucun moyen) et ne plus le faire – ce qui est loin d'être un ton d'esprit généralement imposé soit par la liturgie anglaise, soit par toute autre liturgie existante, que, bien que toutes mes servantes soient extrêmement pieuses et insistent sur le privilège d'aller à l'église comme étant tout à fait inviolable, je pense que c'est un on ne peut guère espérer en eux une couronne et une consommation de vertu pour qu'ils me disent quand ils ont cassé une assiette ; et je ne m'attendrais qu'à rencontrer des regards d'indignation et d'étonnement si j'osais demander à l'une d'elles comment elle avait passé son dimanche après-midi.

« Sans courage, disait Sir Walter Scott, il n'y a pas de vérité ; et sans vérité, il n'y a pas de vertu. » La phrase elle-même aurait été plus vraie si Sir Walter avait écrit « candeur » pour « vérité », car il est possible d'être vrai dans l'insolence, ou vrai dans la cruauté. Mais en regardant en arrière depuis les crêtes de la Difficulté de la Colline dans ma propre vie passée, et dans toute la vision qui m'a été donnée des errances sur les voies des autres - ce principe, de tous les principes, est devenu pour moi le plus sûr - que le La première vertu qu'on exige de l'homme est la franchise de cœur et de lèvres : et je crois que tout jeune homme de bon sens et d'honneur, se mettant fidèlement en question, sentirait qu'il a le diable pour confesseur, s'il n'avait pas son père ou son ami. .

263. Qu'un ecclésiastique soit toujours si véritablement l'ami de ses paroissiens qu'il mérite leur confiance dès l'enfance, peut être bafoué comme un idéal sentimental ; mais il n'est assurément leur ennemi qu'en montrant sa détestation luthérienne de la vente des indulgences en les diffusant gratuitement depuis sa chaire.

Les inconvénients et les désagréments d'un catéchisme touchant à la pratique personnelle ainsi qu'à la théorie générale du devoir, sont en effet parfaitement concevables par moi : cependant je ne suis pas convaincu qu'une telle manière de catéchisme serait pour autant moins médicinale ; et au cours des dix dernières années, j'ai souvent été étonné de réfléchir, pendant que notre président au Corpus lisait des prières sur les bancs de la chapelle, quel aurait pu être l'effet à cette époque sur le savoir ainsi que sur le credo de l'Université, si, il y a quarante ans, notre vieux doyen Gaisford, de la Maison du Christ, au lieu de nous envoyer à la chapelle quant à la maison de correction, lorsque nous manquions une conférence, s'était renseigné avant de nous autoriser à venir à la chapelle , que nous soyons des joueurs, des prostitués ou des dettes cachées et égoïstes.

264. J'observe avec une extrême surprise dans les lettres précédentes l'inconscience de certains de vos correspondants, qu'il y ait jamais eu de discipline dans l'Église chrétienne. En fait, le dernier exemple sain dont je me souvienne fut lorsque mon arrière-grand-oncle Maitland souleva Lady ——— de ses rampes d'autel et la ramena à son siège devant la congrégation, lorsqu'elle proposa de prendre la Sainte-Cène, étant en inimitié avec son fils. [173] Mais je crois que quelques heures honnêtement consacrées par n'importe quel ecclésiastique à l'histoire de son Église lui montreraient que la confiance de l'Église dans sa prière a toujours été exactement proportionnelle à la rigueur de sa discipline ; que sa peur actuelle d'être surprise en train de prier par un chimiste ou un électricien, résulte principalement de ce qu'elle a permis à ses deux et trois rassemblés au nom du Christ de devenir des six et des sept réunis au nom de Bélial ; et que par conséquent son devoir le plus nécessaire est d'expliquer à ses fidèles bégayants, extrêmement douteux qu'ils soient quant à l'effet de leurs supplications soit sur la politique, soit sur le temps, que bien qu'Elie fût un homme sujet aux mêmes passions que nous, il les avait mieux sous commandement; et que, tandis que la prière fervente et efficace d'un homme juste est d'une grande utilité, la prière formelle et tiède d'un homme inique est d'une grande efficacité, bien au contraire.

Une telle instruction, associée à une explication appropriée de la nature de la justice et de l'iniquité, destinée principalement à ceux qui détiennent le pouvoir des deux en leurs propres mains, étant faiseurs de lois et détenteurs de biens, amènerait, sans autre débat, un changement très singulier dans la position et la respectabilité des ecclésiastiques anglais.

265. Dans quelle mesure ils peuvent actuellement être considérés comme simplement la main gauche du Squire, obligé de ne rien savoir de ce qu'il fait avec sa droite, c'est à leur propre conscience de le déterminer.

Par exemple, un ami m'a écrit l'autre jour : « Ne viendrez-vous pas ici ? Vous verrez un noble duc détruire un village aussi vieux que la Conquête et chasser des dizaines de familles dont les noms sont dans le Domesday Book, parce que, à cause de à cause de la négligence de ses ancêtres et de la location abusive pendant cent ans, l'endroit est tombé en ruine et les gens sont pauvres et pourraient le devenir. Un journal local s'est aventuré à dire la vérité. L'agent du duc a appelé le rédacteur en chef et l'a menacé de destruction s'il ne tenait pas sa langue. » Le noble duc a sans doute une véritable horreur protestante pour la confession auriculaire. Mais supposons qu'au lieu du rédacteur local, le curé local ait osé dire la vérité du haut de sa chaire, et même laisser entendre à Sa Grâce qu'il ne pourrait plus recevoir le Corps et le Sang du Seigneur à l'autel de cette paroisse ! Le pasteur aurait à peine, en ces jours-ci, été mis au feu de joie et aurait reçu un joli mémorial de martyr de la part des élèves de M. Scott ; mais il aurait néanmoins éclairé une belle lumière dans notre Angleterre, dont la piété mesquine n'a plus le courage de nier la grâce d'un duc dans son église, ni de déclarer celle du Christ dans son Parlement.

266. Enfin. Plusieurs de vos contributeurs, je le remarque, ont plongé témérairement leurs pieds dans l'eau de cette rageuse question de l'usure ; et je ne peux qu'exprimer mon extrême regret que vous ayez vous-même cédé à la tentation d'exprimer des opinions que vous n'avez eu le loisir ni de sonder ni de vérifier. Cependant, mon affirmation selon laquelle les riches vivaient principalement du vol des pauvres ne se référait pas à l'usure, mais à la rente ; et les faits concernant ces deux méthodes d'extorsion sont parfaitement et indubitablement vérifiables par toute personne qui souhaite elle-même les vérifier et est en mesure de prendre le temps et les efforts nécessaires. Je ne vois aucun signe, dans l'ensemble de ces lettres, d'un quelconque désir, de la part d'un de leurs auteurs, de vérifier les faits, mais seulement de défendre des pratiques qu'ils tiennent pour commodes dans le monde, et qu'ils craignent de blâme dans leurs congrégations. De la présomption avec laquelle plusieurs écrivains expriment leurs idées sur le sujet, je ne crois pas qu'il serait juste de parler plus loin, dans un épilogue auquel il n'y a pas de réponse, dans les termes qui autrement auraient été mérités. En ce qui concerne d'autres sujets, permettez-moi de vous remercier sincèrement (dans la mesure où il est possible d'exprimer mes propres sentiments en la matière) pour l'attention avec laquelle vous avez examiné et le courage avec lequel vous avez ratifié, ou du moins enduré, des lettres qui ne pouvaient qu'avoir d'abord l'air d'être écrites dans un esprit hostile, parfois même moqueur. Cet aspect est faux et je n'en suis pas responsable : les choses dont j'avais à parler ne pouvaient être décrites brièvement qu'en termes qui pourraient paraître satiriques ; car toute erreur, si elle est franchement démontrée, est précisément la plus ridicule lorsqu'elle est la plus dangereuse, et je n'ai écrit aucun mot qui ne soit choisi comme le plus exact pour son occasion, qu'il fasse soupirer ou sourire. Dans mes premiers jours, j'écrivais beaucoup avec le désir de plaire et l'espoir d'influencer le lecteur. À mesure que je vieillis, je reconnais la vérité de la parole du prédicateur : « Le désir échouera et les personnes en deuil parcourent les rues » ; et je me contente de dire à qui de droit que la chose est en vérité ainsi, qu'ils écoutent ou qu'ils s'abstiennent. Personne plus que moi n'a jamais aimé les lieux où réside l'honneur de Dieu, ni n'a prêté une allégeance plus vraie à l'enseignement de ses serviteurs évidents. Aucun homme en ce moment ne s'afflige davantage du danger de l'Église qui le suppose son ennemi, tandis qu'elle murmure une *pax vobiscum* tergiversante en réponse au baiser fallacieux de ceux qui voudraient sonner le couvre-feu sur les derniers feux de la foi anglaise et surveiller le moineau. trouver un nid où elle pourra pondre ses petits, autour des autels du Seigneur.

Toujours affectueusement vôtre,
J. RUSKIN .

NOTES DE BAS DE PAGE :

[169] Les extraits suivants des lettres de M. Ruskin à M. Malleson ont été imprimés dans les « Lettres au clergé » : -

" *14 mai* 1880. — Mon cher Malleson,... Je n'avais jamais vu *le vôtre* lorsque j'ai écrit pour la dernière fois. Je suis tombé d'abord sur ———, que j'ai lu avec une certaine attention et que j'ai commenté avec peu de faveur ; j'ai continué à le suivant, et je suis resté satisfait de ce goût jusqu'à ce que j'aie fait mon Scott (*XIXe siècle*).

" J'ai lu ce matin le vôtre, pour lequel je vous félicite très sincèrement. Dieu sait que ce n'est pas parce qu'ils sont amicaux ou élogieux, mais parce que vous voyez ce que je veux dire ; et les gens ne le font presque jamais ; et je pense que cela est *nécessaire* . un pouvoir et un sentiment très considérables pour pardonner et comprendre comme vous le faites. Vous avez dit tout ce que je voulais dire, et bien plus encore, sauf sur le seul point de l'excommunication, qui sera le sujet principal, presque le seul, de ma note finale. "

« *16 mai* . — Oui, l'omission du « M. » Cela signifiait un grand changement dans tous mes sentiments à votre égard et dans mes estimations à votre égard ; changement pour lequel, croyez-moi, je suis plus heureux et reconnaissant que je ne peux vous le dire.

" J. RUSKIN ."

[170] Seulement un hérétique ! — FAM

[171] On me pardonnera peut-être d'avoir défendu, au moins mon arithmétique, dont, avec Mgr Colenso, je suis plutôt fier. Un de vos correspondants doute fortement que j'aie entendu cinq mille défenseurs des principes évangéliques (catholique-absolvant ou protestant-détergent, c'est pratiquement la même chose). J'ai maintenant soixante ans, et quarante-cinq d'entre eux allaient à l'église au moins une fois le dimanche, disons une fois par mois également l'après-midi, et vous avez plus de trois mille services religieux. Lorsque je suis à l'étranger, je me rends souvent dans une demi-douzaine d'églises au cours d'une même journée et je ne perds jamais une occasion d'écouter ce qui se passe. Ajoutez à cela les conversations tenues, non sans sincérité, avec toutes sortes de révérends avec lesquels je peux me parler – de l'évêque de Strasbourg (aussi bon spécimen d'évêque de ville que j'ai connu), avec qui j'étudiais des peintures extatiques à l'année 1850 -

jusqu'au plus simple bricoleur voyageur enclin à l'Évangile, que je perçois comme sincère, et votre correspondant comprendra que mon expression numérique rapide doit être bien en deçà de la vérité. Il ajoute son doute plus rationnel quant à ma connaissance de nombreux missionnaires de la ville ; à quoi je peux seulement répondre que, comme je n'habite pas en ville et que je ne m'établis pas moi-même comme missionnaire, mes avantages spirituels n'ont certainement pas été grands dans cette direction. J'affirme simplement que parmi les rares que j'ai connus, à commencer par M. Spurgeon, sous lequel j'ai siégé avec beaucoup d'édification pendant un an ou deux, je n'ai connu aucun enseignement tel que celui dont je parle.

[172] La seule explication jamais proposée pour cette verbosité exubérante est que si les fidèles ne comprenaient pas un terme, ils comprendraient l'autre, et dans certains cas, dans l'Exhortation et ailleurs, un mot est d'origine latine et l'autre d'origine saxonne. 1] Mais c'est là sûrement une très faible excuse pour une mauvaise composition. D'un genre très différent est ce magnifique point culminant atteint dans les trois paires de mots admirablement choisies dans la Prière pour le Parlement, "paix et bonheur, vérité et justice, religion et piété".

(Note 1 : La répétition de termes synonymes est très fréquente dans les écrits du XVIe siècle, comme « pour toujours et oui », « Le temps et l'heure traversent les jours les plus difficiles » (Macbeth, i. 3) .)

[173] Dans certaines régions rurales d'Écosse, le droit de l'Église d'intervenir dans la vie des particuliers est encore exercé. Il y a seulement deux ans, un riche gentleman farmer a été réprimandé par la « Kirk Session » de l'Église dissidente à laquelle il appartenait, pour infidélité à sa femme.

Lors de la communion semestrielle écossaise, on observait la cérémonie de « clôturer les tables » ; c'est-à-dire rejeter tous ceux dont la vie était censée les avoir rendus inaptes à recevoir le sacrement.

La nature et l'autorité du miracle. [174]

267. Chaque époque du monde a ses propres péchés particuliers et ses propres simplicités ; et parmi nos humeurs les plus particulières, dans les deux genres, il faut compter la tendance à exhiber nos découvertes des lois de la nature, comme si personne n'avait jamais entendu parler d'une loi de la nature auparavant.

Le résultat le plus curieux de cet état d'esprit extrêmement absurde est peut-être l'inquiétude des religieux sur des sujets dont on eût cru que la plupart des difficultés palpables avaient été réglées avant le XIXe siècle. La théorie de la prière, par exemple, et des Miracles. J'ai remarqué, il y a un mois ou deux, une longue discussion dans les journaux sur l'opportunité de prier pour ou contre la pluie. Il semble que l'esprit du public et celui des messieurs qui écrivent la théologie du petit-déjeuner soient soudain venus à l'esprit que la pluie était due à des causes naturelles ; et qu'il doit être déraisonnable de s'attendre à ce que Dieu fournisse à notre demande immédiate ce qui ne pourrait être fourni que par évaporation préalable. J'ai remarqué en outre que cette difficulté alarmante était au moins atténuée pour certaines de nos congrégations métropolitaines par les assurances de leurs ministres, que, bien que, depuis la dernière conférence du professeur Tyndall à la Royal Institution, il soit devenu impossible de songer à demander à Dieu n'importe quelle bénédiction temporelle, ils pourraient toujours espérer que leurs demandes d'avantages spirituels seraient occasionnellement couronnées de succès ; ce qui impliquerait que, bien que les processus matériels soient nécessairement lents et que les lois du Ciel concernant la matière soient inviolables, les processus mentaux pourraient être instantanés, et les lois mentales à tout moment. moment négligé par leur Instituteur : afin que l'esprit d'un homme puisse être amené à maturité en un instant, même si les ressources de la Toute-Puissance seraient surmenées, ou sa cohérence abandonnée, dans l'effort de produire le même résultat sur une reine-claude.

Plus logiquement, mais pas plus sagement, d'autres religieux ont affirmé que la prière est médicinalement bénéfique pour nous-mêmes, que nous obtenions ou non ce que nous demandons ; et que notre état moral s'élève progressivement par l'habitude de prier quotidiennement pour que le Royaume de Dieu vienne, bien que rien ne nous étonne plus que sa venue.

268. Avec ces doutes concernant la possibilité ou l'opportunité du miracle, une difficulté plus immédiate surgit quant à sa nature réelle ou à sa définition. Quelle est la qualité de tout événement que l'on peut à juste titre qualifier de « miraculeux » ? Quels sont les degrés de merveille ? Quel est le degré suprême de celle-ci, qui change l'émerveillement en signe, ou qui peut être positivement reconnu par l'intelligence humaine comme une interruption, au

lieu d'une nouvelle opération, de ces lois de la Nature avec lesquelles, de tard, nous avons fait une connaissance si exhaustive ? Pour ma part, je peux seulement dire que je suis tellement hanté par le doute sur la sécurité de nos meilleures connaissances et par le mécontentement quant à l'étendue de celles-ci, qu'il me semble contraire à la modestie, que ce soit sur le plan religieux ou scientifique. vue, de considérer *toute* chose comme miraculeuse. Je sais si peu, et ce peu que je sais est si inexplicable, que je n'ose dire que quelque chose est merveilleux parce qu'il m'est étranger, ou pas merveilleux parce qu'il m'est familier. Je n'ai pas la moindre idée de la façon dont je force ma main à écrire ces mots, ou mes lèvres à les lire : et la question qui était la thèse de l'article très intéressant de M. Ward, « L'expérience peut-elle prouver l'uniformité de la nature ? [175] est, à mon avis, si assurément responsable par la négative que l'écrivain semblait désirer, que, précisément pour cette raison, l'accomplissement d'un soi-disant miracle, quel qu'il soit, ne me serait moralement pas impressionnant. Si demain un second Josué ordonnait au soleil de s'arrêter, et qu'il lui obéissait ; et il a donc réclamé de la déférence en tant que faiseur de miracles, j'ai peur de devoir répondre : « Quoi ! un miracle que le soleil reste immobile ? ça continue."

269. Mais même en supposant l'uniformité démontrable des lois ou coutumes de la nature qui nous sont connues, la question reste difficile de savoir quel type d'interférence avec une telle loi ou coutume nous pourrions logiquement considérer comme miraculeux, et ce que, au contraire, nous devrions faire. traiter uniquement comme une preuve de l'existence d'une autre loi, jusqu'ici inconnue.

Par exemple, il existe un cas authentifié par les signatures de plusieurs physiciens éminents de Paris, dans lequel une paysanne, dans certaines conditions d'excitation morbide, était capable de déplacer des objets à une certaine distance d'elle sans les toucher. En prenant les preuves pour ce qu'elles peuvent valoir, la découverte d'une telle faculté ne ferait, je suppose, que nous justifier de conclure qu'une nouvelle énergie vitale se développait dans les conditions de santé corporelle moderne ; et non pas qu'une quelconque interférence avec les lois de la nature ait eu lieu. Cependant le refus généralement obstiné des hommes de science de recevoir aucun témoignage verbal de tels faits est une preuve qu'ils les croient contraires à un code de droit plus ou moins complet dans leur expérience et tout à fait complet dans leur conception ; et je pense qu'il leur appartient donc de nous établir le véritable principe par lequel nous pouvons distinguer la violation miraculeuse d'une loi connue de la manifestation soudaine d'une loi inconnue.

270. En attendant, nous supposant toujours incapables de définir le droit ou de discerner son interruption, nous ne devons donc pas perdre notre

conception de l'un, ni notre foi dans l'autre. Certains d'entre nous ne sont peut-être pas plus capables de reconnaître un véritable miracle lorsqu'ils le voient, que d'autres ne sont pas plus capables de connaître une véritable image ; mais l'impulsion ordinaire de considérer, par conséquent, toute prétention au pouvoir miraculeux comme une imposture ou une auto-tromperie, me rappelle toujours le discours d'une dame française dont la collection de tableaux anciens de son mari avait amené des prix étonnamment bas aux enchères. chambre : « Comment pouvez-vous être assez insensé, dit-elle, au point de vous attacher à l'étude d'un art dans lequel vous voyez que toute excellence n'est qu'une simple question d'opinion ? Certains d'entre nous en sont ainsi venus à imaginer que les lois de la nature, aussi bien que celles de l'art, peuvent être des questions d'opinion ; et je me souviens d'un article ingénieux de M. Frederic Harrison, il y a environ deux ans, sur la « synthèse subjective », qui, après avoir prouvé, ce qui ne semble pas avoir besoin d'une preuve si élaborée, que nous ne pouvons connaître que de l'univers, ce que nous pouvons voir et comprendre, a poursuivi en déclarant que les lois de la nature « n'étaient pas des réalités objectives, pas plus qu'elles n'étaient des vérités absolues ». [176] Cette décision, me semble-t-il, est comme si un moucheron modeste et rationnel, qui s'était soumis à la conviction humiliante qu'il ne pouvait pas connaître du monde plus que ce qui pourrait être traversé par le vol ou goûté par une piqûre, et pourtant, au cours d'une expérience sur un philosophe avec sa trompe, l'entendant parler des Instituts de Justinien, devait constater, à son retour dans la société des moucherons, que les Instituts de Justinien n'étaient pas des réalités objectives, pas plus qu'ils n'étaient absolus vérités. Et, en effet, l'utilisation imprudente du mot « Vérité » lui-même induit souvent en erreur même les penseurs les plus précis. Une loi ne peut pas être considérée comme une vérité, ni absolue ni concrète. C'est une loi de la nature, c'est-à-dire de ma nature particulière, que je m'endors après le dîner, et mon aveu de ce fait est une vérité ; mais la mauvaise habitude n'est pas plus une vérité que le fait de l'énoncer n'est une mauvaise habitude.

271. Néanmoins, malgré la trahison de nos conceptions et de notre langage, et en juste conclusion même de notre expérience étroite, la conviction est ancrée dans nos cœurs que les habitudes ou lois de la Nature sont plus constantes que les nôtres et soutenues par une loi plus ferme. Intelligence : afin que, sans prétendre nullement à la faculté de reconnaître le miracle, nous puissions en définir avec certitude l'essence. Les phénomènes de l'univers que nous connaissons sont supposés être, dans des conditions générales, constants, mais maintenus dans cette constance par un Esprit personnel suprême ; et on suppose en outre que, dans des conditions particulières, cette Personne dirigeante interrompt la constance de ces phénomènes, afin d'établir une relation particulière avec des créatures inférieures.

272. Il est en effet singulier de voir à quel point les créatures inférieures sont disposées à imaginer une telle relation, sans aucune preuve très décisive de son établissement. Toute la question du miracle est liée à celle des providences spéciales qui sont censées, dans certaines théories religieuses, parfois confondre les ennemis, et toujours protéger les chéris de Dieu : et dans l'esprit des personnes aimables, le naturel et le très Le sentiment légitime de leur propre importance pour le bien-être du monde peut souvent encourager l'agréable supposition que la Divinité, aussi imprévoyante soit-elle pour les autres, sera prévoyante pour *eux*. Je me souviens d'un article sur ce sujet par le Dr Guthrie, publié il n'y a pas longtemps dans un périodique religieux, dans lequel l'auteur mentionnait, comme une circonstance étonnamment providentielle, le fait de s'être accroché le pied sur un rebord rocheux qui a empêché ce qui aurait autrement pu se produire. une chute fatale. Étant donné le sentiment de perte pour la cause de la religion et de la société d'Edimbourg, qui aurait pu être la conséquence de l'accident, il est naturel que le Dr Guthrie y fasse référence avec des sentiments de dévotion fortement excités : mais, peut-être, avec une meilleure C'est pour cette raison qu'un jeune membre du Club Alpin, moins assuré de la valeur de sa vie, aurait été susceptible, à la même occasion, d'être plutôt provoqué par sa propre maladresse qu'impressionné par la structure providentielle du rocher. À la base de toute erreur sur ces sujets, nous pouvons trouver soit une conception imparfaite de l'universalité de la Divinité, soit un sentiment exagéré de l'importance individuelle : et pourtant il n'est pas moins certain que toute pensée susceptible de nous conduire dans la bonne direction doit être fondé sur la reconnaissance que la personnalité d'une Divinité qui a commandé l'exercice de la justice et la manifestation de la miséricorde ne peut se manifester autrement que par le soutien signalé de causes justes et la faveur de personnes qui sont bonnes. La belle tradition de la mort de Cléobis et de Bito exprime en effet le sentiment propre aux hommes les plus sages, que nous ne pouvons ni discerner ni décider par nous-mêmes en quoi consiste la faveur de Dieu : mais les promesses de la religion chrétienne impliquent que ses vrais disciples pourront demander avec prudence ce qui doit être infailliblement accordé.

273. Et en effet, les relations entre Dieu et ses créatures, que le miracle a pour fonction d'établir, dépendent bien plus de la correspondance des événements avec la volonté humaine que du caractère merveilleux des événements eux-mêmes. Ces relations sont, pour l'essentiel, doubles. Les miracles servent soit à convaincre, soit à aider. Nous avons tendance à les considérer comme destinés uniquement à établir la foi, mais beaucoup sont destinés à une simple commodité de la vie. Le fait qu'Élisée ait fait nager la tête de hache et rendu la soupe empoisonnée saine n'avait pas pour but de convaincre qui que ce soit, mais simplement de fournir de l'aide de la manière la plus rapide. La

conviction est, en effet, dans beaucoup des miracles les plus intéressants, une fin tout à fait secondaire et souvent non atteinte. La multitude affamée est nourrie, le navire en danger soulagé par un calme soudain. Les disciples négligent la multiplication des pains, mais sont pourtant fortement affectés par le changement de temps.

Mais qu'il s'agisse d'une conviction, d'une aide (ou d'une aide sous la forme terrible d'une punition), l'essence du miracle est la manifestation d'un pouvoir qui peut diriger ou modifier les phénomènes par ailleurs constants de la nature ; et c'est, je pense, en attachant trop d'importance à ce qu'on peut appeler l'œuvre missionnaire miraculeuse, au lieu de ce qu'on peut appeler avec distinction son œuvre pastorale, que beaucoup de personnes pieuses, non moins que d'infidèles, sont enclines à mépriser. et donc nier complètement le pouvoir miraculeux.

274. « Nous n'avons pas besoin d'être convaincus, disent-ils, de l'existence de Dieu par l'exercice capricieux de sa puissance. Nous sommes satisfaits de l'exercice normal de sa puissance ; et cela est contraire à l'idée de Son Excellente Majesté. qu'il devrait y en avoir un autre.

Mais il faut se méfier de tous les arguments et de tous les sentiments fondés sur nos propres idées sur ce qu'il convient que la Divinité fasse. Je ne peux pas non plus, même selon nos modes de jugement humains, trouver une quelconque inconvenance à l'idée qu'une énergie puisse être naturelle sans être normale, et divine sans être constante. Le missionnaire sage peut en effet n'avoir besoin d'aucun miracle pour confirmer son autorité ; mais le pasteur méprisé peut avoir besoin d'un miracle pour le faire respecter, ou d'un gouverneur compatissant pour le rendre bénéfique. Et il est tout à fait possible de concevoir le Miracle Pastoral comme résultant d'un pouvoir aussi naturel qu'un autre, quoique non aussi perpétuel. Le vent souffle où il veut, et certaines des énergies accordées aux hommes nés de l'Esprit ne peuvent se manifester que dans certaines conditions et en de rares occasions ; et donc être toujours merveilleux ou miraculeux, bien que ni désordonné ni contre nature.

Ainsi l'argument de saint Paul à Agrippa : « Pourquoi devriez-vous penser comme une chose impossible que Dieu ressuscite les morts ? serait suicidaire s'il entendait faire appel au miracle comme preuve de l'autorité de sa mission. Mais, ne prétendant à aucune autorité, il annonce comme un fait probable et acceptable l'ouverture d'une dispensation dans laquelle il était aussi naturel que les morts ressuscitent que que l'Évangile soit prêché aux pauvres, bien que l'un et l'autre soient des signes miraculeux que le Maître de la Nature était descendu pour être Emmanuel parmi les hommes, et qu'aucun prophète ne devait désormais en chercher un autre.

Nous avons en effet pris l'habitude inconsidérée d'utiliser les mots surnaturel et surhumain comme s'ils étaient équivalents. Un acte humain peut être super-chien, et un acte divin surhumain, et pourtant ces trois actes sont absolument naturels. C'est peut-être autant la vertu d'un Esprit d'être inconstant que celle d'un poison, bien sûr, et c'est pourquoi il est toujours impossible de peser les éléments de la force morale dans la balance d'un apothicaire.

275. Il est vrai que, dans toute réflexion abstraite sur ces choses, on est immédiatement amené à s'arrêter sur les questions du caractère raisonnable, de la nécessité ou de l'opportunité du miracle. Le Christ marche sur l'eau, surmontant ainsi la gravité. Pourquoi ne pas avoir volé et complètement surmonter ce problème ? Il nourrit la multitude en rompant les pains existants ; pourquoi ne pas avoir transformé les pierres en pain ? Ou, au lieu de nourrir miraculeusement une assemblée ou une nation, pourquoi ne pas leur permettre, comme lui, de jeûner miraculeusement pendant le temps nécessaire ? Et en admettant généralement les théories du miracle pastoral, la question immédiate se pose : en supposant qu'une nation sagement obéissante aux ministres divinement nommés d'une théocratie sensée, dans quelle mesure son gouvernement serait miraculeusement aidé, et combien de ses affaires seraient amenées à une prospérité miraculeuse de problème? Ses ennemis seraient-ils détruits par des anges et sa nourriture déversée sur lui du ciel, ou l'aide surnaturelle se limiterait-elle à diminuer le nombre de ses tués au combat, [177] ou à conduire ses navires marchands en toute sécurité, ou _{instantanément}, vers le pays où ils iraient ?

Mais aucun progrès ne peut être réalisé, et beaucoup peut être évité, dans l'examen d'un problème humain réellement difficile, en l'abordant ainsi du côté hypothétique. Une telle approche est facile pour les insensés, agréable pour les orgueilleux et commode pour les méchants, mais absolument sans résultat pratique. Notre modestie et notre sagesse consistent également dans le simple enregistrement des faits que nous connaissons, et dans notre devoir d'en faire un usage actif pour le présent, sans nous soucier des possibilités de l'avenir. Et les deux faits principaux auxquels nous devons faire face sont que les récits historiques de miracles sont toujours d'une puissance inconstante, et que nos propres énergies réelles sont inconstantes presque en proportion exacte de leur valeur.

276. Premièrement, dis-je, l'histoire du miracle est d'une puissance inconstante. Saint Paul ressuscite Eutychus de la mort, et ses vêtements provoquent une guérison miraculeuse ; pourtant il laisse Trophime malade à Milet, ne reconnaît que la miséricorde de Dieu dans la guérison d'Epaphrodite et, comme tout médecin peu inspiré, recommande le vin à Timothée pour ses infirmités. Et en second lieu, nos propres énergies sont

inconstantes presque proportionnellement à leur noblesse. Nous respirons avec régularité et pouvons calculer la force nécessaire aux tâches courantes. Mais le bilan de notre meilleur travail et de nos moments les plus heureux est toujours celui d'un succès auquel nous ne nous attendions pas et d'un enthousiasme que nous ne pouvions prolonger.

277. Et c'est pourquoi nous ne pouvons qu'attendre une manifestation imparfaite et interrompue, mais nous pouvons sûrement insister sur une manifestation occasionnelle de pouvoirs miraculeux de la part de chaque ministre du culte. Il n'y a aucune difficulté pratique à discerner la merveille qui peut être considérée comme surhumaine. En effet, les admirateurs des découvertes scientifiques prétendent fréquemment que beaucoup de choses qui étaient merveilleuses il y a cinquante ans ont cessé de l'être aujourd'hui ; et je suis tout à fait prêt à leur admettre que ce qu'ils imaginent eux-mêmes aujourd'hui comme admirable ne sera plus admiré dans l'avenir. Mais le petit signe, que l'on dit avoir été fait par l'augure Attus devant Tarquin, serait aussi impressionnant à cet instant qu'il l'était alors ; tandis que les plus grandes réalisations des récents miracles scientifiques ont à peine permis de nourrir Lazare, leur mendiant, et encore moins de ressusciter Lazare, leur ami. Quoi qu'il en soit, notre foi chrétienne résiste ou échoue à cette épreuve. «Ces signes accompagneront ceux qui croiront», sont des mots qui n'admettent ni qualification ni malentendu; et il est bien moins arrogant chez un homme de rechercher une telle attestation divine de son autorité en tant qu'enseignant, que de revendiquer, sans elle, une quelconque autorité pour enseigner. Et ce n'est certainement pas une preuve d'inadéquation ou de manque de sagesse dans de telles attentes que, au cours des mille dernières années, les pouvoirs miraculeux semblent avoir été retirés, ou du moins possédés de manière indémontrable, par une Église qui, après avoir été à maintes reprises avertie par Son Maître, selon lequel les richesses étaient mortelles pour la religion et l'amour qui lui était essentiel, a néanmoins fait de la richesse la récompense du savoir théologique et de la controverse son occupation. Il existe des états de mort morale non moins étonnants que la résurrection physique ; et une église qui permet à son clergé de prêcher ce qu'ils ont cessé de croire, et à ses fidèles de faire confiance à ce à quoi ils refusent d'obéir, est peut-être plus véritablement miraculeuse en impuissance qu'elle ne le serait en puissance si elle pouvait déplacer les rochers fatals. de la Californie jusqu'au pôle, et plantons le sycomore et la vigne entre les crêtes de la mer.

NOTES DE BAS DE PAGE :

[174] *Revue contemporaine* , mars 1873.

[175] Lu lors de la réunion de novembre de la Metaphysical Society.

[176] Je cite de mémoire, mais je suis sûr du sens de la phrase, mais pas de son expression.

[177] "Et que ce soit la mort proclamée par notre hôte pour s'en vanter." - *Henri V*.

- 364 -

UNE CONFÉRENCE À OXFORD.

(Dix-neuvième siècle, janvier 1878.)

UNE CONFÉRENCE À OXFORD.

278. Je suis sûr que tous les membres de cet auditoire qui étaient présents hier à la conférence sérieuse et impressionnante du Dr Acland ont dû ressentir à quel point je devrais être profondément ému par sa référence finale à l'amitié née à l'époque où nous étions étudiants ; dites que, si c'était tout ce que je devais à Oxford, la bonté la plus gracieuse de l'Alma Mater m'aurait été comblée dans ce don.

Mais ses paroles affectueuses, dans leur modestie même, comme pour défendre son métier, la plus noble des occupations humaines ! et de sa science — la plus merveilleuse et la plus terrible des intelligences humaines ! m'a montré que je ne vous avais pas encore tout à fait fait comprendre dans quelle mesure exactement limitée j'ai osé contester l'adéquation de la méthode d'étude qui vous est maintenant assignée dans cette université.

279. De la dignité de la science physique et du bonheur de ceux qui s'y consacrent pour la guérison et le secours de l'humanité, je n'ai jamais eu l'intention de prononcer, et je ne pense pas avoir prononcé, un seul mot *irrévérencieux*. Mais contre la curiosité de la science, qui nous amène à appeler pratiquement tout acquis ce qui est une nouvelle découverte, et à mépriser toute utilisation de notre connaissance dans son acquisition ; de l'insolence de la science, en revendiquant pour elle-même une fonction distincte de cet esprit humain qui dans sa perfection est un et indivisible, à l'image de son Créateur ; et de la perversion de la science, en espérant découvrir par l'analyse de la mort ce qui ne peut être découvert que par le culte de la vie, — j'en ai parlé, non seulement avec tristesse, mais avec une crainte que je perçois chaque jour. soyez plus sûrement fondé, afin qu'un tel travail, en effaçant de vous le sentiment de la présence de Dieu dans le jardin de la terre, puisse éveiller en vous l'écho dominant de la première voix de son Destructeur : « Vous serez comme des *dieux*. "

280. Aujourd'hui, j'ai peu de temps pour conclure, — aucun pour revoir — ce que j'ai essayé de dire ainsi ; mais un exemple, donné directement conversation après conférence, par l'un de vous, me permettra de vous expliquer précisément ce que je veux *dire*.

Après la dernière conférence, dans laquelle vous vous souvenez, j'ai mis nos physiologistes au défi de me dire comment vole un oiseau, l'un de vous, à qui je demande pardon, s'il le juge nécessaire, pour cette utilisation de sa déclaration la plus actuelle et la plus illustrative, m'est venu, disant : « Vous savez, la manière dont on nous montre comment vole un oiseau, c'est que n'importe lequel, une colombe par exemple, nous est donné, plumé, partiellement écorché et incisé à l'insertion de l'os de l'aile ; et puis, avec une pointe d'acier, le ligament du muscle de l'épaule est tiré vers le haut, vers l'extérieur, et distingué des autres ligaments, et on nous dit : « c'est ainsi qu'un oiseau vole », et à ce sujet, on pense on nous en a assez dit. »

Je dis que cette instance qui m'a été donnée était opportune ; J'en dirai davantage : dans le choix de cet oiseau particulier, providentiel. Permettez-moi de prendre, dans leur ordre, les deux sujets d'enquête et d'instruction, qui nous sont en effet offerts sous l'aspect et la forme de cette seule créature vivante.

281. De la splendeur de votre propre vraie vie, on vous parle, dans les paroles que, permettez-moi aujourd'hui d'appeler, comme vos Pères l'ont fait, des paroles d'inspiration : « Pourtant vous serez comme les ailes d'une colombe, qui est couverte d'ailes d'argent et ses plumes d'or. Des multiples iris de couleurs dans le plumage de la colombe, observés attentivement au soleil pendant que l'oiseau se déplace, je ne peux espérer vous donner une idée par des mots ; mais qu'il est le plus exquis, dans la modestie de sa lumière et dans la myriade de mélanges de ses teintes, de tous les plumages, je peux vous le prouver en partie par ce seul fait, que de toutes les études de couleur, celle qui Je souhaiterais surtout que vous puissiez mettre à votre portée dans ces écoles le dessin d'une colombe de Turner, réalisé alors qu'il était dans une jeunesse heureuse à Farnley. Mais sur les causes de cette couleur et sur la subtilité particulière de son irisation, rien ne vous est dit dans aucun livre scientifique que j'ai jamais vu sur l'ornithologie.

282. Vous entendez aussi parler de la puissance de vol de ces ailes et du tendre but de leur vol dans le livre de vos Pères. À l'Église, fuyant ses ennemis dans un désert désolé, deux ailes furent en effet données comme celles d'un grand aigle. Mais le saint de Dieu fatigué, attendant avec impatience sa maison dans le calme de la paix éternelle, prie plutôt : « Oh, si j'avais des ailes comme une colombe, car alors je devrais m'enfuir et être en repos. Et de ces ailes, et de son esprit, voici ce que la science respectueuse devrait vous apprendre : premièrement, avec quelle séparation de plume, et quelle douce pression et quel battement rythmique de l'air divisé, elle atteint cette rapidité miraculeuse de mouvement indubitable, comparée à dont la tempête est lente et la flèche incertaine ; et deuxièmement, quel est le moyen visible ou concevable pour la pensée de l'homme, par lequel, à sa conscience vivante et à la direction sans erreur de son âme magnétique, sa patrie lointaine est ressentie bien au-delà de l'horizon, et le chemin droit, à travers les nuages cachants, et sur des terres sans sentiers, manifestées clairement à son désir et à son devoir par le doigt de Dieu.

283. Et enfin, puisque dans la tradition de l'Ancienne Alliance elle a été faite messagère du pardon pour ces huit âmes sauvées par le baptême jusqu'à la

mort, et que dans l'Évangile de la Nouvelle Alliance, sous son image, s'est manifesté le bien-aimé de Dieu, dans l'accomplissement de toute justice par son Fils dans le baptême pour la vie, - sûrement tous les chrétiens, vieux et jeunes, devraient sûrement apprendre à être réjouis par sa douce présence ; et dans chaque ville et village de la chrétienté, elle devrait avoir une maison telle qu'elle a eu à Venise depuis des siècles, et être, parmi les marbres sculptés du temple, la plus douce sculpture ; et, flottant aux pieds de vos enfants, leur ami jamais en colère. Et c'est pourquoi aussi, parmi les mille preuves que toute personne réfléchie peut voir, non seulement du ministère du bien, mais du pouvoir trompeur et mortel des mauvais anges, il n'y en a pas un plus distinctif dans son caractère gratuit et inconciliable. péché, que celui-ci – de toutes les créatures vivantes entre la terre et le ciel – soit celui choisi pour amuser l'apathie de notre oisiveté meurtrière, par un massacre sans habileté, sans effort et sans pitié.

284. Je passe au sujet direct dont je dois parler enfin aujourd'hui : la réalité de ce ministère des bons anges et de cette adversité réelle des principautés et puissances de Satan, dans laquelle, sans exception, tous Les chrétiens sincères ont cru, et dont l'apparition, à l'imagination des plus grands et des plus saints d'entre eux, a été la racine, sans exception, de tous les plus grands arts produits par l'esprit ou la main humaine dans ce monde.

Qu'il n'existe actuellement aucun art proprement dit en Angleterre, qu'il s'agisse de peinture, de sculpture ou d'architecture [179], pour ma part, cela m'est égal. Au milieu des Lothians écossais, au temps de Scott, il y avait beaucoup moins d'art et une vie beaucoup plus pure qu'au milieu de l'Italie au temps de Raphaël. Mais que vous auriez perdu non seulement l'habileté de l'art, mais aussi la simplicité de la foi et de la vie, tout en un, et que non seulement vous auriez dégradé ici vos anciennes rues au bord du gué des eaux de la science sacrée, mais aussi dégradé vos anciennes collines. avec la culpabilité d'une désolation mercenaire, poussant leur ancienne vie de berger en exil et détournant les vagues de leurs ruisseaux vers les villes qui sont les centres mêmes de la pollution, de l'avarice et de l'impiété : c'est ce qui m'importe, c'est ce que vous avez *blâmé* . moi pour m'en soucier, au lieu d'essayer simplement de vous apprendre le dessin. J'ai néanmoins fait de mon mieux pour vous montrer ce qu'est le véritable dessin ; et je dois encore une fois porter votre blâme pour avoir essayé de vous montrer, par ce biais, un peu plus.

285. Alors que nous sortions de la chapelle ce matin, l'un des boursiers de mon collège m'a demandé de dire un mot aux étudiants de premier cycle au sujet de Thirlmere. Sa demande, étant celle d'un ami fidèle, est venue m'imposer le lien entre cette forme de spoliation de notre terre natale de ses eaux courantes, et l'incrédulité croissante dans le pouvoir de la prière sur la

distribution des éléments de notre pain et l'eau, sous la pluie et le soleil, le temps des semailles et de la récolte. A ce propos, je dois vous demander de réfléchir aujourd'hui avec moi quelle est la signification du mythe, si vous l'appelez ainsi, du grand prophète de l'Ancien Testament, qui doit être de nouveau envoyé avant l'arrivée du jour de le Seigneur. Car en vérité, vous constaterez que si quelque partie de votre ancienne foi est vraie, il est nécessaire que toute âme qui doit prendre sa croix avec Christ soit aussi d'abord transfigurée à la lumière de Christ, en parlant avec Moïse et avec Elias.

Le combat de Moïse est avec la servitude temporelle, — d'Elie, avec la servitude spirituelle du peuple ; et la guerre d'Élie concerne essentiellement leur servitude envers deux dieux, Baal, ou le Dieu Soleil, dans la main duquel ils pensaient être leur vie, et Baalzebub, le Dieu Volant, de la Corruption, dans la main duquel ils pensaient que était l'arbitrage de leur vie. la mort.

L'ensemble du combat est résumé dans la première affirmation d'Élie, de son autorité en tant que serviteur de Dieu, sur ces puissances élémentaires par lesquelles le cœur de l'homme, qu'il soit juif ou païen, était rempli de nourriture et de joie.

Et Elie le Tishbite ; qui était des habitants de Galaad, dit à Achab : « Aussi vivant que l'Éternel, le Dieu d'Israël, devant lequel je me tiens, il n'y aura ni rosée ni pluie ces années-ci, mais selon ma parole. »

286. Vos philosophes modernes vous ont expliqué l'absurdité de tout cela : vous pensez ? De toutes les folies superficielles de cet âge, cette proclamation de la vanité de la prière pour le soleil et la pluie ; et les lâches équivoques, pour y répondre, du clergé qui n'a jamais vraiment prié de sa vie pour quoi que ce soit, je pense, excellent. Ces messieurs scientifiques modernes s'imaginent-ils que personne, avant leur naissance, ne connaissait les lois des nuages et de la tempête, ou que les puissantes âmes humaines des âges antérieurs, qui chacune d'entre elles vivaient et mouraient par la prière, et en elle, ne savaient pas que dans chaque requête présentée sur leurs lèvres, ils demandaient ce qui était non seulement prévu, mais tout aussi probablement *prévu* ? ou que la mère, s'arrêtant pour prier avant d'ouvrir la lettre d'Alma ou de Balaclava, ne sait pas que celui pour qui elle prie est déjà sauvé, ou qu'elle se purifie déjà dans son linceul ? Toute la confiance et la gloire de la prière résident dans son appel à un Père qui connaît nos besoins avant que nous les demandions, qui connaît nos pensées avant qu'elles ne montent dans nos cœurs, et dont les décrets, aussi inaltérables dans l'éternel avenir que dans l'éternel passé, dans la vérité intime des faits visibles, pliez-vous, comme des roseaux, devant les prières prédéterminées et fidèles de ses enfants.

287. Vous connaissez l'histoire de la lutte d'Elie sur le Carmel avec cette puissance solaire dans laquelle, littéralement, vous cherchez à nouveau votre vie, même si vous y croyez peu. Mais vous lisez moins fréquemment et avec plus de doutes sa lutte contre le Pouvoir de la Mort, sur la colline de Samarie.

"Oh, toi, homme de Dieu, le roi a dit : Descends. Et Élie répondit et dit : Si je suis un homme de Dieu, que le feu descende du ciel et te consume, toi et tes cinquante."

Comme c'est monstrueux, comme c'est révoltant, s'écrie votre religieux moderne, qu'un prophète du Seigneur invoque la mort sur cinquante hommes. Et il s'assoit, dégustant son muffin et *son Times* , et permet avec contentement le massacre de cinquante mille hommes, ainsi que ce soit dans l'intérêt de l'Angleterre et de ses propres actions à la Bourse.

Mais notez le message d'Élie. "Parce que tu as envoyé consulter Baalzebub, le Dieu d'Ekron, tu ne descendras donc pas du lit sur lequel tu es monté, mais tu mourras sûrement."

« Parce que tu as envoyé s'enquérir : » il n'avait pas envoyé *prier* le Dieu d'Ekron, seulement pour lui *demander* . Les prêtres de Baal *ont prié* Baal, mais Achazia n'interroge *que* le dieu mouche.

Il ne prie pas « Laissez-moi guérir », mais il demande : « *Vais-* je guérir de cette maladie ?

L'esprit scientifique encore, vous le percevez : enquête sanitaire ; par oracle du Dieu de la Mort. Tout ce qui peut être produit par la maladie, par les mouches, par les pucerons, par les poux, par la communication de la corruption, ne devrions-nous pas aussi, nous, modernes, nous renseigner sagement, et ainsi guérir de nos maladies ?

Tout cela peut, pour autant que je sache, être bien ; et quand j'apprendrai que la maladie de la vigne ou la maladie de la pomme de terre ont été arrêtées, j'espère aussi que la peste, ou la diphtérie, ou toute autre peste humaine, grâce aux mesures sanitaires appropriées.

288. En attendant, je vois que la propreté commune de la terre et de ses eaux est méprisée, comme si *elle* était une peste ; et après avoir travaillé pendant trois ans pour purifier et protéger la source du plus beau ruisseau des Midlands anglais, le Wandel, je suis finalement battu, parce que les commissaires aux routes insistent pour amener les eaux de lavage jusqu'à sa source. Mais ce n'est rien. Il y a deux ans, je suis allé, pour la première fois depuis ma petite enfance, voir le pays de Scott au bord des eaux Yarrow, Teviot et Gala. Je vous lirai encore une fois, mais vous vous en souviendrez,

sa description d'une de ces mares que vous allez puiser sanitairement dans vos chaudières-machines, et je vous raconterai ensuite ce que j'ai vu moi-même dans ce pays sacré.

Souvent dans mon esprit de telles pensées s'éveillent,
près du lac silencieux et solitaire de Sainte-Marie ; tu le sais bien, ni marais, ni carex, polluent les bords cristallins du lac pur ; juste une trace de sable argenté, des marques là où l'eau rencontre la terre.

Loin dans le miroir, lumineux et bleu,
vous pouvez voir l'immense contour de chaque colline; Shaggy avec la bruyère, mais solitaire, nu, Ni arbre, ni buisson, ni frein, n'est là, Sauf là où, de la terre, cette ligne élancée Les ours contrarient le lac le pin dispersé.

Et le silence aide, bien que les collines escarpées
envoient au lac mille ruisseaux dans la marée d'été, si douce qu'ils pleurent, le son ne fait qu'endormir l'oreille ; le pas de votre cheval semble trop grossier, tant la solitude est immobile.

Rien de vivant ne rencontre l'œil ou l'oreille, mais eh bien, je sais que les morts sont proches ; car bien que, dans un conflit féodal, un ennemi ait abaissé la chapelle de Notre-Dame, pourtant toujours sous le sol sacré, le paysan le repose de son labeur, et , mourant, ordonne que ses os soient déposés, là où autrefois ses simples pères priaient.

289. Ce que j'ai vu moi-même dans ce beau pays dont la vue me reste, je vous le dirai ensuite. Je vis le Téviot suinter sans couler entre ses rives boisées, simple injection lente, parmi les pierres crasseuses, de flaques venimeuses d'encre couverte d'écume ; et devant l'abbaye de Jedburgh, où la rivière écumante courait autour des douces ruines comme si la verge de Moïse lui avait fraîchement fendu le rocher, la nudité nue et immonde de son lit, tout le ruisseau porté au travail dans les moulins, les pierres sèches et les rochers purulent inconvenants au soleil du soir, et la carcasse d'un mouton, abattu lors de la dernière inondation, gisant là au milieu des enfants en train de jouer, symbole littéral et horrible, dans le plus doux pays pastoral. dans le monde, des brebis perdues de la maison d'Israël.

C'est votre symbole aujourd'hui, de l'Agneau tel qu'il avait été immolé ; et que le travail de votre science sans prière ; les issues, celles-ci, de votre enseignement éclairé, et de tous les labeurs et les morts des Covenantaires sur ces collines arides, des martyrs prophétiques ici dans vos rues croisées, et du plus haut , le patriote le plus sincère et le plus simple de l'Angleterre catholique, Sir Thomas More, entre les murs de la Tour centrale d'Angleterre. Ainsi se termine la prière pour le pain de cette vie, aussi pour l'espérance de la vie à venir. Pourtant, je prendrai congé pour vous montrer la lumière de cette espérance, telle qu'elle a brillé et guidé les enfants des âges de la foi.

290. De cette légende de sainte Ursule que je vous ai lue si récemment, vous vous souvenez, je n'en doute pas, que le seul grand sens est la victoire de sa foi sur toutes les craintes de la mort. C'est le dépôt de toute la joie, de tout l'espoir, voire de tout l'amour, de cette vie, dans l'appréhension avide de la réjouissance et de l'amour de l'éternité. Quelle vérité il y avait dans une telle foi, je n'ose pas dire que je le sais ; mais quelle sorte d'âmes humaines cela a fait, vous pouvez *le constater par vous-mêmes* . Voici suffisamment de pensées d'un peuple croyant. [180] Cette jeune fille dans sa pureté n'est pas une fable ; c'est une servante vénitienne, telle qu'on la voyait à l'aube terrestre, et qu'on la respirait par la brise de sa mer natale. Et la voilà dans sa féminité, dans son courage et sa paix parfaite, attendant sa mort.

J'ai fait chercher ce dessin pour toi, de Sheffield, où il doit rester, ils en ont plus besoin que toi. C'est le meilleur de tout ce que mon ami a fait avec moi à Venise, pour saint Georges, et avec l'aide de saint Georges et de sainte Ursule. Cela ne vous montre qu'un morceau du grand tableau du martyre : presque tous sont tombés autour de la servante, et elle s'agenouille avec ses deux princesses servantes, attendant sa propre mort. Fidèles derrière leur maîtresse, ils attendent avec elle, non plus faibles, mais moins élevés dans leurs pensées, car moins concevants leur destinée immortelle ; l'une, une jeune fille douce, ne concevant dans son cœur tranquille aucune horreur de la mort, incline sa blonde tête vers la terre, presque avec un sourire ; l'autre, craignant que sa foi ne s'effondre un instant, se met à prier avec passion à travers des larmes brûlantes. Sainte Ursule s'agenouille, comme elle s'agenouillait chaque jour, devant l'autel, s'abandonnant à Dieu pour toujours.

Et ainsi vous la voyez, ici dans les jours de son enfance, et ici dans sa jeunesse sacrée, et ici dans sa féminité parfaite, et ici portée à sa tombe.

De telles créatures *ont* vécu et vivent encore, Dieu merci, dans la foi du Christ.

291. Vous entendez dire ouvertement que leur foi était un rêve insensé. Choisissez-vous de savoir si c'était le cas ou non ? Vous le pouvez si vous le voulez, mais vous ne pouvez le découvrir que d'une seule manière.

Prenez le dilemme en toute simplicité. Soit le christianisme est vrai, soit il ne l'est pas. Supposons-le d'abord l'un, puis l'autre, et voyons ce qui suit.

Supposons d'abord que cela soit faux. Alors une enquête rationnelle découvrira selon toute probabilité ce mensonge ; tandis que, d'un autre côté, une soumission irrationnelle à ce qu'on nous dit peut nous conduire à toute forme d'absurdité ou de folie ; et, en lisant l'histoire, nous découvrirons que cette folie a perverti, comme dans les croisades, la moitié de la force de l'Europe jusqu'à sa ruine, et a été la source de multiples dissensions et de misère dans la société.

Commencez par supposer que le christianisme est faux, bien plus par le désir qu'il le soit, et c'est la conclusion à laquelle vous arriverez certainement.

Mais d'un autre côté, supposons que cela soit vrai ou qu'il puisse l'être. Ensuite, pour savoir si c'est le cas ou non, il faut prêter attention à ce qu'il dit d'eux-mêmes. Et son premier mot est un ordre d'adopter une certaine ligne de conduite. *Faites* -le d'abord et vous en saurez plus. Sa promesse est de bénédiction et d'enseignement, plus que ce que la langue peut exprimer ou que l'esprit peut concevoir, si vous choisissez de le faire ; et il refuse de vous enseigner ou de vous aider dans d'autres conditions que celles-ci.

292. Vous trouverez peut-être étrange qu'une telle épreuve vous soit demandée. Il est certain que les preuves de notre état futur auraient pu être accordées à d'autres conditions ; bien plus, un récit clair aurait pu être donné, avec tous les mystères expliqués dans le langage le plus clair. *Alors* , il aurait fallu y croire tout de suite.

Oui, mais, comme vous le voyez et l'entendez, cela, si tel est notre chemin, n'est pas celui de Dieu. Il a choisi de nous accorder la connaissance de sa vérité à une condition et à aucune autre. Si nous refusons cette condition, toutes les preuves rationnelles qui nous entourent constituent la preuve de notre mort, et cette preuve est vraie, car Dieu nous dit aussi que dans un tel refus nous mourrons.

Vous voyez donc que dans les deux cas, que le christianisme soit vrai ou faux, la mort est manifestement certaine pour nous en la refusant. En tant que philosophes, nous ne pouvons nous attendre qu'à la mort, et en tant qu'incroyants, nous y sommes condamnés.

Il n'y a qu'une seule chance de vivre : admettre jusqu'à présent la possibilité de la vérité chrétienne et l'essayer selon ses propres conditions. Il n'y a pas la moindre possibilité de découvrir d'abord si cela est vrai ou non.

"Montrez-moi d'abord un signe et je viendrai", dites-vous. "Non", répond Dieu. "Venez d'abord, puis vous verrez un panneau."

Difficile, vous pensez ? En y réfléchissant davantage, vous découvrirez que ce n'est pas le cas. Car ce qui vous est ordonné n'est pas en soi une chose déraisonnable. Loin de là, c'est simplement la chose la plus sage que vous puissiez faire pour votre propre bonheur et pour celui des autres, s'il n'y avait pas de vérité éternelle à découvrir.

Vous êtes simplement appelé à être le serviteur du Christ et des autres hommes pour lui ; c'est-à-dire considérer votre vie et toutes ses facultés comme un moyen de service envers vos semblables. Tout ce que vous avez à faire est d'être sûr que c'est *le* service que vous leur rendez, et non le service que vous rendez vous-même, qui est au premier plan dans votre esprit.

293. Maintenant, vous entendez continuellement des appels qui vous sont adressés d'une manière vague, dont vous ne savez pas jusqu'où vous pouvez aller. Vous ne direz pas cela aujourd'hui ; Je peux et je vous dirai ce que le christianisme exige de vous dans les termes les plus simples.

Lisez votre Bible comme vous le feriez pour n'importe quel autre livre – avec la critique la plus stricte, en déterminant franchement ce que vous pensez beau et ce que vous pensez faux ou insensé. Mais assurez-vous d'essayer de le comprendre avec précision et de transférer son enseignement aux besoins modernes en donnant d'autres noms à ceux qui ont été dépassés par le temps. Par exemple, dans un passage tel que celui qui suit et soutient le « Ne mentez pas les uns aux autres » de Colossiens iii : « puisque vous avez revêtu l'homme nouveau, qui est renouvelé dans la connaissance selon l'esprit de Celui qui l'a créé , où" (c'est-à-dire dans cette grande création où) "il n'y a ni Grec ni Juif, ni circoncis ni incirconcis, ni barbare, ni Scythe, ni esclaves ni libres." En appliquant ce verset à la conduite et au discours de la politique moderne, il tombe presque mort, parce que nous nous laissons emporter par une vague impression – vague, mais pratiquement paralysante – que, bien qu'il soit très nécessaire de dire la vérité dans les pays de Scythes et Juifs, il n'y a aucune objection à ce que l'on mente dans la gestion des affaires de la chrétienté. Mais maintenant, remplacez simplement les noms anciens par des noms modernes, et voyez quelle différence cela fera dans la force et l'attrait du passage : « Ne mentez pas les uns aux autres, frères, puisque vous avez dépouillé le vieil homme de ses actes, et avez revêtu l'homme nouveau, qui est renouvelé à la connaissance", εις επ ι γνωσιν, selon la connaissance de Celui qui l'a créé, dans cette grande création où il n'y a ni Anglais ni Allemand, ni baptême ni manque de baptême, Turc ni Russe. , esclave ni libre, mais Christ est tout et en tous.

294. Lisez donc votre Bible, en faisant la première affaire matinale de votre vie d'en comprendre clairement certains passages, et votre tâche quotidienne d'y obéir à tout ce que vous comprenez, en commençant d'abord par

l'obéissance la plus humaine et la plus chère : ton père et ta mère. Faites tout ce qu'ils voudraient que vous fassiez, pour le moment : s'ils veulent que vous soyez avocats, soyez avocats ; si soldats, soldats ; si pour avancer dans le monde, même pour gagner de l'argent, faites ce qu'ils veulent, et cela gaiement, après leur avoir clairement expliqué sur quels points vous désirez autrement. Leur voix est pour le moment la voix de Dieu pour vous.

Mais, en même temps, soyez très clair sur votre propre objectif et sur la manière de le réaliser dans la mesure où cela est possible dans les conditions de votre vie. Et tous ceux d'entre vous qui sont assez heureux d'avoir des parents sages seront contents de vous voir faire ce que je vous dis maintenant.

295. Cultivez d'abord tous vos pouvoirs personnels, non pas de manière compétitive, mais patiemment et utilement. Vous n'avez rien à lire pendant les longues vacances. Venez *ici* pour vous faire des érudits, et allez à la montagne ou à la mer pour vous faire des hommes. Consacrez au moins un mois par an au dur travail du marin et à la pêche en mer. Ne vous prélassez pas et ne flirtez pas sur la plage, mais faites-vous de bons marins. Puis, sur les montagnes, allez aider le berger dans son travail, les bûcherons dans le leur, et apprenez à connaître les collines de nuit et de jour. Si vous restez dans un pays plat, apprenez à labourer et tout ce que vous pouvez est utile. Alors ici à Oxford, lisez au maximum de vos capacités et pratiquez le chant, l'escrime, la lutte et l'équitation. Pas d'entraînement à la carabine, ni de course en bateau ou autre. Laissez la rivière tranquille au naturaliste, au pêcheur à la ligne et à l'étudiant fatigué comme moi.

Vous pouvez penser que toutes ces questions sont sans conséquence pour vos études d'art et de divinité ; et que je suis simplement grincheux et absurde. Eh bien, c'est ainsi que le diable vous trompe. Ce ne sont pas les péchés que nous *sentons* pécheurs, par lesquels il nous attrape ; mais ceux qui semblent sains, ceux qui néanmoins perdent le temps, endurcissent le cœur, concentrent les passions sur des objets mesquins et empêchent le cours d'une pensée douce et féconde.

296. Ayant ainsi cultivé, pendant votre période d'études, vos pouvoirs vraiment au maximum, alors, dans votre virilité, soyez résolu qu'ils seront dépensés au véritable service des hommes - non pas en étant servis, mais en servant. Commencez par le plus simple de tous les ministères : la fraction du pain aux pauvres. Pensez d'abord à cela, pas à votre propre fierté, à votre savoir, à votre confort, à vos perspectives de vie : non, pas maintenant, une fois devenu adulte, que même l'obéissance aux parents ne vérifie votre propre conscience de ce qu'est l'œuvre de votre Maître. "Quiconque aime son père et sa mère plus que moi n'est pas digne de moi." Prenez les paroles

parfaitement simples du Jugement : « Dans la mesure où vous l'avez fait à l'un d'entre eux, c'est à moi que vous l'avez fait : » mais vous devez le faire, et non le *prêcher* . Et vous ne devez pas être résolu à ce que cela se fasse uniquement de manière courtoise. Votre orgueil doit être déposé, tout comme votre avarice et votre peur. Que ce soit comme pêcheurs sur la mer, comme laboureurs sur la terre, comme ouvriers à la forge ou comme marchands au comptoir des magasins, vous devez rompre et distribuer le pain aux pauvres, installés en compagnies - car cela aussi vous est dit littéralement - sur le terrain. herbe verte, non écrasée en tas sous le trottoir des villes. Prenez Christ au mot littéral, et, aussi sûr que sa parole soit vraie, il se fera connaître de vous dans la fraction du pain. Refusez le devoir de ce serviteur parce qu'il est évident, cherchez soit à servir Dieu, soit à le connaître de toute autre manière : votre service deviendra une moquerie de lui et votre connaissance deviendra une obscurité. Chaque jour, vos vertus seront utilisées par les mauvais esprits pour dissimuler ou rendre respectable le crime national ; chaque jour vos félicités deviendront des appâts pour l'iniquité des autres ; vos héroïsmes, phares de démolisseurs, les trahissant jusqu'à la destruction ; et devant vos propres yeux trompés et vos cœurs errants, chaque faux météore de la connaissance brillera, et chaque plaisir périssable brillera, pour vous attirer dans le gouffre de votre tombe.

297. Mais obéissez à la parole dans sa simplicité, dans la totalité de son dessein et avec la sérénité du sacrifice, comme celle des servantes vénitiennes, et en vérité vous recevrez sept fois plus dans votre sein dans cette vie présente, comme dans le monde à venir, la vie. éternel. Toutes vos connaissances vous deviendront claires et sûres, tous vos pas seront sûrs ; dans l'éclat actuel de la vie domestique, vous préfigurerez la joie du paradis, et aux enfants de vos enfants léguerez non seulement une noble renommée, mais une vertu infinie. "Il chargera ses anges de vous garder dans toutes vos voies ; et la paix de Dieu, qui surpasse toute intelligence, gardera vos cœurs et vos esprits par le Christ Jésus."

NOTES DE BAS DE PAGE :

[178] Laissé, à la demande de l'éditeur, avec seulement quelques clarifications absolument nécessaires des phrases inintelligibles, car il a été écrit pour une livraison gratuite. C'était le dernier d'un cours de douze donnés cet automne ; — fait référence en partie à des choses déjà dites, en partie à des dessins sur les murs ; et a besoin du pardon du lecteur tout au long, pour les fautes et la brusquerie incurables mais en réécrivant le tout sous la forme d'un essai au lieu d'une conférence.—(*Dix-neuvième siècle* , janvier 1878.)

[179] Bien entendu, cette affirmation n'est qu'une généralisation de nombreuses affirmations faites dans les conférences précédentes, dont tout lecteur familier avec mes écrits récents peut facilement concevoir la teneur.

[180] Les références concernaient la série de dessins récemment réalisés, à Venise, pour les écoles d'Oxford et de Sheffield, d'après les œuvres de Carpaccio, par M. Fairfax Murray.